扩展模糊多属性决策理论与方法

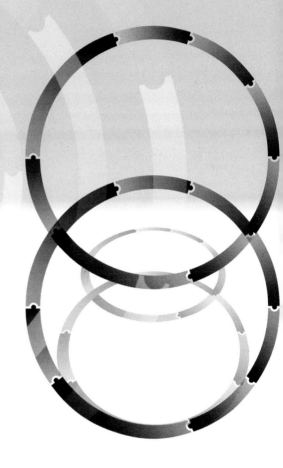

王浩伦 ◎著

中国财经出版传媒集团

经济科学出版社
Economic Science Press

·北京·

图书在版编目（CIP）数据

扩展模糊多属性决策理论与方法/王浩伦著．－－北京：经济科学出版社，2024.6
ISBN 978－7－5218－5499－2

Ⅰ.①扩…　Ⅱ.①王…　Ⅲ.①模糊集理论－应用－决策学－研究　Ⅳ.①C934

中国国家版本馆 CIP 数据核字（2024）第 005835 号

责任编辑：李　雪
责任校对：齐　杰
责任印制：邱　天

扩展模糊多属性决策理论与方法

KUOZHAN MOHU DUOSHUXING JUECE LILUN YU FANGFA

王浩伦　著

经济科学出版社出版、发行　新华书店经销
社址：北京市海淀区阜成路甲 28 号　邮编：100142
总编部电话：010－88191217　发行部电话：010－88191522
网址：www. esp. com. cn
电子邮箱：esp@ esp. com. cn
天猫网店：经济科学出版社旗舰店
网址：http://jjkxcbs. tmall. com
固安华明印业有限公司印装
710×1000　16 开　18.5 印张　260000 字
2024 年 6 月第 1 版　2024 年 6 月第 1 次印刷
ISBN 978－7－5218－5499－2　定价：92.00 元

　　多属性决策是决策科学领域的一个重要分支。在实际的经济和社会环境下，通过多属性决策方法来确定最优方案受到国内外学者广泛的关注和重视。但是，由于实际决策环境的复杂性和不确定性，采用实数形式来描述不同属性下的评价信息已经不能够全面和准确地反映决策者对评价对象的真实意图和偏好。因此，继扎德（Zadeh）教授提出的经典模糊集之后，众多国内外学者先后提出和发展了适合不同决策情境的表达信息范围更广、功能更强的模糊评价信息描绘形式，如直觉模糊集、勾股模糊集、q 阶 orthopair 模糊集、图模糊集、球面模糊集和 T 球面模糊集等理论。显然，这些模糊集都是经典模糊集的拓展形式，它们能够更强地描述专家评价信息的模糊性和不确定性，能够避免决策信息的失真，并且能够适应现实的复杂决策环境。因此，本书以勾股模糊集、q 阶 orthopair 模糊集和 T 球面模糊集为研究对象，将这些模糊集统称为扩展模糊集，其含义为由经典模糊集扩展而来的模糊集合，并对扩展模糊环境下的多属性决策问题进行深入研究。

本书主要对近几年来国内外学者特别是作者在扩展模糊多属性决策方面的研究内容进行系统性梳理和总结，主要包括以下内容：

第1章主要介绍本书的研究背景与研究意义，并对国内外相关研究的最新进展进行系统梳理和介绍。主要对勾股模糊集环境下决策方法、q 阶 orthopair 模糊集下集结算子、T 球面模糊环境下信息集结算子以及现有备选方案排序技术等方面研究进行系统介绍，并阐述本书研究问题、内容和思路。

第2章主要介绍扩展模糊集的基本理论与概念，包括勾股模糊集的定义、运算法则及运算性质、大小比较方法等，q 阶 orthopair 模糊集的定义、运算法则、运算性质、大小比较方法、距离测度以及加权平均算子等，T 球面模糊集的定义、基本运算法则、交互运算法则即性质、大小比较方法等。

第3章在扩展模糊集基本理论知识的基础上，提出一系列扩展模糊集的信息测度方法，包括 q 阶 orthopair 模糊信息的可能度、熵、交叉熵、Lance 距离，以及 T 球面模糊信息的熵和交叉熵测度方法。这些方法将作为后续决策研究的理论基础和决策支持工具。

第4章主要介绍几类扩展模糊信息集结算子。针对扩展模糊环境中存在的交叉性、关联性和优先性问题，本书开发系列评价信息集结算子。首先，在勾股模糊环境下分别与 Frank t-norms 和正弦三角运算集成，提出勾股模糊加权集结算子（Py-FFWA 和 PyFFWG 算子）和正弦三角交叉勾股模糊加权集结算

子（STI‐PyFWA 和 STI‐PyFWG 算子）。然后，在 q 阶 ortho-
pair 模糊环境下，开发出考虑关联性的 q 阶 orthopair 模糊 Frank
Shapley Choquet 集结算子（q‐ROFFSCA 和 q‐ROFFSCG 算
子）。最后，在 T 球面模糊环境下，提出解决关联性的 T 球面
模糊 Aczel‐Alsina Heronian 平均集结算子（TSFAAHM 和 TS-
FAAWHM 算子），开发综合处理交互性、关联性和优先性的 T
球面模糊交叉幂 Heronian 平均集结算子（TSFIPHM 和 TSFIP-
WHM 算子），以及提出具有可灵活调整优先度的系列 T 球面模
糊 Frank softmax 集结算子（TSFFSA、TSFFSWA、TSFFSG 和 TS-
FFSWG 算子）。

第 5 章主要介绍两种基于改进方案排序方法的勾股模糊
多属性决策方法。对于勾股模糊信息下的 WASPAS 方法，利
用扩展的 ITARA 确定属性权重，将 PyFFIWA 和 PyFFIWG 算
子替代传统 WASPAS 中 WSM 和 WPM，使改进的 WASPAS 方
法能够反映决策者风险偏好和决策态度。对于 CoCoSo 方法，
利用 STI‐PyFWA、STI‐PyFWG 算子替代 CoCoSo 方法中的
WSM 和 WPM，以及利用距离测度实现勾股模糊数去模糊化。
此外，这两种方法分别通过云计算产品选择和废旧衣物回收
渠道选择的决策分析，以及与现有方法比较来验证其有效性
和优越性。

第 6 章主要介绍两种新型的 q 阶 orthopair 模糊多属性决策
方法及其应用。针对 q 阶 orthopair 模糊信息下决策方法秩反转
问题，利用 q 阶 orthopair 模糊可能度确定属性权重，利用 q 阶
orthopair 模糊交叉熵替代传统参考理想解法（RIM）中距离测
度。进而，针对秩反转和关联性问题，提出 q 阶 orthopair 模糊

RIM - VIKOR 方法，其中利用 q 阶 orthopair 模糊熵和交叉熵确定属性权重，以及把 q 阶 orthopair 模糊交叉熵集成到 VIKOR 方法中。通过算例分析和方法比较来说明所提方法的有效性。

第 7 章主要介绍两种新型的 T 球面模糊多属性群决策方法及其应用。在 T 球面模糊环境中，针对 CoCoSo 方法，依据 TSFFWA 和 TSFFWG 算子关于 Frank 参数 θ 的单调性，构建一种新型的 CoCoSo 决策模型。其中，采用扩展的 DEMATEL 和 T 球面模糊相似度确定属性组合权重，利用距离测度去模糊化。对于 ARAS 方法，利用 T 球面模糊交叉熵确定专家权重，综合应用 T 球面模糊熵和扩展的 SWARA 计算属性组合权重，应用 TSFAAWHM 算子加强 ARAS 方法的属性关联性。最后，这两种方法分别通过废旧动力电池回收技术和 5G 基站动力电池梯次利用供应商选择的实际问题来验证所提方法的计算可行性，通过灵敏度法分析和与现有方法对比研究来说明所提方法的有效性。

第 8 章主要对本书的研究内容进行总结与展望。

本书得到了冯良清教授、张发明教授的精心指导和充分关心，并给予了宝贵的意见，在此表示诚挚的感谢。本书除了作者自己的研究成果外，还参考了国内外许多学者的论著，吸取了同行的优秀劳动成果，谨向这些专家学者表示诚挚的感谢。本书出版过程中得到了经济科学出版社编辑的大力支持和帮助，在此表示诚挚的谢意。此外，本书的研究工作还得到了国家自然科学基金项目（72361062）、教育部人文社会科学研究项目（19YJC630164）、江西省高校人文社会科学研究项目（GL23104）和南昌航空大学学术专著出版资助基金的资助，在此表示诚挚的感谢。

由于作者学识水平和写作能力的限制，书中难免存在疏漏或不足，恳请广大读者和同行批评指正，不胜感激。

王洁伦
南昌航空大学博学楼
2023 年 9 月 15 日

目 录

Contents

第 1 章

绪　　论

1.1　研究背景和研究意义

1.1.1　研究背景

作为决策科学领域的一个重要分支，多属性决策已经是人们应对复杂经济社会发展形势和环境的重要工具。所谓多属性决策是指由专家或决策者对有限个备选方案在多个属性下进行评估，依据评估值从多个备选方案中选择最佳方案的过程。随着社会环境的变化、经济水平的发展和技术的日益革新，对多属性决策问题的研究对解决人们所面临的社会、经济、环境和工程等方面的决策挑战具有重要的实际意义和指导意义，当前多属性决策问题涉及供应链管理、风险投资管理、失效风险分析、资源利用、环境评价和选址决策等问题。当前，多属性决策问题的研究主要集中于评价信息的表达、评价信息的测度以及评价信息的处理三个方面：（1）在评价信息的表达方面，对决策者的决策评价信息有效和全面的表达依然是一项极具挑战性的研究工作。由于人们对事物认知的模糊性和不全面性以及决策对象所处环境的不确定性，这些往往导致决策者很难完全合理且有效地表达其评价信息，因此随着决策理论的不断发展，评价信息的表达形式从精确值、区间值到三角模糊数、梯形模糊数，再到直觉模糊数和语言术语变量等形式变换发展。（2）在评价信息的测度方面，针对评价信息在现实情况下存在模糊、不确定、不完全和不一致的特性，信息测度相关的方法可以为决策信息的处理提供必要的支持，而且信息测度方法在多属性决策过程中占据重要的地位，并且受到越来越多的关注。在不同决策环境下常见的信息测度方法主要有熵、交叉熵、距离、相似度和可能度等，它们在不同的决策环境下表达形式也各不相同。（3）在评价信息的处理方面。评价信息处理的目标是获得最佳或最优的备选方案以供决策者或管理者参考，为实现该目标信息处理方法一般分为两种类型：一是依据评价信息的表达形式构建信息集结算子函数，通过集结算子计算各备选方案的综合评价结果并择优。常见的运算规则有代数、Einstein、Frank、Hamarcher、Dombi 等，常见的算子有基本的算术平均、Bonfeeroni 平均、Heronian 平均、Choquet 积分等。二是常规的方案排序技术，如 AHP、ANP、TOPSIS、VIKOR、灰色关联分析等方法。

在多属性决策问题中，属性评价值通常含有模糊的和不确定的信息，但是随着实际决策环境变得越来越复杂，人们对属性评价值的表达也面临巨大困难。精确数、区间数等信息表达形式已经不能完全反映决策者的主观判断和个性偏好。为此，模糊集（FS）[1]是一种信息表达方法，被广泛应用于求解多个领域模糊和不确定环境下的信息建模问题。但模糊集仅有隶属度 $\mu(x)$（$0 \leqslant \mu(x) \leqslant 1$），难以全面描述和刻画人们对事物认知的不确定程度。鉴于此，阿塔纳索夫（Atanassov）[2]对模糊集进行拓展，提出了直觉模糊集（IFS），用隶属度 $\mu(x)$（$0 \leqslant \mu(x) \leqslant 1$）和非隶属度 $\nu(x)$（$0 \leqslant \nu(x) \leqslant 1$）两个数量指标更细腻地度量信息，直觉模糊集的特点是隶属度和非隶属度之和不大于1，

即 $\mu(x) + \nu(x) \leqslant 1$。为了弥补直觉模糊集不能表达隶属度和非隶属度之和大于 1 的决策情景的缺点，学者们先后提出了决策信息范围更大的勾股模糊集（PyFS）[3-4]、费马模糊集（FFS）[5-6]和较为广义性的 q 阶 orthopair 模糊集（q-ROFS）[7]，它们的隶属度和非隶属度分别满足 $(\mu(x))^2 + (\nu(x))^2 \leqslant 1$、$(\mu(x))^3 + (\nu(x))^3 \leqslant 1$ 和 $(\mu(x))^q + (\nu(x))^q \leqslant 1 (q \geqslant 1)$。显然，直觉模糊集、勾股模糊集和费马模糊集分别是 q 阶 orthopair 模糊集当 $q = 1$，$q = 2$ 和 $q = 3$ 时的特例，同时随着 q 值的增大，隶属度和非隶属度描述决策信息的范围也随之变大。因此，q 阶 orthopair 模糊集相较于直觉模糊集、勾股模糊集和费马模糊集，能够为决策者表达具有偏好性决策信息提供了更大的灵活性和自由度。这些模糊集的关系如图 1-1 所示。近些年，q 阶 orthopair 模糊集在技术系统[8-9]、新校园选址[10]、可持续能源[11-14]、绿色供应链管理[15-19]、PPP 项目[20]、教学质量[21-22]、股票投资[23]、酒店品牌管理[24]、清洁生产[25]、风险管理[26-27]等工程与社会领域得到了广泛的应用。

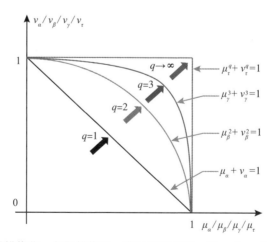

图 1-1　直觉模糊集、勾股模糊集、费马模糊集与 q 阶 orthopair 模糊集的关系

q 阶 orthopair 模糊集（包括直觉模糊集、勾股模糊集、费马模糊集）中的隶属度和非隶属度分别表示属于和不属于给定集合部分，而剩下的部分称为不确定度或犹豫度，也就是说 q 阶 orthopair 模糊集只能处理"既非此亦非彼"的模糊概念。然而，在某些决策情景（如投票）中需要人们的意见中包括更多的答案类型：是、弃权、否和拒绝。显然，q 阶 orthopair 模糊集不足以和不适合表达决策者的意见。强等（Cuong et al.，2015）[28-29]最先提出图模糊集（PFS）并作为直觉模糊集的扩展。图模糊集能够精确表达决策者的评价意见，用隶属度（$0 \leqslant \mu(x) \leqslant 1$）表示"是"，中性度（$0 \leqslant \eta(x) \leqslant 1$）表示"弃权"，非隶属度（$0 \leqslant \nu(x) \leqslant 1$）表示"否"，那么整体集合剩余部分［即拒绝度（$\pi(x) = 1 - \mu(x) - \eta(x) - \nu(x)$）］来表示意见中"拒绝"，该特点是隶属度、中性度和非隶属度之和小于等于1，即满足 $\mu(x) + \eta(x) + \nu(x) \leqslant 1$ 的约束条件。可以看出，图模糊集将由 $\mu \sim \nu$ 构成的二维隶属度平面范围扩展到了由 $\mu \sim \eta \sim \nu$ 构成的三维隶属度空间范围。因此，图模糊集可以避免评价信息的丢失，提高获取的数据与实际决策环境的一致性[30]。针对图模糊集不能处理 $\mu(x) + \eta(x) + \nu(x) > 1$ 的决策问题，马哈茂德等（Mahmood et al.，2019）[31]在勾股模糊集和 q 阶 orthopair 模糊集的启发下，先后提出了球面模糊集（SFS）和 T 球面模糊集（T - SFS）的概念。球面模糊集具有比图模糊集更大的决策表达空间，即隶属度、中性度和非隶属度满足 $(\mu(x))^2 + (\eta(x))^2 + (\nu(x))^2 \leqslant 1$ 的约束条件。更具广义性的 T 球面模糊集概念，使得决策者意见中的"是""弃权""否"和"拒绝"的表达具有更高的自由和更大的决策空间。T 球面模糊集满足于 $(\mu(x))^q + (\eta(x))^q + (\nu(x))^q \leqslant 1 (q \geqslant 1)$ 的约束条件。可以发现，T 球面模糊集具有明显的广义性，与模糊集、直觉模糊集、勾股模糊集、q 阶 orthopair 模糊集、图模糊集、球面模糊集存在着相关联系，T 球面模糊集与其他模糊集的关系如图 1 - 2 所示。

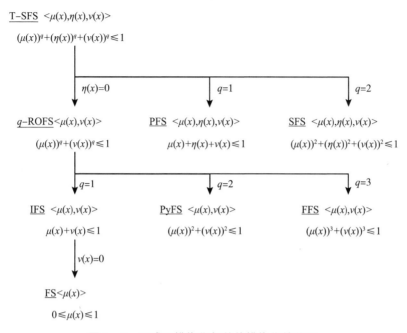

图 1 – 2 T 球面模糊集与其他模糊集的关系

从模糊集一维的评价信息表达形式到 T 球面模糊集三维的评价信息表达形式，图 1 – 3 为模糊集扩展过程。评价信息的表达范围也变得更为宽广、更为完整、更为自由，进而表达模糊信息的能力也更加强大，评价信息的失真可能更加小，从而更能够适应现实的复杂决策环境。因而，可以认为二维和三维的评价信息表达模式是模糊集的扩展形式，即扩展模糊集。在众多扩展模糊集中，尽管勾股模糊集和 q 阶 orthopair 模糊集在多属性决策中已经有了深入的研究，尤其是在集结算子和决策方法方面，但是仍有一些空白没有涉及。由于 T 球面模糊集的广义性和灵活性，以及表达模糊信息能力的广泛性，当前对此的研究还处于起步阶段，还没有形成一个完善的理论体系。因此，在现有的扩展模糊集的基础理论研究的基础上，提出了各类评价信息的测度方法和各类评价信息集结算子，并进一步提出了基于扩展模糊信息的多属性决策方法，以此来丰富和完善多属性决策理论与方法体系。

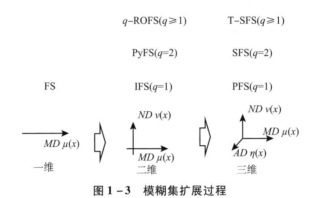

图 1-3　模糊集扩展过程

1.1.2　研究意义

经典模糊集和直觉模糊集能够通过隶属函数有效地描述评价信息的大小，并且能够精确表达出决策者或专家对于某决策对象的满意程度和拒绝程度，这些表达方式符合人们对评价对象的主观认识和判断。扩展模糊集是经典模糊集和直觉模糊集的推广形式，能够通过扩大隶属函数的边界条件，拓展经典模糊集和直觉模糊集的表达范围，由此能够涵盖更为广泛的模糊信息，使得决策者或评价专家在主观判断的表达上更为自由，具有更强的实用性和操作性。另外，q 阶 orthopair 模糊集和 T 球面模糊集更能充分地展示多属性决策评价信息的模糊本质，通过对参数 q 值的调整，可以改变犹豫的容纳程度，使得决策者或专家表达评价信息的方式更为灵活。近些年对扩展模糊集的研究快速兴起，q 阶 orthopair 模糊集和 T 球面模糊集都成为一种较为新颖的评价信息表达方式，为了使扩展模糊集能够更好地应用于解决现实决策问题，促进多属性决策理论与方法的发展，需要对其相关的基础理论进行系统而全面的梳理，特别是基于扩展模糊集的各种评价信息集结算子和备选方案排序技术，需要进一步体系化的构建。因此，本书主要致力于梳理扩展模糊集的一些基本理论知识，包括基本运算法则、得分函数和精确函数，以及大小比较规则，提出了 q 阶 ortho-pair 模糊环境下的各类信息测度方法，开发扩展模糊集的各类集结算子和决策方法，并设计一套系统的基于扩展模糊信息的多属性决策方法体系，为科学决策提供有效的方法和技术支持，提升决策评价的质量和效率，降低决策风险，可以为不同行业的管理人员或决策者提供理论支持和方法借鉴。

1.2　研　究　现　状

对多属性决策理论与方法的研究，评价信息的表达形式是基础，对评价对象表征的准确性和全面性提出较高的要求。信息集结算子是工具，把评价信息融合的完整性和精确性设定为目标。评价决策模型是途径，正确的决策结果能够为决策者或管理者提供有效和重要的依据。下面对有关扩展模糊集理论（包括勾股模糊集、q 阶 orthopair 模糊集和 T 球面模糊集）的评价信息集结算子和多属性决策方法等的现有国内外研究分别进行介绍。

1.2.1　勾股模糊环境下决策方法研究

当前，勾股模糊集已经被众多学者关注和青睐。现有相关研究主要分成两类：一是关于勾股模糊信息的集结算子，二是勾股模糊集环境下的决策技术。

在勾股模糊信息集结算子方面，开发了一些幂集结算子（Wei et al.，2018）[32]，一种交互运算与 Bonferroni 平均（BM）集成的集结算子（Yang et al.，2022）[33]，采用 Hamacher 运算和优先集结算子开发了一些勾股模糊 Hamacher 优先集结算子（Gao，2018）[34]，在勾股模糊环境中扩展了考虑交互运算规则的幂 Bonferroni 平均，并开发了勾股模糊交互幂 BM（PyFIPBM）和加权勾股模糊交互幂 BM（WPyFIPBM）算子（Wang and Li，2020）[35]，在勾股模糊环境下开发了多种交互 Hamacher 幂集结算子（Wang et al.，2020）[36]；在勾股模糊环境中研究了 Maclaurin 对称平均（MSM）及其加权形式（Wei，2018）[37]；引入了基于交互运算规则的幂集结算子（Gao et al.，2018）[38]；在勾股模糊集基础上开发了交互幂部分 BM 集结算子，并采用该集结算子解决 MADM 问题（Zhu et al.，2019）[39]；研究了基于交互运算规则的勾股模糊 MSM 集结算子及其加权形式（Yang et al.，2018）[40]。

在决策技术研究方面，提出了基于勾股模糊的偏离指数的 VIKOR 方法（Chen et al.，2018）[41]；开发了 ELECTRE I（ELimination and Choice Translating REality I）方法来处理勾股模糊 MAGDM 问题（Akram et al.，2020）[42]；利用勾股模糊信息扩展了基于前景理论的 TODIM 方法（Ren et al.，2016）[43]；提出了基于勾股模糊 VIKOR 的决策方法，以评估采矿业的安全风险因素（Gul et al.，2019）[44]；将 Choquet 积分（CI）算子与 MABAC（multi-attributive border approximation area comparison）方法集成来解决勾股模糊 MAGDM 问题（Peng et al.，2016）[45]；开发了勾股模糊 TOPSIS 和 ELECTRE I 混合集成的决策方法，并应用于失效模式及影响分析（Akram et al.，2021）[46]；开发了基于 CODAS（COmbinative Distance-based ASessment）的勾股模糊算法来解决 MADM 问题（Peng et al.，2020）[47]；在勾股模糊环境下，研究了基于前景理论的 EDAS（Evaluation based on the Distance from Average Solution）方法（Li et al.，2021）[48]；探索了新的得分函数和距离测度，并将其应用于勾股模糊 MULTIMOORA 方法（Huang et al. , 2020）[49]；将 PROMETHEE（preference ranking organization meth-od of enrichment evaluations）方法在勾股模糊环境中扩展（Zhang et al. , 2019）[50]；将扩展的勾股模糊 PROMETHEE 方法应用于医疗诊断问题（Molla et al. , 2021）[51]；针对勾股模糊 MAGDM 问题，提出了勾股模糊 CPT - TODIM（cumulative prospect theory TODIM）方法（Zhao et al. , 2021）[52]；为了解决 MAGDM 问题，开发了勾股模糊 TOPSIS 方法（Akram et al. , 2019）[53]；探讨了具有新距离测度的勾股模糊 TOPSIS 技术，并应用于运算管理领域（Sarkar et al. , 2021）[54]；提出了基于勾股模糊数的新型熵测度和散度测度的 VIKOR 方法，并用来选择可再生能源技术（Rani et al. , 2019）[55]；开发了具有组合加权技术的勾股模糊 WASPAS 方法，用来评估可持续供应商（Al-rasheedi et al. , 2022）[56]；提出了一种新的相关系数并与 TODIM 方法集成形成新的决策框架（Zhang et al. , 2022）[57]。

模糊集的运算规则在评价信息融合过程中起着至关重要的作用。一些学者对勾股模糊集的广义运算规则进行了研究（Einstein[58]、Frank[59]、Hamacher[36]、Dombi[60]等）。值得注意的是，作为 t 范数和 s 范数运算中唯一具有兼容性特征的运算形式，Frank 运算[61]包含参数，这些参数在处理信息融合问题时具有更好的泛化性、灵活性和鲁棒性，从而克服了基本代数运算的缺点。由于 Frank 运算在特征条件下可以简化为 Lukasiewicz 运算和代数运算，因此它们被用于定义各种模糊理论的运算规则，如直觉模糊集合[62]、犹豫模糊集合[63]等。就交互运算规则而言，所谓交互运算规则是指直觉模糊集中隶属度与非隶属度之间的相互作用[64]，其主要功能是消除反直觉现象，完全保留评价信息的模糊性和不确定性，使其与实际情况相一致。一些学者在勾股模糊环境中扩展了交互运算规则，并提出基于这些交互运算规则的集结算子[33,35,36,38-40]。

1.2.2 q 阶 orthopair 模糊环境下信息集结算子研究

目前，q 阶 orthopair 模糊（q – ROF）环境下评价信息集成算子研究已成为多准则决策问题研究热点之一。

在不考虑属性关联性的集结算子开发方面的研究，提出了 q – ROF 加权平均（q – ROFWA）算子和 q – ROF 加权几何（q – ROFWG）算子（Liu et al.，2018）[65]；提出了 q – ROF 加权指数集成（q – ROFWEA）算子（Peng et al.，2018）[66]。

只考虑属性两两关联关系的集结算子开发的研究，有学者提出了 q – ROF Bonferroni 平均（q – ROFBM）算子、q – ROF 几何 Bonferroni 平均（q – ROFGBM）算子、q – ROF 加权 Bonferroni 平均（q – ROF-WBM）算子、q – ROF 加权几何 Bonferroni 平均（q – ROFWGBM）算子（Liu et al.，2018）[67]；有学者提出了 q – ROF Heronian 平均集成算子，如 q – ROF Heronian 平均（q – ROFHM）算子、q – ROF 加权 Heronian 平均（q – ROFWHM）算子、q – ROF 分区 Heronian 平均（q – ROFPHM）算子和 q – ROF 加权分区 Heronian 平均（q – ROFWPHM）算子（Liu et al.，2018）[68]；也有学者进一步提出了其他 q – ROF Heronian 平均集成算子，包括 q – ROF 广义 Heronian 平均（q – ROF-GHM）算子、q – ROF 广义加权 Heronian 平均（q – ROFGWHM）算子、q – ROF 几何 Heronian 平均（q – ROFGHM）算子和 q – ROF 加权几何 Heronian 平均（q – ROFWGHM）算子（Wei et al.，2018）[69]；也有学者提出了 q – ROF 分区 Bonferroni 平均集成算子，如 q – ROF 分区 Bonferroni 平均（q – ROFPBM）算子、q – ROF 加权分区 Bonferroni 平均（q – ROFWPBM）算子、q – ROF 分区几何 Bonferroni 平均（q – ROFPGBM）算子和 q – ROF 分区几何加权 Bonferroni 平均（q – ROF-PGWBM）算子（Yang et al.，2019）[70]；还有学者提出了 q – ROF

Choquet – Frank 平均和几何算子（Mahmood et al.，2022）[71]。

在考虑多个属性关联关系的集结算子开发的研究，有学者提出了 q – ROF 幂平均集成算子和 Maclaurin 对称平均集成算子，包括 q – ROF 幂平均（q – ROFPM）算子、q – ROF 幂加权平均（q – ROFPWM）算子、q – ROF Maclaurin 对称平均（q – ROFMSM）算子、q – ROF 幂 Maclaurin 对称平均（q – ROFPMSM）算子和 q – ROF 幂加权 Maclaurin 对称平均（q – ROFPWMSM）算子（Liu et al.，2018）[72]；有学者提出了 q – ROF Maclaurin 对称平均集成算子，如 q – ROF Maclaurin 对称平均（q – ROFMSM）算子、q – ROF 加权 Maclaurin 对称平均（q – ROFWMSM）算子、q – ROF 对偶 Maclaurin 对称平均（q – ROFDMSM）算子和 q – ROF 加权对偶 Maclaurin 对称平均（q – ROFWDMSM）算子（Wei et al.，2019）[73]；也有学者进一步提出了 q – ROF 分区 Maclaurin 对称平均集成算子，如 q – ROF 分区 Maclaurin 对称平均（q – ROFPMSM）算子、q – ROF 加权分区 Maclaurin 对称平均（q – ROFWPMSM）算子、q – ROF 幂分区 Maclaurin 对称平均（q – ROFPPMSM）算子和 q – ROF 加权幂分区 Maclaurin 对称平均（q – ROFWPPMSM）算子（Bai et al.，2018）[74]；还有学者提出了基于 Hamacher 运算开发一些 Muirhead 平均集成算子，包括 q – ROF Hamacher Muirhead 评价（q – ROFHMM）算子和 q – ROF Hamacher 加权 Muirhead 评价（q – ROFHWMM）算子（Rawar and Komal，2022）[75]。

上述文献研究的 q – ROF 评价信息集成算子在处理不确定性和模糊性方面具有很强的优势，极大地丰富了 q – ROF 环境下的多准则决策理论和方法。但是现有 q – ROF 环境下的各类集成算子的运算法则主要依据代数 t-norm 和代数 s-norm，这些运算法则通常存在不灵活和不稳定的缺点。对于这一缺点 Frank t-norm 和 Frank s-norm 能够克服，因为 Frank t-norm 和 Frank s-norm 不仅具有一般 t-norm 和 s-norm 的特性，而且在特定条件下能够退化成代数 t-norm 和代数 s-norm[61]。作为定义运算法则的重要工具，Frank t-norm 和 Frank s-norm 常被应用于各类模糊环境，如直觉模糊集[62,76]、勾股模糊集[77-78]、中智集[79]、犹豫模糊集[80]、二型模糊集[81]等。然而，在 q 阶 orthopair 模糊环境下 Frank 算子信息集成及其多准则决策问题的研究还尚未见报道。

1.2.3　T 球面模糊环境下信息集结算子研究

目前，T 球面模糊（T-SF）在理论研究[31,82-83]、信息测度[84-88]和实际应用[31,89-92]等方面取得了丰富的研究成果。T 球面模糊信息集结技术作为 T 球面模糊集理论研究的一个重要组成部分，受到了很多学者的关注。如在 T 球面模糊环境中改进几何交互集结算子，包括 T-SFWGIA、T-SFOWGIA 和 T-SFHGIA 算子（Grag et al.，2018）[93]。在 T 球面模糊集概念基础上提出了 T-SFWG 算子（Mahmood et al.，2019）[31]；将 T-SFS 扩展为 IVT-SFS，并分别提出了加权算术平均集结算子如 IVTSFWA、IVTSFOWA、IVTSFHA 算子，以及加权几何平均集结算子，如 IVTSFWG、IVTSFOWG、IVTSFHG 算子（Ullah et al.，2018）[91]；考虑交互运算法则提出了一些 T 球面模糊集的交互平均集结算子，包括 T-SFOWIA、IP-T-SFOWIA、IP-T-SFCIA 算子（Zeng et al.，2019）[92]；考虑 Muirhead 平均（MM）算子和幂平均（PA）算子的优点在 T-SF 环境下分别提出了 T-SFPMM 和 T-SFP-DMM 算子，以及其加权形式 WT-SFPMM 和 WT-SFPDMM 算子（Liu et al.，2019）[94]；将 GMSM 算子推广到 T 球面模糊环境中提出了 T-SFGMSM 和 T-SFWGMSM（Liu et al.，2019）[89]；在 Hamacher 算子基础上分别提出了算术平均算子，如 TSFHWA、TSFHOWA、TSFHHA 算子和几何平均算子，如 TSFHWG、TSFHOWG、TSFHHG 算子（Ullah et al.，2020）[90]；在 Einstein 算子基础上分别提出了 T 球面模糊环境下 Einstein 算术平均集结算子如 T – SFEWA、T – SFEOWA、T – SFEHA 算子和 Einstein 几何平均集结算子如 T – SFEWG、T – SFE-OWG、T – SFEHG 算子（Munir et al.，2020）[95]；提出了 T 球面模糊数交互运算法则和相关的交互算术平均集结算子（如 T – SFWAI、T – SFOWAI、T – SFHI 算子）和交互几何平均集结算子（如 T – SFWGI、T – SFOWGI、T – SFHI 算子），进而提出广义 T 球面模糊交互集结算子（GT – SFWAI 和 GT – SFWGI），与 TODIM 方法一起来解决 T – SF 多属性群决策问题（Ju et al.，2021）[96]；结合了 T 球面模糊集和 PA 算子的优势，定义了算术平均和几何平均两个类集结算子，如 TSFPWA、TSFPOWA、TSPHA、TSFPWG、TSFPOWG、TSFPHG 算子（Garg et al.，2021）[97]；提出了一系列关联的即时可能度交互几何集结算子；在正态 T 球面模糊环境下考虑多输入参数之间的相互关系，提出了 NT – SFMSM 算子和 NT – SFWMSM 算子（Liu et al.，2021）[98]；开发了一些 T 球面模糊 Dombi 优先集结算子，包括 T – SFDPA，T – SFDPG，T – SFDPWA 和 T – SFDPWG，并与 MULTIMOORA 方法结合在 T 球面模糊环境下解决 MADM 问题（Mahmood et al.，2021）[100]。

显然，在 T – SF 环境下不同集结算子有不同函数表达，有些算子侧重于消除由决策者偏好给定的不合理数据对决策结果的影响，如幂平均（PA）算子[101]；有些考虑集结数据之间关联关系的算子，如 Muirhead 平均（MM）算子[102] 和 Maclaurin Symmetric 平均（MSM）算子[103]；另一些算子关注 T 球面模糊数之间的运算法则，如代数[104]、Einstein[95]、Hamacher[90] 和交互运算法则[92–93,96]。而且随着实际决策问题复杂性的增加，在解决某决策问题过程中需要综合考虑以下问题：

（1）在 T – SFNs 运算法则方面，现有的代数、Einstein、Hamacher 算子没有考虑 T – SFN 中隶属度、中性度和非隶属度之间的交互关系，例如，设 $a_1 = \langle \mu_1, \eta_1, \nu_1 \rangle$，$a_2 = \langle \mu_2, \eta_2, \nu_2 \rangle$ 为任意两个 T-SFNs，如果 $\nu_1 = 0$，$\eta_2 = 0$，其他不为 0，则基于 T-SFN 代数加运算[100,104]，我们可得到中性度和非隶属度均为 0 的结果，这一结果是反直觉的，因此需要克服。有学者为此提出了 T-SFNs 的 IOLs（我们称之为 IOL-ZG）（Zeng et al.，2019；Grag et al.，2018）[92-93]，虽然能够在一定程度上解决上述情况，但是依然存在局限性，例如，设 $a_1 = \langle 1, 0, 0 \rangle$，$a_2 = \langle 0, 1, 0 \rangle$ 为两个 T-SFNs，采用 T-SFNs 和的 IOLs（Gul et al.，2019）[44]，则我们得到 $\langle 1, 1, 0 \rangle$，显然这一结果不能满足 T-SFN 的 $(\mu(x))^q + (\eta(x))^q + (\nu(x))^q \leq 1 (q \geq 1)$ 约束条件。然而有学者在 IFNs 的 IOLs 基础上提出更具广义性和普适性的 T-SFNs 的 IOLs（Ju et al.，2021）[96]（我们称之为 IOL-J），而且能够处理上述两种情况。

（2）在决策过程中，决策者可能因为个人情感或者对决策对象了解不充分等原因，给出了过分高或过分低的异常偏好值，从而对决策结果产生负面的影响，使决策失去公正性。为了消除这种负面影响，我们选择 PA 算子[101]，它能够通过支撑度来挖掘变量的相对贴近度，再通过分配不同幂权使变量间相互支持和相互加强，从而使信息融合集结过程中体现出整体的均衡性。

（3）在某些决策情景中，属性变量之间相互关联，这种关联关系是客观存在并且在信息集结过程中不能被忽视的。现有集结算子如 BM[106]、HM[107-108]、MM[102] 和 MSM[103] 都具有捕捉属性变量间关系的能力，MM 算子和 MSM 算子在 T-SF 环境中已经得到了扩展[89,94,99]，尽管 MM 算子和 MSM 算子有些优势强于 HM 算子和 BM 算子[102,109]，但是 MM 算子和 MSM 算子的计算量及复杂性远超于 HM 算子和 BM 算子，尤其当属性变量数较大时。另外，有学者指出 HM 算子要优于 BM 算子，原因在于 HM 可以考虑其他属性变量与本属性变量之间的关联性，以减少计算冗余（Yu et al.，2012）[110]。近年来，HM 算子已经成功应用于各类模糊多属性决策[68,111-115]，但是在 T- SF 环境下还没有出现 HM 算子的研究。综合上述三个方面，我们从现有文献可以发现，IOLs、PA 算子和 HM 算子还没有被集成来共同解决 T-SF 环境下的决策问题。

1.2.4 现有方案排序技术研究

1. WASPAS 方法

2012 年，WASPAS 方法首次被提出（Zavadskas et al.，2012）[116]，该方法基于效用理论集成了两个基本的 MCDM 模型：加权加性模型（WSM）和加权极性模型（WPM）。WASPAS 方法是一种计算简单的决策方法，通过组合系统将 WSM 和 WPM 两个模型结合在一起，使用了排名精度的概念，这要比传统 WSM 或 WPM 得到的结果更加精确和稳定[117]。基于这些优点，WASPAS 方法得到了许多学者的关注并将其在不同模糊环境中进行扩展，例如：中智集[118-119]、犹豫模糊集[120-121]、概率语言集[122-123]、粗糙集[124-125]、勾股模糊集[126-127]、图模糊集[128]、球面模糊集[129-130]等。传统 WASPAS 方法在不同决策环境中的扩展研究以及应用情况如表 1-1 所示。

表 1-1　　　　　　　　不同决策环境下现有 WASPAS 方法研究情况

文献	信息类型	属性加权法		WSM/WPM		应用领域
		类型	方法	运算规则	柔性	
Zavadskas et al. (2015)[50]	SVNSs	客观	最小最大法	AOLs	NO	垃圾焚烧地评估

续表

文献	信息类型	属性加权法		WSM/WPM		应用领域
		类型	方法	运算规则	柔性	
Zavadskas et al. (2015)[132]	灰数	主观	给定	AOLs	NO	承包商选择
Keshavarz et al. (2016)[133]	IT2FS	组合	熵权/给定	AOLs	NO	绿色供应商选择
Nie et al. (2017)[51]	IVNSs	组合	最大偏离/G1	AOLs	NO	光－风发电站选址
Sremac et al. (2018)[56]	Rough Sets	主观	SWARA	AOLs	NO	3PL 提供商选择
Mishra et al. (2018)[134]	IVIFSs	客观	熵－偏离度	AOLs	NO	水库防洪管理
Krishankumar et al. (2019)[55]	PLTSs	主观	统计法	AOLs	NO	算例
Krishankumar et al. (2019)[52]	DHHFLTS	主观	统计法	AOLs	NO	风险管理
Mishra et al. (2019)[53]	HFSs	客观	熵－偏离度	AOLs	NO	绿色供应商选择
Pamucar et al. (2019)[57]	IVRNs	主观	BWM	AOLs	NO	3PL 提供商选择
Pamucar et al. (2019)[135]	LNNs	客观	最大偏离	AOLs	NO	危险品运输
Ren et al. (2019)[136]	HFLSs	主观	SWARA	AOLs	NO	EV 充电站选址
Aydogdu et al. (2020)[58]	SFSs	客观	熵权法	AOLs	NO	算例

文献	信息类型	属性加权法		WSM/WPM		应用领域
		类型	方法	运算规则	柔性	
Ayyildiz et al. (2020)[59]	SFSs	主观	AHP	AOLs	NO	加油站选址
Rani et al. (2020)[61]	IFT2S (PyFS)	组合	熵 – 偏离度	AOLs	NO	医生选择
Pamucar et al. (2020)[62]	FSs	主观	fuzzy LBWA	AOLs	YES	机地准入模式选择
Akbari et al. (2020)[137]	Z – numbers	主观	fuzzy BWM	AOLs	NO	HSE 风险评价
Ali et al. (2021)[54]	UPLTSs	客观	熵权法	AOLs	NO	算例
Ayyildiz et al. (2021)[30]	PyFSs	主观	AHP	AOLs	NO	难民营选址
Rudnik et al. (2021)[138]	OFNs	主观	AHP	AOLs	NO	项目选择
Simic et al. (2021)[60]	PFSs	主观	得分函数	AOLs	NO	投递模式选择

然而，现有 WASPAS 方法决策方法仍存在着一定的局限性：（1）现有 WASPAS 方法的 WSM 和 WPM 模型通常采用基本代数 t-norm 和 s-norm 运算规则，同时在不同模糊环境（如 IFS，PyFS 等）中决策者评价信息集结融合处理过程中可能出现反直觉的现象，可能导致决策信息不完整和结果不精确。（2）现有 WASPAS 方法在解决决策问题时不能反映决策者的风险偏好，同时无法体现决策过程的柔性。尽管有学者在模糊环境下 WASPAS 方法中融入了 HM 算子（Pamucar et al.，

2020)[131]，能够通过调整参数使决策具备灵活性，但是该参数主要反映决策变量之间关联程度而不是刻画决策者的风险偏好。（3）现有主观、客观以及两者组合的权重确定方法与 WASPAS 方法进行集成，如SWARA、BWM、AHP、LBWA、熵权法、最大偏离法等方法。而对于半客观权重方法 ITARA，还尚未与 WASPAS 方法进行集成研究。因此，为了弥补上述 WASPAS 方法的缺点，本书有必要对现有 WASPAS方法进行改进。

2. CoCoSo 方法

多年来，各种方案排序方法为理性决策理论的发展作出了重要的贡献。然而，由于人类认知的有限性、信息的不确定性以及时间的压力，决策者在现实的决策活动中普遍运用有限理性。所以需要一个适当的决策工具来处理这些问题。组合妥协解（CoCoSo）方法[139]是一种基于组合视角和折衷角度的决策方法，其加权加性模型（WSM）和加权积性模型（WPM）的值通过集成折衷算法与不同的集结策略结合，已获得折衷解决方案，这样能避免决策补偿性问题和实现最终效用的内部均衡，且具有计算复杂性相对较低等优势。目前，该方法已被推广应用到模糊数[140]、勾股模糊数[141-142]、广义正交模糊数[143]、灰色数[144]、粗糙数[145-146]等不同群决策环境，并应用于不同领域，见表 1-2。

从表 1-2 可知，针对群决策问题，采用组合权重的研究偏少，而且尚未出现使用 ITARA 方法来确定属性的客观权重值；在评价信息融合方面大多数研究采用了代数运算规则（AOLs），少数利用了Dombi 运算规则，尚未出现 STIOLs；现有研究大都对 WSM 和 WPM 两模型结果采用文献[147]的得分函数进行去模糊化处理，然而该得分函数没有考虑中性度或犹豫度的影响，这意味着勾股模糊数的部分信息

表 1 - 2　现有 CoCoSo 方法在群决策问题中的研究情况

文献	信息类型	专家权重	属性加权法		组合	运算	去模糊化		应用领域
			主观	客观			方法	阶段	
Erceg et al. (2019)[69]	IVRSs	给定	FUCOM	—	NO	AOLs	—	—	股票管理
Wen et al. (2019)[148]	HFLTSs	犹豫度	评分法	距离	YES	AOLs	得分函数	决策矩阵	服务商选择
Wen et al. (2019)[149]	PLTSs	给定	SWARA	—	NO	AOLs	期望函数	决策矩阵	供应商选择
Yazdani et al. (2019)[68]	GSs	—	BWM	—	NO	AOLs	—	—	供应商选择
Yazdani et al. (2020)[70]	RSs	给定	FUCOM	—	NO	Dombi	—	—	选址
Zhang et al. (2020)[150]	PLTSs	给定	BWM	—	NO	AOLs	期望函数	决策矩阵	供应商选择
Ecer et al. (2020)[64]	FSs	给定	BWM	—	NO	AOLs	得分函数	集结策略	供应商选择
Liao et al. (2020)[65]	PyFSs	期望理论	评分法	关联系数	NO	AOLs	得分函数	集结策略	配送中心选择
Deveci et al. (2021)[151]	FSs	给定	对数法	—	NO	AOLs	—	—	交通管理
Mishra et al. (2021)[152]	HFSs	量化法	给定	辨别度	YES	AOLs	得分函数	集结策略	3PRL 选择
Svadlenka etal. (2021)[153]	PFSs	—	评分法	熵权	YES	Dombi	两步精确法	集结策略	配送模式选择
Alrasheedi et al. (2021)[154]	IVIFSs	偏离度	评分法	相似度	YES	AOLs	得分函数	集结策略	可持续评估
Cui et al. (2021)[66]	PyFSs	量化法	SWARA	相似度	NO	AOLs	得分函数	集结策略	IoT 评价
Rani et al. (2021)[155]	SVNSs	量化法	SWARA	—	NO	AOLs	得分函数	集结策略	再生能源选择
Liu et al. (2021)[156]	PyFSs	量化法	评分法	相似度	YES	AOLs	得分函数	集结策略	MWT 技术选择

丢失可能导致不能有效区分两个勾股模糊数[47,49]。因此，为了弥补上述 CoCoSo 方法的缺陷，本书有必要将 CoCoSo 进行改进来解决勾股模糊群决策问题。

3. VIKOR 方法

在为解决 MCDM 问题的众多现有备选方案排名技术中，考虑距离的决策方法比较普遍而且很受学者们的欢迎，例如 TOPSIS、TODIM、VIKOR、CODAS、EDAS 和 MABAC 等方法。其中，VIKOR 方法最先由 Opricovic 开发，该方法用于复杂系统的多属性优化，并通过最大化群体效用和最小化个体遗憾，在存在冲突属性的情况下，从一组备选方案中获得最终折中解决方案[157]。近些年学者们在不同决策环境下对 VIKOR 方法进行扩展和改进研究，如表 1-3 所示。

表 1-3　　　　　　　VIKOR 方法在不同决策环境下的改进研究

文献	信息类型	加权方法	改进 VIKOR	应用领域
Gupta et al.（2016）[158]	TrIFNs	香农熵权	汉明距离	工厂选址
Dong et al.（2017）[159]	LHFSs	MDM	距离	算例
Hu et al.（2017）[160]	INSs	MDM	投影	医生选择
Wamg amdCai（2017）[161]	HFLTSs	—	距离	应急供应选择
Wang et al.（2018）[162]	PFSs	熵权	规范化投影	风险评估
Shen，Wang（2018）[163]	Z 数	—	综合加权距离	算例
Fei et al.（2019）[164]	实数	邓氏熵权	证据理论	供应商选择
Ding and Liu（2019）[165]	2DULVs	期望值	期望理论	算例
Wang et al.（2019）[166]	IFSs	线性规划	投影	算例
Eroglu，Sahin（2020）[167]	中智数	香农熵权	得分函数	再生能源选择
Yue（2020）[168]	PFSs	—	规范化投影	软件评估

续表

文献	信息类型	加权方法	改进 VIKOR	应用领域
Yue et al.（2020）[169]	PLTSs	Shapley 模糊	欧氏距离	视频推荐系统
Yang et al.（2020）[170]	PHFSs	MDM	距离	选址
Akram et al.（2021）[171]	CSFSs	—	欧氏距离	算例
Gou et al.（2021）[172]	DHHFLESs	MDM	欧氏距离	智能医疗
Qi et al.（2021）[173]	粗集	熵权	理想解法	设计方案评价
Deng et al.（2021）[174]	PLTSs	得分函数 与 MDM	投影	新能源项目选择
Zhou and Chen（2021）[175]	PyFSs	—	广义距离	算例
Tian et al.（2021）[176]	PFSs	熵权	相似性	WET – PPP 可持续评估
Wan et al.（2021）[177]	TrIT2FSs	BWM	含可能度的距离	临时医院选择
Khan et al.（2022）[178]	PyFSs	—	非相似性	算例
Mishra et al.（2022）[179]	FHFSs	MDM	远离指数	算例
Riaz et al.（2022）[180]	CBFSs	熵权	汉明距离	再生资源选择
Yue（2022）[181]	PFSs	—	投影	软件可靠性评价

在这些研究工作中，对 VIKOR 方法改进的地方基本集中于群体效用和个体遗憾的测度。这些研究工作提出不同环境下的距离测度、投影模型、Remoteness 指数、相似度和非相似度等。此外，我们也可以看到：Shannon 熵、Deng 熵、最大偏离度方法（MDM）、线性规划模型、最优最差法（BWM）、期望值和得分函数等加权方法可以与改进的 VIKOR 集成，并且这些方法可以被用来确定属性的客观和主观权重。毫无疑问，这些方法是处理准则存在冲突的 MCDM 问题的有力工具，并在现实情况下被应用来解决风险评价、供应商选择、再生能源选择、软件评价、设计概念评价等问题。

4. ARAS 方法

作为一种有效的方案排名技术，ARAS 方法最先由扎瓦德斯卡斯和图尔斯基斯（Zavadskas and Turskis，2010）[182] 提出。该方法主要步骤有构建决策矩阵、数据规范化、定义规范化加权矩阵、计算最优函数和效用度，以及方案最终排名[183]。ARAS 方法试图简化复杂决策问题，并通过相对指数（效用度）来选择最佳方案。该指数可以反映方案与理想解之间的差异，并消除不同测度单位的影响[29]。因此，ARAS 方法的优点如下：（1）能与属性权重直接成比例关系；（2）能够处理极其复杂的决策问题；（3）计算过程简单且结果合理。近年来，众多学者对 ARAS 方法在不同环境下进行广泛的扩展研究。例如，经典模糊集[184-185]、粗糙集[186]、犹豫语言集[187]、中智集[188]、图模糊集[189]、直觉模糊集[190]、费马模糊集[191]、球面模糊集[192]和 q 阶 orthopair 模糊集[193]。我们通过整理发现在 ARAS 扩展研究中还存在三个问题：（1）在 ARAS 计算过程中忽视了输入决策变量之间的关联关系；（2）在确定效用指数时，通过采用去模糊化后的精确值比例形式表达方案与理想解之间的差距，而忽视分母出现极小或零的情况，从而导致效用指数无现实含义；（3）目前还没有关于在 T 球面模糊集环境下开发 ARAS 方法的研究。为此，本书有必要对 ARAS 在 T 球面模糊集环境下进行扩展并解决上述三个问题。

1.3　需进一步研究问题

综合 1.2 节扩展模糊集的研究情况，本节说明仍然需要进一步研究的问题，具体内容如下：

1. 扩展模糊信息测度方法研究

作为基础方法，信息测度可以为后续决策方法研究提供技术支持。主要针对 q 阶 orthopair 模糊集中关于可能度、熵、交叉熵存在的缺点提出新的信息测度方法。对于尚未在 q 阶 orthopair 模糊中出现的 Lance 距离，本书有必要给出新的定义。同时，对尚未在 T 球面模糊集中出现的熵、交叉熵和相似性进行研究。

2. 扩展模糊环境下信息集结算子研究

现有扩展模糊下的信息集结算子不同程度忽视一些重要的因素，比如扩展模糊数中各隶属函数之间的交互性、决策变量之间相互关联关系和优先关系，以及一些重要的运算算子尚未出现在扩展模糊环境下，如 Frank t-norms、正弦三角运算、Aczel – Alsina t-norms 等。在扩展模糊集中综合考虑多种因素研究各类信息集结算子能够使决策结果更好地贴近实际决策情况。

3. 扩展模糊环境下多属性决策方法研究

现有一些决策技术，如 WASPAS、CoCoSo、VIKOR、ARAS 方法，在扩展模糊集中还没有得到扩展研究，同时考虑到这些方法在扩展过程中的合理性和可操作性，有必要对这些决策方法进行改进。这些问题主要如下：WASPAS、CoCoSo 和 ARAS 方法中 WSM 或 WPM 中众多属性在决策过程中忽视了它们之间的关联关系；现有扩展模糊数的得分函数在被用于去模糊化过程中忽视拒绝度的参与，造成处理结果不精确；现有多属性方法出现的秩反转的问题；决策过程中没有考虑决策者的决策态度问题等。因此，有必要深入研究如何有效解决上述决策问题。

4. 扩展模糊多属性决策方法的应用

目前，扩展模糊多属性决策方法应用研究方面的成果较少，设计的范围较狭窄，没有充分发挥扩展模糊评价信息方面的优势，以及决策方法的合理性和有效性。因此，如何在现实决策问题中利用扩展模糊决策方法有待进一步研究。

1.4 研究内容及研究思路

1.4.1 研究内容

1. q 阶 orthopair 模糊环境下信息测度研究

本部分在 q 阶 orthopair 模糊集的基础上，分别提出了可能度、熵、交叉熵和 Lance 距离等信息测度。其中 q 阶 orthopair 模糊可能度不仅可以测度任意两个 q 阶 orthopair 模糊数的差异程度，而且可以作为备选方案排名技术解决决策问题。熵和交叉熵可以作为后续研究中确定属性权重的关键技术。Lance 距离测度被扩展相较于现有距离测度更为稳定和可靠，可以被用于确定属性权重或与其他决策方法进行集成应用。

2. 基于扩展模糊集的信息集结算子研究

本部分主要是将 Frank、正弦三角、Aczel – Alsina 等各种 t-norms 运算算子在扩展模糊环境下进行扩展，开发一些考虑模糊数中隶属函数之间交互性、输入决策变量之间关联性以及优先性等因素的集结算子，进而探讨这些集结算子的性质和特例，具体内容包括以下几个方面：

（1）勾股模糊 Frank 交叉和正弦三角交叉集结算子。

针对勾股模糊数中隶属度与非隶属度之间交互关系的问题，分别基于 Frank t-norms 和正弦三角运算规则提出了勾股模糊 Frank 交叉加权集结算子（包括 PyFFIWA 和 PyFFIWG 算子）和正弦三角交叉勾股模糊加权集结算子（包括 STI – PyFWA 和 STI – PyFWG），并且讨论了它们的基本性质，如幂等性、单调性和有界性等。

（2）q 阶 orthopair 模糊 Frank Shapley Choquet 集结算子。

针对 q 阶 orthopair 模糊数之间的关联关系的问题，基于 q 阶 orthopair 模糊 Frank 运算规则开发了集成 Shapley Choquet 积分的集结算子，即 q – ROFFSCA 和 q – ROFFSCG 算子，并讨论其满足的幂等性、单调性和有界性等基本性质。此外考虑到这些算子中含有的参数，分析了这些算子具有的一些特例。

（3）T 球面模糊 Aczel – Alsina Heronian 平均和交叉幂 Heronian 平均集结算子。

在 T 球面模糊环境下，考虑决策变量之间两两关联关系以及 T 球面模糊数中隶属度、中性度和非隶属度之间的交互性，分别提出了基于 Aczel – Alsina t-norms 运算的 TSFAAHM 集结算子和基于 T 球面模糊数交叉运算的 TSFIPHM 集结算子。进而讨论这些算子的基本性质以及特例情况。

（4）T 球面模糊 Frank softmax 集结算子。

在 T 球面模糊环境下，考虑决策变量优先度柔性可调的问题，在 T 球面模糊数 Frank t-norms 运算规则基础上集成 softmax 函数，提出了 T 球面模糊 Frank softmax 集结算子，并且讨论了这些算子的基本性质，还详细讨论了参数取不同值时的特例情况。此外，分析了关于 Frank 运算参数 θ 的单调性。

3. 勾股模糊多属性决策方法及其应用

（1）改进 WASPAS 方法。

针对传统 WASPAS 方法中 WSM 和 WPM 无法反映决策者的决策心理和勾股模糊环境下 WSM 或 WPM 无法避免反直觉的问题，研究一种基于改进 WASPAS 方法的勾股模糊多属性决策模型。首先将 ITARA 方法在勾股模糊环境中进行扩展来确定属性的客观权重。然后，利用上文提出的 PyFFIWA 和 PyFFIWG 算子替代传统 WASPAS 方法中 WSM 和 WPM。最后通过云计算产品选择的案例对所提方法的有效性进行验证分析。

（2）CoCoSo – D 方法。

针对传统 CoCoSo 方法中在勾股模糊环境下 WSM 或 WPM 无法避免反直觉，以及将现有得分函数用来勾股模糊数去模糊化的问题，提出一种基于改进 CoCoSo 方法的勾股模糊多属性群决策模型。首先将 ITARA 方法在勾股模糊环境中进行扩展来确定属性的客观权重，利用 STI – PyFWA 算子确定属性主观权重并确定属性主客观组合权重。然后利用 STI – PyFWA 和 STI – PyFWG 算子分别替代传统 CoCoSo 方法中的 WSM 和 WPM 模型以及利用距离测度将勾股模糊数转换成精确值，使其能够更好地保留决策信息偏好和更好的操作性。最后，通过案例、灵敏度分析和方法比较研究验证所提方法的有效性和优势性。

4. q 阶 orthopair 模糊多属性决策方法及其应用

（1）参考理想解方法。

针对现有多准则决策方法的秩反转的问题，首先利用 q 阶 ortho-pair 模糊可能度确定准则最优权重向量。然后，利用 q 阶 orthopair 模糊交叉熵确定规范化决策矩阵。进而确定各备选方案的相对指数。最后，通过再生能源项目投资决策的算例，说明所提方法的计算过程，以及由方法比较分析验证所提方法的有效性。

（2）改进 VIKOR 方法。

针对 q 阶 orthopair 模糊多属性群决策过程中决策专家之间、属性之间的关联关系的问题，以及避免 VIKOR 方法的秩反转的问题，提出一种基于 RIM – VIKOR 的多属性群决策方法。首先，由 q – ROFCE 和 q – ROFE 结合分别确定专家和属性的最优模糊测度。然后，采用任意两个 q 阶 orthopair 模糊数的差异程度测度的 q – ROFCE 来替代传统 RIM 中的距离测度确定偏差程度。由此，将 Shapley Choquet 积分与 q – ROFCE 结合并替代传统 VIKOR 方法中加权距离测度，不仅能够强化属性间关联关系，而且能够有效弥补距离元素组合排序位置的重要性被忽略的缺陷，进而确定最优方案。最后，通过制造企业供应商选择的算例来说明所提方法计算过程，并且通过参数分析和方法比较研究来验证所提方法的有效性。

5. T 球面模糊多属性群决策方法及其应用

（1）改进 CoCoSo 方法。

针对传统 CoCoSo 方法中 WSM 和 WPM 无法反映决策者的决策心理问题，基于上文所提 T – SFFSWA 和 T – SFFSWG 算子关于 Frank 参数 θ 的单调性，提出了一种基于改进 CoCoSo 方法的 T 球面模糊多属性群决策模型。首先，结合 T – SFDEMATEL 方法和 T 球面模糊相似性度量来确定属性的主客观综合权重。进而 T – SFFSWA 和 T – SFF-SWG 算子用于集结个体评估信息，并依次计算备选方案的性能值。然后，将 T 球面模糊汉明距离应用于去模糊化处理（计算备选方案的贴近度），进一步获得了三种决策策略和每个备选方案的综合效用值。最后，通过案例、灵敏度分析和方法对比研究验证所提方法的有效性和优势性。

（2）改进 ARAS 方法。

考虑到传统 ARAS 方法中 WSM 忽视了属性之间的关联关系以及效用程度由比率关系求得的问题，构建了一种基于改进 ARAS 方法的 T 球面模糊多属性群决策模型。首先由定义的 T 球面模糊相似性测度计算专家权重，由定义 T 球面模糊熵测度确定属性客观权重，由扩展 TSF SWARA 方法确定属性主观权重，进而确定属性组合权重。然后，利用上文所提 TSFAAWHM 算子替代传统 ARAS 中 WSM，并利用定义的 T 球面模糊交叉熵确定各方案的效用度。最后由案例、灵敏度分析和方法对比研究验证所提方法的有效性、灵活性和优势性。

1.4.2　研究思路与方法

本书按照扩展模糊环境下"基础理论—信息测度方法研究—信息集结算子研究—多属性决策方法及其应用研究"的思路，综合模糊数学、计算机科学、多属性决策理论、文献分析等理论与方法，采用理论分析和实际案例分析相结合、定性和定量相结合的方法。第一，在扩展模糊集合的基本概念基础上，研究 q 阶 orthopair 模糊和 T 球面模糊的信息测度方法，这为后续确定属性权重和决策方法奠定了理论基础。第二，开发不同模糊环境下的集结算子，包括勾股模糊 Frank 交叉集结算子、勾股模糊正弦三角交叉集结算子、q 阶 orthopair 模糊 Frank Shapley Choquet 集结算子、T 球面模糊 Aczel - Alsina Heronian 平均集结算子、T 球面模糊交叉幂 Heronian 平均集结算子和 T 球面模糊 Frank softmax 集结算子。第三，研究勾股模糊多属性决策方法，包括基于改进 WASPAS 的多属性决策方法和基于 CoCoSo - D 的勾股模糊多属性群决策方法，并分别通过案例研究演示所提方法的计算过程，说明方法的有效性。第四，研究 q 阶 orthopair 模糊多属性决策方法，包括基于参考理想法的多准则决策方法和基于改进 VIKOR 的多属性群决策方法，并利用案例分析演示各方法的计算过程，说明方法的有效性。第五，研究 T 球面模糊多属性群决策方法，包括基于改进 CoCoSo 的多属性群决策方法和基于改进 ARAS 的多属性群决策方法，并分别通过案例分析演示方法的计算过程，说明方法的有效性。

第2章

基本理论与概念

2.1 勾股模糊集

定义 2-1[2]. 在一个给定的论域 Y 中，存在任意的元素 $y \in Y$，那么直觉模糊集（IFS）可以定义为

$$X = \{ \langle y, \mu_X(y), \nu_X(y) \rangle \,|\, y \in Y \} \tag{2.1}$$

式中，$\mu_X: Y \rightarrow [0, 1]$，$\nu_X: Y \rightarrow [0, 1]$，$\mu_X(y)$ 和 $\nu_X(y)$ 分别表示论域 Y 中的元素 y 属于集合 X 的隶属度和非隶属度，并且满足 $0 \leqslant \mu_X(y) + \nu_X(y) \leqslant 1$ 的条件，$\pi_X(y) = 1 - \mu_X(y) + \nu_X(y)$ 表示犹豫度。为了便于表达与应用，$\langle \mu_X(y), \nu_X(y) \rangle$ 被称为直觉模糊数，表示为 $X = (\mu_X, \nu_X)$，并且满足 $\mu_X, \nu_X \in [0, 1]$ 和 $\mu_X + \nu_X \leqslant 1$ 的条件。

定义 2-2[3]. 在一个给定的论域 Y 中，存在任意的元素 $y \in Y$，那么勾股模糊集（PyFS）可以定义为

$$P = \{ \langle y, \mu_P(y), \nu_P(y) \rangle \,|\, y \in Y \} \tag{2.2}$$

式中，$\mu_P: Y \rightarrow [0, 1]$，$\nu_P: Y \rightarrow [0, 1]$，$\mu_P(y)$ 和 $\nu_P(y)$ 分别表示论域 Y 中的元素 y 属于集合 P 的隶属度和非隶属度，并且满足 $0 \leqslant (\mu_P$

$(y))^2 + (\nu_P(y))^2 \leqslant 1$ 的条件，$\pi_P(y) = \sqrt{1 - \mu_P^2(y) - \nu_P^2(y)}$ 表示犹豫度。为了便于表达与应用，$\langle \mu_P(y), \nu_P(y) \rangle$ 被称为勾股模糊数，表示为 $P = (\mu_P, \nu_P)$，并且满足 $\mu_P, \nu_P \in [0, 1]$ 和 $\mu_P^2 + \nu_P^2 \leqslant 1$ 的条件。

定义 2 - 3[194]**.** 设 $\alpha = (\mu_\alpha, \nu_\alpha)$，$\alpha_i = (\mu_{\alpha i}, \nu_{\alpha i})(i = 1, 2)$ 为任意三个勾股模糊数，实数 $\lambda > 0$，则勾股模糊数的基本运算法则如下：

(1) $\alpha_1 \oplus \alpha_2 = \left(\sqrt{1 - (1 - \mu_{\alpha_1}^2)(1 - \mu_{\alpha_2}^2)}, \ \nu_{\alpha_1}\nu_{\alpha_2} \right)$；

(2) $\alpha_1 \otimes \alpha_2 = \left(\mu_{\alpha_1}\mu_{\alpha_2}, \ \sqrt{1 - (1 - \nu_{\alpha_1}^2)(1 - \nu_{\alpha_2}^2)} \right)$；

(3) $\lambda\alpha = \left(\sqrt{1 - (1 - \mu_\alpha^2)^\lambda}, \ \nu_\alpha^\lambda \right)$；

(4) $\alpha^\lambda = \left(\mu_\alpha^\lambda, \ \sqrt{1 - (1 - \nu_\alpha^2)^\lambda} \right)$。

定理 2 - 1[194]**.** 设 $\alpha = (\mu_\alpha, \nu_\alpha)$，$\alpha_i = (\mu_{\alpha i}, \nu_{\alpha i})$ $(i = 1, 2)$ 为任意三个勾股模糊数，实数 λ，λ_1，$\lambda_2 > 0$，则它们具有如下运算性质：

(1) $\alpha_1 \oplus \alpha_2 = \alpha_2 \oplus \alpha_1$；

(2) $\alpha_1 \otimes \alpha_2 = \alpha_2 \otimes \alpha_1$；

(3) $\lambda \cdot (\alpha_1 \oplus \alpha_2) = \lambda \cdot \alpha_1 \oplus \lambda \cdot \alpha_2$；

(4) $\lambda_1 \cdot \alpha \oplus \lambda_2 \cdot \alpha = (\lambda_1 + \lambda_2) \cdot \alpha$；

(5) $\alpha^{\lambda_1} \otimes \alpha^{\lambda_2} = \alpha^{(\lambda_1 + \lambda_2)}$；

(6) $\alpha_1^\lambda \otimes \alpha_2^\lambda = (\alpha_1 \otimes \alpha_2)^\lambda$。

定义 2 - 4[33]**.** 设 $\alpha = (\mu_\alpha, \nu_\alpha)$ 为任意一个勾股模糊数，则该规范化得分函数和精确函数分别定义为

$$sc(\alpha) = \frac{1}{2}(1 + \mu_\alpha^2 - \nu_\alpha^2) \tag{2.3}$$

$$ac(\alpha) = \mu_\alpha^2 + \nu_\alpha^2 \tag{2.4}$$

定义 2 - 5[194]**.** 设 $\alpha_i = (\mu_{\alpha i}, \nu_{\alpha i})(i = 1, 2)$ 为任意两个勾股模糊数，$sc(\alpha_1)$ 和 $sc(\alpha_2)$ 分别是 α_1 和 α_2 的得分函数，$ac(\alpha_1)$ 和 $ac(\alpha_2)$ 分别是 α_1 和 α_2 的精确函数，则 α_1 和 α_2 大小比较规则如下：

(1) 若 $sc(\alpha_1) < sc(\alpha_2)$，则 $\alpha_1 < \alpha_2$；

（2）若 $sc(\alpha_1) = sc(\alpha_2)$，那么

（ⅰ）如果 $ac(\alpha_1) < ac(\alpha_2)$，则 $\alpha_1 < \alpha_2$；

（ⅱ）如果 $ac(\alpha_1) > ac(\alpha_2)$，则 $\alpha_1 > \alpha_2$；

（ⅲ）如果 $ac(\alpha_1) = ac(\alpha_2)$，则 $\alpha_1 = \alpha_2$。

定义 2 - 6[41]．对于任意两个勾股模糊数 $\alpha_i = (\mu_{\alpha i}, \nu_{\alpha i})(i = 1, 2)$，实数 $\gamma > 0$，则它们之间的广义距离测度定义为

$$D_G(\alpha_1, \alpha_2) = \left(\frac{1}{2}\left(|\mu_1^2 - \mu_2^2|^\gamma + |\nu_1^2 - \nu_2^2|^\gamma + |\pi_1^2 - \pi_2^2|^\gamma \right) \right)^{1/\gamma} \quad (2.5)$$

当参数 γ 取不同值时，这里有以下特例：

（1）当 $\gamma = 1$，则式（2.5）被称为勾股模糊汉明距离测度；

（2）当 $\gamma = 2$，则式（2.5）被称为勾股模糊欧几里得距离测度；

（3）当 $\gamma \to +\infty$，则式（2.5）被称为勾股模糊 Chebychev 距离测度。

2.2　q 阶 orthopair 模糊集

定义 2 - 7[7]．在一个给定的论域 Y 中，存在任意的元素 $y \in Y$，那么 q 阶 orthopair 模糊集（q – ROFS）可以定义为

$$Q = \{\langle y, \mu_Q(y), \nu_Q(y) \rangle | y \in Y\} \quad (2.6)$$

式中，$\mu_Q: Y \to [0, 1]$，$\nu_Q: Y \to [0, 1]$，$\mu_Q(y)$ 和 $\nu_Q(y)$ 分别表示论域 Y 中的元素 y 属于集合 Q 的隶属度和非隶属度，并且满足 $0 \leqslant (\mu_Q(y))^q + (\nu_Q(y))^q \leqslant 1$ 的条件，$\pi_Q(y) = \sqrt[q]{1 - \mu_Q^q(y) - \nu_Q^q(y)}$ 表示犹豫度。为了便于表达与应用，$\langle \mu_Q(y), \nu_Q(y) \rangle$ 被称为勾股模糊数，表示为 $Q = (\mu_Q, \nu_Q)$，并且满足 $\mu_Q, \nu_Q \in [0, 1]$ 和 $\mu_Q^q + \nu_Q^q \leqslant 1$ 的条件。

定义 2-8[65]**.** 设 $\beta = \langle \mu, \nu \rangle$ 为 q 阶 orthopair 模糊数，则 β 的得分函数和精确函数分别为

$$sc(\beta) = \frac{1}{2}(1 + \mu^q - \nu^q) \tag{2.7}$$

$$ac(\beta) = \mu^q + \nu^q \tag{2.8}$$

基于定义 2，刘等（Liu et al.，2018）[65] 和刘熠等（2020）[195] 给出了任意两个 q 阶 orthopair 模糊数之间的大小比较方式，并定义如下。

定义 2-9[65]**.** 设 $\beta_1 = \langle \mu_1, \nu_1 \rangle$ 和 $\beta_2 = \langle \mu_2, \nu_2 \rangle$ 任意两个 q 阶 orthopair 模糊数，则

（1）若 $sc(\beta_1) < sc(\beta_2)$，那么 $\beta_1 < \beta_2$；

（2）若 $sc(\beta_1) = sc(\beta_2)$，那么

（ⅰ）当 $ac(\beta_1) < ac(\beta_2)$，则 $\beta_1 < \beta_2$；

（ⅱ）当 $ac(\beta_1) = ac(\beta_2)$，则 $\tilde{\alpha}_1 = \tilde{\alpha}_2$。

定义 2-10[7]**.** 设 $\beta = (\mu, \nu)$，$\beta_i = (\mu_i, \nu_i)(i = 1, 2)$ 为任意三个 q 阶 orthopair 模糊数，实数 $\lambda > 0$，则这些 q 阶 orthopair 模糊数的基本运算法则如下：

（1）$\beta_1 \oplus \beta_2 = (\sqrt[q]{\mu_1^q + \mu_2^q - \mu_1^q \mu_2^q}, \nu_1 \nu_2)$；

（2）$\beta_1 \otimes \beta_2 = (\mu_1 \nu_2, \sqrt[q]{\nu_1^q + \nu_2^q - \nu_1^q \nu_2^q})$；

（3）$\lambda \beta = (\sqrt[q]{1 - (1 - \mu^q)^\lambda}, \nu^\lambda)$；

（4）$\beta^\lambda = (\mu^\lambda, \sqrt[q]{1 - (1 - \nu^q)^\lambda})$。

定义 2-11[72]**.** 设 $\beta_1 = \langle \mu_1, \nu_1 \rangle$ 和 $\beta_2 = \langle \mu_2, \nu_2 \rangle$ 任意两个 q 阶 orthopair 模糊数，则 β_1 与 β_2 之间的 q 阶 orthopaoir 模糊汉明距离定义为

$$D(\beta_1, \beta_2) = \frac{1}{2}(|\mu_1^q - \mu_2^q| + |\nu_1^q - \nu_2^q| + |\pi_1^q - \pi_2^q|) \tag{2.9}$$

定义 2 – 12[65]. 设 $\beta_j = \langle \mu_j, \nu_j \rangle (j = 1, 2, \cdots, n)$ 为一组 q 阶 orthopair 模糊数，$w = (w_1, w_2, \cdots, w_n)^T$ 为相应权重向量，满足 $0 \leq w_j \leq 1$ 且 $\sum\limits_{j=1}^{n} w_j = 1 (j = 1, 2, \cdots, n)$，则 q – ROFWA 算子和 q – ROFWG 算子可定义如下：

$$q - ROFWA(\beta_1, \beta_2, \cdots, \beta_n) = \sum_{j=1}^{n} w_j \beta_j =$$

$$\left(\sqrt[q]{1 - \prod_{j=1}^{n} (1 - \mu_j^q)^{w_j}}, \prod_{j=1}^{n} \nu_j^{w_j} \right) \qquad (2.10)$$

$$q - ROFWG(\beta_1, \beta_2, \cdots, \beta_n) = \sum_{j=1}^{n} (\beta_j)^{w_j} =$$

$$\left(\prod_{j=1}^{n} \mu_j^{w_j}, \sqrt[q]{1 - \prod_{j=1}^{n} (1 - \nu_j^q)^{w_j}} \right) \qquad (2.11)$$

2.3　T 球面模糊集

定义 2 – 13[31]. 设 X 为一非空集合，A 在 X 上的 T 球面模糊集合（T – SFS）定义为

$$A = \left\{ \langle x, (\mu_A(x), \eta_A(x), \nu_A(x)) \rangle \,|\, x \in X \right\} \qquad (2.12)$$

其中，$\mu_A(x): x \rightarrow [0, 1]$，$\eta_A(x): x \rightarrow [0, 1]$，$\nu_A(x): x \rightarrow [0, 1]$ 分别表示隶属度、节制度和非隶属度，满足 $0 \leq \mu_A^q(x) + \eta_A^q(x) + \nu_A^q(x) \leq 1 (q \geq 1)$。犹豫度表示为 $\pi_A(x) = (1 - \mu_A^q(x) - \eta_A^q(x) - \nu_A^q(x))^{\frac{1}{q}}$。为了计算方便，记 T 球面模糊数为 $a = \langle \mu, \eta, \nu \rangle$。

T 球面模糊数可以作为现有模糊框架的一种推广形式，T 球面模糊数拥有以下特例：

（1）如果考虑 $q = 2$，T 球面模糊数退化为球面模糊数[31]；

（2）如果考虑 $q = 1$，T 球面模糊数退化为图模糊数[29]；

（3）如果考虑 $\eta = 0$，T 球面模糊数退化为 q 阶 orthopair 模糊数[7]；

（4）如果考虑 $q = 2$，$\eta = 0$，T 球面模糊数退化为勾股模糊数[4]；

（5）如果考虑 $q = 1$，$\eta = 0$，T 球面模糊数退化为直觉模糊数[2]；

（6）如果考虑 $q = 1$，$\eta = 0$，$\nu = 0$，T 球面模糊数退化为经典模糊数[1]。

定义 2 – 14[90,96]. 设 $a = \langle \mu, \eta, \nu \rangle$ 为一个 T 球面模糊数，则其得分函数 sc 和精确函数 ac 分别定义为

$$sc(a) = \frac{1}{2}(1 + \mu^q - \eta^q - \nu^q) \tag{2.13}$$

$$ac(a) = \mu^q + \eta^q + \nu^q \tag{2.14}$$

定义 2 – 15[96]. 设 $a_1 = \langle \mu_1, \eta_1, \nu_1 \rangle$ 和 $a_2 = \langle \mu_2, \eta_2, \nu_2 \rangle$ 为两个 T 球面模糊数，依据下面规则能够比较两者大小：

（1）如果 $sc(a_1) > sc(a_2)$，则 $a_1 > a_2$；

（2）如果 $sc(a_1) = sc(a_2)$，那么

（ⅰ）若 $ac(a_1) > ac(a_2)$，则 $a_1 > a_2$；

（ⅱ）若 $ac(a_1) = ac(a_2)$，则 $a_1 = a_2$。

定义 2 – 16[31,94]. 设 $a_1 = \langle \mu_1, \eta_1, \nu_1 \rangle$ 和 $a_2 = \langle \mu_2, \eta_2, \nu_2 \rangle$ 为两个 T 球面模糊数，λ 为非负实数，则 T 球面模糊数代数运算规则描述如下：

（1）$a_1 \oplus a_2 = \langle (\mu_1^q + \mu_2^q - \mu_1^q \mu_2^q)^{\frac{1}{q}}, \eta_1 \eta_2, \nu_1 \nu_2 \rangle$；

（2）$a_1 \otimes a_2 = \langle \mu_1 \mu_2, (\eta_1^q + \eta_2^q - \eta_1^q \eta_2^q)^{\frac{1}{q}}, (\nu_1^q + \nu_2^q - \nu_1^q \nu_2^q)^{\frac{1}{q}} \rangle$；

（3）$\lambda a_1 = \langle (1 - (1 - \mu_1^q)^\lambda)^{\frac{1}{q}}, \eta_1^\lambda, \nu_1^\lambda \rangle$；

（4）$a_1^\lambda = \langle \mu_1^\lambda, (1 - (1 - \eta_1^q)^\lambda)^{\frac{1}{q}}, (1 - (1 - \nu_1^q)^\lambda)^{\frac{1}{q}} \rangle$。

直觉模糊环境下代数和与积的运算规则存在的缺点已被证明（He et al.，2021）[196]。例如，在直觉模糊集中某一直觉模糊数的非隶属

度值为 0，而其他直觉模糊数的非隶属度值非零，则通过代数和运算规则集得到最终非隶属度值也为 0，这一结果是不合理的且违反直觉的。因此，在 T 球面模糊环境下，不仅定义 2 - 16 中代数运算规则存在这种情况，而且在 Einstein 运算、Hamacher 运算等中也存在。另外，有学者定义的 T 球面模糊数交互运算规则（IOL - ZG）存在一些缺陷（Zeng et al.，2019；[92] Garg et al.，2018）[93]，可能存在任意两个 T 球面模糊数的和运算和乘运算违反 T 球面模糊数基本约束条件。

定义 2 - 17[92]. 设 $a_1 = \langle \mu_1, \eta_1, \nu_1 \rangle$ 和 $a_2 = \langle \mu_2, \eta_2, \nu_2 \rangle$ 为任意两个 T 球面模糊数，则 T 球面模糊数交互和运算规则为

$$a_1 \oplus a_2 = \langle (1 - (1 - \mu_1^q)(1 - \mu_2^q))^{\frac{1}{q}}, \ (1 - (1 - \eta_1^q)(1 - \eta_2^q))^{\frac{1}{q}},$$
$$((1 - \mu_1^q)(1 - \mu_2^q) - (1 - \mu_1^q - \eta_1^q - \nu_1^q)$$
$$(1 - \mu_2^q - \eta_2^q - \nu_2^q) - \eta_1^q \eta_2^q)^{\frac{1}{q}} \rangle \qquad (2.15)$$

例如，当 $a_1 = \langle 1, 0, 0 \rangle$ 和 $a_2 = \langle 0, 1, 0 \rangle$ 时，由公式（2.15）可得，$a_1 \oplus a_2 = \langle 1, 1, 0 \rangle$，此时，$(1)^q + (1)^q + (0)^q = 2$，而不能满足 $0 \leqslant \mu_A^q(x) + \eta_A^q(x) + \nu_A^q(x) \leqslant 1 (q \geqslant 1)$ 条件。显然，定义 2 - 17 是不合理的。

为了克服上述不合理的情况，提出了 T 球面模糊交互运算规则（Ju et al.，2021）。

定义 2 - 18[96]. 设 $a_1 = \langle \mu_1, \eta_1, \nu_1 \rangle$ 和 $a_2 = \langle \mu_2, \eta_2, \nu_2 \rangle$ 为任意两个 T 球面模糊数，λ 为非负实数，则交互运算规则定义如下：

（1）$a_1 \oplus a_2 = \langle (1 - (1 - \mu_1^q)(1 - \mu_2^q))^{\frac{1}{q}}, \ ((1 - \mu_1^q)(1 - \mu_2^q) - (1 - \mu_1^q - \eta_1^q)(1 - \mu_2^q - \eta_2^q))^{\frac{1}{q}}, \ ((1 - \mu_1^q - \eta_1^q)(1 - \mu_2^q - \eta_2^q) - (1 - \mu_1^q - \eta_1^q - \nu_1^q)(1 - \mu_2^q - \eta_2^q - \nu_2^q))^{\frac{1}{q}} \rangle$；

（2）$a_1 \otimes a_2 = \langle ((1 - \nu_1^q - \eta_1^q)(1 - \nu_2^q - \eta_2^q) - (1 - \mu_1^q - \eta_1^q - \nu_1^q)(1 - \mu_2^q - \eta_2^q - \nu_2^q))^{\frac{1}{q}}, \ ((1 - \nu_1^q)(1 - \nu_2^q) - (1 - \nu_1^q - \eta_1^q)(1 - \nu_2^q - \eta_2^q))^{\frac{1}{q}}, \ (1 - (1 - \nu_1^q)(1 - \nu_2^q))^{\frac{1}{q}} \rangle$；

（3）$\lambda a_1 = \langle ((1-(1-\mu_1^q)^\lambda)^{\frac{1}{q}},\ ((1-\mu_1^q)^\lambda - (1-\mu_1^q-\eta_1^q)^\lambda)^{\frac{1}{q}},$

$((1-\mu_1^q-\eta_1^q)^\lambda - (1-\mu_1^q-\eta_1^q-\nu_1^q)^\lambda)^{\frac{1}{q}}\rangle$；

（4）$(a_1)^\lambda = \langle ((1-\nu_1^q-\eta_1^q)^\lambda - (1-\mu_1^q-\eta_1^q-\nu_1^q)^\lambda)^{\frac{1}{q}},\ ((1-\nu_1^q)^\lambda -$

$(1-\nu_1^q-\eta_1^q)^\lambda)^{\frac{1}{q}},\ (1-(1-\nu_1^q)^\lambda)^{\frac{1}{q}}\rangle$。

在不同参数值情况下，这里有以下 T 球面模糊数特例：

（1）如果考虑 $q=2$，定义 2-18 中的 T 球面模糊数交互运算退化为球面模糊数交互运算；

（2）如果考虑 $q=1$，定义 2-18 中的 T 球面模糊数交互运算退化为图模糊数交互运算[197-198]；

（3）如果考虑 $\eta=0$，定义 2-18 中的 T 球面模糊数交互运算退化为 q 阶 orthopair 模糊数交互运算[199-201]；

（4）如果考虑 $q=2$，$\eta=0$，定义 2-18 中的 T 球面模糊数交互运算退化为勾股模糊数交互运算[35,38]；

（5）如果考虑 $q=1$，$\eta=0$，定义 2-18 中的 T 球面模糊数交互运算退化为直觉模糊数交互运算[64,202-203]。

定理 2-2[96]**.** 设 $a_1 = \langle \mu_1,\ \eta_1,\ \nu_1 \rangle$ 和 $a_2 = \langle \mu_2,\ \eta_2,\ \nu_2 \rangle$ 为任意两个 T 球面模糊数，λ，λ_1，$\lambda_2 > 0$，则有以下运算法则：

（1）$a_1 \oplus a_2 = a_2 \oplus a_1$；

（2）$a_1 \otimes a_2 = a_2 \otimes a_1$；

（3）$\lambda(a_1 \oplus a_2) = \lambda a_1 \oplus \lambda a_2$；

（4）$\lambda_1 a_1 \oplus \lambda_2 a_1 = (\lambda_1 + \lambda_2) a_1$；

（5）$(a_1)^{\lambda_1} \otimes (a_1)^{\lambda_2} = (a_1)^{\lambda_1 + \lambda_2}$；

（6）$(a_1)^\lambda \otimes (a_2)^\lambda = (a_1 \otimes a_2)^\lambda$。

定义 2-19[96]**.** 设 $a_i = \langle \mu_i,\ \eta_i,\ \nu_i \rangle (i=1,\ 2)$ 为任意两个 T 球面模糊数，则 a_1 和 a_2 之间的标准化汉明距离定义为

$$d_H(a_1,\ a_2) = \frac{1}{3}(\ |\mu_1^q - \mu_2^q| + |\eta_1^q - \eta_2^q| + |\nu_1^q - \nu_2^q|\ ) \quad (2.16)$$

定义 2 – 20[104]**.** 设 $a_i = \langle \mu_i, \eta_i, \nu_i \rangle (i = 1, 2, \cdots, n)$ 为一组 T 球面模糊数，$w = (w_1, w_2, \cdots, w_n)^T$ 为相应权重向量，满足 $0 \leqslant w_j \leqslant 1$ 且 $\sum_{j=1}^{n} w_j = 1 (j = 1, 2, \cdots, n)$，则 T – SFWA 算子可定义如下：

$$T - SFWA(a_1, a_2, \cdots, a_n) = \sum_{j=1}^{n} w_j a_j$$

$$= \left\langle \sqrt[q]{1 - \prod_{j=1}^{n} (1 - \mu_j^q)^{w_j}}, \prod_{j=1}^{n} \eta_j^{w_j}, \prod_{j=1}^{n} \nu_j^{w_j} \right\rangle \qquad (2.17)$$

2.4 本章小结

本章分别回顾了直觉模糊、勾股模糊、q 阶 orthopair 模糊和 T 球面模糊集合相关的概念，包括集合的定义、各模糊数的运算规则与性质、大小比较方法，以及距离测度等。这些为后续章节对三种扩展模糊信息集结和多属性决策方法的研究打下了理论基础。

第3章

扩展模糊评价信息测度方法

　　信息测度是信息理论中重要的基础内容，人们通过各种信息测度来度量信息中含有的不确定、模糊的信息量。在模糊决策理论体系中，熵作为模糊信息处理的基本函数被用于度量模糊集合的模糊程度；可能度、交叉熵和距离测度可以用来刻画各模糊集合之间的相似或差异程度。这些测度方法能为模式识别、机器学习、聚类分析等理论与应用研究提供新的研究方法。本章主要介绍 q 阶 orthopair 模糊和 T 球面模糊环境下评价信息测度的方法，包括 q 阶 orthopair 模糊可能度、q 阶 orthopair 模糊熵、两种 q 阶 orthopair 模糊交叉熵、q 阶 orthopair 模糊 Lance 距离测度和 T 球面模糊熵及交叉熵。

3.1　q 阶 orthopair 模糊可能度

　　定义 3 – 1. 设 $\alpha_1 = \langle \mu_1, \nu_1 \rangle$ 和 $\alpha_2 = \langle \mu_2, \nu_2 \rangle$ 任意两个 q 阶 orthopair 模糊数，则 $\alpha_1 \geqslant \alpha_2$ 的可能度 $p(\alpha_1 \geqslant \alpha_2)$ 定义为：

　　（1）若 $\pi_1 \neq 0$ 或 $\pi_2 \neq 0$，有

$$p(\alpha_1 \geqslant \alpha_2) = \min\left\{\max\left\{\frac{1 + \mu_1^q - 2\mu_2^q - \nu_2^q}{\pi_1^q + \pi_2^q},\ 0\right\},\ 1\right\} \quad (3.1)$$

（2）若 $\pi_1 = \pi_2 = 0$，有

$$p(\alpha_1 \geqslant \alpha_2) = \begin{cases} 1,\ \mu_1 > \mu_2 \\ 0.5,\ \mu_1 = \mu_2 \\ 0,\ \mu_1 < \mu_2 \end{cases} \quad (3.2)$$

定理 3 - 1. 设 $\alpha_1 = \langle \mu_1,\ \nu_1 \rangle$，$\alpha_2 = \langle \mu_2,\ \nu_2 \rangle$ 和 $\alpha_3 = \langle \mu_3,\ \nu_3 \rangle$ 任意 3 个 q 阶 orthopair 模糊数，则 q 阶 orthopair 模糊数的可能度满足以下性质：

（1）$0 \leqslant p(\alpha_1 \geqslant \alpha_2) \leqslant 1$；

（2）$p(\alpha_1 \geqslant \alpha_2) = 1$ 当且仅当 $2\mu_1^q - \mu_2^q \geqslant 1 - \nu_1^q$；

（3）$p(\alpha_1 \geqslant \alpha_2) = 0$ 当且仅当 $2\mu_2^q - \mu_1^q \geqslant 1 - \nu_2^q$；

（4）$p(\alpha_1 \geqslant \alpha_2) + p(\alpha_2 \geqslant \alpha_1) = 1$ 特别地 $p(\alpha_1 \geqslant \alpha_1) = 0.5$；

（5）$p(\alpha_1 \geqslant \alpha_2) \geqslant 0.5$ 当且仅当 $3(\mu_1^q - \mu_2^q) \leqslant \nu_2^q - \nu_1^q$；

（6）若 $p(\alpha_1 \geqslant \alpha_2) \geqslant 0.5$，$p(\alpha_2 \geqslant \tilde{\alpha}_3) \geqslant 0.5$，则 $p(\alpha_1 \geqslant \alpha_3) \geqslant 0.5$。

证明：（1）令 $\xi = \dfrac{1 + \mu_1^q - 2\mu_2^q - \nu_2^q}{\pi_1^q + \pi_2^q}$，则

（ⅰ）若 $\xi \geqslant 1$，则 $p(\alpha_1 \geqslant \alpha_2) = \min(\max(\xi,\ 0),\ 1) = 1$；

（ⅱ）若 $0 < \xi < 1$，则 $p(\alpha_1 \geqslant \alpha_2) = \min(\max(\xi,\ 0),\ 1) = \xi$；

（ⅲ）若 $\xi \leqslant 0$，则 $p(\alpha_1 \geqslant \alpha_2) = \min(\max(\xi,\ 0),\ 1) = 0$。

因此，综合（ⅰ）-（ⅲ），可知 $0 \leqslant p(\alpha_1 \geqslant \alpha_2) \leqslant 1$ 成立。

（2）若 $2\mu_1^q - \mu_2^q \geqslant 1 - \nu_1^q$，则

$$\mu_1^q - \mu_2^q \geqslant 1 - \mu_1^q - \nu_1^q \Rightarrow \mu_1^q - \mu_2^q \geqslant \pi_1^q,$$

又有 $\dfrac{1 + \mu_1^q - 2\mu_2^q - \nu_2^q}{\pi_1^q + \pi_2^q} = \dfrac{\mu_1^q - \mu_2^q + 1 - \mu_2^q - \nu_2^q}{\pi_1^q + \pi_2^q} = \dfrac{\mu_1^q - \mu_2^q + \pi_2^q}{\pi_1^q + \pi_2^q}$

则

$$\frac{1 + \mu_1^q - 2\mu_2^q - \nu_2^q}{\pi_1^q + \pi_2^q} \geqslant \frac{\pi_1^q + \pi_2^q}{\pi_1^q + \pi_2^q} = 1$$

因此，$p(\alpha_1 \geqslant \alpha_2) = 1$ 成立。

（3）若 $2\mu_2^q - \mu_1^q \geqslant 1 - \nu_2^q$，则 $\mu_2^q - \mu_1^q \geqslant 1 - \mu_2^q - \nu_2^q \Rightarrow \mu_2^q - \mu_1^q \geqslant \pi_2^q \Rightarrow \mu_1^q - \mu_2^q \leqslant -\pi_2^q$

那么，

$$\frac{1 + \mu_1^q - 2\mu_2^q - \nu_2^q}{\pi_1^q + \pi_2^q} = \frac{\mu_1^q - \mu_2^q + 1 - \mu_2^q - \nu_2^q}{\pi_1^q + \pi_2^q} = \frac{\mu_1^q - \mu_2^q + \pi_2^q}{\pi_1^q + \pi_2^q}$$

有

$$\frac{1 + \mu_1^q - 2\mu_2^q - \nu_2^q}{\pi_1^q + \pi_2^q} \leqslant \frac{-\pi_2^q + \pi_2^q}{\pi_1^q + \pi_2^q} = 0$$

因此，$p(\alpha_1 \geqslant \alpha_2) = 0$ 成立。

（4）$p(\alpha_1 \geqslant \alpha_2) + p(\alpha_2 \geqslant \alpha_1)$

$$= \min\left\{\max\left\{\frac{1 + \mu_1^q - 2\mu_2^q - \nu_2^q}{\pi_1^q + \pi_2^q}, 0\right\}, 1\right\}$$

$$+ \min\left\{\max\left\{\frac{1 + \mu_2^q - 2\mu_1^q - \nu_1^q}{\pi_1^q + \pi_2^q}, 0\right\}, 1\right\}$$

$$= \min\left\{\max\left\{\frac{(1 + \mu_1^q - 2\mu_2^q - \nu_2^q) + (1 + \mu_2^q - 2\mu_1^q - \nu_1^q)}{\pi_1^q + \pi_2^q}, 0\right\}, 1\right\}$$

$$= \min\left\{\max\left\{\frac{(1 - \mu_2^q - \nu_2^q) + (1 - \mu_1^q - \nu_1^q)}{\pi_1^q + \pi_2^q}, 0\right\}, 1\right\}$$

$$= \min\left\{\max\left\{\frac{\pi_2^q + \pi_1^q}{\pi_1^q + \pi_2^q}, 0\right\}, 1\right\} = 1$$

可知，$p(\alpha_1 \geqslant \alpha_2) + p(\alpha_2 \geqslant \alpha_1) = 1$ 成立。特别地，若 $\alpha_1 = \alpha_2$，则 $p(\alpha_1 \geqslant \alpha_1) + p(\alpha_1 \geqslant \alpha_1) = 1$，因此 $p(\alpha_1 \geqslant \alpha_1) = 0.5$ 成立。

（5）若 $3(\mu_1^q - \mu_2^q) \leqslant \nu_2^q - \nu_1^q$，则：

$$3(\mu_1^q - \mu_2^q) \geqslant \nu_2^q - \nu_1^q$$

$$\Rightarrow 2(\mu_1^q - \mu_2^q) \geqslant 1 - \mu_1^q - \nu_1^q - (1 - \mu_2^q - \nu_2^q)$$

$$\Rightarrow 2(\mu_1^q - \mu_2^q) \geqslant \pi_1^q - \pi_2^q$$

$$\Rightarrow 2(\mu_1^q - \mu_2^q + \pi_2^q) \geqslant \pi_1^q + \pi_2^q$$

$$\Rightarrow \frac{\mu_1^q - \mu_2^q + \pi_2^q}{\pi_1^q + \pi_2^q} \geqslant 0.5$$

$$\Rightarrow \frac{1 + \mu_1^q - 2\mu_2^q - \nu_2^q}{\pi_1^q + \pi_2^q} \geqslant 0.5$$

因此，$p(\alpha_1 \geqslant \alpha_2) \geqslant 0.5$ 成立。

（6）由（5）可知 $p(\alpha_1 \geqslant \alpha_2) \geqslant 0.5$ 且 $p(\alpha_2 \geqslant \alpha_3) \geqslant 0.5$，则 $3(\mu_1^q - \mu_2^q) \leqslant \nu_2^q - \nu_1^q$ 且 $3(\mu_2^q - \mu_3^q) \leqslant \nu_3^q - \nu_2^q$。因而有

$$3(\mu_1^q - \mu_2^q) + 3(\mu_2^q - \mu_3^q) \leqslant (\nu_2^q - \nu_1^q) + (\nu_3^q - \nu_2^q) \Rightarrow 3(\mu_1^q - \mu_3^q) \leqslant \nu_3^q - \nu_1^q$$

因此，由（5）知 $p(\alpha_1 \geqslant \alpha_3) \geqslant 0.5$ 成立。

证毕。

3.2　q 阶 orthopair 模糊熵

定义 3 - 2. 设 $p_i = (\mu_i, \nu_i)$ 为任意一 q 阶 orthopair 模糊数，基于 q 阶 orthopair 模糊汉明距离测度（式（2.9）），则 q 阶 orthopair 模糊数的 q 阶 orthopair 模糊熵（q - ROFE）为

$$q - ROFE(p_i) = (1 - D(p_i, p_i^c))\frac{1 + \pi_i^q}{2} = (1 - |\mu_i^q - \nu_i^q|)\frac{1 + \pi_i^q}{2}$$

$$(3.3)$$

那么，对于 A 为任意 q - ROFS，则 q - ROFS 的 q - ROFE 为

$$q - ROFE(A) = \frac{1}{m} \sum_{i=1}^{m} \left[(1 - |\mu_i^q - \nu_i^q|) \frac{1 + \pi_i^q}{2} \right] \quad (3.4)$$

式中，$D(p_i, p_i^c)$ 为 $p_i = (\mu_i, \nu_i)$ 与 $p_i^c = (\nu_i, \mu_i)$ 之间的 q 阶 orthopair 模糊汉明距离测度。

定理 3 - 2. 设 P、A 和 B 为 3 个 $q-\text{ROFS}$，函数 E：$q-\text{ROFS}(X) \to [0, 1]$ 为 $q-\text{ROFS}$ 的 $q-\text{ROFE}$ 满足以下 4 个性质：

（1）$q - ROFE(P) = 0$ 当且仅当 $P = \langle 0, 1 \rangle$ 或 $P = \langle 1, 0 \rangle$；

（2）$q - ROFE(P) = 1$ 当且仅当 $\mu_P(x_i) = \nu_P(x_i) = 0$，$\forall x_i \in X$；

（3）$q - ROFE(P) = q - ROFE(P^c)$；

（4）$q - ROFE(B) \leqslant q - ROFE(A)$，如果 $\mu_{B_i} \leqslant \mu_{A_i} \leqslant \nu_{A_i} \leqslant \nu_{B_i}$ 或 $\nu_{B_i} \leqslant \nu_{A_i} \leqslant \mu_{A_i} \leqslant \mu_{B_i}$。

证明：

性质（1）~ 性质（3）由定义 3 - 2 容易证明成立。

性质（4）如果 $\mu_{B_i} \leqslant \mu_{A_i} \leqslant \nu_{A_i} \leqslant \nu_{B_i}$，则有

$$
\begin{aligned}
q - ROFE(A) - q - ROFE(B) &= \frac{1}{m} \sum_{i=1}^{m} \left[(1 - |\mu_{A_i}^q - \nu_{A_i}^q|) \frac{1 + \pi_{A_i}^q}{2} \right] \\
&\quad - \frac{1}{m} \sum_{i=1}^{m} \left[(1 - |\mu_{B_i}^q - \nu_{B_i}^q|) \frac{1 + \pi_{B_i}^q}{2} \right] \\
&= \frac{1}{2m} \sum_{i=1}^{m} \left[(1 - |\mu_{A_i}^q - \nu_{A_i}^q|)(2 - \mu_{A_i}^q - \nu_{A_i}^q) \right. \\
&\quad \left. - (1 - |\mu_{B_i}^q - \nu_{B_i}^q|)(\mu_{B_i}^q - \nu_{B_i}^q) \right] \\
&= \frac{1}{2m} \sum_{i=1}^{m} \left[(1 + (\mu_{A_i}^q - \nu_{A_i}^q))(2 - \mu_{A_i}^q - \nu_{A_i}^q) \right. \\
&\quad \left. - (1 + (\mu_{B_i}^q - \nu_{B_i}^q))(\mu_{B_i}^q - \nu_{B_i}^q) \right] \\
&= \frac{1}{2m} \sum_{i=1}^{m} \left[(\mu_{A_i}^q - \mu_{B_i}^q) + 3(\nu_{B_i}^q - \nu_{A_i}^q) \right. \\
&\quad \left. + (\mu_{A_i}^{2q} - \mu_{B_i}^{2q})(\nu_{A_i}^{2q} - \nu_{B_i}^{2q}) \right]
\end{aligned}
$$

$$= \frac{1}{2m} \sum_{i=1}^{m} \left[\left(\mu_{A_i}^q - \mu_{B_i}^q \right) \left(1 - \mu_{A_i}^q - \mu_{B_i}^q \right) \right.$$
$$\left. + \left(\nu_{A_i}^q - \psi_{B_i}^{2q} \right) \left(\nu_{A_i}^q + \nu_{B_i}^q - 3 \right) \right]$$

又因 $\mu_{A_i} \leqslant \nu_{B_i}$，$\mu_{A_i} \leqslant \nu_{A_i}$，则有 $\mu_{A_i}^q + \mu_{B_i}^q \leqslant 1$，$\nu_{A_i}^q + \nu_{B_i}^q \leqslant 1$，因而 $q - ROFE(A) - q - ROFE(B) \geqslant 0$，即得 $q - ROFE(B) \leqslant q - ROFE(A)$。

同理，如果 $\nu_{B_i} \leqslant \nu_{A_i} \leqslant \mu_{A_i} \leqslant \mu_{B_i}$，可得 $q - ROFE(B) \leqslant q - ROFE(A)$。

因此，性质（4）证明成立。证毕。

为了能更清楚和直观地了解该 q – ROFE 的性质，利用 MATLAB 软件，分别生成了当 $q = 3$ 时的 q 阶 orthopair 模糊熵值在单位空间范围的三维视图和平面视图，如图 3 – 1 所示的（a）q – ROFE 的 3D 视图，（b）q – ROFE 的 μ – ν 平面视图。

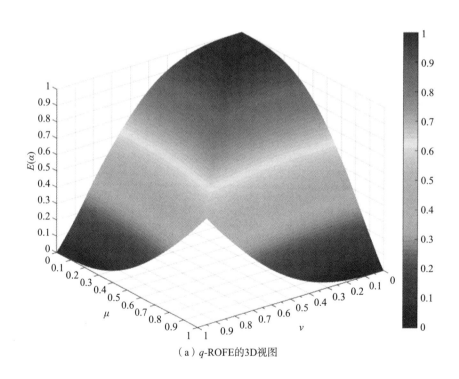

（a）q-ROFE的3D视图

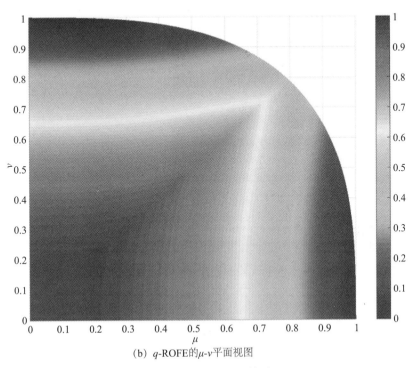

（b）q-ROFE的μ-ν平面视图

图 3 - 1　q - ROFE 性质

例 3 - 1　取 8 个 q 阶 orthopair 模糊数分别为 $p_1 = \langle 1, 0 \rangle$，$p_2 = \langle 0, 1 \rangle$，$p_3 = \langle 0, 0 \rangle$，$p_4 = \langle 0.5, 0.5 \rangle$，$p_5 = \langle 0.8, 0.4 \rangle$，$p_6 = \langle 0.7, 0.7 \rangle$，$p_7 = \langle 0.7, 0.5 \rangle$，$p_8 = \langle 0.6, 0.3 \rangle$。应用式（3.3）计算 q - ROFE 值，计算结果见表 3 - 1。为了验证所提 q - ROFE 的优势，对现有 IFS 和 PyFS 熵表达式在 q 阶 orthopair 模糊环境下进行扩展，应用这些熵对 8 个 q 阶 orthopair 模糊数进行计算，其结果与 q - ROFE 进行对比，见表 3 - 1。

以下为 q 阶 orthopair 模糊环境扩展的现有熵测度，具体如下：

（1）$E_{SK1}(\alpha) = \dfrac{\min(\mu_\alpha^q, \nu_\alpha^q) + \pi_\alpha^q}{\max(\mu_\alpha^q, \nu_\alpha^q) + \pi_\alpha^q}$　$E_{SK2}(\alpha) = 1 - \dfrac{1}{2} \mid \mu_\alpha^q - \nu_\alpha^q \mid$

（Szmidt and Kacpzyk，2001）[204]

（2）$E_{Huang}(\alpha) = \dfrac{1 - \left|\mu_\alpha^q - \nu_\alpha^q\right| + \pi_\alpha^q}{1 + \left|\mu_\alpha^q - \nu_\alpha^q\right| + \pi_\alpha^q}$ （Huang and Liu，2005）[205]

（3）$E_{VS}(\alpha) = \dfrac{2\mu_\alpha^q \cdot \nu_\alpha^q + (\pi_\alpha^q)^2}{(\mu_\alpha^q)^2 + (\nu_\alpha^q)^2 + (\pi_\alpha^q)^2}$ （Vlachos and Sergiadis，

2007）[206]

（4）$E_{Zhang}(\alpha) = \dfrac{\min(\mu_\alpha^q,\ \nu_\alpha^q)}{\max(\mu_\alpha^q,\ \nu_\alpha^q)}$ （Zhang and Jiang，2008）[207]

（5）$E_{Liang}(\alpha) = \dfrac{1 - \left|\mu_\alpha^q - \nu_\alpha^q\right| + \pi_\alpha^q}{1 + \pi_\alpha^q}$ （Liang et al.，2013）[208]

表 3 - 1 　　　　　　　　q 阶 orthopair 模糊数的不同熵测度结果对比

q - ROFNs	q - ROFE	$E_{SK1}^{[204]}$	$E_{SK2}^{[204]}$	$E_{Huang}^{[205]}$	$E_{VS}^{[206]}$	$E_{Zhang}^{[207]}$	$E_{Liang}^{[208]}$
$p_1 = \langle 1,\ 0 \rangle$	0.000	0.000	**0.500**	0.000	0.000	0.000	0.000
$p_2 = \langle 0,\ 1 \rangle$	0.000	0.000	**0.500**	0.000	0.000	0.000	0.000
$p_3 = \langle 0,\ 0 \rangle$	1.000	1.000	1.000	1.000	1.000	N/A	1.000
$p_4 = \langle 0.5,\ 0.5 \rangle$	0.875	**1.000**	**1.000**	**1.000**	**1.000**	**1.000**	**1.000**
$p_5 = \langle 0.8,\ 0.4 \rangle$	0.393	0.521	0.776	0.521	0.550	**0.125**	0.685
$p_6 = \langle 0.7,\ 0.7 \rangle$	0.657	**1.000**	**1.000**	**1.000**	**1.000**	**1.000**	**1.000**
$p_7 = \langle 0.7,\ 0.5 \rangle$	0.599	0.751	0.891	0.751	0.886	0.364	0.858
$p_8 = \langle 0.6,\ 0.3 \rangle$	0.712	0.806	0.906	0.806	0.942	**0.125**	0.892

由表 3 - 1 所示，有问题的数值用粗体字表示。如 $E_{SK2}(p_1) =$ $E_{SK2}(p_2) = 0.500$ 表示 E_{SK2} 不能度量精确值；$E_{Zhang}(p_3) = N/A$，E_{Zhang} $(p_5) = E_{Zhang}(p_8) = 0.125$ 表示 E_{Zhang} 不仅不能度量最大 $p_3 = \langle 0,\ 0 \rangle$，而

且也不能区分 $p_5 = \langle 0.8, 0.4 \rangle$ 和 $p_8 = \langle 0.6, 0.3 \rangle$。另外，现有的熵测度方法都无法区分具有相同隶属度和非隶属度的两个 q 阶 orthopair 模糊数，如 $p_4 = \langle 0.5, 0.5 \rangle$ 和 $p_6 = \langle 0.7, 0.7 \rangle$，然而所提 q - ROFE 可以有效地克服这一缺陷，其根本原因在于现有熵测度方法忽略了 q 阶 orthopair 模糊评价信息中的直觉性，而所提 q - ROFE 同时考虑了 q 阶 orthopair 模糊数中的模糊性和直觉性。因此，q - ROFE 更具有效性和优越性。

3.3　q 阶 orthopair 模糊交叉熵

3.3.1　非对称 q 阶 orthopair 模糊交叉熵

定义 3 - 3. 设 $\alpha = \{\alpha(x_j) = \langle \mu_\alpha(x_j), \nu_\alpha(x_j) \rangle \mid x_j \in X\}$ 和 $\beta = \{\beta(x_j) = \langle \mu_\beta(x_j), \nu_\beta(x_j) \rangle \mid x_j \in X\} (j = 1, 2, \cdots, n)$ 为任意两个 q - ROFS，且 $\alpha, \beta \in q$ - $ROFS(X)$，则 α 对 β 的 q - ROFS 交叉熵定义为

$$
\begin{aligned}
CE(\alpha, \beta) = \sum_{j=1}^{n} \Big(&\mu_\alpha^q(x_j) \ln \frac{2\mu_\alpha^q(x_j)}{(\mu_\alpha^q(x_j) + \mu_\beta^q(x_j))} + (1 - \mu_\alpha^q(x_j)) \ln \frac{1 - \mu_\alpha^q(x_j)}{1 - \frac{1}{2}(\mu_\alpha^q(x_j) + \mu_\beta^q(x_j))} \\
&+ \nu_\alpha^q(x_j) \ln \frac{2\nu_\alpha^q(x_j)}{(\nu_\alpha^q(x_j) + \nu_\beta^q(x_j))} + (1 - \nu_\alpha^q(x_j)) \ln \frac{1 - \nu_\alpha^q(x_j)}{1 - \frac{1}{2}(\nu_\alpha^q(x_j) + \nu_\beta^q(x_j))} \\
&+ \pi_\alpha^q(x_j) \ln \frac{2\pi_\alpha^q(x_j)}{(\pi_\alpha^q(x_j) + \pi_\beta^q(x_j))} + (1 - \pi_\alpha^q(x_j)) \ln \frac{1 - \pi_\alpha^q(x_j)}{1 - \frac{1}{2}(\pi_\alpha^q(x_j) + \pi_\beta^q(x_j))} \Big)
\end{aligned}
$$

$$(3.5)$$

定理 3 - 3. 设 $\alpha, \beta \in q$ - $ROFS(X)$，$CE(\alpha, \beta)$ 为 α 对 β 的 q - ROFS 交叉熵，则满足以下性质：

（1）$CE(\alpha, \beta) \geqslant 0$；

（2）$CE(\alpha, \beta) = 0$，当且仅当 $\mu_\alpha = \mu_\beta$，$\nu_\alpha = \nu_\beta$ 和 $\pi_\alpha = \pi_\beta$，$\forall x \in X$；

（3） $CE(\alpha, \beta) = CE(\alpha^c, \beta^c)$ 。

依据定义 3 – 3，性质（1）~ 性质（3）较容易证明成立。

根据不等性（Shannon，1948）[209]，容易证明 q – ROFS 交叉熵 $CE(\alpha, \beta)$ 是不对称的，即 $CE(\alpha, \beta) \neq CE(\beta, \alpha)$，因此有 q – ROFS 对称判别信息测度（SD）作为 α 与 β 之间的交叉熵测度为

$$SD(\alpha, \beta) = CE(\alpha, \beta) + CE(\beta, \alpha) \tag{3.6}$$

3.3.2 对称 q 阶 orthopair 模糊交叉熵

定义 3 – 4. 设 $p_1 = \langle \mu_1, \nu_1 \rangle$ 和 $p_2 = \langle \mu_2, \nu_2 \rangle$ 任意两个 q 阶 orthopair 模糊数，则 p_1 和 p_2 之间的 q 阶 orthopair 模糊交叉熵 q – $ROFCE(p_1, p_2)$ 为

$$q - ROFCE(p_1, p_2) = \left(\left(\frac{\mu_1^q + \mu_2^q}{2} \right)^{\frac{1}{q}} - \left(\frac{\sqrt[q]{\mu_1} + \sqrt[q]{\mu_2}}{2} \right)^q + \left(\frac{\nu_1^q + \nu_2^q}{2} \right)^{\frac{1}{q}} - \left(\frac{\sqrt[q]{\nu_1} + \sqrt[q]{\nu_2}}{2} \right)^q \right.$$

$$\left. + \left(\frac{\pi_1^q + \pi_2^q}{2} \right)^{\frac{1}{q}} - \left(\frac{\sqrt[q]{\pi_1} + \sqrt[q]{\pi_2}}{2} \right)^q \right) \tag{3.7}$$

定义 3 – 5. 设在有限域 $X = \{x_1, x_2, \cdots, x_m\}$，有 $A = (A(x_1), A(x_2), \cdots, A(x_m))$ 和 $B = (B(x_1), B(x_2), \cdots, B(x_m))$ 两个 q – ROFS，则 A 与 B 之间的 q – $ROFCE(A, B)$ 为

$$q - ROFCE(A, B) = \frac{1}{m} \sum_{i=1}^m \left(\left(\frac{\mu_A^q + \mu_B^q}{2} \right)^{\frac{1}{q}} - \left(\frac{\sqrt[q]{\mu_A} + \sqrt[q]{\mu_B}}{2} \right)^q + \left(\frac{\nu_A^q + \nu_B^q}{2} \right)^{\frac{1}{q}} \right.$$

$$\left. - \left(\frac{\sqrt[q]{\nu_A} + \sqrt[q]{\nu_B}}{2} \right)^q + \left(\frac{\pi_A^q + \pi_B^q}{2} \right)^{\frac{1}{q}} - \left(\frac{\sqrt[q]{\pi_A} + \sqrt[q]{\pi_B}}{2} \right)^q \right)$$

$$\tag{3.8}$$

定理 3 – 4. 设有限域 $X = \{x_1, x_2, \cdots, x_m\}$，$A$ 和 B 为任意两个 q – ROFS，则 q – $ROFCE(A, B)$ 需要满足以下条件：

（1） q – $ROFCE(A, B) \geqslant 0$；

（2） q – $ROFCE(A, B) = 0$，当且仅当 $\mu_A = \mu_B$，$\nu_A = \nu_B$ 和 $\pi_A =$

π_B，$\forall x \in X$；

（3）$q-ROFCE(A,\ B) = q-ROFCE(A^C,\ B^C)$；

（4）$q-ROFCE(A,\ B) = q-ROFCE(B,\ A)$。

证明：

（1）设任意实数 s 和 t，有不等式 $\left(\dfrac{s^q + t^q}{2}\right)^{\frac{1}{q}} \geqslant \left(\dfrac{\sqrt[q]{s} + \sqrt[q]{t}}{2}\right)^q$ 成立，因而容易证明 $q-ROFCE(A,\ B) \geqslant 0$ 成立。

（2）当且仅当 $s = t$，则 $\left(\dfrac{s^q + t^q}{2}\right)^{\frac{1}{q}} \geqslant \left(\dfrac{\sqrt[q]{s} + \sqrt[q]{t}}{2}\right)^q$ 可变成 $\left(\dfrac{s^q + t^q}{2}\right)^{\frac{1}{q}} = \left(\dfrac{\sqrt[q]{s} + \sqrt[q]{t}}{2}\right)^q$，因此，$q-ROFCE(A,\ B) = 0$，当且仅当 $A = B$，即 $\mu_A = \mu_B$，$\nu_A = \nu_B$ 和 $\pi_A = \pi_B$，$\forall x \in X$。

依据定义 3-5，条件（3）和条件（4）容易证明成立。

因此，定理 3-4 成立。证毕。

例 3-2　为了更直观地反映 $q-ROFCE$ 的性质，q 阶 orthopair 模糊数 A 分别取 $\langle 0,\ 0\rangle$，$\langle 0.2,\ 0.8\rangle$，$\langle 1,\ 0\rangle$，$\langle 0.5,\ 0.5\rangle$，$\langle 0.8,\ 0.2\rangle$，$\langle 0,\ 1\rangle$，在 $\mu-\nu$ 平面上分别求其 $q-ROFCE$ 测度结果，其分布情况如图 3-2 所示。

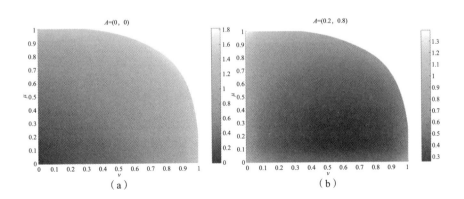

（a）　　　　　　　　　（b）

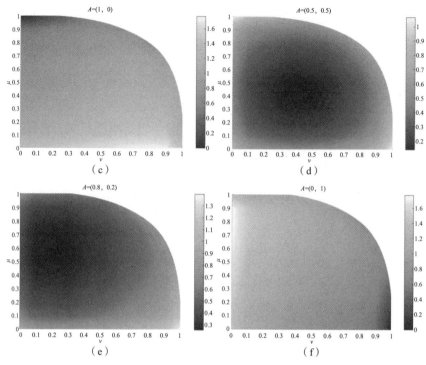

图 3 – 2 q – ROFCE 测度结果

3.4 q 阶 orthopair 模糊 Lance 距离测度

Lance 距离（Lance and Williams, 1966）[210] 独立于每个变量的单位，以比率的形式测量，该比率对偏差数据不太敏感，因为该比率受极值影响较小。对于准则值偏差较大的数据，Lance 距离公式优于其他距离公式，因此它是数据分析中测量距离的常用方法[211]。

定义 3 – 6[210]. 对于任意两个数集合 A 和 B，则它们之间的 Lance 距离定义为

$$D_L(A,\ B)\ =\ \frac{1}{n}\sum_{i=1}^{n}\frac{|\ u_A(y_i)\ -\ u_B(y_i)\ |}{u_A(y_i)\ +\ u_B(y_i)} \tag{3.9}$$

其中 $u_A(y_i)$ 和 $u_B(y_i)$ 分别表示 A 和 B 的元素，并且满足 $u_A(y_i) + u_B(y_i) \neq 0$，$y_i \in Y$（$i = 1$，$2$，$\cdots$，$n$）。

然而，不能直接在 q 阶 orthopair 模糊环境中应用式（3.9），有以下两个原因：

（1）式（3.9）Lance 距离定义在实数基础上，而对于由隶属度和非隶属度组合的 q 阶 orthopair 模糊数不太合适，为了实现在 q 阶 orthopair 模糊环境下定义 Lance 距离，这就需要一种合适的方法来解决。

（2）同时，如果不同 q 阶 orthopair 模糊数中的隶属度或非隶属度同时为零，会使 Lance 距离中分母为零，进而使 q 阶 orthopair 模糊数的 Lance 距离公式没有意义。为此，在 q 阶 orthopair 模糊环境下定义了 Lance 距离测度。

定义 3 - 7. 设任意集合 $X = \{x_1$，x_2，$\cdots$，$x_n\}$ 上的 M 和 N 为任意两个 q - ROFSs，其中相应的 q 阶 orthopair 模糊数为 $\delta_M(x_i) = (\mu_M(x_i)$，$\nu_M(x_i))$ 和 $\delta_{Ni}(x_i) = (\mu_N(x_i)$，$\nu_N(x_i))$，那么 M 和 N 之间的规范化 q - ROFS Lance 距离被定义为

$$
D_{qL}(M, N) = \frac{1}{3n} \sum_{i=1}^{n} \left(\frac{|\mu_M^q(x_i) - \mu_N^q(x_i)| + 1}{\mu_M^q(x_i) + \mu_N^q(x_i) + 1} + \frac{|\nu_M^q(x_i) - \nu_N^q(x_i)| + 1}{\nu_M^q(x_i) + \nu_N^q(x_i) + 1} \right.
$$
$$
\left. + \frac{|\pi_M^q(x_i) - \pi_N^q(x_i)| + 1}{\pi_M^q(x_i) + \pi_N^q(x_i) + 1} \right) \tag{3.10}
$$

定理 3 - 5. 对于任意集合 $X = \{x_1$，x_2，$\cdots$，$x_n\}$ 上的 q - ROFS M 和 N，那么 M 和 N 的 Lance 距离 $D_{qL}(M, N)$ 满足以下条件：

（1）$0 \leqslant D_{qL}(M, N) \leqslant 1$；

（2）$D_{qL}(M, N) = 0$，当且仅当 $M = N$；

（3）$D_{qL}(M, N) = D_{qL}(N, M)$。

证明：定理 3 - 5 中的条件容易证明，这里省略。

定义 3 - 8. 设任意集合 $X = \{x_1$，x_2，$\cdots$，$x_n\}$ 上的 M 和 N 为任意

两个 q – ROFSs，其中相应的 q 阶 orthopair 模糊数为 $\delta_M(x_i) = (\mu_M(x_i), \nu_M(x_i))$ 和 $\delta_{Ni}(x_i) = (\mu_N(x_i), \nu_N(x_i))$，则 M 和 N 之间的广义 q – ROFS Lance 距离被定义为

$$D_{GqL}(M, N) = \left\{ \frac{1}{3n} \sum_{i=1}^{n} \left(\frac{|\mu_M^q(x_i) - \mu_N^q(x_i)| + 1}{\mu_M^q(x_i) + \mu_N^q(x_i) + 1} + \frac{|\nu_M^q(x_i) - \nu_N^q(x_i)| + 1}{\nu_M^q(x_i) + \nu_N^q(x_i) + 1} \right. \right.$$
$$\left. \left. + \frac{|\pi_M^q(x_i) - \pi_N^q(x_i)| + 1}{\pi_M^q(x_i) + \pi_N^q(x_i) + 1} \right)^{\gamma} \right\}^{1/\gamma} \tag{3.11}$$

式中 $\gamma > 0$。若 $\gamma = 1$，则广义 q – ROFS Lance 距离退化为规范化 q 阶 orthopair 模糊 Lance 距离。

3.5 T 球面模糊熵和交叉熵

对球面模糊熵（Barukab et al.，2019）[212] 在 T 球面模糊环境中进行扩展，并定义如下。

定义 3 – 9. 对于方案评价值集合 $\Delta = \{\delta_1, \delta_2, \cdots, \delta_m\} \in TSFS(x)$，其中，$\delta_i = (\tau_i(x), \eta_i(x), \vartheta_i(x))(i = 1, 2, \cdots, m)$ 为任意一个 T 球面模糊数。则 T 球面模糊集 Δ 的熵测度可被定义为

$$E(\Delta) = \frac{1}{2m} \sum_{i=1}^{m} ((1 - |\tau_i^q - \vartheta_i^q|)(1 + \pi_i^q)) \tag{3.12}$$

为了对评价信息进行有效测度，在本章中先提出 T 球面模糊交叉熵测度，以刻画任意两个 T 球面模糊数之间不确定信息的差异性。

定义 3 – 10. 对于任意两个 T 球面模糊数 $\delta_1 = (\tau_1, \eta_1, \vartheta_1)$ 和 $\delta_2 = (\tau_2, \eta_2, \vartheta_2)$，则这两个 T 球面模糊数的交叉熵 $CE(\delta_1, \delta_2)$ 定义为

$$CE(\delta_1, \delta_2) = (0.5(\tau_1^q + \tau_2^q))^{\frac{1}{q}} - (0.5(\tau_1^{\frac{1}{q}} + \tau_2^{\frac{1}{q}}))^q + (0.5(\eta_1^q + \eta_2^q))^{\frac{1}{q}}$$
$$- (0.5(\eta_1^{\frac{1}{q}} + \eta_2^{\frac{1}{q}}))^q + (0.5((1 - \eta_1)^q + (1 - \eta_2)^q))^{\frac{1}{q}}$$
$$- (0.5((1 - \eta_1)^{\frac{1}{q}} + (1 - \eta_2)^{\frac{1}{q}}))^q + (0.5(\vartheta_1^q + \vartheta_2^q))^{\frac{1}{q}}$$

$$- (0.5(\vartheta_1^{\frac{1}{q}} + \vartheta_2^{\frac{1}{q}}))^q + (0.5(\pi_1^q + \pi_2^q))^{\frac{1}{q}}$$

$$- (0.5(\pi_1^{\frac{1}{q}} + \pi_2^{\frac{1}{q}}))^q \qquad (3.13)$$

定理 3 - 6. 对于任意两个 T 球面模糊数 $\delta_1 = (\tau_1, \eta_1, \vartheta_1)$ 和 $\delta_2 = (\tau_2, \eta_2, \vartheta_2)$，则 T 球面模糊交叉熵测度 $CE(\delta_1, \delta_2)$ 满足以下性质：

（1）$CE(\delta_1, \delta_2) \geqslant 0$；

（2）$CE(\delta_1, \delta_2) = 0$，当且仅当 $\delta_1 = \delta_2$；

（3）$CE(\delta_1, \delta_2) = CE(\delta_2, \delta_1)$；

（4）$CE(\delta_1, \delta_2) = CE(\delta_1^c, \delta_2^c)$，其中 $\delta_i^c = (\vartheta_i, \eta_i, \tau_i)$（$i = 1, 2$）。

证明：

（i）由于对所有实数 x 和 y，不等式 $\left(\dfrac{x^q + y^q}{2}\right)^{\frac{1}{q}} \geqslant \left(\dfrac{x^{\frac{1}{q}} + y^{\frac{1}{q}}}{2}\right)^q$ 成立。

对于任意两个 TSFNs，很容易得到 $CE(\delta_1, \delta_2) \geqslant 0$。因此，$CE(\delta_1, \delta_2) \geqslant 0$ 成立，即性质（1）证明完毕。

（ii）性质（2）~性质（4）很容易被证明，该证明过程这里省略。

例 3 - 3 假设 $\delta_1 = (0.5, 0.6, 0.1)$ 和 $\delta_2 = (0.7, 0.1, 0.3)$ 为两个 T 球面模糊数，$q = 2$。利用公式（3.8）来测度这两个数，详细的计算如下：

依据 T 球面模糊集的定义，这两个 T 球面模糊数的拒绝度分别是 $\pi_1 = 0.616$ 和 $\pi_2 = 0.640$。那么，可得

$$
\begin{aligned}
CE(\delta_1, \delta_2) = {} & \left(\frac{0.5^2 + 0.7^2}{2}\right)^{\frac{1}{2}} - \left(\frac{0.5^{\frac{1}{2}} + 0.7^{\frac{1}{2}}}{2}\right)^2 + \left(\frac{0.6^2 + 0.1^2}{2}\right)^{\frac{1}{2}} \\
& - \left(\frac{0.6^{\frac{1}{2}} + 0.1^{\frac{1}{2}}}{2}\right)^2 + \left(\frac{(1 - 0.6)^2 + (1 - 0.1)^2}{2}\right)^{\frac{1}{2}} \\
& - \left(\frac{(1 - 0.6)^{\frac{1}{2}} + (1 - 0.1)^{\frac{1}{2}}}{2}\right)^2 + \left(\frac{0.1^2 + 0.3^2}{2}\right)^{\frac{1}{2}} \\
& - \left(\frac{0.1^{\frac{1}{2}} + 0.3^{\frac{1}{2}}}{2}\right)^2 + \left(\frac{0.616^2 + 0.640^2}{2}\right)^{\frac{1}{2}}
\end{aligned}
$$

$$-\left(\frac{0.616^{\frac{1}{2}}+0.640^{\frac{1}{2}}}{2}\right)^2 = 0.2537$$

因此，$CE(\delta_1, \delta_2) = 0.2537$。

3.6 本 章 小 结

本章主要介绍了 q 阶 orthopair 模糊环境下的评价信息测度方法。主要包括 q 阶 orthopair 模糊可能度、q 阶 orthopair 模糊熵、q 阶 orthopair 模糊交叉熵和 q 阶 orthopair 模糊 Lance 距离测度。这些方法分成两类，一是利用 q 阶 orthopair 模糊熵描述 q – ROFS 信息的模糊性程度，其主要是基于 q 阶 orthopair 模糊汉明距离开发出来的；二是 q 阶 orthopair 模糊可能度、q 阶 orthopair 模糊交叉熵和 q 阶 orthopair 模糊 Lance 距离，均是用于刻画 q 阶 orthopair 模糊信息之间的差异，其中 q 阶 orthopair 模糊交叉熵分为非对称和对称 q 阶 orthopair 模糊交叉熵两类。另外，提出了 T 球面模糊熵和交叉熵测度，并证明相关性质。这些测度方法为后续在扩展模糊环境下开发决策方法提供了理论依据和方法支持。

第4章

扩展模糊环境下信息集结算子

为了在决策实际情境下解决评价信息隶属函数之间交叉、决策变量之间的交互关系、可调决策变量优先度以及内外部不确定性等问题，本章介绍扩展模糊环境下多种信息集结算子的决策方法，包括勾股模糊 Frank 交叉集结算子、勾股模糊正弦三角交叉集结算子、q 阶 orthopair 模糊 Frank Shapley Choquet 集结算子、T 球面模糊 Aczel – Alsina Heronian 平均集结算子以及 T 球面模糊 Frank softmax 集结算子，讨论这些算子的性质以及特例，并且分析 T 球面模糊交叉幂 Heronian 集结算子、T 球面模糊粗糙交叉幂 Heronian 集结算子的应用。

4.1 勾股模糊 Frank 交叉集结算子

4.1.1 勾股模糊数的交叉运算与 Frank t-norms

定义 4 – 1[194]. 设 $\alpha = \langle \mathcal{M}_\alpha, \mathcal{N}_\alpha \rangle$，$\alpha = \langle \mathcal{M}_{\alpha i}, \mathcal{N}_{\alpha i} \rangle (i = 1, 2)$ 为勾股模糊数，$\lambda > 0$，则这些勾股模糊数的交互运算法则（IOLs）为

（1）$\alpha_1 \oplus \alpha_2 = (\sqrt{1 - (1 - \mathcal{M}_{\alpha_1}^2)(1 - \mathcal{M}_{\alpha_2}^2)}$，

$$\sqrt{(1 - \mathscr{M}_{\alpha_1}^2)(1 - \mathscr{M}_{\alpha_2}^2) - (1 - \mathscr{M}_{\alpha_1}^2 - \mathscr{N}_{\alpha_1}^2)(1 - \mathscr{M}_{\alpha_2}^2 - \mathscr{N}_{\alpha_2}^2)});$$

（2） $\alpha_1 \otimes \alpha_2 = (\sqrt{(1 - \mathscr{N}_{\alpha_1}^2)(1 - \mathscr{N}_{\alpha_2}^2) - (1 - \mathscr{M}_{\alpha_1}^2 - \mathscr{N}_{\alpha_1}^2)(1 - \mathscr{M}_{\alpha_2}^2 - \mathscr{N}_{\alpha_2}^2)},$

$\sqrt{1 - (1 - \mathscr{N}_{\alpha_1}^2)(1 - \mathscr{N}_{\alpha_2}^2)});$

（3） $\lambda \alpha = (\sqrt{1 - (1 - \mathscr{M}_{\alpha}^2)^{\lambda}}, \sqrt{(1 - \mathscr{M}_{\alpha}^2)^{\lambda} - (1 - \mathscr{M}_{\alpha}^2 - \mathscr{N}_{\alpha}^2)^{\lambda}});$

（4） $\alpha^{\lambda} = (\sqrt{(1 - \mathscr{N}_{\alpha}^2)^{\lambda} - (1 - \mathscr{M}_{\alpha}^2 - \mathscr{N}_{\alpha}^2)^{\lambda}}, \sqrt{1 - (1 - \mathscr{N}_{\alpha}^2)^{\lambda}})$。

定义 4 - 2[61]. Frank 运算包含了 Frank 积与 Frank 和两种运算，分别是 t-norm 和 s-norm。设 x 和 y 为两个实数，满足 $x, y \in [0, 1]$，设 $\theta \in (1, +\infty)$。则 x 与 y 之间的 Frank 积和 Frank 和定义如下：

$$x \oplus_F y = 1 - \log_{\theta}\left(1 + \frac{(\theta^{1-x} - 1)(\theta^{1-y} - 1)}{\theta - 1}\right) \qquad (4.1)$$

$$x \otimes_F y = \log_{\theta}\left(1 + \frac{(\theta^x - 1)(\theta^y - 1)}{\theta - 1}\right) \qquad (4.2)$$

x 与 y 之间的 Frank 积和 Frank 和有两个特例如下：

（1）当 $\theta \to 1$，$x \oplus_F y \to x + y - xy$ 和 $x \otimes_F y \to xy$，即 Frank 积和 Frank 和分别退化为 Algebraic t-norm 和 s-norm；

（2）当 $\theta \to \infty$，$x \oplus_F y \to \min(x - y, 1)$ 和 $x \otimes_F y \to \max(0, x - y - 1)$，即 Frank 积和 Frank 和分别退化为 Lukasiewicz 积和 Lukasiewicz 和。

基于上述勾股模糊数的 IOLs 和 Frank t-norms 来定义了勾股模糊数的 Frank 交互运算规则（FIOLs）。这些运算的相关性质也被进一步分析。

定义 4 - 3. 设 $\alpha_i = (\mathscr{M}_i, \mathscr{N}_i)(i = 1, 2)$ 为任意两个勾股模糊数，则它们的 FIOLs 定义如下：

（1） $\alpha_1 \oplus_F \alpha_2 = \left(\sqrt{1 - \log_{\theta}\left(1 + \frac{(\theta^{1-\mathscr{M}_1^2} - 1)(\theta^{1-\mathscr{M}_2^2} - 1)}{\theta - 1}\right)},\right.$

$\left.\sqrt{\log_{\theta}\left(1 + \frac{(\theta^{1-\mathscr{M}_1^2} - 1)(\theta^{1-\mathscr{M}_2^2} - 1)}{\theta - 1}\right) - \log_{\theta}\left(1 + \frac{(\theta^{1-\mathscr{M}_1^2-\mathscr{N}_1^2} - 1)(\theta^{1-\mathscr{M}_2^2-\mathscr{N}_2^2} - 1)}{\theta - 1}\right)}\right);$

（2）$\alpha_1 \otimes_F \alpha_2 = \left(\sqrt{\log_\theta \left(1 + \dfrac{(\theta^{1-\mathcal{N}_1^2}-1)\ (\theta^{1-\mathcal{N}_2^2}-1)}{\theta-1} \right) - \log_\theta \left(1 + \dfrac{(\theta^{1-\mathcal{M}_1^2-\mathcal{N}_1^2}-1)\ (\theta^{1-\mathcal{M}_2^2-\mathcal{N}_2^2}-1)}{\theta-1} \right)} \right.$,

$\left. \sqrt{1 - \log_\theta \left(1 + \dfrac{(\theta^{1-\mathcal{N}_1^2}-1)\ (\theta^{1-\mathcal{N}_2^2}-1)}{\theta-1} \right)} \right)$。

定理 4 - 1. 设 $\alpha = (\mathcal{M}, \mathcal{N})$ 为任意一个勾股模糊数，则我们在上述和运算的基础上有 $\lambda \cdot_F \alpha$ 的结果为一个勾股模糊数（正整数 λ），且

$$\lambda \cdot_F \alpha = \left(\sqrt{1 - \log_\theta \left(1 + \frac{(\theta^{1-\mathcal{M}^2}-1)^\lambda}{(\theta-1)^{\lambda-1}} \right)}, \right.$$

$$\left. \sqrt{\log_\theta \left(1 + \frac{(\theta^{1-\mathcal{M}^2}-1)^\lambda}{(\theta-1)^{\lambda-1}} \right) - \log_\theta \left(1 + \frac{(\theta^{1-\mathcal{M}^2-\mathcal{N}^2}-1)^\lambda}{(\theta-1)^{\lambda-1}} \right)} \right)$$

$$(4.3)$$

证明： 首先证明 $\lambda \cdot_F \alpha$ 的值为一个勾股模糊数。因为 $0 \leqslant \mathcal{M}$，$\mathcal{N} \leqslant 1$，$\theta > 1$ 和 $0 \leqslant \mathcal{M}^2 + \mathcal{N}^2 \leqslant 1$。因而，有 $\mathcal{N}^2 \leqslant 1 - \mathcal{M}^2$，$0 \leqslant 1 - \mathcal{M}^2 \leqslant 1$，则

$$0 \leqslant \sqrt{1 - \log_\theta \left(1 + \frac{(\theta^{1-0}-1)^\lambda}{(\theta-1)^{\lambda-1}} \right)} \leqslant \sqrt{1 - \log_\theta \left(1 + \frac{(\theta^{1-\mathcal{M}^2}-1)^\lambda}{(\theta-1)^{\lambda-1}} \right)}$$

$$\leqslant \sqrt{1 - \log_\theta \left(1 + \frac{(\theta^{1-1}-1)^\lambda}{(\theta-1)^{\lambda-1}} \right)} = 1,$$

$$0 = \sqrt{\log_\theta \left(1 + \frac{(\theta^{1-\mathcal{M}^2}-1)^\lambda}{(\theta-1)^{\lambda-1}} \right) - \log_\theta \left(1 + \frac{(\theta^{1-\mathcal{M}^2-0}-1)^\lambda}{(\theta-1)^{\lambda-1}} \right)}$$

$$\leqslant \sqrt{\log_\theta \left(1 + \frac{(\theta^{1-\mathcal{M}^2}-1)^\lambda}{(\theta-1)^{\lambda-1}} \right) - \log_\theta \left(1 + \frac{(\theta^{1-\mathcal{M}^2-\mathcal{N}^2}-1)^\lambda}{(\theta-1)^{\lambda-1}} \right)}$$

$$\leqslant \sqrt{\log_\theta \left(1 + \frac{(\theta^{1-\mathcal{M}^2}-1)^\lambda}{(\theta-1)^{\lambda-1}} \right)} \leqslant \sqrt{\log_\theta \left(1 + \frac{(\theta^{1-1}-1)^\lambda}{(\theta-1)^{\lambda-1}} \right)} = 1$$

同时，

$$0 \leqslant \left(\sqrt{1 - \log_\theta \left(1 + \frac{(\theta^{1-\mathcal{M}^2}-1)^\lambda}{(\theta-1)^{\lambda-1}} \right)} \right)^2 +$$

$$\left(\sqrt{\log_\theta\left(1+\frac{(\theta^{1-\mathcal{M}^2}-1)^\lambda}{(\theta-1)^{\lambda-1}}\right)-\log_\theta\left(1+\frac{(\theta^{1-\mathcal{M}^2-\mathcal{N}^2}-1)^\lambda}{(\theta-1)^{\lambda-1}}\right)}\right)^2$$

$$=1-\log_\theta\left(1+\frac{(\theta^{1-\mathcal{M}^2-\mathcal{N}^2}-1)^\lambda}{(\theta-1)^{\lambda-1}}\right)\leqslant 1$$

因此，$\lambda\cdot_F\alpha$ 的值满足定义 2-1 中的条件，而且该值为一个勾股模糊数。

然后，我们证明式（4.3）对任意一个正整数 λ 都成立。我们采用数学归纳法来证明，当 $\lambda=1$ 时，有

$$1\cdot_F\alpha=\left(\sqrt{1-\log_\theta\left(1+\frac{(\theta^{1-\mathcal{M}^2}-1)^1}{(\theta-1)^{1-1}}\right)},\right.$$

$$\left.\sqrt{\log_\theta\left(1+\frac{(\theta^{1-\mathcal{M}^2}-1)^1}{(\theta-1)^{1-1}}\right)-\log_\theta\left(1+\frac{(\theta^{1-\mathcal{M}^2-\mathcal{N}^2}-1)^1}{(\theta-1)^{1-1}}\right)}\right)$$

$$=(\mathcal{M},\ \mathcal{N})=\alpha$$

这表明当 $\lambda=1$ 时公式（4.3）成立。

当 $\lambda=k$ 时，公式（4.3）显然成立。

当 $\lambda=k+1$ 时，则有

$$(k+1)\cdot_F\alpha=(k\cdot_F\alpha)\oplus_F\alpha$$

$$=\left(\sqrt{1-\log_\theta\left(1+\frac{(\theta^{1-\mathcal{M}^2}-1)^k}{(\theta-1)^{k-1}}\right)},\right.$$

$$\left.\sqrt{\log_\theta\left(1+\frac{(\theta^{1-\mathcal{M}^2}-1)^k}{(\theta-1)^{k-1}}\right)-\log_\theta\left(1+\frac{(\theta^{1-\mathcal{M}^2-\mathcal{N}^2}-1)^k}{(\theta-1)^{k-1}}\right)}\right)$$

$$\oplus_F(\mathcal{M},\ \mathcal{N})$$

$$=\left(\sqrt{1-\log_\theta\left(1+\frac{A(\theta^{1-\mathcal{M}^2}-1)}{\theta-1}\right)},\right.$$

$$\left.\sqrt{\log_\theta\left(1+\frac{A(\theta^{1-\mathcal{M}^2}-1)}{\theta-1}\right)-\log_\theta\left(1+\frac{B(\theta^{1-\mathcal{M}^2-\mathcal{N}^2}-1)}{\theta-1}\right)}\right)$$

$$=\left(\sqrt{1-\log_\theta\left(1+\frac{(\theta^{1-\mathcal{M}^2}-1)^{k+1}}{(\theta-1)^k}\right)},\right.$$

$$\sqrt{\log_\theta\left(1+\frac{(\theta^{1-\mathcal{M}^2}-1)^{k+1}}{(\theta-1)^k}\right)-\log_\theta\left(1+\frac{(\theta^{1-\mathcal{M}^2-\mathcal{N}^2}-1)^{k+1}}{(\theta-1)^k}\right)}\,\Big)$$

其中，

$$A=\theta^{1-1+\log_\theta(1+\frac{(\theta^{1-\mathcal{M}^2}-1)^k}{(\theta-1)^{k-1}})}-1=\frac{(\theta^{1-\mathcal{M}^2}-1)^k}{(\theta-1)^{k-1}},$$

$$B=\theta^{1-1+\log_\theta(1+\frac{(\theta^{1-\mathcal{M}^2}-1)^k}{(\theta-1)^{k-1}})-\log_\theta(1+\frac{(\theta^{1-\mathcal{M}^2}-1)^k}{(\theta-1)^{k-1}})+\log_\theta(1+\frac{(\theta^{1-\mathcal{M}^2-\mathcal{N}^2}-1)^k}{(\theta-1)^{k-1}})}-1=\frac{(\theta^{1-\mathcal{M}^2-\mathcal{N}^2}-1)^k}{(\theta-1)^{k-1}}$$

因此，当 $\lambda=k+1$ 时公式（4.3）成立。

因此，公式（4.3）对于所有 λ 都成立，证毕。

定理 4 - 2. 设 $\alpha=(\mathcal{M},\mathcal{N})$ 为任意一个勾股模糊数，则我们在上述积运算的基础上有 $\alpha^{\hat{}\lambda}$ 的结果为一个勾股模糊数（正整数 λ），且

$$\alpha^{\hat{}_F\lambda}=\left(\sqrt{\log_\theta\left(1+\frac{(\theta^{1-\mathcal{N}^2}-1)^\lambda}{(\theta-1)^{\lambda-1}}\right)-\log_\theta\left(1+\frac{(\theta^{1-\mathcal{M}^2-\mathcal{N}^2}-1)^\lambda}{(\theta-1)^{\lambda-1}}\right)},\right.$$

$$\left.\sqrt{1-\log_\theta\left(1+\frac{(\theta^{1-\mathcal{N}^2}-1)^\lambda}{(\theta-1)^{\lambda-1}}\right)}\,\right) \tag{4.4}$$

证明：与定理 4 - 1 的证明类似，这里省略。

当 $\theta\to1$ 时，上述勾股模糊数的 FIOLs 退化为勾股模糊数的 IOLs。

证明：以 $\lambda\cdot_F\alpha$ 为例，设 $\alpha=(\mathcal{M},\mathcal{N})$ 为任意一个勾股模糊数，则当 $\theta\to1$ 时，

$$\lim_{\theta\to1}\lambda\cdot_F\alpha=\lim_{\theta\to1}\left(\sqrt{1-\log_\theta\left(1+\frac{(\theta^{1-\mathcal{M}^2}-1)^\lambda}{(\theta-1)^{\lambda-1}}\right)},\right.$$

$$\left.\sqrt{\log_\theta\left(1+\frac{(\theta^{1-\mathcal{M}^2}-1)^\lambda}{(\theta-1)^{\lambda-1}}\right)-\log_\theta\left(1+\frac{(\theta^{1-\mathcal{M}^2-\mathcal{N}^2}-1)^\lambda}{(\theta-1)^{\lambda-1}}\right)}\,\right)$$

根据常用的等价无穷小，当 $x\to0$ 时，$x\sim\ln(1+x)$，$a^x-1\sim x\ln a$（$a>0$），因此，当 $\theta\to1$ 时，有

$$\lim_{\theta\to1}\sqrt{\log_\theta\left(1+\frac{(\theta^{1-\mathcal{M}^2}-1)^\lambda}{(\theta-1)^{\lambda-1}}\right)}=\lim_{\theta\to1}\sqrt{\frac{(\theta^{1-\mathcal{M}^2}-1)^\lambda}{(\theta-1)^{\lambda-1}\ln\theta}}=\lim_{\theta\to1}\sqrt{\frac{((1-\mathcal{M}^2)\ln\theta)^\lambda}{(\theta-1)^{\lambda-1}\ln\theta}}$$

$$= \lim_{\theta \to 1} \sqrt{\frac{(1 - \mathcal{M}^2)^\lambda (\ln\theta)^{\lambda-1}}{(\theta - 1)^{\lambda-1}}} = \sqrt{(1 - \mathcal{M}^2)^\lambda}$$

则有

$$\lim_{\theta \to 1} \sqrt{1 - \log_\theta \left(1 + \frac{(\theta^{1-\mathcal{M}^2} - 1)^\lambda}{(\theta - 1)^{\lambda-1}} \right)} = \sqrt{1 - (1 - \mathcal{M}^2)^\lambda}$$

同理可得,

$$\lim_{\theta \to 1} \sqrt{\log_\theta \left(1 + \frac{(\theta^{1-\mathcal{M}^2} - 1)^\lambda}{(\theta - 1)^{\lambda-1}} \right) - \log_\theta \left(1 + \frac{(\theta^{1-\mathcal{M}^2-\mathcal{N}^2} - 1)^\lambda}{(\theta - 1)^{\lambda-1}} \right)}$$
$$= \sqrt{(1 - \mathcal{M}^2)^\lambda - (1 - \mathcal{M}^2 - \mathcal{N}^2)^\lambda}$$

因此,

$$\lim_{\theta \to 1} \lambda \cdot {}_F \alpha = \left(\sqrt{1 - (1 - \mathcal{M}^2)^\lambda}, \ \sqrt{(1 - \mathcal{M}^2)^\lambda - (1 - \mathcal{M}^2 - \mathcal{N}^2)^\lambda} \right)$$

同理,其他运算规则得证。

因此,证毕。

定理 4 - 3. 设 $\alpha = (\mathcal{M}_\alpha, \mathcal{N}_\alpha)$, $\alpha = (\mathcal{M}_{\alpha i}, \mathcal{N}_{\alpha i})(i = 1, 2)$ 为任意三个勾股模糊数,则下面性质成立:

(1) $\alpha_1 \oplus_F \alpha_2 = \alpha_2 \oplus_F \alpha_1$;

(2) $\alpha_1 \otimes_F \alpha_2 = \alpha_2 \otimes_F \alpha_1$;

(3) $\lambda \cdot {}_F (\alpha_1 \oplus_F \alpha_2) = \lambda \cdot {}_F \alpha_1 \oplus_F \lambda \cdot {}_F \alpha_2$;

(4) $(\alpha_1 \otimes_F \alpha_2)^{\hat{}_F \lambda} = \alpha_1^{\hat{}_F \lambda} \otimes_F \alpha_2^{\hat{}_F \lambda}$;

(5) $\lambda_1 \cdot {}_F \alpha \oplus_F \lambda_2 \cdot {}_F \alpha = (\lambda_1 + \lambda_2) \cdot {}_F \alpha$;

(6) $\alpha^{\hat{}_F \lambda_1} \otimes \alpha^{\hat{}_F \lambda_2} = \alpha^{\hat{}_F (\lambda_1 + \lambda_2)}$;

(7) $\lambda_1 \cdot {}_F (\lambda_2 \cdot {}_F \alpha) = \lambda_2 \cdot {}_F (\lambda_1 \cdot {}_F \alpha) = (\lambda_1 \lambda_2) \cdot {}_F \alpha$;

(8) $(\alpha \oplus_F \alpha_1) \oplus_F \alpha_2 = \alpha \oplus_F (\alpha_1 \oplus_F \alpha_2)$。

证明:依据勾股模糊数的 FIOLs 能够容易证明定理 4 - 3,因此这里省略证明过程。

4.1.2 PyFFIWA 算子

定义 4 – 4. 设 $\alpha_i = (\mathcal{M}_i, \mathcal{N}_i)(i = 1, 2, \cdots, n)$ 为一组勾股模糊数，$w = (w_1, w_2, \cdots, w_n)^T$ 为 α_i 的权重向量，满足 $w_i \in [0, 1]$ 且 $\sum_{j=1}^{n} w_j = 1$，Ω 为所有勾股模糊数集合，则勾股模糊 Frank 交叉加权平均（Pythagorean fuzzy Frank interaction weighted averaging，PyFFIWA）算子可定义如下（PyFFIWA：$\Omega^n \rightarrow \Omega$）：

$$PyFFIWA(\alpha_1, \alpha_2, \cdots, \alpha_n) = \bigoplus_{i=1}^{n} {}_F(w_i \cdot {}_F \alpha_i) \tag{4.5}$$

定理 4 – 4. 设 $\alpha_i = \langle \mathcal{M}_i, \mathcal{N}_i \rangle(i = 1, 2, \cdots, n)$ 为一组勾股模糊数，$w = (w_1, w_2, \cdots, w_n)^T$ 为 α_i 的权重向量，满足 $w_i \in [0, 1]$ 且 $\sum_{i=1}^{n} w_i = 1$，Ω 为所有勾股模糊数集合，则 PyFFIWA 算子集结结果仍为勾股模糊数，且有

$$PyFFIWA(\alpha_1, \alpha_2, \cdots, \alpha_n) = \left(\sqrt{1 - \log_\theta \left(1 + \prod_{i=1}^{n} (\theta^{1-\mathcal{M}_i^2} - 1)^{w_i} \right)}, \right.$$
$$\left. \sqrt{\log_\theta \left(1 + \prod_{i=1}^{n} (\theta^{1-\mathcal{M}_i^2} - 1)^{w_i} \right) - \log_\theta \left(1 + \prod_{i=1}^{n} (\theta^{1-\mathcal{M}_i^2 - \mathcal{N}_i^2} - 1)^{w_i} \right)} \right)$$

$$\tag{4.6}$$

证明：与定理 4 – 1 证明相似，很容易证明 PyFFIWA 算子集结结果仍为勾股模糊数，这里省略。接下来，证明式（4.6）成立。由定义 4 – 3 中勾股模糊数的 FIOLs 可得：

$$w_i \cdot {}_F \alpha_i = \left(\sqrt{1 - \log_\theta \left(1 + \frac{(\theta^{1-\mathcal{M}_i^2} - 1)^{w_i}}{(\theta - 1)^{w_i - 1}} \right)}, \right.$$
$$\left. \sqrt{\log_\theta \left(1 + \frac{(\theta^{1-\mathcal{M}_i^2} - 1)^{w_i}}{(\theta - 1)^{w_i - 1}} \right) - \log_\theta \left(1 + \frac{(\theta^{1-\mathcal{M}_i^2 - \mathcal{N}_i^2} - 1)^{w_i}}{(\theta - 1)^{w_i - 1}} \right)} \right) = (\mu_i, \nu_i)$$

$$(w_i \cdot {}_F \alpha_i) \oplus_F (w_{i+1} \cdot {}_F \alpha_{i+1}) = \left(\sqrt{1 - \log_\theta \left(1 + \frac{(\theta^{1-\mu_i^2} - 1)(\theta^{1-\mu_{i+1}^2} - 1)}{\theta - 1} \right)}, \right.$$

$$\sqrt{\log_\theta\left(1+\frac{(\theta^{1-\mu_i^2}-1)(\theta^{1-\mu_{i+1}^2}-1)}{\theta-1}\right)-\log_\theta\left(1+\frac{(\theta^{1-\mu_i^2-\nu_i^2}-1)(\theta^{1-\mu_{i+1}^2-\nu_{i+1}^2}-1)}{\theta-1}\right)}\Bigg)$$

其中，$\theta^{1-\mu_i^2}-1=\theta^{1-1+\log_\theta(1+\frac{(\theta^{1-\mathcal{M}_i^2}-1)^{w_i}}{(\theta-1)^{w_i-1}})}-1=\frac{(\theta^{1-\mathcal{M}_i^2}-1)^{w_i}}{(\theta-1)^{w_i-1}}$，$\theta^{1-\mu_{i+1}^2}-1=$

$\frac{(\theta^{1-\mathcal{M}_{i+1}^2}-1)^{w_{i+1}}}{(\theta-1)^{w_{i+1}-1}}$，$\theta^{1-\mu_i^2-\nu_i^2}-1=\theta^{1-1+\log_\theta(1+\frac{(\theta^{1-\mathcal{M}_i^2}-1)^{w_i}}{(\theta-1)^{w_i-1}})-\log_\theta(1+\frac{(\theta^{1-\mathcal{M}_i^2}-1)^{w_i}}{(\theta-1)^{w_i-1}})+\log_\theta(1+\frac{(\theta^{1-\mathcal{M}_i^2-\mathcal{N}_i^2}-1)^{w_i}}{(\theta-1)^{w_i-1}})}$

$-1=\frac{(\theta^{1-\mathcal{M}_i^2-\mathcal{N}_i^2}-1)^{w_i}}{(\theta-1)^{w_i-1}}$，$\theta^{1-\mu_{i+1}^2-\nu_{i+1}^2}-1=\frac{(\theta^{1-\mathcal{M}_{i+1}^2-\mathcal{N}_{i+1}^2}-1)^{w_{i+1}}}{(\theta-1)^{w_{i+1}-1}}$

得到，

$$(w_i\cdot{}_F\alpha_i)\oplus_F(w_{i+1}\cdot{}_F\alpha_{i+1})=\left(\sqrt{1-\log_\theta\left(1+\frac{(\theta^{1-\mathcal{M}_i^2}-1)^{w_i}(\theta^{1-\mathcal{M}_{i+1}^2}-1)^{w_{i+1}}}{(\theta-1)^{w_i+w_{i+1}-1}}\right)},\right.$$

$$\left.\sqrt{\log_\theta\left(1+\frac{(\theta^{1-\mathcal{M}_i^2}-1)^{w_i}(\theta^{1-\mathcal{M}_{i+1}^2}-1)^{w_{i+1}}}{(\theta-1)^{w_i+w_{i+1}-1}}\right)-\log_\theta\left(1+\frac{(\theta^{1-\mathcal{M}_i^2-\mathcal{N}_i^2}-1)^{w_i}(\theta^{1-\mathcal{M}_{i+1}^2-\mathcal{N}_{i+1}^2}-1)^{w_{i+1}}}{(\theta-1)^{w_i+w_{i+1}-1}}\right)}\right)$$

进而可得，

$$\bigoplus_{i=1}^n{}_F(w_i\cdot{}_F\alpha_i)=\left(\sqrt{1-\log_\theta\left(1+\frac{\prod\limits_{i=1}^n(\theta^{1-\mathcal{M}_i^2}-1)^{w_i}}{(\theta-1)^{-1+\sum\limits_{i=1}^n w_i}}\right)},\right.$$

$$\left.\sqrt{\log_\theta\left(1+\frac{\prod\limits_{i=1}^n(\theta^{1-\mathcal{M}_i^2}-1)^{w_i}}{(\theta-1)^{-1+\sum\limits_{i=1}^n w_i}}\right)-\log_\theta\left(1+\frac{\prod\limits_{i=1}^n(\theta^{1-\mathcal{M}_i^2-\mathcal{N}_i^2}-1)^{w_i}}{(\theta-1)^{-1+\sum\limits_{i=1}^n w_i}}\right)}\right)$$

因为 $\sum\limits_{i=1}^n w_i=1$，则 $(\theta-1)^{-1+\sum\limits_{i=1}^n w_i}=1$，得到

$$PyFFIWA(\alpha_1,\alpha_2,\cdots,\alpha_n)=\bigoplus_{i=1}^n{}_F(w_i\cdot{}_F\alpha_i)$$

$$=\left(\sqrt{1-\log_\theta\left(1+\prod_{i=1}^n(\theta^{1-\mathcal{M}_i^2}-1)^{w_i}\right)},\right.$$

$$\left.\sqrt{\log_\theta\left(1+\prod_{i=1}^n(\theta^{1-\mathcal{M}_i^2}-1)^{w_i}\right)-\log_\theta\left(1+\prod_{i=1}^n(\theta^{1-\mathcal{M}_i^2-\mathcal{N}_i^2}-1)^{w_i}\right)}\right)$$

所以，式（4.6）得证。

证毕。

下面探究 PyFFIWA 算子的基本性质：

定理 4 - 5. 设 $\alpha_i = (\mathcal{M}_{\alpha i},\ \mathcal{N}_{\alpha i})$ 和 $\beta_i = (\mathcal{M}_{\beta i},\ \mathcal{N}_{\beta i})(i = 1,\ 2,\ \cdots,\ n)$ 为两组勾股模糊数，则有

性质 1（幂等性）：若 $\alpha_i = \alpha = (\mathcal{M},\ \mathcal{N})(i = 1,\ 2,\ \cdots,\ n)$，则

$$PyFFIWA(\alpha_1,\ \alpha_2,\ \cdots,\ \alpha_n) = \alpha \tag{4.7}$$

性质 2（单调性）：若 $\alpha_i \leqslant \beta_i(i = 1,\ 2,\ \cdots,\ n)$，则

$$PyFFIWA(\alpha_1,\ \alpha_2,\ \cdots,\ \alpha_n) \leqslant PyFFIWA(\beta_1,\ \beta_2,\ \cdots,\ \beta_n) \tag{4.8}$$

性质 3（有界性）：若令 $\alpha_{\min} = (\min_i\{\mathcal{M}_{\alpha i}\},\ \max_i\{\mathcal{N}_{\alpha i}\})$，$\alpha_{\max} = (\max_i\{\mathcal{M}_{\alpha i}\},\ \min_i\{\mathcal{N}_{\alpha i}\})$，则

$$\alpha_{\min} \leqslant PyFFIWA(\alpha_1,\ \alpha_2,\ \cdots,\ \alpha_n) \leqslant \alpha_{\max} \tag{4.9}$$

证明：容易证明上述 PyFFIWA 算子性质，这里省略。

下面讨论 PyFFIWA 算子的特殊情况。

定理 4 - 6. 设 $\alpha_i = (\mathcal{M}_i,\ \mathcal{N}_i)(i = 1,\ 2,\ \cdots,\ n)$ 为一组勾股模糊数，$w = (w_1,\ w_2,\ \cdots,\ w_n)^T$ 为 α_i 的权重向量，满足 $w_i \in [0,\ 1]$ 且 $\sum_{i=1}^{n} w_i = 1$，则

（1）当 $\theta \to 1$ 时，PyFFIWA 算子退化为 PyFIWA 算子[33,35]，即

$$\lim_{\theta \to 1} PyFFIWA(\alpha_1,\ \alpha_2,\ \cdots,\ \alpha_n) = \left(\sqrt{1 - \prod_{i=1}^{n}(1 - \mathcal{M}_i^2)^{w_i}}, \right.$$

$$\left. \sqrt{\prod_{i=1}^{n}(1 - \mathcal{M}_i^2)^{w_i} - \prod_{i=1}^{n}(1 - \mathcal{M}_i^2 - \mathcal{N}_i^2)^{w_i}} \right) \tag{4.10}$$

（2）当 $\theta \to +\infty$ 时，PyFFIWA 算子退化为勾股模糊加权幂平均（PyFWPM）算子，即

$$\lim_{\theta \to +\infty} PyFFIWA(\alpha_1,\ \alpha_2,\ \cdots,\ \alpha_n) = \left(\sqrt{\sum_{i=1}^{n} w_i \mathcal{M}_i^2},\ \sqrt{\sum_{i=1}^{n} w_i \mathcal{N}_i^2} \right) \tag{4.11}$$

证明：（1）因为

$$\lim_{\theta \to 1} PyFFIWA(\alpha_1, \alpha_2, \cdots, \alpha_n)$$

$$= \lim_{\theta \to 1} \left(\sqrt{1 - \log_\theta \left(1 + \prod_{i=1}^{n} (\theta^{1-\mathcal{M}_i^2} - 1)^{w_i}\right)}, \right.$$

$$\left. \sqrt{\log_\theta \left(1 + \prod_{i=1}^{n} (\theta^{1-\mathcal{M}_i^2} - 1)^{w_i}\right) - \log_\theta \left(1 + \prod_{i=1}^{n} (\theta^{1-\mathcal{M}_i^2-\mathcal{N}_i^2} - 1)^{w_i}\right)} \right)$$

$$= \left(\lim_{\theta \to 1} \sqrt{1 - \log_\theta \left(1 + \prod_{i=1}^{n} (\theta^{1-\mathcal{M}_i^2} - 1)^{w_i}\right)}, \right.$$

$$\left. \lim_{\theta \to 1} \sqrt{\log_\theta \left(1 + \prod_{i=1}^{n} (\theta^{1-\mathcal{M}_i^2} - 1)^{w_i}\right) - \log_\theta \left(1 + \prod_{i=1}^{n} (\theta^{1-\mathcal{M}_i^2-\mathcal{N}_i^2} - 1)^{w_i}\right)} \right)$$

为此，将隶属度和非隶属度分开进行证明。先对隶属度进行证明，根据常用的等价无穷小，当 $x \to 0$ 时，$x \sim \ln(1+x)$，$a^x - 1 \sim x\ln a$（$a > 0$），因此，当 $\theta \to 1$ 时，有

$$\lim_{\theta \to 1} \sqrt{1 - \log_\theta \left(1 + \prod_{i=1}^{n} (\theta^{1-\mathcal{M}_i^2} - 1)^{w_i}\right)}$$

$$= \lim_{\theta \to 1} \sqrt{1 - \frac{\ln\left(1 + \prod_{i=1}^{n} (\theta^{1-\mathcal{M}_i^2} - 1)^{w_i}\right)}{\ln\theta}} = \lim_{\theta \to 1} \sqrt{1 - \frac{\prod_{i=1}^{n} (\theta^{1-\mathcal{M}_i^2} - 1)^{w_i}}{\ln\theta}}$$

$$= \sqrt{1 - \lim_{\theta \to 1} \frac{\prod_{i=1}^{n} ((\ln\theta)(\theta^{1-\mathcal{M}_i^2} - 1))^{w_i}}{\ln\theta}} = \sqrt{1 - \frac{(\ln\theta)^{\sum_{i=1}^{n} w_i} \prod_{i=1}^{n} ((\theta^{1-\mathcal{M}_i^2} - 1))^{w_i}}{\ln\theta}}$$

$$= \sqrt{1 - \prod_{i=1}^{n} ((\theta^{1-\mathcal{M}_i^2} - 1))^{w_i}}$$

同理可得

$$\lim_{\theta \to 1} \sqrt{\log_\theta \left(1 + \prod_{i=1}^{n} (\theta^{1-\mathcal{M}_i^2} - 1)^{w_i}\right) - \log_\theta \left(1 + \prod_{i=1}^{n} (\theta^{1-\mathcal{M}_i^2-\mathcal{N}_i^2} - 1)^{w_i}\right)}$$

$$= \sqrt{\prod_{i=1}^{n} (1 - \mathcal{M}_i^2)^{w_i} - \prod_{i=1}^{n} (1 - \mathcal{M}_i^2 - \mathcal{N}_i^2)^{w_i}}$$

因此，

$$\lim_{\theta \to 1} PyFFIWA(\alpha_1, \alpha_2, \cdots, \alpha_n) = \left(\sqrt{1 - \prod_{i=1}^{n} (1 - \mathcal{M}_i^2)^{w_i}} , \right.$$

$$\left. \sqrt{\prod_{i=1}^{n} (1 - \mathcal{M}_i^2)^{w_i} - \prod_{i=1}^{n} (1 - \mathcal{M}_i^2 - \mathcal{N}_i^2)^{w_i}} \right)$$

证毕。

（2）因为

$$\lim_{\theta \to 1} PyFFIWA(\alpha_1, \alpha_2, \cdots, \alpha_n)$$

$$= \lim_{\theta \to 1} \left(\sqrt{1 - \log_\theta \left(1 + \prod_{i=1}^{n} (\theta^{1-\mathcal{M}_i^2} - 1)^{w_i}\right)} , \right.$$

$$\left. \sqrt{\log_\theta \left(1 + \prod_{i=1}^{n} (\theta^{1-\mathcal{M}_i^2} - 1)^{w_i}\right) - \log_\theta \left(1 + \prod_{i=1}^{n} (\theta^{1-\mathcal{M}_i^2-\mathcal{N}_i^2} - 1)^{w_i}\right)} \right)$$

$$= \left(\lim_{\theta \to 1} \sqrt{1 - \log_\theta \left(1 + \prod_{i=1}^{n} (\theta^{1-\mathcal{M}_i^2} - 1)^{w_i}\right)} , \right.$$

$$\left. \lim_{\theta \to 1} \sqrt{\log_\theta \left(1 + \prod_{i=1}^{n} (\theta^{1-\mathcal{M}_i^2} - 1)^{w_i}\right) - \log_\theta \left(1 + \prod_{i=1}^{n} (\theta^{1-\mathcal{M}_i^2-\mathcal{N}_i^2} - 1)^{w_i}\right)} \right)$$

为此，将隶属度和非隶属度分开进行证明。先对隶属度进行证明，根据洛必达法则，有

$$\lim_{\theta \to +\infty} \sqrt{1 - \log_\theta \left(1 + \prod_{i=1}^{n} (\theta^{1-\mathcal{M}_i^2} - 1)^{w_i}\right)}$$

$$= \sqrt{1 - \lim_{\theta \to +\infty} \frac{\left(\sum_{i=1}^{n} \dfrac{w_i (1 - \mathcal{M}_i^2) \theta^{-\mathcal{M}_i^2}}{\theta^{1-\mathcal{M}_i^2} - 1} \right) \prod_{i=1}^{n} (\theta^{1-\mathcal{M}_i^2} - 1)^{w_i}}{(1/\theta)\left(1 + \prod_{i=1}^{n} (\theta^{1-\mathcal{M}_i^2} - 1)^{w_i}\right)}}$$

$$= \sqrt{1 - \lim_{\theta \to +\infty} \frac{\prod_{i=1}^{n} (\theta^{1-\mathcal{M}_i^2} - 1)^{w_i} \left(\sum_{i=1}^{n} \dfrac{w_i (1 - \mathcal{M}_i^2) \theta^{1-\mathcal{M}_i^2}}{\theta^{1-\mathcal{M}_i^2} - 1} \right)}{\left(1 + \prod_{i=1}^{n} (\theta^{1-\mathcal{M}_i^2} - 1)^{w_i}\right)}}$$

$$= \sqrt{1 - \sum_{i=1}^{n} w_i (1 - \mathcal{M}_i^2)} = \sqrt{\sum_{i=1}^{n} w_i \mathcal{M}_i^2}$$

同理可证

$$\lim_{\theta \to +\infty} \sqrt{\log_\theta \left(1 + \prod_{i=1}^{n} \left(\theta^{1-\mathcal{M}_i^2} - 1 \right)^{w_i} \right) - \log_\theta \left(1 + \prod_{i=1}^{n} \left(\theta^{1-\mathcal{M}_i^2 - \mathcal{N}_i^2} - 1 \right)^{w_i} \right)}$$

$$= \sqrt{\sum_{i=1}^{n} w_i \mathcal{N}_i^2}$$

因此，$\lim\limits_{\theta \to +\infty} PyFFIWA(\alpha_1, \alpha_2, \cdots, \alpha_n) = \left(\sqrt{\sum\limits_{i=1}^{n} w_i \mathcal{M}_i^2}, \sqrt{\sum\limits_{i=1}^{n} w_i \mathcal{N}_i^2} \right)$.

证毕。

4.1.3　PyFFIWG 算子

定义 4 – 5. 设 $\alpha_i = (\mathcal{M}_i, \mathcal{N}_i)(i = 1, 2, \cdots, n)$ 为一组勾股模糊数，$w = (w_1, w_2, \cdots, w_n)^T$ 为 α_i 的权重向量，满足 $w_i \in [0, 1]$ 且 $\sum\limits_{j=1}^{n} w_j = 1$，$\Omega$ 为所有勾股模糊数集合，则勾股模糊 Frank 交叉加权几何 (Pythagorean fuzzy Frank interaction weighted geometric，PyFFIWG) 算子可定义如下 (PyFFIWG：$\Omega^n \to \Omega$)：

$$PyFFIWG(\alpha_1, \alpha_2, \cdots, \alpha_n) = \bigotimes_{i=1}^{n} {}_F (\alpha_i)^{\wedge_F w_i} \qquad (4.12)$$

定理 4 – 7. 设 $\alpha_i = (\mathcal{M}_i, \mathcal{N}_i)$ $(i = 1, 2, \cdots, n)$ 为一组勾股模糊数，$w = (w_1, w_2, \cdots, w_n)^T$ 为 α_i 的权重向量，满足 $w_i \in [0, 1]$ 且 $\sum\limits_{j=1}^{n} w_j = 1$，$\Omega$ 为所有勾股模糊数集合，则 PyFFIWG 算子集结结果仍为勾股模糊数，且有

$$PyFFIWG(\alpha_1, \alpha_2, \cdots, \alpha_n) =$$

$$\left(\sqrt{\log_\theta \left(1 + \prod_{i=1}^{n} \left(\theta^{1-\mathcal{N}_i^2} - 1 \right)^{w_i} \right) - \log_\theta \left(1 + \prod_{i=1}^{n} \left(\theta^{1-\mathcal{M}_i^2 - \mathcal{N}_i^2} - 1 \right)^{w_i} \right)}, \right.$$

$$\left. \sqrt{1 - \log_\theta \left(1 + \prod_{i=1}^{n} \left(\theta^{1-\mathcal{N}_i^2} - 1 \right)^{w_i} \right)} \right) \qquad (4.13)$$

证明：证明过程与 PyFFIWA 算子的证明类似，这里省略。

与 PyFFIWA 算子类似，可以得到 PyFFIWG 算子的以下性质。

定理 4 − 8. 设 $\alpha_i = (\mathcal{M}_{\alpha i}, \mathcal{N}_{\alpha i})$ 和 $\beta_i = (\mathcal{M}_{\beta i}, \mathcal{N}_{\beta i})$ ($i = 1, 2, \cdots, n$) 为两组勾股模糊数，则有

性质 1（幂等性）：若 $\alpha_i = \alpha = (\mathcal{M}, \mathcal{N})$ ($i = 1, 2, \cdots, n$)，则

$$PyFFIWG(\alpha_1, \alpha_2, \cdots, \alpha_n) = \alpha \qquad (4.14)$$

性质 2（单调性）：若 $\alpha_i \leqslant \beta_i$ ($i = 1, 2, \cdots, n$)，则

$$PyFFIWG(\alpha_1, \alpha_2, \cdots, \alpha_n) \leqslant PyFFIWG(\beta_1, \beta_2, \cdots, \beta_n) \qquad (4.15)$$

性质 3（有界性）：若令 $\alpha_{\min} = (\min\limits_i\{\mathcal{M}_{\alpha i}\}, \max\limits_i\{\mathcal{N}_{\alpha i}\})$，$\alpha_{\max} = (\max\limits_i\{\mathcal{M}_{\alpha i}\}, \min\limits_i\{\mathcal{N}_{\alpha i}\})$，则

$$\alpha_{\min} \leqslant PyFFIWG(\alpha_1, \alpha_2, \cdots, \alpha_n) \leqslant \alpha_{\max} \qquad (4.16)$$

与 PyFFIWA 算子类似，PyFFIWG 算子也有如下特殊情况。

定理 4 − 9. 设 $\alpha_i = (\mathcal{M}_i, \mathcal{N}_i)$ ($i = 1, 2, \cdots, n$) 为一组勾股模糊数，则

（1）当 $\theta \to 1$ 时，PyFFIWG 算子退化为 PyFIWG 算子，即

$$\lim_{\theta \to 1} PyFFIWG(\alpha_1, \alpha_2, \cdots, \alpha_n) =$$

$$\left(\sqrt{\prod_{i=1}^n (1 - \mathcal{N}_i^2)^{w_i} - \prod_{i=1}^n (1 - \mathcal{M}_i^2 - \mathcal{N}_i^2)^{w_i}}, \sqrt{1 - \prod_{i=1}^n (1 - \mathcal{N}_i^2)^{w_i}} \right) \qquad (4.17)$$

（2）当 $\theta \to +\infty$ 时，PyFFIWG 算子退化为勾股模糊加权幂平均（PyFWPM）算子，即

$$\lim_{\theta \to +\infty} PyFFIWG(\alpha_1, \alpha_2, \cdots, \alpha_n) = \left(\sqrt{\sum_{i=1}^n w_i \mathcal{N}_i^2}, \sqrt{\sum_{i=1}^n w_i \mathcal{M}_i^2} \right) \qquad (4.18)$$

证明：类似于定理 4 − 6 的证明，这里省略。

例 4 − 1　设 $\alpha_1 = (0.9, 0.3)$，$\alpha_2 = (0.7, 0.6)$，$\alpha_3 = (0.5, 0.8)$，$\alpha_4 = (0.6, 0.3)$ 为一组勾股模糊数，相应的权重向量为 $w = (0.2,$

0.3，0.4，0.1），$\theta > 1$，则 PyFFIWA 和 PyFFIWG 算子的计算过程如下：

设 $\theta = 2$，PyFFIWA 和 PyFFIWG 算子集结 α_1，α_2，α_3，α_4 计算为

$PyFFIWA(\alpha_1，\alpha_2，\alpha_3，\alpha_4)$

$$= \left(\sqrt{1 - \log_2\left(1 + (2^{1-0.9^2}-1)^{0.2} \times (2^{1-0.7^2}-1)^{0.3} \times (2^{1-0.5^2}-1)^{0.4} \times (2^{1-0.6^2}-1)^{0.1}\right)}，\right.$$

$$\left. \sqrt{\begin{array}{l} \log_2\left(1 + (2^{1-0.9^2}-1)^{0.2} \times (2^{1-0.7^2}-1)^{0.3} \times (2^{1-0.5^2}-1)^{0.4} \times (2^{1-0.6^2}-1)^{0.1}\right) - \\ \log_2\left(1 + (2^{1-0.9^2-0.3^2}-1)^{0.2} \times (2^{1-0.7^2-0.6^2}-1)^{0.3} \times (2^{1-0.5^2-0.8^2}-1)^{0.4} \times (2^{1-0.6^2-0.3^2}-1)^{0.1}\right) \end{array}} \right)$$

$$= (0.681，0.625)$$

$PyFFIWG(\alpha_1，\alpha_2，\alpha_3，\alpha_4)$

$$= \left(\sqrt{\begin{array}{l} \log_2\left(1 + (2^{1-0.3^2}-1)^{0.2} \times (2^{1-0.6^2}-1)^{0.3} \times (2^{1-0.8^2}-1)^{0.4} \times (2^{1-0.3^2}-1)^{0.1}\right) - \\ \log_2\left(1 + (2^{1-0.9^2-0.3^2}-1)^{0.2} \times (2^{1-0.7^2-0.6^2}-1)^{0.3} \times (2^{1-0.5^2-0.8^2}-1)^{0.4} \times (2^{1-0.6^2-0.3^2}-1)^{0.1}\right) \end{array}}，\right.$$

$$\left. \sqrt{1 - \log_2\left(1 + (2^{1-0.3^2}-1)^{0.2} \times (2^{1-0.6^2}-1)^{0.3} \times (2^{1-0.8^2}-1)^{0.4} \times (2^{1-0.3^2}-1)^{0.1}\right)} \right)$$

$$= (0.672，0.634)$$

4.2　勾股模糊正弦三角交叉集结算子

4.2.1　勾股模糊数的正弦三角运算规则

定义 4-6[213]. 设 $A = \{\langle x，\mathcal{M}_A(x)，\mathcal{N}_A(x) \rangle \mid x \in X\}$ 为勾股模糊集，一个关于 A 的正弦三角勾股模糊集定义为

$$\sin A = \left\{ \left\langle x，\sin\left(\frac{\pi}{2}\mathcal{M}_A\right)，\sqrt{1 - \sin^2\left(\frac{\pi}{2}\sqrt{1 - \mathcal{N}_A^2}\right)} \right\rangle \Big| x \in X \right\}$$

$$(4.19)$$

这也是勾股模糊集，即满足 $0 \leqslant \sin^2\left(\dfrac{\pi}{2}\mathcal{M}_i\right) + \left(\sqrt{1 - \sin^2\left(\dfrac{\pi}{2}\sqrt{1-\mathcal{N}_i^2}\right)}\right)^2 = $

$1 + \sin^2\left(\dfrac{\pi}{2}\mathcal{M}_i\right) - \sin^2\left(\dfrac{\pi}{2}\sqrt{1-\mathcal{N}_i^2}\right) \leqslant 1$.

为了方便表达，勾股模糊数 $\alpha = (\mathcal{M}_\alpha, \mathcal{N}_\alpha)$ 的正弦三角勾股模糊数可以表示为

$$\sin\alpha = \left(\sin\left(\dfrac{\pi}{2}\mathcal{M}_\alpha\right), \sqrt{1 - \sin^2\left(\dfrac{\pi}{2}\sqrt{1-\mathcal{N}_\alpha^2}\right)}\right) \qquad (4.20)$$

定义 4 - 7[214]. 设 $\sin\alpha_i = \left(\sin\left(\dfrac{\pi}{2}\mathcal{M}_i\right), \sqrt{1 - \sin^2\left(\dfrac{\pi}{2}\sqrt{1-\mathcal{N}_i^2}\right)}\right)$ ($i = $

1，2）为两个正弦三角勾股模糊数，则相关运算规则如下：

（1）$\sin\alpha_1 \oplus \sin\alpha_2 = \left(\sqrt{1 - \prod\limits_{i=1}^{2}\left(1 - \sin^2\left(\dfrac{\pi}{2}\mathcal{M}_i\right)\right)}, \prod\limits_{i=1}^{2}\sqrt{1 - \sin^2\left(\dfrac{\pi}{2}\sqrt{1-\mathcal{N}_i^2}\right)}\right)$；

（2）$\lambda\sin\alpha_1 = \left(\sqrt{1 - \left(1 - \sin^2\left(\dfrac{\pi}{2}\mathcal{M}_i\right)\right)^\lambda}, \left(\sqrt{1 - \sin^2\left(\dfrac{\pi}{2}\sqrt{1-\mathcal{N}_i^2}\right)}\right)^\lambda\right)$；

（3）$\sin\alpha_1 \otimes \sin\alpha_2 = \left(\prod\limits_{i=1}^{2}\sin\left(\dfrac{\pi}{2}\mathcal{M}_i\right), \sqrt{1 - \prod\limits_{i=1}^{2}\left(1 - \sin^2\left(\dfrac{\pi}{2}\sqrt{1-\mathcal{N}_i^2}\right)\right)}\right)$；

（4）$(\sin\alpha_1)^\lambda = \left(\left(\sin\left(\dfrac{\pi}{2}\mathcal{M}_i\right)\right)^\lambda, \sqrt{1 - \left(1 - \sin^2\left(\dfrac{\pi}{2}\sqrt{1-\mathcal{N}_i^2}\right)\right)^\lambda}\right)$。

4.2.2　勾股模糊数的正弦三角交叉运算规则

例 4 - 2　设 $\alpha_1 = (0.8, 0)$，$\alpha_2 = (0.7, 0.4)$ 为两个勾股模糊数，若分别采用定义 2 - 3 和定义 4 - 7 中的和运算规则，可以计算得到 $\alpha_1 \oplus \alpha_2 = (0.904, 0.000)$；$\sin(\alpha_1) \oplus \sin(\alpha_2) = (0.990, 0.000)$。显然，$\nu_2 = 0.4$ 在运算中完全不起作用，这与常理不符，且违反直觉。

为了消除和避免上述情况的产生，在文献［64］IOLs 和文献［213］STOLs 的基础上，定义了一种新的 STIOLs.

定义 4 - 8. 设 $\alpha_i = (\mathscr{M}_i,\ \mathscr{N}_i)(i=1,\ 2)$ 为任意两个勾股模糊数，则它们的正弦三角交叉运算被定义如下：

（1）$\sin\alpha_1 \oplus \sin\alpha_2 = \left(\sqrt{1 - \prod\limits_{i=1}^{2}\left(1 - \sin^2\left(\dfrac{\pi}{2}\mathscr{M}_i\right)\right)}, \right.$

$\left. \sqrt{\prod\limits_{i=1}^{2}\left(1 - \sin^2\left(\dfrac{\pi}{2}\mathscr{M}_i\right)\right) - \prod\limits_{i=1}^{2}\left(\sin^2\left(\dfrac{\pi}{2}\sqrt{1-\mathscr{N}_i^2}\right) - \sin^2\left(\dfrac{\pi}{2}\mathscr{M}_i\right)\right)} \right);$

（2）$\lambda\sin\alpha_1 = \left(\sqrt{1 - \left(1 - \sin^2\left(\dfrac{\pi}{2}\mathscr{M}_i\right)\right)^{\lambda}}, \right.$

$\left. \sqrt{\left(1 - \sin^2\left(\dfrac{\pi}{2}\mathscr{M}_i\right)\right)^{\lambda} - \left(\sin^2\left(\dfrac{\pi}{2}\sqrt{1-\mathscr{N}_i^2}\right) - \sin^2\left(\dfrac{\pi}{2}\mathscr{M}_i\right)\right)^{\lambda}} \right);$

（3）$\sin\alpha_1 \otimes \sin\alpha_2 =$

$\left(\sqrt{\prod\limits_{i=1}^{2}\left(\sin^2\left(\dfrac{\pi}{2}\sqrt{1-\mathscr{N}_i^2}\right)\right) - \prod\limits_{i=1}^{2}\left(\sin^2\left(\dfrac{\pi}{2}\sqrt{1-\mathscr{N}_i^2}\right) - \sin^2\left(\dfrac{\pi}{2}\mathscr{M}_i\right)\right)}, \right.$

$\left. \sqrt{1 - \prod\limits_{i=1}^{2}\left(\sin^2\left(\dfrac{\pi}{2}\sqrt{1-\mathscr{N}_i^2}\right)\right)} \right);$

（4）$(\sin\alpha_1)^{\lambda} = \left(\sqrt{\left(\sin^2\left(\dfrac{\pi}{2}\sqrt{1-\mathscr{N}_i^2}\right)\right)^{\lambda} - \left(\sin^2\left(\dfrac{\pi}{2}\sqrt{1-\mathscr{N}_i^2}\right) - \sin^2\left(\dfrac{\pi}{2}\mathscr{M}_i\right)\right)^{\lambda}}, \right.$

$\left. \sqrt{1 - \left(\sin^2\left(\dfrac{\pi}{2}\sqrt{1-\mathscr{N}_i^2}\right)\right)^{\lambda}} \right)。$

定理 4 - 10. 设 $\alpha_i = (\mathscr{M}_i,\ \mathscr{N}_i)(i=1,\ 2)$ 为两个勾股模糊数，则定义 4 - 8 中 $\alpha = \sin(\alpha_1) \oplus \sin(\alpha_2) = (\mathscr{M}_{\alpha},\ \mathscr{N}_{\alpha})$ 也是勾股模糊数。

证明：由文献［64］的 IOLs 可得，$\mathscr{M}_{\alpha} = \sqrt{\dot\mu_1^2 + \dot\mu_2^2 - \dot\mu_1^2\dot\mu_2^2}$，其中 $\dot\mu_i^2 = \sin^2\left(\dfrac{\pi}{2}\mathscr{M}_i\right)(i=1,\ 2)$，则

$$\mathscr{M}_{\alpha} = \sqrt{\dot\mu_1^2 + \dot\mu_2^2 - \dot\mu_1^2\dot\mu_2^2} = \sqrt{1 - (1 - \dot\mu_1^2)(1 - \dot\mu_2^2)}$$

$$= \sqrt{1 - \left(1 - \sin^2\left(\dfrac{\pi}{2}\mathscr{M}_1\right)\right)\left(1 - \sin^2\left(\dfrac{\pi}{2}\mathscr{M}_2\right)\right)}$$

$$= \sqrt{1 - \prod_{i=1}^{2} \left(1 - \sin^2\left(\frac{\pi}{2}\mathcal{M}_i\right)\right)}$$

又有 $\mathcal{N}_\alpha = \sqrt{\dot{\nu}_1^2 + \dot{\nu}_2^2 - \dot{\nu}_1^2\dot{\nu}_2^2 - \dot{\nu}_1^2\dot{\mu}_2^2 - \dot{\mu}_1^2\dot{\nu}_2^2}$，其中 $\dot{\mu}_i^2 = \sin^2$

$\left(\frac{\pi}{2}\mathcal{M}_i\right)$，$\dot{\nu}_i^2 = 1 - \sin^2\left(\frac{\pi}{2}\sqrt{1-\mathcal{N}_i^2}\right)$ $(i=1,2)$，则

$$\begin{aligned}
\mathcal{M}_\alpha^2 + \mathcal{N}_\alpha^2 &= \dot{\mu}_1^2 + \dot{\mu}_2^2 - \dot{\mu}_1^2\dot{\mu}_2^2 + \dot{\nu}_1^2 + \dot{\nu}_2^2 - \dot{\nu}_1^2\dot{\nu}_2^2 - \dot{\nu}_1^2\dot{\mu}_2^2 - \dot{\mu}_1^2\dot{\nu}_2^2 \\
&= (\dot{\mu}_1^2 + \dot{\nu}_1^2) + (\dot{\mu}_2^2 + \dot{\nu}_2^2) - (\dot{\mu}_1^2\dot{\mu}_2^2 + \dot{\nu}_1^2\dot{\nu}_2^2 + \dot{\nu}_1^2\dot{\mu}_2^2 + \dot{\mu}_1^2\dot{\nu}_2^2) \\
&= (\dot{\mu}_1^2 + \dot{\nu}_1^2) + (\dot{\mu}_2^2 + \dot{\nu}_2^2) - (\dot{\mu}_1^2 + \dot{\nu}_1^2)(\dot{\mu}_2^2 + \dot{\nu}_2^2) \\
&= 1 - (1 - \dot{\mu}_1^2 - \dot{\nu}_1^2)(1 - \dot{\mu}_2^2 - \dot{\nu}_2^2)
\end{aligned}$$

于是

$$\begin{aligned}
\mathcal{N}_\alpha^2 &= (\mathcal{M}_\alpha^2 + \mathcal{N}_\alpha^2) - \mathcal{M}_\alpha^2 \\
&= 1 - (1 - \dot{\mu}_1^2 - \dot{\nu}_1^2)(1 - \dot{\mu}_2^2 - \dot{\nu}_2^2) - (1 - (1 - \dot{\mu}_1^2)(1 - \dot{\mu}_2^2)) \\
&= \prod_{i=1}^{2}(1 - \dot{\mu}_i^2) - \prod_{i=1}^{2}(1 - \dot{\mu}_i^2 - \dot{\nu}_i^2) \\
&= \prod_{i=1}^{2}\left(1 - \sin^2\left(\frac{\pi}{2}\mathcal{M}_i\right)\right) - \prod_{i=1}^{2}\left(1 - \sin^2\left(\frac{\pi}{2}\mathcal{M}_i\right) - \left(1 - \sin^2\left(\frac{\pi}{2}\sqrt{1-\mathcal{N}_i^2}\right)\right)\right) \\
&= \prod_{i=1}^{2}\left(1 - \sin^2\left(\frac{\pi}{2}\mathcal{M}_i\right)\right) - \prod_{i=1}^{2}\left(\sin^2\left(\frac{\pi}{2}\sqrt{1-\mathcal{N}_i^2}\right) - \sin^2\left(\frac{\pi}{2}\mathcal{M}_i\right)\right)
\end{aligned}$$

因此，有

$$\mathcal{M}_\alpha = \sqrt{1 - \prod_{i=1}^{2}\left(1 - \sin^2\left(\frac{\pi}{2}\mathcal{M}_i\right)\right)},$$

$$\mathcal{N}_\alpha = \sqrt{\prod_{i=1}^{2}\left(1 - \sin^2\left(\frac{\pi}{2}\mathcal{M}_i\right)\right) - \prod_{i=1}^{2}\left(\sin^2\left(\frac{\pi}{2}\sqrt{1-\mathcal{N}_i^2}\right) - \sin^2\left(\frac{\pi}{2}\mathcal{M}_i\right)\right)}$$

又已知 $\mathcal{M}_i$，$\mathcal{N}_i \in [0,1](i=1,2)$，$\sin^2\left(\frac{\pi}{2}\mathcal{M}_i\right) - \sin^2\left(\frac{\pi}{2}\sqrt{1-\mathcal{N}_i^2}\right) \in$

$[0,1]$，有 $\sin\left(\frac{\pi}{2}\mathcal{M}_i\right)$，$\sin\left(\frac{\pi}{2}\sqrt{1-\mathcal{N}_i^2}\right) \in [0,1]$，那么

$$\mathcal{M}_\alpha = \sqrt{1 - \prod_{i=1}^{2}\left(1 - \sin^2\left(\frac{\pi}{2}\mathcal{M}_i\right)\right)} \in [0,1]$$

$$0 \leqslant \mathscr{N}_\alpha = \sqrt{\prod_{i=1}^{2} \left(1 - \sin^2\left(\frac{\pi}{2}\mathscr{M}_i\right)\right) - \prod_{i=1}^{2} \left(\sin^2\left(\frac{\pi}{2}\sqrt{1-\mathscr{N}_i^2}\right) - \sin^2\left(\frac{\pi}{2}\mathscr{M}_i\right)\right)}$$

$$\leqslant \sqrt{\prod_{i=1}^{2} \left(1 - \sin^2\left(\frac{\pi}{2}\mathscr{M}_i\right)\right)} \leqslant 1$$

于是有

$$0 \leqslant \mathscr{M}_\alpha^2 + \mathscr{N}_\alpha^2 = 1 - \prod_{i=1}^{2} \left(1 - \sin^2\left(\frac{\pi}{2}\mathscr{M}_i\right)\right) + \prod_{i=1}^{2} \left(1 - \sin^2\left(\frac{\pi}{2}\mathscr{M}_i\right)\right)$$

$$- \prod_{i=1}^{2} \left(\sin^2\left(\frac{\pi}{2}\sqrt{1-\mathscr{N}_i^2}\right) - \sin^2\left(\frac{\pi}{2}\mathscr{M}_i\right)\right)$$

$$= 1 - \prod_{i=1}^{2} \left(\sin^2\left(\frac{\pi}{2}\sqrt{1-\mathscr{N}_i^2}\right) - \sin^2\left(\frac{\pi}{2}\mathscr{M}_i\right)\right) \leqslant 1$$

所以，$\alpha = \sin(\alpha_1) \oplus \sin(\alpha_2) = (\mu_\alpha, \nu_\alpha)$ 也是勾股模糊数，证毕。

同理，定义 4-8 中其他 STIOs 结果都可以证明也是勾股模糊数。

因此，例 4-2 中 $\alpha_1 = (0.8, 0)$，$\alpha_2 = (0.7, 4)$ 采用定义 4-8 中正弦三角交叉和运算可以得到 $\sin(\alpha_1) \oplus \sin(\alpha_2) = (0.990, 0.040)$，显然，由定义 4-8 计算得到的结果较为合理，其受到勾股模糊数的隶属度与非隶属度之间的交叉作用，结果不完全取决于 $\nu_1 = 0$。

4.2.3 STI-PyFWA 算子

定义 4-9. 设 $\alpha_i = (\mathscr{M}_i, \mathscr{N}_i)(i = 1, 2, \cdots, n)$ 为一组勾股模糊数，如果函数 STI-PyFWA：$\mathrm{PyFN}^n \rightarrow \mathrm{PyFN}$，$STI\text{-}PyFWA(\alpha_1, \alpha_2, \cdots, \alpha_n) = \bigoplus_{i=1}^{n} w_i \sin(\alpha_i)$，则称 STI-PyFWA 为正弦三角交叉勾股模糊加权平均算子，其中权重向量 $(w_1, w_2, \cdots, w_n)$，满足 $w_i \geqslant 0$ 且 $\sum_{i=1}^{n} w_i = 1$。

定理 4-11. 设 $\alpha_i = (\mathscr{M}_i, \mathscr{N}_i)(i = 1, 2, \cdots, n)$ 为一组勾股模糊数，则 STI-PyFWA$(\alpha_1, \alpha_2, \cdots, \alpha_n)$ 集结结果仍为一个勾股模糊数。

$$STI - PyFWA(\alpha_1,\ \alpha_2,\ \cdots,\ \alpha_n) = \left(\sqrt{1 - \prod_{i=1}^{n}\left(1 - \sin^2\left(\frac{\pi}{2}\mathcal{M}_i\right)\right)^{w_i}},\right.$$

$$\left.\sqrt{\prod_{i=1}^{n}\left(1 - \sin^2\left(\frac{\pi}{2}\mathcal{M}_i\right)\right)^{w_i} - \prod_{i=1}^{n}\left(\sin^2\left(\frac{\pi}{2}\sqrt{1 - \mathcal{N}_i^2}\right) - \sin^2\left(\frac{\pi}{2}\mathcal{M}_i\right)\right)^{w_i}}\right)$$

$$(4.21)$$

证明：依据定义 4 - 8 中的正弦三角交叉运算规则，为了计算方便

令 $\dot{\mu}_i = \sin\left(\frac{\pi}{2}\mathcal{M}_i\right)$，$\dot{\nu}_i = \sqrt{1 - \sin^2\left(\frac{\pi}{2}\sqrt{1 - \mathcal{N}_i^2}\right)}(i = 1,\ 2,\ \cdots,\ n)$，

那么

当 $n = 2$ 时，有

$$STI - PFWA(\alpha_1,\ \alpha_2) = w_1\sin(\alpha_1) \oplus w_2\sin(\alpha_2)$$

$$= \left(\sqrt{1 - (1 - \dot{\mu}_1^2)^{w_1}},\ \sqrt{(1 - \dot{\mu}_1^2)^{w_1} - (1 - \dot{\mu}_1^2 - \dot{\nu}_1^2)^{w_1}}\right)$$

$$\oplus \left(\sqrt{1 - (1 - \dot{\mu}_2^2)^{w_2}},\ \sqrt{(1 - \dot{\mu}_2^2)^{w_2} - (1 - \dot{\mu}_2^2 - \dot{\nu}_2^2)^{w_2}}\right)$$

$$= \left(\sqrt{1 - \prod_{i=1}^{2}(1 - \dot{\mu}_i^2)^{w_i}},\ \sqrt{\prod_{i=1}^{2}(1 - \dot{\mu}_i^2)^{w_i} - \prod_{i=1}^{2}(1 - \dot{\mu}_i^2 - \dot{\nu}_i^2)^{w_i}}\right)$$

$$= \left(\sqrt{1 - \prod_{i=1}^{2}\left(1 - \sin^2\left(\frac{\pi}{2}\mathcal{M}_i\right)\right)^{w_i}},\right.$$

$$\left.\sqrt{\prod_{i=1}^{2}\left(1 - \sin^2\left(\frac{\pi}{2}\mathcal{M}_i\right)\right)^{w_i} - \prod_{i=1}^{2}\left(\sin^2\left(\frac{\pi}{2}\sqrt{1 - \mathcal{N}_i^2}\right) - \sin^2\left(\frac{\pi}{2}\mathcal{M}_i\right)\right)^{w_i}}\right)$$

假设当 $n = k$ 时，式（4 - 21）成立，则当 $n = k + 1$ 时，有

$$STI - PFWA(\alpha_1,\ \alpha_2,\ \cdots,\ \alpha_{k+1}) = \bigoplus_{i=1}^{k}w_i\sin(\alpha_i) \oplus w_{k+1}\sin(\alpha_{k+1})$$

$$= \left(\sqrt{1 - \prod_{i=1}^{k}(1 - \dot{\mu}_i^2)^{w_i}},\ \sqrt{\prod_{i=1}^{k}(1 - \dot{\mu}_i^2)^{w_i} - \prod_{i=1}^{k}(1 - \dot{\mu}_i^2 - \dot{\nu}_i^2)^{w_i}}\right)$$

$$\oplus \left(\sqrt{1 - (1 - \dot{\mu}_{k+1}^2)^{w_{k+1}}},\ \sqrt{(1 - \dot{\mu}_{k+1}^2)^{w_{k+1}} - (1 - \dot{\mu}_{k+1}^2 - \dot{\nu}_{k+1}^2)^{w_{k+1}}}\right)$$

$$= \left(\sqrt{1 - \prod_{i=1}^{k+1}(1 - \dot{\mu}_i^2)^{w_i}},\ \sqrt{\prod_{i=1}^{k+1}(1 - \dot{\mu}_i^2)^{w_i} - \prod_{i=1}^{k+1}(1 - \dot{\mu}_i^2 - \dot{\nu}_i^2)^{w_i}}\right)$$

$$= \left(\sqrt{1 - \prod_{i=1}^{k+1} \left(1 - \sin^2\left(\frac{\pi}{2}\mathcal{M}_i\right) \right)^{w_i}} , \right.$$

$$\left. \sqrt{\prod_{i=1}^{k+1} \left(1 - \sin^2\left(\frac{\pi}{2}\mathcal{M}_i\right) \right)^{w_i} - \prod_{i=1}^{k+1} \left(\sin^2\left(\frac{\pi}{2}\sqrt{1-\mathcal{N}_i^2}\right) - \sin^2\left(\frac{\pi}{2}\mathcal{M}_i\right) \right)^{w_i}} \right)$$

由数学归纳法可知，式（4-21）成立。

又已知 $\mathcal{M}_i$，$\mathcal{N}_i \in [0, 1]$，$\sin^2\left(\frac{\pi}{2}\mathcal{M}_i\right) - \sin^2\left(\frac{\pi}{2}\sqrt{1-\mathcal{N}_i^2}\right) \in [0,$

$1]$，有 $\sin\left(\frac{\pi}{2}\mathcal{M}_i\right)$，$\sin\left(\frac{\pi}{2}\sqrt{1-\mathcal{N}_i^2}\right) \in [0, 1]$ $(i=1, 2, \cdots, n)$，从

而 $0 \leqslant \sqrt{1 - \prod_{i=1}^{n} \left(1 - \sin^2\left(\frac{\pi}{2}\mathcal{M}_i\right) \right)^{w_i}} \leqslant 1$。

同时 $0 \leqslant \sqrt{\prod_{i=1}^{n} \left(1 - \sin^2\left(\frac{\pi}{2}\mathcal{M}_i\right) \right)^{w_i} - \prod_{i=1}^{n} \left(\sin^2\left(\frac{\pi}{2}\sqrt{1-\mathcal{N}_i^2}\right) - \sin^2\left(\frac{\pi}{2}\mathcal{M}_i\right) \right)^{w_i}}$

$\leqslant 1$。即可知，STI-PFWA$(\alpha_1, \alpha_2, \cdots, \alpha_n)$ 是勾股模糊数。

证毕。

例 4-3 假设 $\alpha_1 = (0.6, 0.3)$，$\alpha_2 = (0.5, 0.8)$，$\alpha_3 = (0.7,$ $0.4)$，$\alpha_4 = (0.2, 0.9)$ 为 4 个勾股模糊数，其相应权重向量为 $w = (0.2, 0.4, 0.3, 0.1)^T$，则采用公式（4-19）对 $\alpha_1 \sim \alpha_4$ 进行集结，可以有

$$\alpha = STI-PyFWA(\alpha_1, \alpha_2, \alpha_3, \alpha_4)$$

$$= \left(\left(1 - \left(1 - \sin^2\left(\frac{\pi}{2} \times 0.6\right) \right)^{0.2} \times \left(1 - \sin^2\left(\frac{\pi}{2} \times 0.5\right) \right)^{0.4} \right.\right.$$

$$\left.\left. \times \left(1 - \sin^2\left(\frac{\pi}{2} \times 0.7\right) \right)^{0.3} \times \left(1 - \sin^2\left(\frac{\pi}{2} \times 0.2\right) \right)^{0.1} \right)^{\frac{1}{2}} , \right.$$

$$\left. \left(\left(1 - \sin^2\left(\frac{\pi}{2} \times 0.6\right) \right)^{0.2} \times \left(1 - \sin^2\left(\frac{\pi}{2} \times 0.5\right) \right)^{0.4} \right. \right.$$

$$\times \left(1 - \sin^2 \left(\frac{\pi}{2} \times 0.7 \right) \right)^{0.3} \times \left(1 - \sin^2 \left(\frac{\pi}{2} \times 0.2 \right) \right)^{0.1}$$

$$- \left(\sin^2 \left(\frac{\pi}{2} \sqrt{1 - 0.3^2} \right) - \sin^2 \left(\frac{\pi}{2} \times 0.6 \right) \right)^{0.2} \times \left(\sin^2 \left(\frac{\pi}{2} \sqrt{1 - 0.8^2} \right) \right.$$

$$- \sin^2 \left(\frac{\pi}{2} \times 0.5 \right) \right)^{0.4} \times \left(\sin^2 \left(\frac{\pi}{2} \sqrt{1 - 0.4^2} \right) - \sin^2 \left(\frac{\pi}{2} \times 0.7 \right) \right)^{0.3}$$

$$\times \left. \left(\sin^2 \left(\frac{\pi}{2} \sqrt{1 - 0.9^2} \right) - \sin^2 \left(\frac{\pi}{2} \times 0.2 \right) \right)^{0.1} \right)^{\frac{1}{2}} \right)$$

$$= (0.789, \ 0.415)$$

下面讨论 STI – PyFWA 算子的一些性质。

定理 4 – 12. 设 $\alpha_i = (\mathcal{M}_i, \ \mathcal{N}_i)(i = 1, \ 2, \ \cdots, \ n)$ 为一组勾股模糊数，w_i 为 α_i 的权重，满足满足 $w_i \geq 0$ 且 $\sum_{i=1}^{n} w_i = 1$，那么

性质 1（幂等性）：若 $\alpha_i = \alpha = (\mathcal{M}, \ \mathcal{N})(i = 1, \ 2, \ \cdots, \ n)$，则

$$STI - PyFWA(\alpha_1, \ \alpha_2, \ \cdots, \ \alpha_n) = \sin(\alpha) \tag{4.22}$$

性质 2（有界性）：$(\sin(\alpha))^- \leq STI - PyFWA(\alpha_1, \ \alpha_2, \ \cdots, \ \alpha_n) \leq (\sin(\alpha))^+$，其中

$$(\sin(\alpha))^- = \left(\min_i \left\{ \sin \left(\frac{\pi}{2} \mathcal{M}_i \right) \right\}, \right.$$

$$\left. \sqrt{\max_i \left\{ 1 + \sin^2 \left(\frac{\pi}{2} \mathcal{M}_i \right) - \sin^2 \left(\frac{\pi}{2} \sqrt{1 - \mathcal{N}_i^2} \right) \right\} - \min_i \left\{ \sin^2 \left(\frac{\pi}{2} \mathcal{M}_i \right) \right\}} \right) \tag{4.23}$$

$$(\sin(\alpha))^+ = \left(\max_i \left\{ \sin \left(\frac{\pi}{2} \mathcal{M}_i \right) \right\}, \right.$$

$$\left. \sqrt{\max_i \left\{ 0, \ \min_i \left\{ 1 + \sin^2 \left(\frac{\pi}{2} \mathcal{M}_i \right) - \sin^2 \left(\frac{\pi}{2} \sqrt{1 - \mathcal{N}_i^2} \right) \right\} - \max_i \left\{ \sin^2 \left(\frac{\pi}{2} \mathcal{M}_i \right) \right\} \right\}} \right) \tag{4.24}$$

性质 3（单调性）：$\beta_i = (\xi_i, \ \varepsilon_i)(i = 1, \ 2, \ \cdots, \ n)$ 为另一组勾股模糊数，若 $\mathcal{M}_i \leq \xi_i$，$\pi_i^{\alpha} \leq \pi_i^{\beta}$，则

$$STI - PyFWA(\alpha_1, \alpha_2, \cdots, \alpha_n) \leqslant STI - PyFWA(\beta_1, \beta_2, \cdots, \beta_n)$$

$$(4.25)$$

证明：

（1）当 $\alpha_i = \alpha = (\mathcal{M}, \mathcal{N})(i = 1, 2, \cdots, n)$ 时，有

$STI - PFWA(\alpha_1, \alpha_2, \cdots, \alpha_n)$

$$= \left(\sqrt{1 - \prod_{i=1}^{n} \left(1 - \sin^2\left(\frac{\pi}{2}\mathcal{M}\right)\right)^{w_i}}, \right.$$

$$\left. \sqrt{\prod_{i=1}^{n} \left(1 - \sin^2\left(\frac{\pi}{2}\mathcal{M}\right)\right)^{w_i} - \prod_{i=1}^{n} \left(\sin^2\left(\frac{\pi}{2}\sqrt{1 - \mathcal{N}^2}\right) - \sin^2\left(\frac{\pi}{2}\mathcal{M}\right)\right)^{w_i}} \right)$$

$$= \left(\sqrt{1 - \left(1 - \sin^2\left(\frac{\pi}{2}\mathcal{M}\right)\right)^{\sum\limits_{i=1}^{n} w_i}}, \right.$$

$$\left. \sqrt{\left(1 - \sin^2\left(\frac{\pi}{2}\mathcal{M}\right)\right)^{\sum\limits_{i=1}^{n} w_i} - \left(\sin^2\left(\frac{\pi}{2}\sqrt{1 - \mathcal{N}^2}\right) - \sin^2\left(\frac{\pi}{2}\mathcal{M}\right)\right)^{\sum\limits_{i=1}^{n} w_i}} \right)$$

$$= \left(\sqrt{\sin^2\left(\frac{\pi}{2}\mathcal{M}\right)}, \sqrt{1 - \sin^2\left(\frac{\pi}{2}\mathcal{M}\right) - \sin^2\left(\frac{\pi}{2}\sqrt{1 - \mathcal{N}^2}\right) + \sin^2\left(\frac{\pi}{2}\mathcal{M}\right)} \right)$$

$$= \left(\sin\left(\frac{\pi}{2}\mathcal{M}\right), \sqrt{1 - \sin^2\left(\frac{\pi}{2}\sqrt{1 - \mathcal{N}^2}\right)} \right)$$

$$= \sin(\alpha)$$

（2）设 $\sin(\alpha) = STI - PFWA(\alpha_1, \alpha_2, \cdots, \alpha_n)$

（ⅰ）由 $\min\limits_{i}\left\{\sin\left(\frac{\pi}{2}\mathcal{M}_i\right)\right\} \leqslant \sin\left(\frac{\pi}{2}\mathcal{M}_i\right)$ 可得 $1 - \left(\min\limits_{i}\left\{\sin\left(\frac{\pi}{2}\mathcal{M}_i\right)\right\}\right)^2 \geqslant$

$1 - \sin^2\left(\frac{\pi}{2}\mathcal{M}_i\right)$

即有

$$\left(1 - \left(\min\limits_{i}\left\{\sin\left(\frac{\pi}{2}\mathcal{M}_i\right)\right\}\right)^2\right)^{w_i} \geqslant \left(1 - \sin^2\left(\frac{\pi}{2}\mathcal{M}_i\right)\right)^{w_i}$$

从而有

$$1 - \left(\min_i\left\{\sin\left(\frac{\pi}{2}\mathcal{M}_i\right)\right\}\right)^2 = \prod_{i=1}^{n}\left(1 - \left(\min_i\left\{\sin\left(\frac{\pi}{2}\mathcal{M}_i\right)\right\}\right)^2\right)^{w_i}$$

$$\geqslant \prod_{i=1}^{n}\left(1 - \sin^2\left(\frac{\pi}{2}\mathcal{M}_i\right)\right)^{w_i}$$

于是 $\left(\min_i\left\{\sin\left(\frac{\pi}{2}\mathcal{M}_i\right)\right\}\right)^2 \leqslant 1 - \prod_{i=1}^{n}\left(1 - \sin^2\left(\frac{\pi}{2}\mathcal{M}_i\right)\right)^{w_i}$

即得

$$\min_i\left\{\sin\left(\frac{\pi}{2}\mathcal{M}_i\right)\right\} \leqslant \sqrt{1 - \prod_{i=1}^{n}\left(1 - \sin^2\left(\frac{\pi}{2}\mathcal{M}_i\right)\right)^{w_i}}$$

类似地，由 $\sin\left(\frac{\pi}{2}\mathcal{M}_i\right) \leqslant \max_i\left\{\sin\left(\frac{\pi}{2}\mathcal{M}_i\right)\right\}$，

可得 $\max_i\left\{\sin\left(\frac{\pi}{2}\mathcal{M}_i\right)\right\} \geqslant \sqrt{1 - \prod_{i=1}^{n}\left(1 - \sin^2\left(\frac{\pi}{2}\mathcal{M}_i\right)\right)^{w_i}}$

（ii）由于

$$\prod_{i=1}^{n}\left(1 - \sin^2\left(\frac{\pi}{2}\mathcal{M}_i\right)\right)^{w_i} - \prod_{i=1}^{n}\left(\sin^2\left(\frac{\pi}{2}\sqrt{1 - \mathcal{N}_i^2}\right) - \sin^2\left(\frac{\pi}{2}\mathcal{M}_i\right)\right)^{w_i}$$

$$\geqslant \prod_{i=1}^{n}\left(1 - \left(\max_i\left\{\sin\left(\frac{\pi}{2}\mathcal{M}_i\right)\right\}\right)^2\right)^{w_i}$$

$$- \prod_{i=1}^{n}\left(1 - \min_i\left\{1 + \sin^2\left(\frac{\pi}{2}\mathcal{M}_i\right) - \sin^2\left(\frac{\pi}{2}\sqrt{1 - \mathcal{N}_i^2}\right)\right\}\right)^{w_i}$$

$$= \min_i\left\{1 + \sin^2\left(\frac{\pi}{2}\mathcal{M}_i\right) - \sin^2\left(\frac{\pi}{2}\sqrt{1 - \mathcal{N}_i^2}\right)\right\}$$

$$- \left(\max_i\left\{\sin\left(\frac{\pi}{2}\mathcal{M}_i\right)\right\}\right)^2$$

考虑到 $\left(\max_i\left\{\sin\left(\frac{\pi}{2}\mathcal{M}_i\right)\right\}\right)^2 = \max_i\left\{\sin^2\left(\frac{\pi}{2}\mathcal{M}_i\right)\right\}$，以及 $\min_i\left\{1 + \right.$

$\left. \sin^2\left(\frac{\pi}{2}\mathcal{M}_i\right) - \sin^2\left(\frac{\pi}{2}\sqrt{1 - \mathcal{N}_i^2}\right)\right\} - \max_i\left\{\sin^2\left(\frac{\pi}{2}\mathcal{M}_i\right)\right\}$ 可能为负数，则有

$$\sqrt{\prod_{i=1}^{n}\left(1 - \sin^2\left(\frac{\pi}{2}\mathcal{M}_i\right)\right)^{w_i} - \prod_{i=1}^{n}\left(\sin^2\left(\frac{\pi}{2}\sqrt{1 - \mathcal{N}_i^2}\right) - \sin^2\left(\frac{\pi}{2}\mathcal{M}_i\right)\right)^{w_i}} \geqslant$$

$$\sqrt{\max\left\{0,\ \min_i\left\{1+\sin^2\left(\frac{\pi}{2}\mathcal{M}_i\right)-\sin^2\left(\frac{\pi}{2}\sqrt{1-\mathcal{N}_i^2}\right)\right\}-\max_i\left\{\sin^2\left(\frac{\pi}{2}\mathcal{M}_i\right)\right\}\right\}}$$

类似可得

$$\sqrt{\max_i\left\{1+\sin^2\left(\frac{\pi}{2}\mathcal{M}_i\right)-\sin^2\left(\frac{\pi}{2}\sqrt{1-\mathcal{N}_i^2}\right)\right\}-\max_i\left\{\sin^2\left(\frac{\pi}{2}\mathcal{M}_i\right)\right\}} \geqslant$$

$$\sqrt{\prod_{i=1}^n\left(1-\sin^2\left(\frac{\pi}{2}\mathcal{M}_i\right)\right)^{w_i}-\prod_{i=1}^n\left(\sin^2\left(\frac{\pi}{2}\sqrt{1-\mathcal{N}_i^2}\right)-\sin^2\left(\frac{\pi}{2}\mathcal{M}_i\right)\right)^{w_i}}$$

于是综合（ⅰ）和（ⅱ），有

$$\min_i\left\{\sin^2\left(\frac{\pi}{2}\mathcal{M}_i\right)\right\}-\left(\max_i\left\{1+\sin^2\left(\frac{\pi}{2}\mathcal{M}_i\right)-\sin^2\left(\frac{\pi}{2}\sqrt{1-\mathcal{N}_i^2}\right)\right\}-\right.$$

$$\left.\min_i\left\{\sin^2\left(\frac{\pi}{2}\mathcal{M}_i\right)\right\}\right)\leqslant\left(1-\prod_{i=1}^n\left(1-\sin^2\left(\frac{\pi}{2}\mathcal{M}_i\right)\right)^{w_i}\right)-$$

$$\left(\prod_{i=1}^n\left(1-\sin^2\left(\frac{\pi}{2}\mathcal{M}_i\right)\right)^{w_i}-\prod_{i=1}^n\left(\sin^2\left(\frac{\pi}{2}\sqrt{1-\mathcal{N}_i^2}\right)-\sin^2\left(\frac{\pi}{2}\mathcal{M}_i\right)\right)^{w_i}\right)\leqslant$$

$$\max_i\left\{\sin^2\left(\frac{\pi}{2}\mathcal{M}_i\right)\right\}-\max\left\{0,\ \min_i\left\{1+\sin^2\left(\frac{\pi}{2}\mathcal{M}_i\right)-\right.\right.$$

$$\left.\left.\sin^2\left(\frac{\pi}{2}\sqrt{1-\mathcal{N}_i^2}\right)\right\}-\max_i\left\{\sin^2\left(\frac{\pi}{2}\mathcal{M}_i\right)\right\}\right\}$$

即有 $sc((\sin(\alpha))^-)\leqslant sc(\sin(\alpha))\leqslant sc((\sin(\alpha))^+)$，

即得 $(\sin(\alpha))^-\leqslant STI-PFWA(\alpha_1,\ \alpha_2,\ \cdots,\ \alpha_n)\leqslant(\sin(\alpha))^+$。

（3）设 $\sin(\alpha)=STI-PFWA(\alpha_1,\ \alpha_2,\ \cdots,\ \alpha_n)$，$\sin(\beta)=STI-$

$PFWA(\beta_1,\ \beta_2,\ \cdots,\ \beta_n)$，则有

$$sc(\sin(\alpha))=\frac{1}{2}\left(2-2\prod_{i=1}^n\left(1-\sin^2\left(\frac{\pi}{2}\mathcal{M}_i\right)\right)^{w_i}\right.$$

$$\left.+\prod_{i=1}^n\left(\sin^2\left(\frac{\pi}{2}\sqrt{1-\mathcal{N}_i^2}\right)-\sin^2\left(\frac{\pi}{2}\mathcal{M}_i\right)\right)^{w_i}\right),$$

$$sc(\sin(\beta))=\frac{1}{2}\left(2-2\prod_{i=1}^n\left(1-\sin^2\left(\frac{\pi}{2}\xi_i\right)\right)^{w_i}\right.$$

$$\left.+\prod_{i=1}^n\left(\sin^2\left(\frac{\pi}{2}\sqrt{1-\varepsilon_i^2}\right)-\sin^2\left(\frac{\pi}{2}\xi_i\right)\right)^{w_i}\right),$$

（ⅰ）由 $\mathscr{M}_i \leqslant \xi_i$ 可得 $1 - \sin^2\left(\dfrac{\pi}{2}\mathscr{M}_i\right) \geqslant 1 - \sin^2\left(\dfrac{\pi}{2}\xi_i\right)$，继而有

$\displaystyle\prod_{i=1}^{n}\left(1 - \sin^2\left(\dfrac{\pi}{2}\mathscr{M}_i\right)\right)^{w_i} \geqslant \prod_{i=1}^{n}\left(1 - \sin^2\left(\dfrac{\pi}{2}\xi_i\right)\right)^{w_i}$，于是得到 $2 - 2\displaystyle\prod_{i=1}^{n}$

$\left(1 - \sin^2\left(\dfrac{\pi}{2}\mathscr{M}_i\right)\right)^{w_i} \leqslant 2 - 2\displaystyle\prod_{i=1}^{n}\left(1 - \sin^2\left(\dfrac{\pi}{2}\xi_i\right)\right)^{w_i}$。

（ⅱ）由 $\pi_i^{\alpha} \leqslant \pi_i^{\beta}$ 可知 $\sqrt{\sin^2\left(\dfrac{\pi}{2}\sqrt{1 - \mathscr{N}_i^2}\right) - \sin^2\left(\dfrac{\pi}{2}\mathscr{M}_i\right)} \leqslant$

$\sqrt{\sin^2\left(\dfrac{\pi}{2}\sqrt{1 - \varepsilon_i^2}\right) - \sin^2\left(\dfrac{\pi}{2}\xi_i\right)}$，

即得到

$$\sin^2\left(\dfrac{\pi}{2}\sqrt{1 - \mathscr{N}_i^2}\right) - \sin^2\left(\dfrac{\pi}{2}\mathscr{M}_i\right) \leqslant \sin^2\left(\dfrac{\pi}{2}\sqrt{1 - \varepsilon_i^2}\right) - \sin^2\left(\dfrac{\pi}{2}\xi_i\right),$$

从而有

$$\prod_{i=1}^{n}\left(\sin^2\left(\dfrac{\pi}{2}\sqrt{1 - \mathscr{N}_i^2}\right) - \sin^2\left(\dfrac{\pi}{2}\mathscr{M}_i\right)\right)^{w_i} \leqslant$$

$$\prod_{i=1}^{n}\left(\sin^2\left(\dfrac{\pi}{2}\sqrt{1 - \varepsilon_i^2}\right) - \sin^2\left(\dfrac{\pi}{2}\xi_i\right)\right)^{w_i}$$

于是综合（ⅰ）和（ⅱ），得到

$$\dfrac{1}{2}\left(2 - 2\prod_{i=1}^{n}\left(1 - \sin^2\left(\dfrac{\pi}{2}\mathscr{M}_i\right)\right)^{w_i}\right) + \prod_{i=1}^{n}\left(\sin^2\left(\dfrac{\pi}{2}\sqrt{1 - \mathscr{N}_i^2}\right) - \sin^2\left(\dfrac{\pi}{2}\mathscr{M}_i\right)\right)^{w_i}\right) \leqslant$$

$$\dfrac{1}{2}\left(2 - 2\prod_{i=1}^{n}\left(1 - \sin^2\left(\dfrac{\pi}{2}\xi_i\right)\right)^{w_i} + \prod_{i=1}^{n}\left(\sin^2\left(\dfrac{\pi}{2}\sqrt{1 - \varepsilon_i^2}\right) - \sin^2\left(\dfrac{\pi}{2}\xi_i\right)\right)^{w_i}\right)$$

即有 $sc(\sin(\alpha)) \leqslant sc(\sin(\beta))$，

所以 $STI - PFWA(\alpha_1, \alpha_2, \cdots, \alpha_n) \leqslant STI - PFWA(\beta_1, \beta_2, \cdots, \beta_n)$。

证毕。

4.2.4 STI – PyFWG 算子

定义 4 – 10. 设 $\alpha_i = (\mathscr{M}_i, \mathscr{N}_i)(i = 1, 2, \cdots, n)$ 为一组勾股模糊

数，如果函数 STI‐PyFWG：$PyFN^n \to PyFN$，$STI-PyFWG(\alpha_1, \alpha_2, \cdots, \alpha_n) = \overset{n}{\underset{i=1}{\otimes}}(\sin(\alpha_i))^{w_i}$，则称 STI‐PyFWG 为正弦三角交叉勾股模糊加权几何算子，其中权重向量 $(w_1, w_2, \cdots, w_n)$，满足 $w_i > 0$ 且 $\sum_{i=1}^{n} w_i = 1$。

定理 4 – 13. 设 $\alpha_i = (\mathcal{M}_i, \mathcal{N}_i)(i = 1, 2, \cdots, n)$ 为一组勾股模糊数，则 $STI-PyFWG(\alpha_1, \alpha_2, \cdots, \alpha_n)$ 集结结果仍为一个勾股模糊数。

$$STI-PyFWG(\alpha_1, \alpha_2, \cdots, \alpha_n) =$$

$$\left(\sqrt{ \prod_{i=1}^{n}\left(\sin^2\left(\frac{\pi}{2}\sqrt{1-\mathcal{N}_i^2}\right)\right)^{w_i} - \prod_{i=1}^{n}\left(\sin^2\left(\frac{\pi}{2}\sqrt{1-\mathcal{N}_i^2}\right) - \sin^2\left(\frac{\pi}{2}\mathcal{M}_i\right)\right)^{w_i} }, \right.$$

$$\left. \sqrt{ 1 - \prod_{i=1}^{n}\left(\sin^2\left(\frac{\pi}{2}\sqrt{1-\mathcal{N}_i^2}\right)\right)^{w_i} } \right) \qquad (4.26)$$

证明：定理 4 – 13 的证明与定理 4 – 11 相似，这里省略。

定理 4 – 14 设 $\alpha_i = (\mathcal{M}_i, \mathcal{N}_i)(i = 1, 2, \cdots, n)$ 为一组勾股模糊数，w_i 为 α_i 的权重，满足 $w_i \geqslant 0$ 且 $\sum_{i=1}^{n} w_i = 1$，那么

性质 1（幂等性）：若 $\alpha_i = \alpha = (\mathcal{M}, \mathcal{N})(i = 1, 2, \cdots, n)$，则

$$STI-PyFWG(\alpha_1, \alpha_2, \cdots, \alpha_n) = \sin(\alpha) \qquad (4.27)$$

性质 2（有界性）：$(\sin(\alpha))^- \leqslant STI-PyFWG(\alpha_1, \alpha_2, \cdots, \alpha_n) \leqslant (\sin(\alpha))^+$，其中

$(\sin(\alpha))^- =$

$$\left(\sqrt{ \max_i\left\{0, \min_i\left\{1+\sin^2\left(\frac{\pi}{2}\mathcal{M}_i\right)-\sin^2\left(\frac{\pi}{2}\sqrt{1-\mathcal{N}_i^2}\right)\right\} - \max_i\left\{\sin^2\left(\frac{\pi}{2}\sqrt{1-\mathcal{N}_i^2}\right)\right\}\right\} }, \right.$$

$$\left. \max_i\left\{\sin\left(\frac{\pi}{2}\sqrt{1-\mathcal{N}_i^2}\right)\right\} \right) \qquad (4.28)$$

$(\sin(\alpha))^+ =$

$$\left(\sqrt{ \max_i\left\{1+\sin^2\left(\frac{\pi}{2}\mathcal{M}_i\right)-\sin^2\left(\frac{\pi}{2}\sqrt{1-\mathcal{N}_i^2}\right)\right\} - \min_i\left\{\sin^2\left(\frac{\pi}{2}\sqrt{1-\mathcal{N}_i^2}\right)\right\} }, \right.$$

$$\min_i \left\{ \sin\left(\frac{\pi}{2} \sqrt{1 - \mathcal{N}_i^2} \right) \right\} \right) \tag{4.29}$$

性质 3（单调性）：$\beta_i = (\xi_i, \varepsilon_i)(i = 1, 2, \cdots, n)$ 为另一组勾股模糊数，若 $\mathcal{N}_i \leqslant \varepsilon_i$，$\pi_i^\alpha \leqslant \pi_i^\beta$，则

$$STI - PFWG(\alpha_1, \alpha_2, \cdots, \alpha_n) \geqslant STI - PFWG(\beta_1, \beta_2, \cdots, \beta_n)$$

$$\tag{4.30}$$

证明：定理 4 - 14 与定理 4 - 12 的证明类似，这里省略。

4.3　q 阶 orthopair 模糊 Frank Shapley Choquet 集结算子

4.3.1　Choquet 积分和 Shapley 函数

定义 4 - 11[215]**.** 设 X 为一个有限集合，$P(X)$ 为 X 的幂集，给定 $\lambda \in (-1, \infty)$，如果 $\xi: P(X) \to [0, 1]$，若满足以下条件，则称 ξ 为在 X 上的 λ - 模糊测度。

（1）$\xi(\Phi) = 0$，$\xi(X) = 1$；

（2）$A, B \in P(X)$，$A \subseteq B \Rightarrow \xi(A) \leqslant \xi(B)$；

（3）$A, B \in P(X)$，$A \cap B = \Phi$，有 $\mu(A \cup B) = \xi(A) + \xi(B) + \lambda\xi(A)\xi(B)$。

如果 X 为某多属性决策问题的属性集合，则对于 $A, B \in P(X)$，$\xi(A)$ 和 $\xi(B)$ 可认为是属性 A 和 B 的权重。若 $\lambda = 0$，$\xi(A \cup B) = \xi(A) + \xi(B)$，则表明属性集 A 与 B 相互独立；若 $-1 < \lambda < 0$，$\xi(A \cup B) < \xi(A) + \xi(B)$，则表明属性集 A 与 B 间存在信息冗余；若 $\lambda > 0$，$\xi(A \cup B) > \xi(A) + \xi(B)$，则表明属性集 A 与 B 间存在信息互补。

如果有限集合 $X = \{x_1, x_2, \cdots, x_m\}$，对于任意 i, j，$x_i \cap x_j = \varnothing$

和 $i \neq j$，则 $X = \bigcup_{i=1}^{n} \{x_i\}$。因此，$\lambda$ – 模糊测度 ξ 满足以下等式：

$$\xi(A) = \begin{cases} \dfrac{1}{\lambda}\left(\displaystyle\prod_{x_i \in A}(1 + \lambda\xi(x_i)) - 1\right), & \lambda \neq 0 \\[2ex] \displaystyle\sum_{x_i \in A}\xi(x_i), & \lambda = 0 \end{cases} \qquad (4.31)$$

对于单个元素 x_i，$g(x_i)$ 称为 x_i 的模糊密度函数，表示 x_i 的重要程度。参数 λ 的数值可由式（4.31）来确定：

$$\lambda + 1 = \prod_{i=1}^{m}(1 + \lambda\xi(x_i)) \qquad (4.32)$$

定义 4 – 12[216]. 设 $p(x_i) = \langle \mu(x_i), \nu(x_i) \rangle$ 在定义 X 上的 q 阶 orthopair 模糊数，ξ 为定义在 X 上的模糊测度，则 p 关于 ξ 的 q 阶 orthopair 模糊 Choquet 积分可以定义为

$$\int p \mathrm{d}\xi = \sum_{i=1}^{n} p(x_{(i)})\left[\xi(A_{(i)}) - \xi(A_{(i+1)})\right]$$

$$= \left\langle \left(1 - \prod_{i=1}^{n}(1 - \mu(x_{(i)})^q)^{\xi(A_{(i)}) - \xi(A_{(i+1)})}\right)^{1/q}, \prod_{i=1}^{n}\nu(x_{(i)})^{\xi(A_{(i)}) - \xi(A_{(i+1)})} \right\rangle$$

$$(4.33)$$

式中，(i) 表示 $p(x_i)$ 的一个置换，使得 $p(x_{(1)}) \leqslant p(x_{(2)}) \leqslant \cdots \leqslant p(x_{(n)})$，$A_{(i)} = \{x_{(i)}, x_{(i+1)}, \cdots, x_{(n)}\}$，$A_{(n+1)} = \Phi$。

为了衡量博弈中每个条件的影响，沙普利（Shapley，1953）[217] 定义了 Shapley 函数，作为用来解决具有相互联系属性事物的有效工具。Shapley 函数表达式为

$$\rho_S(\xi, X) = \sum_{T \subseteq X \setminus S}\frac{(n - s - t)!\,t!}{(n - s + 1)!}(\xi(S \cup T) - \xi(T)), \quad \forall S \subseteq X$$

$$(4.34)$$

式中，X 为所有属性的集合，S 为 X 的任意一个子集，$X \setminus S$ 表示 X 与 S 的差集，T 为 $X \setminus S$ 的任意一个子集，n、t 和 s 分别表示联盟 N、T 和 S 的基数。在群决策问题中，利用广义 Shapley 值来确定决策要素的模糊测度，不仅可以作为决策要素的重要程度，而且还可以反映各

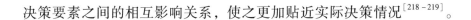
决策要素之间的相互影响关系，使之更加贴近实际决策情况[218-219]。

4.3.2 q 阶 orthopair 模糊 Frank 算子运算法则

定义 4-13. 设 $p_1 = \langle \mu_1, \nu_1 \rangle$ 和 $p_2 = \langle \mu_2, \nu_2 \rangle$ 任意两个 q 阶 orthopair 模糊数，则 q 阶 orthopair 模糊 Frank 算子运算法则定义如下 ($\theta > 1$)：

（1）$p_1 \oplus_F p_2 = \left\langle \sqrt[q]{1 - \log_\theta \left(1 + \frac{(\theta^{1-\mu_1^q} - 1)(\theta^{1-\mu_2^q} - 1)}{\theta - 1} \right)}, \right.$

$\left. \sqrt[q]{\log_\theta \left(1 + \frac{(\theta^{\nu_1^q} - 1)(\theta^{\nu_2^q} - 1)}{\theta - 1} \right)} \right\rangle$ ；

（2）$p_1 \otimes_F p_2 = \left\langle \sqrt[q]{\log_\theta \left(1 + \frac{(\theta^{\mu_1^q} - 1)(\theta^{\mu_2^q} - 1)}{\theta - 1} \right)}, \right.$

$\left. \sqrt[q]{1 - \log_\theta \left(1 + \frac{(\theta^{1-\nu_1^q} - 1)(\theta^{1-\nu_2^q} - 1)}{\theta - 1} \right)} \right\rangle$ ；

（3）$n \cdot_F p = \left\langle \sqrt[q]{1 - \log_\theta \left(1 + \frac{(\theta^{1-\mu^q} - 1)^n}{(\theta - 1)^{n-1}} \right)}, \sqrt[q]{\log_\theta \left(1 + \frac{(\theta^{\nu^q} - 1)^n}{(\theta - 1)^{n-1}} \right)} \right\rangle$ ；

（4）$p^{\wedge_F n} = \left\langle \sqrt[q]{\log_\theta \left(1 + \frac{(\theta^{\mu^q} - 1)^n}{(\theta - 1)^{n-1}} \right)}, \sqrt[q]{1 - \log_\theta \left(1 + \frac{(\theta^{1-\nu^q} - 1)^n}{(\theta - 1)^{n-1}} \right)} \right\rangle$ 。

上述计算结果仍为 q 阶 orthopair 模糊数，由于篇幅有限此处证明省略。

定理 4-15. 设 $p_1 = \langle \mu_1, \nu_1 \rangle$，$p_2 = \langle \mu_2, \nu_2 \rangle$ 和 $p = \langle \mu, \nu \rangle$ 任意三个 q 阶 orthopair 模糊数，且 $k_1, k_2, k \geqslant 0$，则这些 q 阶 orthopair 模糊数满足如下运算性质：

（1）$p_1 \oplus_F p_2 = p_2 \oplus_F p_1$ ；

（2）$p_1 \otimes_F p_2 = p_2 \otimes_F p_1$ ；

（3）$k \cdot_F (p_1 \oplus_F p_2) = k \cdot_F p_2 \oplus_F k \cdot_F p_1$ ；

（4）$k_1 \cdot_F p \oplus_F k_2 \cdot_F p = (k_1 + k_2) \cdot_F p$ ；

(5) $p^{\hat{}_F k_1} \otimes_F p^{\hat{}_F k_2} = p^{\hat{}_F (k_1 + k_2)}$;

(6) $p_1^{\hat{}_F k} \otimes_F p_2^{\hat{}_F k} = (p_1 \otimes_F p_2)^{\hat{}_F k}$。

4.3.3 $q - ROFFSCA$ 算子和 $q - ROFFSCG$ 算子

定义 4 – 14. 设 $p_i = \langle \mu_i, \nu_i \rangle (i = 1, 2, \cdots, m)$ 为一组 q 阶 orthopair 模糊数，ξ 为 X 上的模糊测度，设 $q - ROFFSCA$ 和 $q - ROFFSCG$: $\Omega^m \rightarrow \Omega$，若

$$\int p \mathrm{d}\rho(\mu, X) = q - ROFFSCA(p_1, p_2, \cdots, p_m)$$

$$= \bigoplus_{i=1}^{m} {}_F p_{(i)} \cdot_F (\rho_{A_{(i)}}(\xi, X) - \rho_{A_{(i+1)}}(\xi, X)) \quad (4.35)$$

$$\int p \mathrm{d}\rho(\mu, X) = q - ROFFSCG(p_1, p_2, \cdots, p_m)$$

$$= \bigotimes_{i=1}^{m} {}_F p_{(i)}^{\hat{}_F(\rho_{A_{(i)}}(\xi, X) - \rho_{A_{(i+1)}}(\xi, X))} \quad (4.36)$$

式 (4.35) 和式 (4.36) 中，(.) 表示 α_i 的一个置换，使得 $p_{(1)} \leqslant p_{(2)} \leqslant \cdots \leqslant p_{(m)}$，$A_{(i)} = \{1, 2, \cdots, m\}$，$A_{(m+1)} = \varnothing$。则称函数 $q - ROFFSCA$ 和 $q - ROFFSCG$ 是 m 维 q 阶 orthopair 模糊 Frank Shapley Choquet 平均算子和 m 维 q 阶 orthopair 模糊 Frank Shapley Choquet 几何算子。

定理 4 – 16. 设 $p_i = \langle \mu_i, \nu_i \rangle (i = 1, 2, \cdots, m)$ 为一组 q 阶 orthopair 模糊数，ξ 为 X 上的模糊测度，则由式 (4.35) 和式 (4.36) 得到的 $q - ROFFSCA$ 和 $q - ROFFSCG$ 也是 q 阶 orthopair 模糊数，标记为

$$q - ROFFSCA(p_1, p_2, \cdots, p_m) =$$

$$\left\langle \sqrt[q]{1 - \log_\theta \left(1 + \prod_{i=1}^{m} (\theta^{1-\mu_{(i)}^q} - 1)^{(\rho_{A_{(i)}}(\xi, X) - \rho_{A_{(i+1)}}(\xi, X))}\right)}, \right.$$

$$\left. \sqrt[q]{\log_\theta \left(1 + \prod_{i=1}^{m} (\theta^{\nu_{(i)}^q} - 1)^{(\rho_{A_{(i)}}(\xi, X) - \rho_{A_{(i+1)}}(\xi, X))}\right)} \right\rangle \quad (4.37)$$

$$q - ROFFSCG(p_1, \ p_2, \ \cdots, \ p_m) =$$

$$\left\langle \sqrt[q]{\log_\theta \Big(1 + \prod_{i=1}^{m} (\theta^{\mu_{(i)}^q} - 1)^{(\rho_{A_{(i)}}(\xi, X) - \rho_{A_{(i+1)}}(\xi, X))} \Big)}, \right.$$

$$\left. \sqrt[q]{1 - \log_\theta \Big(1 + \prod_{i=1}^{m} (\theta^{1-\nu_{(i)}^q} - 1)^{(\rho_{A_{(i)}}(\xi, X) - \rho_{A_{(i+1)}}(\xi, X))} \Big)} \right\rangle \qquad (4.38)$$

证明：首先证明 $q - ROFFSCA$ 算子，利用数学归纳法对其进行证明，令 $\Gamma_{(i)} = (\rho_{A_i}(\xi, \ X) - \rho_{A_{i+1}}(\xi, \ X))(i = 1, \ 2, \ \cdots, \ m)$，具体过程如下：

当 $m = 2$，依据定义 $4 - 13$，则有

$$(\rho_{A_{(1)}}(\xi, \ X) - \rho_{A_{(2)}}(\xi, \ X)) \cdot_F p_{(1)} =$$

$$\left\langle \sqrt[q]{1 - \log_\theta \left(1 + \frac{(\theta^{1-\mu_{(1)}^q} - 1)^{(\rho_{A_{(1)}}(\xi, X) - \rho_{A_{(2)}}(\xi, X))}}{(\theta - 1)^{(\rho_{A_{(1)}}(\xi, X) - \rho_{A_{(2)}}(\xi, X)) - 1}}\right)}, \right.$$

$$\left. \sqrt[q]{\log_\theta \left(1 + \frac{(\theta^{\nu_{(1)}^q} - 1)^{(\rho_{A_{(1)}}(\xi, X) - \rho_{A_{(2)}}(\xi, X))}}{(\theta - 1)^{(\rho_{A_{(1)}}(\xi, X) - \rho_{A_{(2)}}(\xi, X)) - 1}}\right)} \right\rangle$$

$$(\rho_{A_{(2)}}(\xi, \ X) - \rho_{A_{(3)}}(\xi, \ X)) \cdot_F p_{(2)} =$$

$$\left\langle \sqrt[q]{1 - \log_\theta \left(1 + \frac{(\theta^{1-\mu_{(2)}^q} - 1)^{(\rho_{A_{(2)}}(\xi, X) - \rho_{A_{(3)}}(\xi, X))}}{(\theta - 1)^{(\rho_{A_{(2)}}(\xi, X) - \rho_{A_{(3)}}(\xi, X)) - 1}}\right)}, \right.$$

$$\left. \sqrt[q]{\log_\theta \left(1 + \frac{(\theta^{\nu_{(2)}^q} - 1)^{(\rho_{A_{(2)}}(\xi, X) - \rho_{A_{(3)}}(\xi, X))}}{(\theta - 1)^{(\rho_{A_{(2)}}(\xi, X) - \rho_{A_{(3)}}(\xi, X)) - 1}}\right)} \right\rangle$$

有

$$q - ROFSCA(\alpha_1, \ \alpha_2) = \Gamma_{(1)} \cdot_F p_{(1)} \oplus_F \Gamma_{(2)} \cdot_F p_{(2)}$$

$$= \left\langle \sqrt[q]{1 - \log_\theta \left(1 + \frac{(\theta^{1 - (1 - \log_\theta(1 + \frac{(\theta^{1-\mu_{(1)}^q} - 1)^{\Gamma_{(1)}}}{(\theta-1)^{\Gamma_{(1)}-1}}))} - 1)(\theta^{1 - (1 - \log_\theta(1 + \frac{(\theta^{1-\mu_{(2)}^q} - 1)^{\Gamma_{(2)}}}{(\theta-1)^{\Gamma_{(2)}-1}}))} - 1)}{\theta - 1}\right)}, \right.$$

$$\left. \sqrt[q]{\log \left(1 + \frac{(\theta^{\log_\theta(1 + \frac{(\theta^{\nu_{(1)}^q} - 1)^{\Gamma_{(1)}}}{(\theta-1)^{\Gamma_{(1)}-1}})} - 1)(\theta^{\log_\theta(1 + \frac{(\theta^{\nu_{(2)}^q} - 1)^{\Gamma_{(2)}}}{(\theta-1)^{\Gamma_{(2)}-1}})} - 1)}{\theta - 1}\right)} \right\rangle$$

$$= \left\langle \sqrt[q]{1 - \log_\theta \left(1 + \frac{\left(\frac{(\theta^{1-\mu_{(1)}^q} - 1)^{\Gamma_{(1)}}}{(\theta - 1)^{\Gamma_{(1)}-1}}\right)\left(\frac{(\theta^{1-\mu_{(2)}^q} - 1)^{\Gamma_{(2)}}}{(\theta - 1)^{\Gamma_{(2)}}}\right)}{\theta - 1}\right)}, \right.$$

$$\sqrt[q]{\log\left(1 + \frac{\left(\frac{(\theta^{\nu_{(1)}^q} - 1)^{\Gamma_{(1)}}}{(\theta - 1)^{\Gamma_{(1)} - 1}}\right)\left(\frac{(\theta^{\nu_{(2)}^q} - 1)^{\Gamma_{(2)}}}{(\theta - 1)^{\Gamma_{(2)} - 1}}\right)}{\theta - 1}\right)}\Big\rangle$$

$$= \left\langle \sqrt[q]{1 - \log_{\theta}\left(1 + \frac{\prod_{i=1}^{2}(\theta^{1-\mu_{(i)}^q} - 1)^{\Gamma_{(i)}}}{(\theta - 1)^{\sum_{i=1}^{2}\Gamma_{(i)} - 1}}\right)}, \sqrt[q]{\log\left(1 + \frac{\prod_{i=1}^{2}(\theta^{\nu_{(i)}^q} - 1)^{\Gamma_{(i)}}}{(\theta - 1)^{\sum_{i=1}^{2}\Gamma_{(i)} - 1}}\right)}\right\rangle$$

又因 $\sum_{i=1}^{2}\Gamma_{(i)} - 1 = 0$ ，因此有

$$q - ROFSCA(p_1, p_2) = \left\langle \sqrt[q]{1 - \log_{\theta}\left(1 + \prod_{i=1}^{2}(\theta^{1-\mu_{(i)}^q} - 1)^{\Gamma_{(i)}}\right)}, \right.$$

$$\left. \sqrt[q]{\log\left(1 + \prod_{i=1}^{2}(\theta^{\nu_{(i)}^q} - 1)^{\Gamma_{(i)}}\right)}\right\rangle$$

因而，当 $m = 2$ ，式（4.37）成立。

那么，当 $m = k$ ，式（4.37）亦成立，即

$$q - ROFFSCA(p_1, p_2, \cdots, p_k) = \left\langle \sqrt[q]{1 - \log_{\theta}\left(1 + \prod_{i=1}^{k}(\theta^{1-\mu_{(i)}^q} - 1)^{\Gamma_{(i)}}\right)}, \right.$$

$$\left. \sqrt[q]{\log_{\theta}\left(1 + \prod_{i=1}^{k}(\theta^{\nu_{(i)}^q} - 1)^{\Gamma_{(i)}}\right)}\right\rangle$$

当 $m = k + 1$ ，则有

$$q - ROFFSCA(p_1, p_2, \cdots, p_k, p_{k+1})$$

$$= q - ROFFSCA(p_1, p_2, \cdots, p_k) \oplus_F \Gamma_{(k+1)} \cdot_F p_{(k+1)}$$

$$= \left\langle \sqrt[q]{1 - \log_{\theta}\left(1 + \prod_{i=1}^{k}(\theta^{1-\mu_{(i)}^q} - 1)^{\Gamma_{(i)}}\right)}, \sqrt[q]{\log_{\theta}\left(1 + \prod_{i=1}^{k}(\theta^{\nu_{(i)}^q} - 1)^{\Gamma_{(i)}}\right)}\right\rangle$$

$$\oplus_F \left\langle \sqrt[q]{1 - \log_{\theta}\left(1 + \frac{(\theta^{1-\mu_{(k+1)}^q} - 1)^{\Gamma_{(k+1)}}}{(\theta - 1)^{\Gamma_{(k+1)} - 1}}\right)}, \sqrt[q]{\log_{\theta}\left(1 + \frac{(\theta^{\nu_{(k+1)}^q} - 1)^{\Gamma_{(k+1)}}}{(\theta - 1)^{\Gamma_{(k+1)} - 1}}\right)}\right\rangle$$

$$= \left\langle \sqrt[q]{1 - \log_{\theta}\left(1 + \frac{(\theta^{1-(1-\log_{\theta}(1+\prod_{i=1}^{k}(\theta^{1-\mu_{(i)}^q}-1)^{\Gamma_{(i)}}))} - 1)(\theta^{1-(1-\log_{\theta}(1+\frac{(\theta^{1-\mu_{(k+1)}^q}-1)^{\Gamma_{(k+1)}}}{(\theta-1)^{\Gamma_{(k+1)}-1}}))} - 1)}{\theta - 1}\right)}, \right.$$

$$\sqrt[q]{\log\Big(1 + \frac{\big(\theta^{\log_\theta(1+\prod\limits_{i=1}^{k}(\theta^{\nu_{(i)}^q}-1)^{\Gamma_{(i)}})}-1\big)\big(\theta^{\log_\theta(1+\frac{(\theta^{\nu_{(k+1)}^q}-1)^{\Gamma_{(k+1)}}}{(\theta-1)^{\Gamma_{(k+1)}-1}})}-1\big)}{\theta-1}\Big)}\Big\rangle$$

$$= \Big\langle \sqrt[q]{1 - \log_\theta\Big(1 + \frac{\big(\prod\limits_{i=1}^{k}(\theta^{1-\mu_{(i)}^q}-1)^{\Gamma_{(i)}}\big)\big(\frac{(\theta^{1-\mu_{(k+1)}^q}-1)^{\Gamma_{(k+1)}}}{(\theta-1)^{\Gamma_{(k+1)}-1}}\big)}{\theta-1}\Big)},$$

$$\sqrt[q]{\log\Big(1 + \frac{\big(\prod\limits_{i=1}^{k}(\theta^{\nu_{(i)}^q}-1)^{\Gamma_{(i)}}\big)\big(\frac{(\theta^{\nu_{(k+1)}^q}-1)^{\Gamma_{(k+1)}}}{(\theta-1)^{\Gamma_{(k+1)}-1}}\big)}{\theta-1}\Big)}\Big\rangle$$

$$= \Big\langle \sqrt[q]{1 - \log_\theta\Big(1 + \frac{\prod\limits_{i=1}^{k}(\theta^{1-\mu_{(i)}^q}-1)^{\Gamma_{(i)}}(\theta^{1-\mu_{(k+1)}^q}-1)^{\Gamma_{(k+1)}}}{(\theta-1)(\theta-1)^{\sum\limits_{i=1}^{k}\Gamma_{(i)}-1}(\theta-1)^{\Gamma_{(k+1)}-1}}\Big)},$$

$$\sqrt[q]{\log\Big(1 + \frac{\prod\limits_{i=1}^{k}(\theta^{\nu_{(i)}^q}-1)^{\Gamma_{(i)}}(\theta^{\nu_{(k+1)}^q}-1)^{\Gamma_{(k+1)}}}{(\theta-1)(\theta-1)^{\sum\limits_{i=1}^{k}\Gamma_{(i)}-1}(\theta-1)^{\Gamma_{(k+1)}-1}}\Big)}\Big\rangle$$

$$= \Big\langle \sqrt[q]{1 - \log_\theta\Big(1 + \frac{\prod\limits_{i=1}^{k+1}(\theta^{1-\mu_{(i)}^q}-1)^{\Gamma_{(i)}}}{(\theta-1)^{\sum\limits_{i=1}^{k+1}\Gamma_{(i)}-1}}\Big)}, \sqrt[q]{\log\Big(1 + \frac{\prod\limits_{i=1}^{k+1}(\theta^{\nu_{(i)}^q}-1)^{\Gamma_{(i)}}}{(\theta-1)^{\sum\limits_{i=1}^{k+1}\Gamma_{(i)}-1}}\Big)}\Big\rangle$$

$$= \Big\langle \sqrt[q]{1 - \log_\theta\big(1 + \prod\limits_{i=1}^{k+1}(\theta^{1-\mu_{(i)}^q}-1)^{\Gamma_{(i)}}\big)}, \sqrt[q]{\log\big(1 + \prod\limits_{i=1}^{k+1}(\theta^{\nu_{(i)}^q}-1)^{\Gamma_{(i)}}\big)}\Big\rangle$$

由此，当 $m = k + 1$，式（4.37）成立。因此，对于所有 m，式（4.37）成立。

同理，可以证明得到式（4.38）也成立。

因此，定理 4-16 得到证明。证毕。

接下来，容易证明 q-ROFFSCA 算子和 q-ROFFSCG 算子的以下性质：

性质 1（幂等性）：设 $p_i = \langle \mu_i, \nu_i \rangle (i = 1, 2, \cdots, m)$ 为一组 q 阶 orthopair 模糊数，ξ 为 X 上的模糊测度，如果所有的 q 阶 orthopair

模糊数 $p_i(i=1,2,\cdots,m)$ 均相等，则

$$q - ROFFSCA(p_1,p_2,\cdots,p_m) = q - ROFFSCG(p_1,p_2,\cdots,p_m) = p$$

$$(4.39)$$

性质 2（有界性）：设 $p_i = \langle \mu_i, \nu_i \rangle (i=1,2,\cdots,m)$ 为一组 q 阶 orthopair 模糊数，ξ 为 X 上的模糊测度，其中 (i) 为 $p_i(i=1,2,\cdots,m)$ 的一个置换，使得 $p(x_{(1)}) \leqslant p(x_{(2)}) \leqslant \cdots \leqslant p(x_{(m)})$，$X_{(i)} = \{1,2,\cdots,m\}$，$X_{(m+1)} = \Phi$。如果 $p_{\min} = \langle \min_i(\mu_i), \max_i(\nu_i) \rangle$，$\alpha_{\max} = \langle \max_i(\mu_i), \min_i(\nu_i) \rangle$，则

$$p_{\min} \leqslant q - ROFFSCA(p_1,p_2,\cdots,p_m) \leqslant p_{\max} \qquad (4.40)$$

$$p_{\min} \leqslant q - ROFFSCG(p_1,p_2,\cdots,p_m) \leqslant p_{\max} \qquad (4.41)$$

性质 3（单调性）：设 $p_i = \langle \mu_i, \nu_i \rangle$，$p_i^* = \langle \mu_i^*, \nu_i^* \rangle (i=1,2,\cdots,m)$ 为两组 q 阶 orthopair 模糊数，ξ 为 X 上的模糊测度，其中 (i) 为 $p_i(i=1,2,\cdots,m)$ 的一个置换，使得 $p(x_{(1)}) \leqslant p(x_{(2)}) \leqslant \cdots \leqslant p(x_{(m)})$，$X_{(i)} = \{1,2,\cdots,m\}$，$X_{(m+1)} = \Phi$。如果 $p_i \leqslant p_i^*$，则

$$q - ROFFSCA(p_1,p_2,\cdots,p_m) \leqslant q - ROFFSCA(p_1^*,p_2^*,\cdots,p_m^*)$$

$$(4.42)$$

$$q - ROFFSCG(p_1,p_2,\cdots,p_m) \leqslant q - ROFFSCG(p_1^*,p_2^*,\cdots,p_m^*)$$

$$(4.43)$$

性质 4（置换不变性）：设 $p_i = \langle \mu_i, \nu_i \rangle (i=1,2,\cdots,m)$ 为一组 q 阶 orthopair 模糊数，ξ 为 X 上的模糊测度。如果 $p_i' = \langle \mu_i', \nu_i' \rangle (i=1,2,\cdots,m)$ 为 p_i 的任意一组置换，则

$$q - ROFFSCA(p_1,p_2,\cdots,p_m) = q - ROFFSCA(p_1',p_2',\cdots,p_m')$$

$$(4.44)$$

$$q - ROFFSCG(p_1,p_2,\cdots,p_m) = q - ROFFSCG(p_1',p_2',\cdots,p_m')$$

$$(4.45)$$

4.3.4　q – ROFFSC 集结算子族

1. 参数 q 分析（$q>0$）

当参数 q 取不同值时，q – ROFFSCA 算子和 q – ROFFSCG 算子的特殊情况如下：

（1）$q=1$，q – ROFFSCA 算子退化为直觉模糊 Frank Shapley Choquet 积分（IFFSCA）算子；同理，当 $q=1$，q – ROFFSCG 算子退化为直觉模糊 Frank Shapley Choquet 积分（IFFSCG）算子。

（2）$q=2$，q – ROFFSCA 算子退化为勾股模糊 Frank Shapley Choquet 积分（PyFFSCA）算子；同理，当 $q=2$，q – ROFFSCG 算子退化为勾股模糊 Frank Shapley Choquet 积分（PyFFSCG）算子。

2. 参数 θ 分析（$\theta>1$）

定理 4 – 17. 设 $p_i = \langle \mu_i,\ \nu_i \rangle (i=1,\ 2,\ \cdots,\ m)$ 为一组 q 阶 orthopair 模糊数，ξ 为 X 上的模糊测度，则

（1）若 $\theta \to 1$，则 q – ROFFSCA 算子退化为 q 阶 orthopair 模糊 Shapley Choquet 平均（q – ROFSCA）算子，即

$$\lim_{\theta \to 1} q - ROFFSCA = q - ROFSCA =$$

$$\left\langle \sqrt[q]{1 - \prod_{i=1}^{m} (1 - \mu_{(i)}^q)^{(\rho_{A_{(i)}}(\xi,X) - \rho_{A_{(i+1)}}(\xi,X))}},\ \prod_{i=1}^{m} (\nu_{(i)})^{(\rho_{A_{(i)}}(\xi,X) - \rho_{A_{(i+1)}}(\xi,X))} \right\rangle$$

$$(4.46)$$

同理，q – ROFFSCG 算子退化为 q 阶 orthopair 模糊 Shapley Choquet 几何（q – ROFSCG）算子，即

$$\lim_{\theta \to 1} q - ROFFSCG = q - ROFSCG =$$

$$\left\langle \prod_{i=1}^{m} (\mu_{(i)})^{(\rho_{A_{(i)}}(\xi,X) - \rho_{A_{(i+1)}}(\xi,X))},\ \sqrt[q]{1 - \prod_{i=1}^{m} (1 - \nu_{(i)}^q)^{(\rho_{A_{(i)}}(\xi,X) - \rho_{A_{(i+1)}}(\xi,X))}} \right\rangle$$

$$(4.47)$$

（2）若 $\theta \to 1$，满足属性指标相互独立条件：$\Gamma_i = \rho_{A(i)}(\xi, X) - \rho_{A(i+1)}(\xi, X)$，则 q-ROFFSCA 算子退化为 q 阶 orthopair 模糊加权平均（q-ROFWA）算子[45]，即

$$q\text{-}ROFWA = \left\langle \sqrt[q]{1 - \prod_{i=1}^{m}(1 - \mu_{(i)}^q)^{\Gamma_i}}, \; \prod_{i=1}^{m}(\nu_{(i)})^{\Gamma_i} \right\rangle \quad (4.48)$$

同理，q-ROFFSCG 算子退化为 q 阶 orthopair 模糊加权几何（q-ROFWG）算子[35]，即

$$q\text{-}ROFWG = \left\langle \prod_{i=1}^{m}(\mu_{(i)})^{\Gamma_i}, \; \sqrt[q]{1 - \prod_{i=1}^{m}(1 - \nu_{(i)}^q)^{\Gamma_i}} \right\rangle \quad (4.49)$$

（3）若 $\theta \to 1$，$w_i = \rho_{A(i)}(\xi, X) - \rho_{A(i+1)}(\xi, X)$ 且 $\rho(A) = \sum_{i=1}^{|A|} w_i$，$A \subseteq X$，其中 $w = (w_1, w_2, \cdots, w_m)^T$，满足 $0 \leqslant w_i \leqslant 1$ 且 $\sum_{i=1}^{m} w_i = 1$，$|A|$ 为集合 A 元素数量，则 q-ROFFSCA 算子退化为 q-ROFOWA 算子，即

$$q\text{-}ROFOWA = \left\langle \sqrt[q]{1 - \prod_{i=1}^{m}(1 - \mu_{(i)}^q)^{w_i}}, \; \prod_{i=1}^{m}(\nu_{(i)})^{w_i} \right\rangle \quad (4.50)$$

同理，q-ROFFSCG 算子退化为 q-ROFOWG 算子，即

$$q\text{-}ROFOWG = \left\langle \prod_{i=1}^{m}(\mu_{(i)})^{w_i}, \; \sqrt[q]{1 - \prod_{i=1}^{m}(1 - \nu_{(i)}^q)^{w_i}} \right\rangle \quad (4.51)$$

（4）若 $\theta \to +\infty$，则 q-ROFFSCA 算子退化为 q 阶 orthopair 模糊 Shapley Choquet 积分幂平均（q-ROFSCPM）算子，即

$$\lim_{\theta \to +\infty} q\text{-}ROFFSCA = q\text{-}ROFSCPM$$

$$= \left\langle \sqrt[q]{\sum_{i=1}^{m} \mu_{(i)}^q (\rho_{A(i)}(\xi, X) - \rho_{A(i+1)}(\xi, X))}, \right.$$

$$\left. \sqrt[q]{\sum_{i=1}^{m} \nu_{(i)}^q (\rho_{A(i)}(\xi, X) - \rho_{A(i+1)}(\xi, X))} \right\rangle$$

$$(4.52)$$

同理，q–ROFFSCG 算子退化为 q 阶 orthopair 模糊 Shapley Choquet 积分幂平均（q–ROFSCPM）算子，即

$$\lim_{\theta \to +\infty} q - ROFFSCG = q - ROFSCPM$$

$$= \left\langle \sqrt[q]{\sum_{i=1}^{m} \mu_{(i)}^{q} (\rho_{A(i)}(\xi, X) - \rho_{A(i+1)}(\xi, X))}, \right.$$

$$\left. \sqrt[q]{\sum_{i=1}^{m} \nu_{(i)}^{q} (\rho_{A(i)}(\xi, X) - \rho_{A(i+1)}(\xi, X))} \right\rangle \quad (4.53)$$

3. q–ROFFSCA 算子和 q–ROFFSCG 算子的关系

定理 4 - 18. 设 $p_i = \langle \mu_i, \nu_i \rangle (i = 1, 2, \cdots, m)$ 为一组 q 阶 orthopair 模糊数，ξ 为 X 上的模糊测度，则 q–ROFFSCA 算子随着 θ 单调递减，q–ROFFSCG 算子随着 θ 单调递增。

证明：为证明 q–ROFFSCA 算子随 θ 单调递减，设 $\Gamma_{(i)} = (\rho_{A_{(i)}}(\xi, X) - \rho_{A_{(i+1)}}(\xi, X))$，由式（4.37）分别证明 $\log_{\theta}(1 + \prod_{i=1}^{m} (\theta^{1-\mu_{(i)}^{q}} - 1)^{\Gamma_{(i)}})$ 和 $\log_{\theta}(1 + \prod_{i=1}^{m} (\theta^{\nu_{(i)}^{q}} - 1)^{\Gamma_{(i)}})$ 随 θ 单调递增和单调递减。令 $f(\theta) = \log_{\theta}(1 + \prod_{i=1}^{m} (\theta^{1-\mu_{(i)}^{q}} - 1)^{\Gamma_{(i)}})$，$g(\theta) = \log_{\theta}(1 + \prod_{i=1}^{m} (\theta^{\nu_{(i)}^{q}} - 1)^{\Gamma_{(i)}})$，则先对 $f(\theta)$ 关于 θ 求一阶导数，有

$$\frac{df(\theta)}{d\theta} = \frac{\prod_{i=1}^{m} (\theta^{1-\mu_{(i)}^{q}} - 1)^{\Gamma_{(i)}} \sum_{i=1}^{m} \Gamma_{(i)} \dfrac{(1 - \mu_{(i)}^{q}) \theta^{-\mu_{(i)}^{q}}}{\theta^{\mu_{(i)}^{q}} - 1}}{(1 + \prod_{i=1}^{m} (\theta^{1-\mu_{(i)}^{q}} - 1)^{\Gamma_{(i)}}) \ln\theta}$$

由于 $\theta > 1$，$0 \leq \mu_{(i)}^{q}$，$\Gamma_{(i)} \leq 1$，则有 $\dfrac{df(\theta)}{d\theta} > 0$。因此，$f(\theta)$ 随 θ 单调递增。同理，可以证得 $g(\theta)$ 随 θ 单调递减。进而，可以证明 $\sqrt[q]{1 - f(\theta)}$ 和 $\sqrt[q]{g(\theta)}$ 随 θ 单调递减，即 q–ROFFSCA 算子随 θ 单调递减。同理，可证明 q–ROFFSCG 算子也是随 θ 单调递增。

因此，定理 4 – 18 成立。证毕。

为了直接呈现 q – ROFFSCA 算子与 q – ROFFSCG 算子之间关系，通过例 4 – 4 进行说明。

例 4 – 4　设 $p_1 = \langle 0.90, 0.35 \rangle$，$p_2 = \langle 0.87, 0.40 \rangle$，$p_3 = \langle 0.85, 0.70 \rangle$ 为 3 个 q 阶 orthopair 模糊数，分别应用 q – ROFFSCA 算子与 q – ROFFSCG 算子进行集结及计算得分值。假设 Shapley 值分别为 $\varphi(p_1) = 0.240$，$\varphi(p_1, p_2) = 0.515$ 和 $\varphi(p_1, p_2, p_3) = 1.000$。令参数 θ 值分别在 $[1.00001, 100]$、$[10^3, 10^4]$ 和 $[10^5, 10^9]$ 3 个区间内变化，q – ROFFSCA 算子与 q – ROFFSCG 算子的得分值变化情况如图 4 – 1 所示。

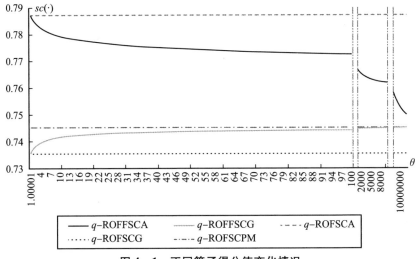

图 4 – 1　不同算子得分值变化情况

从图 4 – 1 可知，在给定的集成数据和相同的参数 θ 值情况下，随参数 θ 逐渐变大，q – ROFFSCA 算子的得分值从 $\theta \to 1$ 处（即为 q – ROFSCA 算子的得分值）单调递减，可以认为 q – ROFSCA 算子是 q – ROFFSCA 算子的上限；q – ROFFSCG 算子的得分值从 $\theta \to 1$ 处（即为 q – ROFSCG 算子的得分值）单调递增，q – ROFSCG 算子是 q – ROFFSCG 算子的下限。在参数 $\theta \in [1.00001, 100]$，$\theta \in [10^3, 10^4]$ 和 $\theta \in [10^5,$

10^9]范围内两算子的得分值都逼近 q – ROFSCPM 算子的得分值，其中 q – ROFSCG 算子离 q – ROFSCPM 算子较近并能快速逼近，而 q – ROFS-CA 算子则相反。因而，在取不同参数 θ 时，存在 q – ROFSCA ≥ q – ROFFSCA ≥ q – ROFSCPM ≥ q – ROFFSCG ≥ q – ROFSCG 的大小关系，由式（4.52）和式（4.53）可知，当 $\theta \to +\infty$ 时，q – ROFFSCA = q – ROFFSCG。不难发现，q – ROFFSCA 算子和 q – ROFFSCG 算子的单调性（单调递减和单调递增）能够反映决策者的决策态度水平的变化，当参数 θ 增大时，q – ROFFSCA 算子反映决策者乐观水平逐渐降低，q – ROFFSCG 算子则反映决策者乐观水平逐渐增高，而当 $\theta \to +\infty$ 时，两算子反映决策者的决策态度将趋于中性（q – ROFSCPM）。另外，从单个算子的单调性来看，参数 θ 不同取值还能反映决策者的风险偏好，在 q – ROFFSCA 算子中，若决策者倾向风险偏好，则参数 θ 取值尽可能大；若决策者倾向避免风险，则参数 θ 取值尽可能小；而在 q – ROFF-SCG 算子中情况则相反。因此，q – ROFFSCA 算子适用于乐观的决策者，参数 θ 可以刻画乐观水平，q – ROFFSCG 算子适用于悲观的决策者，参数 θ 可以刻画悲观水平。同时，在参数 θ 不同取值下 q – ROFF-SCA 或 q – ROFFSCG 算子还能反映出决策者的风险偏好。

4.4 T 球面模糊 Aczel – Alsina Heronian 平均集结算子

4.4.1 T 球面模糊 Aczel – Alsina 运算法则和 Heronian 平均算子

侯赛因等（Hussain et al., 2022）[220]在 Aczél 和 Alsina 定义的

t-norm 和 s-norm[221]基础上提出了 T 球面模糊 Aczel – Alsina 运算规则。首先了解下面 Aczel – Alsina t-norm 和 s-norm 的定义。

定义 4 – 15[221]. 设 x，y 为实数，x，$y > 0$，参数 $\varphi \geqslant 0$，则 Aczel – Alsina t-norm 和 s-norm 分别定义为

$$T_A^\varphi(x, y) = \begin{cases} T_D(x, y)，& \varphi = 0 \\ \min(x, y)，& \varphi \to \infty \\ \exp\{-((-\ln x)^\varphi + (-\ln y)^\varphi)^{1/\varphi}\}，& \text{其他} \end{cases} \quad (4.54)$$

$$S_A^\varphi(x, y) = \begin{cases} S_D(x, y)，& \varphi = 0 \\ \max(x, y)，& \varphi \to \infty \\ 1 - \exp\{-((-\ln(1-x))^\varphi + (-\ln(1-y))^\varphi)^{1/\varphi}\}，& \text{其他} \end{cases}$$
$$(4.55)$$

定义 4 – 16[220]. 设 $\delta_1 = (\tau_1, \eta_1, \vartheta_1)$ 和 $\delta_2 = (\tau_2, \eta_2, \vartheta_2)$ 为任意两个 T 球面模糊数，λ，$\varphi \geqslant 0$，则它们的 Aczel – Alsina 运算规则定义如下：

(1) $\delta_1 \oplus_{AA} \delta_2 = (\sqrt[q]{1 - \exp\{-((-\ln(1-\tau_1^q))^\varphi + (-\ln(1-\tau_2^q))^\varphi)^{1/\varphi}\}}$,

$\sqrt[q]{\exp\{-((-\ln(\eta_1^q))^\varphi + (-\ln(\eta_2^q))^\varphi)^{1/\varphi}\}}$,

$\sqrt[q]{\exp\{-((-\ln(\vartheta_1^q))^\varphi + (-\ln(\vartheta_2^q))^\varphi)^{1/\varphi}\}})$;

(2) $\delta_1 \otimes_{AA} \delta_2 = (\sqrt[q]{\exp\{-((-\ln(\tau_1^q))^\varphi + (-\ln(\tau_2^q))^\varphi)^{1/\varphi}\}}$,

$\sqrt[q]{1 - \exp\{-((-\ln(1-\eta_1^q))^\varphi + (-\ln(1-\eta_2^q))^\varphi)^{1/\varphi}\}}$,

$\sqrt[q]{1 - \exp\{-((-\ln(1-\vartheta_1^q))^\varphi + (-\ln(1-\vartheta_2^q))^\varphi)^{1/\varphi}\}})$;

(3) $\lambda\delta_1 = (\sqrt[q]{1 - \exp\{-(\lambda(-\ln(1-\tau_1^q))^\varphi)^{1/\varphi}\}}$,

$\sqrt[q]{\exp\{-(\lambda(-\ln(\eta_1^q))^\varphi)^{1/\varphi}\}}$, $\sqrt[q]{\exp\{-(\lambda(-\ln(\vartheta_1^q))^\varphi)^{1/\varphi}\}})$;

(4) $(\delta_1)^\lambda = (\sqrt[q]{\exp\{-(\lambda(-\ln(\tau_1^q))^\varphi)^{1/\varphi}\}}$,

$\sqrt[q]{1 - \exp\{-(\lambda(-\ln(1-\eta_1^q))^\varphi)^{1/\varphi}\}}$, $\sqrt[q]{1 - \exp\{-(\lambda(-\ln(1-\vartheta_1^q))^\varphi)^{1/\varphi}\}})$.

定理 4 − 19[220]. 设 $\delta = (\tau, \eta, \vartheta)$, $\delta_1 = (\tau_1, \eta_1, \vartheta_1)$ 和 $\delta_2 = (\tau_2, \eta_2, \vartheta_2)$ 为任意三个 T 球面模糊数，实数 λ, λ_1, λ_2, $\varphi \geqslant 0$, 则它们满足以下运算性质：

（1） $\delta_1 \oplus_{AA} \delta_2 = \delta_2 \oplus_{AA} \delta_1$；

（2） $\delta_1 \otimes_{AA} \delta_2 = \delta_2 \otimes_{AA} \delta_1$；

（3） $\lambda(\delta_1 \oplus_{AA} \delta_2) = \lambda\delta_1 \oplus_{AA} \lambda\delta_2$；

（4） $(\lambda_1 + \lambda_2)\delta = \lambda_1\delta \oplus_{AA} \lambda_2\delta$；

（5） $(\delta_1 \otimes_{AA} \delta_2)^\lambda = \delta_1^\lambda \otimes_{AA} \delta_2^\lambda$；

（6） $\delta^{\lambda_1} \otimes_{AA} \delta^{\lambda_2} = \delta^{(\lambda_1 + \lambda_2)}$。

定义 4 − 17[108]. 设 s, $t \geqslant 0$, 且 s 与 t 不同时为 0, $a_i(i = 1, 2, \cdots, n)$ 为非负实数，若

$$HM^{s,t}(a_1, a_2, \cdots, a_n) = \left(\frac{2}{n(n+1)} \sum_{i=1,j=i}^{n} a_i^s a_j^t \right)^{\frac{1}{s+t}} \quad (4.56)$$

则称 $HM^{s,t}$ 为 Heronian 平均算子。

4.4.2 TSFAA Heronian 平均算子

定义 4 − 18. 设 $\delta_i = (\tau_i, \eta_i, \vartheta_i)(i = 1, 2, \cdots, n)$ 为一组 T 球面模糊数，则 TSFAAHM 算子可以被定义为

$$TSFAAHM^{s,t}(\delta_1, \delta_2, \cdots, \delta_n) = \left(\frac{2}{n(n+1)} \bigoplus_{i=1,j=i}^{n} {}_{AA} \left((\delta_i)^s \otimes_{AA} (\delta_j)^t \right) \right)^{\frac{1}{s+t}}$$

$$(4.57)$$

定理 4 − 20. 对于一组 T 球面模糊数 $\delta_i = (\tau_i, \eta_i, \vartheta_i)(i = 1, 2, \cdots, n)$, 则 TSFAAHM 算子的集结结果依然是一个 T 球面模糊数，即

$$TSFAAHM^{s,t}(\delta_1, \delta_2, \cdots, \delta_n) = \left(\sqrt[q]{\exp\left\{ -\left[\frac{1}{s+t} \left(-\ln\left(1 - \exp\left\{ -\left[\frac{2T_{ij}}{n(n+1)} \right]^{1/\varphi} \right\} \right) \right)^\varphi \right]^{1/\varphi} \right\}}, \right.$$

$$\left. \sqrt[q]{1 - \exp\left\{ -\left[\frac{1}{s+t} \left(-\ln\left(1 - \exp\left\{ -\left[\frac{2N_{ij}}{n(n+1)} \right]^{1/\varphi} \right\} \right) \right)^\varphi \right]^{1/\varphi} \right\}}, \right.$$

$$\sqrt[q]{1-\exp\left\{-\left[\frac{1}{s+t}\left(-\ln\left(1-\exp\left\{-\left[\frac{2V_{ij}}{n(n+1)}\right]^{1/\varphi}\right\}\right)\right)\right]^{\varphi}\right\}^{1/\varphi}}\right)}$$

$$(4.58)$$

式中

$$T_{ij}=\sum_{i=1,j=i}^{n}\left(-\ln(1-\exp\{-[s(-\ln(\tau_i^q))^{\varphi}+t(-\ln(\tau_j^q))^{\varphi}]^{1/\varphi}\})\right)^{\varphi},$$

$$N_{ij}=\sum_{i=1,j=i}^{n}\left(-\ln(1-\exp\{-[s(-\ln(1-\eta_i^q))^{\varphi}\right.$$
$$\left.+t(-\ln(1-\eta_j^q))^{\varphi}]^{1/\varphi}\})\right)^{\varphi},$$

$$V_{ij}=\sum_{i=1,j=i}^{n}\left(-\ln(1-\exp\{-[s(-\ln(1-\vartheta_i^q))^{\varphi}\right.$$
$$\left.+t(-\ln(1-\vartheta_j^q))^{\varphi}]^{1/\varphi}\})\right)^{\varphi}\,。$$

证明：基于定义 4 – 16 中 T 球面模糊数的 Aczel – Alsina 运算规则，则有

$$(\delta_i)^s=(\sqrt[q]{\exp\{-(s(-\ln(\tau_i^q))^{\varphi})^{1/\varphi}\}},$$
$$\sqrt[q]{1-\exp\{-(s(-\ln(1-\eta_i^q))^{\varphi})^{1/\varphi}\}},$$
$$\sqrt[q]{1-\exp\{-(s(-\ln(1-\vartheta_i^q))^{\varphi})^{1/\varphi}\}})$$

$$(\delta_j)^t=(\sqrt[q]{\exp\{-(t(-\ln(\tau_j^q))^{\varphi})^{1/\varphi}\}},$$
$$\sqrt[q]{1-\exp\{-(t(-\ln(1-\eta_j^q))^{\varphi})^{1/\varphi}\}},$$
$$\sqrt[q]{1-\exp\{-(t(-\ln(1-\vartheta_j^q))^{\varphi})^{1/\varphi}\}})$$

和

$$(\delta_i)^s\otimes_{AA}(\delta_j)^t=(\sqrt[q]{\exp\{-[s(-\ln(\tau_i^q))^{\varphi}+t(-\ln(\tau_j^q))^{\varphi}]^{1/\varphi}\}},$$
$$\sqrt[q]{1-\exp\{-[s(-\ln(1-\eta_i^q))^{\varphi}+t(-\ln(1-\eta_j^q))^{\varphi}]^{1/\varphi}\}},$$
$$\sqrt[q]{1-\exp\{-[s(-\ln(1-\vartheta_i^q))^{\varphi}+t(-\ln(1-\vartheta_j^q))^{\varphi}]^{1/\varphi}\}})$$

则有

$$\bigoplus_{j=1}^{n}{}_{AA}\left((\delta_i)^s\otimes_{AA}(\delta_j)^t\right)=$$

$$\Big(\sqrt[q]{1-\exp\{-[\sum_{j=1}^{n}(-\ln(1-\exp\{-[s(-\ln(\tau_i^q))^\varphi+t(-\ln(\tau_j^q))^\varphi]^{1/\varphi}\}))^\varphi]^{1/\varphi}\}},$$

$$\sqrt[q]{\exp\{-[\sum_{j=1}^{n}(-\ln(1-\exp\{-[s(-\ln(1-\eta_i^q))^\varphi+t(-\ln(1-\eta_j^q))^\varphi]^{1/\varphi}\}))^\varphi]^{1/\varphi}\}},$$

$$\sqrt[q]{\exp\{-[\sum_{j=1}^{n}(-\ln(1-\exp\{-[s(-\ln(1-\eta_i^q))^\varphi+t(-\ln(1-\eta_j^q))^\varphi]^{1/\varphi}\}))^\varphi]^{1/\varphi}\}}\Big)$$

和

$$\bigoplus_{i=1,i=j}^{n}{}_{AA}\big((\delta_i)^s\otimes_{AA}(\delta_j)^t\big)=$$

$$\Big(\sqrt[q]{1-\exp\{-[\sum_{i=1,j=i}^{n}(-\ln(1-\exp\{-[s(-\ln(\tau_i^q))^\varphi+t(-\ln(\tau_j^q))^\varphi]^{1/\varphi}\}))^\varphi]^{1/\varphi}\}},$$

$$\sqrt[q]{\exp\{-[\sum_{i=1,j=i}^{n}(-\ln(1-\exp\{-[s(-\ln(1-\eta_i^q))^\varphi+t(-\ln(1-\eta_j^q))^\varphi]^{1/\varphi}\}))^\varphi]^{1/\varphi}\}},$$

$$\sqrt[q]{\exp\{-[\sum_{i=1,j=i}^{n}(-\ln(1-\exp\{-[s(-\ln(1-\eta_i^q))^\varphi+t(-\ln(1-\eta_j^q))^\varphi]^{1/\varphi}\}))^\varphi]^{1/\varphi}\}}\Big)$$

进而，

$$\frac{2}{n(n+1)}\bigoplus_{i=1,j=i}^{n}{}_{AA}\big((\delta_i)^s\otimes_{AA}(\delta_j)^t\big)=$$

$$\Big(\sqrt[q]{1-\exp\Big\{-\Big[\frac{2}{n(n+1)}\sum_{i=1,j=i}^{n}(-\ln(1-\exp\{-[s(-\ln(\tau_i^q))^\varphi+t(-\ln(\tau_j^q))^\varphi]^{1/\varphi}\}))^\varphi\Big]^{1/\varphi}\Big\}},$$

$$\sqrt[q]{\exp\Big\{-\Big[\frac{2}{n(n+1)}\sum_{i=1,j=i}^{n}(-\ln(1-\exp\{-[s(-\ln(1-\eta_i^q))^\varphi+t(-\ln(1-\eta_j^q))^\varphi]^{1/\varphi}\}))^\varphi\Big]^{1/\varphi}\Big\}},$$

$$\sqrt[q]{\exp\Big\{-\Big[\frac{2}{n(n+1)}\sum_{i=1,j=i}^{n}(-\ln(1-\exp\{-[s(-\ln(1-\vartheta_i^q))^\varphi+t(-\ln(1-\vartheta_j^q))^\varphi]^{1/\varphi}\}))^\varphi\Big]^{1/\varphi}\Big\}}\Big)$$

$$\Big(\frac{2}{n(n+1)}\bigoplus_{i=1,j=i}^{n}{}_{AA}\big((\delta_i)^s\otimes_{AA}(\delta_j)^t\big)\Big)^{\frac{1}{s+t}}=$$

$$\Big(\sqrt[q]{\exp\Big\{-\Big[\frac{1}{s+t}\Big(-\ln\Big(1-\exp\Big\{-\Big[\frac{2}{n(n+1)}\sum_{i=1,j=i}^{n}(-\ln(1-\exp}$$
$$\{-[s(-\ln(\tau_i^q))^\varphi+t(-\ln(\tau_j^q))^\varphi]^{1/\varphi}\}))^\varphi\Big]^{1/\varphi}\Big\}\Big)\Big)^\varphi\Big]^{1/\varphi}\Big\}},$$

$$\sqrt[q]{1 - \exp\left\{-\left[\frac{1}{s+t}\left(-\ln\left(1 - \exp\left\{-\left[\frac{2}{n(n+1)}\sum_{i=1,j=i}^{n}(-\ln(1 - \exp\right.\right.\right.\right.\right.\right.}$$

$$\left.\left.\left.\left.\left.\left.\{-[s(-\ln(1 - \eta_i^q))^\varphi + t(-\ln(1 - \eta_j^q))^\varphi]^{1/\varphi}\})\right)^\varphi\right]^{1/\varphi}\right)\right)^\varphi\right]^{1/\varphi}\right\}}\,,$$

$$\sqrt[q]{1 - \exp\left\{-\left[\frac{1}{s+t}\left(-\ln\left(1 - \exp\left\{-\left[\frac{2}{n(n+1)}\sum_{i=1,j=i}^{n}(-\ln(1 - \exp\right.\right.\right.\right.\right.\right.}$$

$$\left.\left.\left.\left.\left.\left.\{-[s(-\ln(1 - \eta_i^q))^\varphi + t(-\ln(1 - \eta_j^q))^\varphi]^{1/\varphi}\})\right)^\varphi\right]^{1/\varphi}\right)\right)^\varphi\right]^{1/\varphi}\right\}}$$

因此，定理 4 – 20 证明完毕。

依据定理 4 – 20，TSFAAHM 算子的以下性质能够容易被证明。

定理 4 – 21. 假设 $\delta_i(i = 1, 2, \cdots, n)$ 为一组 T 球面模糊数，

性质 1（幂等性）：如果对于所有 i 的 $\delta_i = \delta$，则

$$TSFAAHM^{s,t}(\delta_1, \delta_2, \cdots, \delta_n) = \delta \qquad (4.59)$$

性质 2（单调性）：如果 $\delta_i^*(i = 1, 2, \cdots, n)$ 是另一组 T 球面模糊数，以及 $\delta_i \leqslant \delta_i^*$，那么

$$TSFAAHM^{s,t}(\delta_1, \delta_2, \cdots, \delta_n) \leqslant TSFAAHM^{s,t}(\delta_1^*, \delta_2^*, \cdots, \delta_n^*)$$

$$(4.60)$$

性质 3（有界性）：如果

$P^- = \min\delta_i = (\min(\tau_i), \max(\eta_i), \max(\vartheta_i))$，$P^+ = \max\delta_i = (\max(\tau_i), \min(\eta_i), \min(\vartheta_i))$，那么

$$P^- \leqslant TSFAAHM^{s,t}(\delta_1, \delta_2, \cdots, \delta_n) \leqslant P^+ \qquad (4.61)$$

接下来，关于 TSFAAHM 算子中参数 s 和 t 的一些算子特例被讨论，如下：

（1）若 $s \to 0$，式（4.58）退化为 T 球面广义线性递增加权平均算子，即

$$\lim_{s \to 0} TSFAAHM^{s,t} =$$

$$\left(\sqrt[q]{\exp\left\{ - \left[\frac{1}{t} \left(-\ln\left(1 - \exp\left\{ - \left[\frac{2}{n(n+1)} \right.\right.\right.\right.\right.\right.\right.$$

$$\left. \sum_{i=1}^{n} \left(-\ln\left(1 - (\tau_i^q)^{t^{1/\varphi}} \right) \right)^{\varphi} \right]^{1/\varphi} \right\} \right) \right) \right]^{1/\varphi} \right\},$$

$$\sqrt[q]{1 - \exp\left\{ - \left[\frac{1}{t} \left(-\ln\left(1 - \exp\left\{ - \left[\frac{2}{n(n+1)} \right.\right.\right.\right.\right.\right.}$$

$$\left. \sum_{i=1, j=i}^{n} \left(-\ln\left(1 - (1 - \eta_j^q)^{t^{1/\varphi}} \right) \right)^{\varphi} \right]^{1/\varphi} \right\} \right) \right) \right]^{1/\varphi} \right\},$$

$$\sqrt[q]{1 - \exp\left\{ - \left[\frac{1}{t} \left(-\ln\left(1 - \exp\left\{ - \left[\frac{2}{n(n+1)} \right.\right.\right.\right.\right.\right.}$$

$$\left.\left. \sum_{i=1, j=i}^{n} \left(-\ln\left(1 - (1 - \eta_j^q)^{t^{1/\varphi}} \right) \right)^{\varphi} \right]^{1/\varphi} \right\} \right) \right) \right]^{1/\varphi} \right\} \right) \tag{4.62}$$

（2）若 $t \to 0$，则式（4.58）退化为 T 球面模糊广义线性递减加权平均算子，即

$$\lim_{t \to 0} TSFAAHM^{s,t} =$$

$$\left(\sqrt[q]{\exp\left\{ - \left[\frac{1}{s} \left(-\ln\left(1 - \exp\left\{ - \left[\frac{2}{n(n+1)} \right.\right.\right.\right.\right.\right.\right.}$$

$$\left. \sum_{i=1, j=i}^{n} \left(-\ln\left(1 - (\tau_i^q)^{s^{1/\varphi}} \right) \right)^{\varphi} \right]^{1/\varphi} \right\} \right) \right) \right]^{1/\varphi} \right\},$$

$$\sqrt[q]{1 - \exp\left\{ - \left[\frac{1}{s} \left(-\ln\left(1 - \exp\left\{ - \left[\frac{2}{n(n+1)} \right.\right.\right.\right.\right.\right.}$$

$$\left. \sum_{i=1, j=i}^{n} \left(-\ln\left(1 - (1 - \eta_i^q)^{s^{1/\varphi}} \right) \right)^{\varphi} \right]^{1/\varphi} \right\} \right) \right) \right]^{1/\varphi} \right\},$$

$$\sqrt[q]{1 - \exp\left\{ - \left[\frac{1}{s} \left(-\ln\left(1 - \exp\left\{ - \left[\frac{2}{n(n+1)} \right.\right.\right.\right.\right.\right.}$$

$$\left.\left. \sum_{i=1, j=i}^{n} \left(-\ln\left(1 - (1 - \eta_i^q)^{s^{1/\varphi}} \right) \right)^{\varphi} \right]^{1/\varphi} \right\} \right) \right) \right]^{1/\varphi} \right\} \right) \tag{4.63}$$

（3）若 $s = t = 0.5$，则式（4.58）退化为一个 T 球面模糊 Aczel - Alsina 基本 HM 算子，即

$$TSFAAHM^{0.5, 0.5} =$$

$$\left(\begin{array}{l}
\sqrt[q]{\begin{array}{l} 1 - \exp\left\{ - \left[\dfrac{2}{n(n+1)} \displaystyle\sum_{i=1,j=i}^{n} (-\ln(1 - \exp\{-[0.5 \right. \right. \\ (-\ln(\tau_i^q))^{\varphi} + 0.5(-\ln(\tau_j^q))^{\varphi}]^{1/\varphi}\}))^{\varphi} \big]^{1/\varphi} \right\} \end{array}}, \\
\sqrt[q]{\begin{array}{l} \exp\left\{ - \left[\dfrac{2}{n(n+1)} \displaystyle\sum_{i=1,j=i}^{n} (-\ln(1 - \exp\{-[0.5 \right. \right. \\ (-\ln(1 - \eta_i^q))^{\varphi} + 0.5(-\ln(1 - \eta_j^q))^{\varphi}]^{1/\varphi}\}))^{\varphi} \big]^{1/\varphi} \right\} \end{array}}, \\
\sqrt[q]{\begin{array}{l} \exp\left\{ - \left[\dfrac{2}{n(n+1)} \displaystyle\sum_{i=1,j=i}^{n} (-\ln(1 - \exp\{-[0.5 \right. \right. \\ (-\ln(1 - \eta_i^q))^{\varphi} + 0.5(-\ln(1 - \eta_j^q))^{\varphi}]^{1/\varphi}\}))^{\varphi} \big]^{1/\varphi} \right\} \end{array}}
\end{array}\right)$$

$$(4.64)$$

（4）若 $s = t = 1$，则式（4.58）退化为一个 T 球面模糊 Aczel - Alsina 线性 HM 算子，即

$$TSFAAHM^{1,1} =$$

$$\left(\begin{array}{l}
\sqrt[q]{\begin{array}{l} \exp\left\{ - \left[\dfrac{1}{2}\left(-\ln\left(1 - \exp\left\{ - \left[\dfrac{2}{n(n+1)} \displaystyle\sum_{i=1,j=i}^{n} (-\ln(1 - \exp \right. \right. \right. \right. \right. \\ \{-[(-\ln(\tau_i^q))^{\varphi} + (-\ln(\tau_j^q))^{\varphi}]^{1/\varphi}\}))^{\varphi} \big]^{1/\varphi} \right\}\right)\right)^{\varphi} \big]^{1/\varphi} \right\} \end{array}}, \\
\sqrt[q]{\begin{array}{l} 1 - \exp\left\{ - \left[\dfrac{1}{2}\left(-\ln\left(1 - \exp\left\{ - \left[\dfrac{2}{n(n+1)} \displaystyle\sum_{i=1,j=i}^{n} (-\ln(1 - \exp \right. \right. \right. \right. \right. \\ \{-[(-\ln(1 - \eta_i^q))^{\varphi} + (-\ln(1 - \eta_j^q))^{\varphi}]^{1/\varphi}\}))^{\varphi} \big]^{1/\varphi} \right\}\right)\right)^{\varphi} \big]^{1/\varphi} \right\} \end{array}}, \\
\sqrt[q]{\begin{array}{l} 1 - \exp\left\{ - \left[\dfrac{1}{2}\left(-\ln\left(1 - \exp\left\{ - \left[\dfrac{2}{n(n+1)} \displaystyle\sum_{i=1,j=i}^{n} (-\ln(1 - \exp \right. \right. \right. \right. \right. \\ \{-[(-\ln(1 - \eta_i^q))^{\varphi} + (-\ln(1 - \eta_j^q))^{\varphi}]^{1/\varphi}\}))^{\varphi} \big]^{1/\varphi} \right\}\right)\right)^{\varphi} \big]^{1/\varphi} \right\} \end{array}}
\end{array}\right)$$

$$(4.65)$$

4.4.3　TSFAA 加权 Heronian 平均算子

从定义 4 − 18 可知，TSFAAHM 算子没有考虑到被集结变量的重要性。然而，在许多实际决策情景中，属性或变量的权重在决策过程中扮演了一个重要角色。为此，TSFAAHM 算子需要考虑所集结变量的重要性，因此 TSFAAWHM 算子被定义如下。

定义 4 − 19. 假设 $\delta_i = (\tau_i, \eta_i, \vartheta_i)(i = 1, 2, \cdots, n)$ 为一组 T 球面模糊数，实数 $\varphi, s, t \geq 0$。$w = (w_1, w_2, \cdots, w_n)^T$ 为 $\delta_i(i = 1, 2, \cdots, n)$ 的权重向量，并且满足 $w_i > 0$，$\sum_{i=1}^{n} w_i = 1$。若

$$TSFAAWHM_w^{s,t}(\delta_1, \delta_2, \cdots, \delta_n) = \left(\frac{2}{n(n+1)} \bigoplus_{AA}{}_{i=1,j=i}^{n} \left((nw_i\delta_i)^s \otimes_{AA} (nw_j\delta_j)^t \right) \right)^{\frac{1}{s+t}}$$

$$(4.66)$$

定理 4 − 22. 假设 $\delta_i = (\tau_i, \eta_i, \vartheta_i)(i = 1, 2, \cdots, n)$ 为一组 T 球面模糊数，实数 $\varphi, s, t \geq 0$。则依据式（4.66），TSFAAWHM 算子的集结结果仍然为一个 T 球面模糊数，即

$$TSFAAWHM_w^{s,t}(\delta_1, \delta_2, \cdots, \delta_n) =$$

$$\left(\sqrt[q]{\exp\left\{ -\left[\frac{1}{s+t}\left(-\ln\left(1 - \exp\left\{ -\left[\frac{2T_{ij}^w}{n(n+1)} \right]^{1/\varphi} \right\} \right) \right)^{\varphi} \right]^{1/\varphi} \right\}}, \right.$$

$$\sqrt[q]{1 - \exp\left\{ -\left[\frac{1}{s+t}\left(-\ln\left(1 - \exp\left\{ -\left[\frac{2N_{ij}^w}{n(n+1)} \right]^{1/\varphi} \right\} \right) \right)^{\varphi} \right]^{1/\varphi} \right\}},$$

$$\left. \sqrt[q]{1 - \exp\left\{ -\left[\frac{1}{s+t}\left(-\ln\left(1 - \exp\left\{ -\left[\frac{2V_{ij}^w}{n(n+1)} \right]^{1/\varphi} \right\} \right) \right)^{\varphi} \right]^{1/\varphi} \right\}} \right)$$

$$(4.67)$$

式中

$$T_{ij}^w = \sum_{i=1,j=i}^{n} \left(-\ln\left(1 - \exp\left\{ -\left[s\left(-\ln\left(1 - \exp\right. \right. \right. \right. \right.$$

$$\{ -[nw_i(-\ln(1 - \tau_i^q))^\varphi]^{1/\varphi}\}))^\varphi + t(-\ln(1$$
$$- \exp\{ -[nw_j(-\ln(1 - \tau_j^q))^\varphi]^{1/\varphi}\}))^\varphi]^{1/\varphi}\}))^\varphi,$$

$$N_{ij}^w = \sum_{i=1,j=i}^n (-\ln(1 - \exp\{ -[s(-\ln(1 - \exp$$
$$\{ -[nw_i(-\ln(\eta_i^q))^\varphi]^{1/\varphi}\}))^\varphi + t(-\ln(1$$
$$- \exp\{ -[nw_j(-\ln(\eta_j^q))^\varphi]^{1/\varphi}\}))^\varphi]^{1/\varphi}\}))^\varphi,$$

$$V_{ij}^w = \sum_{i=1,j=i}^n (-\ln(1 - \exp\{ -[s(-\ln(1 - \exp$$
$$\{ -[nw_i(-\ln(\vartheta_i^q))^\varphi]^{1/\varphi}\}))^\varphi + t(-\ln(1$$
$$- \exp\{ -[nw_j(-\ln(\vartheta_j^q))^\varphi]^{1/\varphi}\}))^\varphi]^{1/\varphi}\}))^\varphi.$$

与定理 4 – 17 类似，定理 4 – 22 的证明也成立。

值得注意的是，TSFAAWHM 算子的有界性和单调性可以被证明，但是该算子不具有幂等性。

4.5　T 球面模糊 Frank softmax 集结算子

在本章中，首先对于 T 球面模糊数扩展一些 Frank 运算规则，然后基于所提出的 FOLs 开发了一些集结算子来对 T 球面模糊信息进行集结，接着对所提集结算子的一些特例进行分析。最后对所提出集结算子进行关于参数的单调性分析。

4.5.1　T 球面模糊 Frank 运算规则

基于定义 4 – 2，扩展了 T 球面模糊数的 Frank 运算规则定义如下。

定义 4 – 20. 设 $\delta_1 = (\tau_1, \psi_1, \vartheta_1)$ 和 $\delta_2 = (\tau_2, \psi_2, \vartheta_2)$ 为两个 T 球面模糊数，实数 $t \geq 1$ 和 $\lambda > 0$，则 T 球面模糊数的 FOLs 被描述如下：

（1）$\delta_1 \oplus_F \delta_2 = \left(\sqrt[q]{1 - \log_\theta \left(1 + \dfrac{(\theta^{1-\tau_1^q} - 1)\ (\theta^{1-\tau_2^q} - 1)}{\theta - 1} \right)}, \right.$

$\sqrt[q]{\log_\theta \left(1 + \dfrac{(\theta^{\psi_1^q} - 1)\ (\theta^{\psi_2^q} - 1)}{\theta - 1} \right)},\ \left. \sqrt[q]{\log_\theta \left(1 + \dfrac{(\theta^{\vartheta_1^q} - 1)\ (\theta^{\vartheta_2^q} - 1)}{\theta - 1} \right)} \right);$

（2）$\delta_1 \otimes_F \delta_2 = \left(\sqrt[q]{\log_\theta \left(1 + \dfrac{(\theta^{\tau_1^q} - 1)\ (\theta^{\tau_2^q} - 1)}{\theta - 1} \right)}, \right.$

$\sqrt[q]{1 - \log_\theta \left(1 + \dfrac{(\theta^{1-\psi_1^q} - 1)\ (\theta^{1-\psi_2^q} - 1)}{\theta - 1} \right)},\ \left. \sqrt[q]{1 - \log_\theta \left(1 + \dfrac{(\theta^{1-\vartheta_1^q} - 1)\ (\theta^{1-\vartheta_2^q} - 1)}{\theta - 1} \right)} \right);$

（3）$\lambda \cdot_F \delta_1 = \left(\sqrt[q]{1 - \log_\theta \left(1 + \dfrac{(\theta^{1-\tau_1^q} - 1)^\lambda}{(\theta - 1)^{\lambda - 1}} \right)},\ \sqrt[q]{\log_\theta \left(1 + \dfrac{(\theta^{\psi_1^q} - 1)^\lambda}{(\theta - 1)^{\lambda - 1}} \right)}, \right.$

$\left. \sqrt[q]{\log_\theta \left(1 + \dfrac{(\theta^{\vartheta_1^q} - 1)^\lambda}{(\theta - 1)^{\lambda - 1}} \right)} \right);$

（4）$(\delta_1)^{\hat{}_F \lambda} = \left(\sqrt[q]{\log_\theta \left(1 + \dfrac{(\theta^{\tau_1^q} - 1)^\lambda}{(\theta - 1)^{\lambda - 1}} \right)},\ \sqrt[q]{1 - \log_\theta \left(1 + \dfrac{(\theta^{1-\psi_1^q} - 1)^\lambda}{(\theta - 1)^{\lambda - 1}} \right)}, \right.$

$\left. \sqrt[q]{1 - \log_\theta \left(1 + \dfrac{(\theta^{1-\vartheta_1^q} - 1)^\lambda}{(\theta - 1)^{\lambda - 1}} \right)} \right)。$

很容易证明上述运算结果仍然是 T 球面模糊数，证明在这里省略。

定理 4 – 23. 假设 $\delta = (\tau, \psi, \vartheta)$，$\delta_1 = (\tau_1, \psi_1, \vartheta_1)$ 和 $\delta_2 = (\tau_2, \psi_2, \vartheta_2)$ 为任意三个 T 球面模糊数，实数 $\lambda_1, \lambda_2, \lambda \geq 0$，则它们有以下运算性质：

（1）$\delta_1 \oplus_F \delta_2 = \delta_2 \oplus_F \delta_1$；

（2）$\delta_1 \otimes_F \delta_2 = \delta_2 \otimes_F \delta_1$；

（3）$\lambda \cdot_F (\delta_1 \oplus_F \delta_2) = \lambda \cdot_F \delta_2 \oplus_F \lambda \cdot_F \delta_1$；

（4）$\lambda_1 \cdot_F \delta \oplus_F \lambda_2 \cdot_F \delta = (\lambda_1 + \lambda_2) \cdot_F \delta$；

（5）$\delta^{\hat{}_F \lambda_1} \otimes_F \delta^{\hat{}_F \lambda_2} = \delta^{\hat{}_F (\lambda_1 + \lambda_2)}$；

（6）$\delta_1^{\hat{}_F \lambda} \otimes_F \delta_2^{\hat{}_F \lambda} = (\delta_1 \otimes_F \delta_2)^{\hat{}_F \lambda}$。

4.5.2　T 球面模糊 Frank softmax 集结算子

在 FOLs 和 softmax 函数的基础上开发新的集结算子，包括 T‑SFFSA，T‑SFFSWA，T‑SFFSG 和 T‑SFFSWG 算子。

定义 4-21. 设 $\delta_i = (\tau_i, \psi_i, \vartheta_i)(i = 1, 2, \cdots, n)$ 为一组 T 球面模糊数，则 T 球面模糊 Frank softmax 平均（T‑spherical fuzzy Frank softmax averaging，T‑SFFSA）算子被定义为

$$T - SFFSA(\delta_1, \delta_2, \cdots, \delta_n) = \bigoplus_{i=1}^{n}{}_F (\phi_i^{\kappa} \cdot {}_F \delta_i) \tag{4.68}$$

其中，$\phi_i^{\kappa} = \dfrac{\exp(T_i/\kappa)}{\sum\limits_{i=1}^{n} \exp(T_i/\kappa)}$ 满足 $\phi_j^{\kappa} \in [0, 1]$ $\sum\limits_{i=1}^{n} \phi_i^{\kappa} = 1$，$\kappa$ 为调节参数，

而且 $\kappa > 0$。$T_i = \prod\limits_{l=1}^{i-1} sc(\delta_l)(i = 2, 3, \cdots, n)$，$T_1 = 1$，以及 $sc(\delta_i)$ 为 T 球面模糊数 δ_i 的得分函数。

定理 4-24. 假设 $\delta_i(i = 1, 2, \cdots, n)$ 为一组 T 球面模糊数，$q \geqslant 1$，$\theta > 1$。则 T‑SFFSA 算子的集结结果仍为一个 T 球面模糊数，即

$$T - SFFSA(\delta_1, \delta_2, \cdots, \delta_n) = \left(\sqrt[q]{1 - \log_\theta \left(1 + \prod_{i=1}^{n} (\theta^{1-\tau_i^q} - 1)^{\phi_i^{\kappa}}\right)}, \right.$$
$$\left. \sqrt[q]{\log_\theta \left(1 + \prod_{i=1}^{n} (\theta^{\psi_i^q} - 1)^{\phi_i^{\kappa}}\right)}, \sqrt[q]{\log_\theta \left(1 + \prod_{i=1}^{n} (\theta^{\vartheta_i^q} - 1)^{\phi_i^{\kappa}}\right)} \right)$$

$$\tag{4.69}$$

证明：容易证明式（4.69）为一个 T 球面模糊数，这里省略。通过数学归纳来证明式（4.69）对于 n.

当 $n = 2$ 时，依据定义 4-21，则有

$$\phi_1^{\kappa} \cdot {}_F \delta_1 = \left(\sqrt[q]{1 - \log_\theta \left(1 + \frac{(\theta^{1-\tau_1^q} - 1)^{\phi_1^{\kappa}}}{(\theta - 1)^{\phi_1^{\kappa}-1}}\right)}, \sqrt[q]{\log_\theta \left(1 + \frac{(\theta^{\psi_1^q} - 1)^{\phi_1^{\kappa}}}{(\theta - 1)^{\phi_1^{\kappa}-1}}\right)}, \right.$$
$$\left. \sqrt[q]{\log_\theta \left(1 + \frac{(\theta^{\vartheta_1^q} - 1)^{\phi_1^{\kappa}}}{(\theta - 1)^{\phi_1^{\kappa}-1}}\right)} \right)$$

$$\phi_2^\kappa \cdot {}_F\delta_2 = \left(\sqrt[q]{1 - \log_\theta\left(1 + \frac{(\theta^{1-\tau_2^q}-1)^{\phi_2^\kappa}}{(\theta-1)^{\phi_2^\kappa-1}}\right)}, \quad \sqrt[q]{\log_\theta\left(1 + \frac{(\theta^{\psi_2^q}-1)^{\phi_2^\kappa}}{(\theta-1)^{\phi_2^\kappa-1}}\right)}, \right.$$

$$\left. \sqrt[q]{\log_\theta\left(1 + \frac{(\theta^{\vartheta_2^q}-1)^{\phi_2^\kappa}}{(\theta-1)^{\phi_2^\kappa-1}}\right)}\right)$$

那么，

$$T - SFFSA(\delta_1, \delta_2) = \phi_1^\kappa \cdot {}_F\delta_1 \oplus_F \phi_2^\kappa \cdot {}_F\delta_2$$

$$= \left(\sqrt[q]{1 - \log_\theta\left(1 + \frac{\left(\theta^{1-1+\log_\theta\left(1 + \frac{(\theta^{1-\tau_1^q}-1)^{\phi_1^\kappa}}{(\theta-1)^{\phi_1^\kappa-1}}\right)} - 1\right)\left(\theta^{1-1+\log_\theta\left(1 + \frac{(\theta^{1-\tau_2^q}-1)^{\phi_2^\kappa}}{(\theta-1)^{\phi_2^\kappa-1}}\right)} - 1\right)}{\theta-1}\right)}, \right.$$

$$\sqrt[q]{\log_\theta\left(1 + \frac{\left(\theta^{\log_\theta\left(1 + \frac{(\theta^{\psi_1^q}-1)^{\phi_1^\kappa}}{(\theta-1)^{\phi_1^\kappa-1}}\right)} - 1\right)\left(\theta^{\log_\theta\left(1 + \frac{(\theta^{\psi_2^q}-1)^{\phi_2^\kappa}}{(\theta-1)^{\phi_2^\kappa-1}}\right)} - 1\right)}{\theta-1}\right)},$$

$$\left. \sqrt[q]{\log_\theta\left(1 + \frac{\left(\theta^{\log_\theta\left(1 + \frac{(\theta^{\vartheta_1^q}-1)^{\phi_1^\kappa}}{(\theta-1)^{\phi_1^\kappa-1}}\right)} - 1\right)\left(\theta^{\log_\theta\left(1 + \frac{(\theta^{\vartheta_2^q}-1)^{\phi_2^\kappa}}{(\theta-1)^{\phi_2^\kappa-1}}\right)} - 1\right)}{\theta-1}\right)}\right)$$

$$= \left(\sqrt[q]{1 - \log_\theta\left(1 + \frac{(\theta^{1-\tau_1^q}-1)^{\phi_1^\kappa}(\theta^{1-\tau_2^q}-1)^{\phi_2^\kappa}}{(\theta-1)^{\phi_1^\kappa+\phi_2^\kappa-1}}\right)}, \right.$$

$$\sqrt[q]{\log_\theta\left(1 + \frac{(\theta^{\psi_1^q}-1)^{\phi_1^\kappa}(\theta^{\psi_2^q}-1)^{\phi_2^\kappa}}{(\theta-1)^{\phi_1^\kappa+\phi_2^\kappa-1}}\right)},$$

$$\left. \sqrt[q]{\log_\theta\left(1 + \frac{(\theta^{\vartheta_1^q}-1)^{\phi_1^\kappa}(\theta^{\vartheta_2^q}-1)^{\phi_2^\kappa}}{(\theta-1)^{\phi_1^\kappa+\phi_2^\kappa-1}}\right)}\right)$$

因为 $\phi_1^\kappa + \phi_2^\kappa = 1$ ，因此，可得

$$T - SFFSA(\delta_1, \delta_2) = \left(\sqrt[q]{1 - \log_\theta\left(1 + \prod_{i=1}^{2}(\theta^{1-\tau_i^q}-1)^{\phi_i^\kappa}\right)}, \right.$$

$$\left. \sqrt[q]{\log_\theta\left(1 + \prod_{i=1}^{2}(\theta^{\psi_i^q}-1)^{\phi_i^\kappa}\right)}, \quad \sqrt[q]{\log_\theta\left(1 + \prod_{i=1}^{2}(\theta^{\vartheta_i^q}-1)^{\phi_i^\kappa}\right)}\right)$$

这就意味着，关于 $n=2$ ，式（4.69）成立。

如果关于 $n=m$ ，式（4.69）成立，即

$$T - SFFSA(\delta_1, \delta_2, \cdots, \delta_m) = \left(\sqrt[q]{1 - \log_\theta \left(1 + \prod_{i=1}^{m} (\theta^{1-\tau_i^q} - 1)^{\phi_i^\kappa} \right)}, \right.$$

$$\left. \sqrt[q]{\log_\theta \left(1 + \prod_{i=1}^{m} (\theta^{\psi_i^q} - 1)^{\phi_i^\kappa} \right)}, \sqrt[q]{\log_\theta \left(1 + \prod_{i=1}^{m} (\theta^{\vartheta_i^q} - 1)^{\phi_i^\kappa} \right)} \right)$$

当 $n = m + 1$，能够得到

$$T - SFFSA(\delta_1, \delta_2, \cdots, \delta_m, \delta_{m+1}) = T - SFFSA(\delta_1, \delta_2, \cdots, \delta_m) \oplus_F \phi_{m+1}^\kappa \cdot_F \delta_{m+1}$$

$$= \left(\sqrt[q]{1 - \log_\theta \left(1 + \prod_{i=1}^{m} (\theta^{1-\tau_i^q} - 1)^{\phi_i^\kappa} \right)}, \sqrt[q]{\log_\theta \left(1 + \prod_{i=1}^{m} (\theta^{\psi_i^q} - 1)^{\phi_i^\kappa} \right)}, \right.$$

$$\left. \sqrt[q]{\log_\theta \left(1 + \prod_{i=1}^{m} (\theta^{\vartheta_i^q} - 1)^{\phi_i^\kappa} \right)} \right) \oplus_F \left(\sqrt[q]{1 - \log_\theta \left(1 + \frac{(\theta^{1-\tau_{m+1}^q} - 1)^{\phi_{m+1}^\kappa}}{(\theta - 1)^{\phi_{m+1}^\kappa - 1}} \right)}, \right.$$

$$\left. \sqrt[q]{\log_\theta \left(1 + \frac{(\theta^{\psi_{m+1}^q} - 1)^{\phi_{m+1}^\kappa}}{(\theta - 1)^{\phi_{m+1}^\kappa - 1}} \right)}, \sqrt[q]{\log_\theta \left(1 + \frac{(\theta^{\vartheta_{m+1}^q} - 1)^{\phi_{m+1}^\kappa}}{(\theta - 1)^{\phi_{m+1}^\kappa - 1}} \right)} \right)$$

$$= \left(\sqrt[q]{1 - \log_\theta \left(1 + \frac{\left(\prod_{i=1}^{m} (\theta^{1-\tau_i^q} - 1)^{\phi_i^\kappa} \right)(\theta^{1-\tau_{m+1}^q} - 1)^{\phi_{m+1}^\kappa}}{(\theta - 1)^{(\sum\limits_{i=1}^{m+1} \phi_i^\kappa) - 1}} \right)}, \right.$$

$$\sqrt[q]{\log_\theta \left(1 + \frac{\left(\prod_{i=1}^{m} (\theta^{\psi_i^q} - 1)^{\phi_i^\kappa} \right)(\theta^{1-\psi_{m+1}^q} - 1)^{\phi_{m+1}^\kappa}}{(\theta - 1)^{(\sum\limits_{i=1}^{m+1} \phi_i^\kappa) - 1}} \right)},$$

$$\left. \sqrt[q]{\log_\theta \left(1 + \frac{\left(\prod_{i=1}^{m} (\theta^{\vartheta_i^q} - 1)^{\phi_i^\kappa} \right)(\theta^{1-\vartheta_{m+1}^q} - 1)^{\phi_{m+1}^\kappa}}{(\theta - 1)^{(\sum\limits_{i=1}^{m+1} \phi_i^\kappa) - 1}} \right)} \right)$$

又因为 $\sum\limits_{i=1}^{m+1} \phi_i^\kappa = 1$，可得

$$T - SFFSA(\delta_1, \delta_2, \cdots, \delta_m, \delta_{m+1}) = \left(\sqrt[q]{1 - \log_\theta \left(1 + \prod_{i=1}^{m+1} (\theta^{1-\tau_i^q} - 1)^{\phi_i^\kappa} \right)}, \right.$$

$$\left. \sqrt[q]{\log_\theta \left(1 + \prod_{i=1}^{m+1} (\theta^{\psi_i^q} - 1)^{\phi_i^\kappa} \right)}, \sqrt[q]{\log_\theta \left(1 + \prod_{i=1}^{m+1} (\theta^{\vartheta_i^q} - 1)^{\phi_i^\kappa} \right)} \right)$$

因而，这就意味着关于 $n = m + 1$，式（4.69）成立。

因此，对于所有 n，式（4.69）成立。

因此，定理 4 - 24 的证明完成。

依据定理 4 - 23 和定理 4 - 24，容易证得 T - SFFSA 算子具备以下一些性质。

定理 4 - 25. 假设 $\delta_i (i = 1, 2, \cdots, n)$ 为一组 T 球面模糊数，

性质 1（幂等性）. 如果 $\delta_i = \delta$，那么

$$T - SFFSA(\delta_1, \delta_2, \cdots, \delta_n) = \delta \tag{4.70}$$

性质 2（单调性）. 若 $\delta_i^* (i = 1, 2, \cdots, n)$ 为另一组 T 球面模糊数，以及 $\delta_i \leqslant \delta_i^*$，那么

$$T - SFFSA(\delta_1, \delta_2, \cdots, \delta_n) \leqslant T - SFFSA(\delta_1^*, \delta_2^*, \cdots, \delta_n^*) \tag{4.71}$$

性质 3（有界性）. 若

$P^- = \min_i \delta_i = (\min_i(\tau_i), \max_i(\psi_i), \max_i(\vartheta_i)), P^+ = \max_i \delta_i = (\max_i(\tau_i), \min_i(\psi_i), \min_i(\vartheta_i))$，那么

$$P^- \leqslant T - SFFSA(\delta_1, \delta_2, \cdots, \delta_n) \leqslant P^+ \tag{4.72}$$

定义 4 - 22. 设 $\delta_i (i = 1, 2, \cdots, n)$ 为一组 T 球面模糊数，其相应的权重向量为 $w = (w_1, w_2, \cdots, w_n)^T$，和 $\sum_{i=1}^{n} w_i = 1$，$w_i \geqslant 0$. 则 T - SFFSWA 算子定义为

$$T - SFFSWA(\delta_1, \delta_2, \cdots, \delta_n) = \bigoplus_{i=1}^{n} {}_F (\Phi_i^\kappa \cdot {}_F \delta_i) \tag{4.73}$$

其中，$\Phi_i^\kappa = \dfrac{w_i \exp(T_i/\kappa)}{\sum\limits_{i=1}^{n} w_i \exp(T_i/\kappa)}$ $(\kappa > 0)$ 满足 $\Phi_i^\kappa \in [0, 1]$ $\sum\limits_{i=1}^{n} \Phi_i^\kappa = 1$. $T_i = \prod\limits_{l=1}^{i-1} sc(\delta_l)$ $(i = 2, 3, \cdots n)$，$T_1 = 1$，以及 $sc(\delta_i)$ 为 T 球面模糊数 δ_i 的得分函数。

定理 4 - 26. 假设 $\delta_i (i = 1, 2, \cdots, n)$ 为一组 T 球面模糊数，$q \geqslant 1$，$\theta > 1$. 则 T - SFFSWA 算子集结的结果仍然是一个 T 球面模糊数，即

$$T - SFFSWA(\delta_1, \delta_2, \cdots, \delta_n) = (\sqrt[q]{1 - \log_\theta(1 + \prod_{i=1}^{n}(\theta^{1-\tau_i^q} - 1)^{\Phi_i^\kappa})},$$

$$\sqrt[q]{\log_\theta(1 + \prod_{i=1}^{n}(\theta^{\psi_i^q} - 1)^{\Phi_i^\kappa})}, \sqrt[q]{\log_\theta(1 + \prod_{i=1}^{n}(\theta^{\vartheta_i^q} - 1)^{\Phi_i^\kappa})}) \quad (4.74)$$

证明：式（4.74）的证明过程与定理 4 - 24 的证明相似，这里省略。

定义 4 - 23. 设 $\delta_i = (\tau_i, \psi_i, \vartheta_i)(i = 1, 2, \cdots, n)$ 为一组 T 球面模糊数，则 T 球面模糊 Frank softmax 几何（T - spherical fuzzy Frank softmax geometric，T - SFFSG）算子被定义为

$$T - SFFSG(\delta_1, \delta_2, \cdots, \delta_n) = \bigotimes_{i=1}^{n} {}_F(\delta_i)^{\hat{}\rho_i \phi_i^\kappa} \quad (4.75)$$

其中，$\phi_i^\kappa = \dfrac{\exp(T_i/\kappa)}{\sum\limits^{n} \exp(T_i/\kappa)}$ 满足 $\phi_j^\kappa \in [0, 1]$ $\sum\limits_{i=1}^{n} \phi_i^\kappa = 1$，$\kappa$ 为调节参数，而且 $\kappa > 0$. $T_i = \prod\limits_{l=1}^{i-1} sc(\delta_l)(i = 2, 3, \cdots, n)$，$T_1 = 1$，以及 $sc(\delta_i)$ 为 T 球面模糊数 δ_i 的得分函数。

定理 4 - 27. 假设 $\delta_i(i = 1, 2, \cdots, n)$ 为一组 T 球面模糊数，$q \geqslant 1$，$\theta > 1$。则 T - SFFSG 算子的集结结果仍为一个 T 球面模糊数，即

$$T - SFFSG(\delta_1, \delta_2, \cdots, \delta_n) = (\sqrt[q]{\log_\theta(1 + \prod_{i=1}^{n}(\theta^{\tau_i^q} - 1)^{\phi_i^\kappa})},$$

$$\sqrt[q]{1 - \log_\theta(1 + \prod_{i=1}^{n}(\theta^{1-\psi_i^q} - 1)^{\phi_i^\kappa})}, \sqrt[q]{1 - \log_\theta(1 + \prod_{i=1}^{n}(\theta^{1-\vartheta_i^q} - 1)^{\phi_i^\kappa})})$$

$$(4.76)$$

证明：式（4.76）的证明过程与定理 4 - 24 的证明相似，这里省略。

依据定理 4 - 27，容易证得 T - SFFSG 算子具备以下一些性质。

定理 4 - 28. 假设 $\delta_i(i = 1, 2, \cdots, n)$ 为一组 T 球面模糊数，

性质 1（幂等性）. 如果 $\delta_i = \delta$，那么

$$T-SFFSG(\delta_1, \delta_2, \cdots, \delta_n) = \delta \qquad (4.77)$$

性质 2（单调性）. 若 $\delta_i^*(i=1, 2, \cdots, n)$ 为另一组 T 球面模糊数，以及 $\delta_i \leqslant \delta_i^*$，那么

$$T-SFFSG(\delta_1, \delta_2, \cdots, \delta_n) \leqslant T-SFFSG(\delta_1^*, \delta_2^*, \cdots, \delta_n^*)$$

$$(4.78)$$

性质 3（有界性）. 若

$$P^- = \min_i \delta_i = (\min_i(\tau_i), \max_i(\psi_i), \max_i(\vartheta_i)), \quad P^+ = \max_i \delta_i = (\max_i(\tau_i), \min_i(\psi_i), \min_i(\vartheta_i))，那么$$

$$P^- \leqslant T-SFFSG(\delta_1, \delta_2, \cdots, \delta_n) \leqslant P^+ \qquad (4.79)$$

定义 4-24. 设 $\delta_i(i=1, 2, \cdots, n)$ 为一组 T 球面模糊数，其相应的权重向量为 $w = (w_1, w_2, \cdots, w_n)^T$，和 $\sum_{i=1}^{n} w_i = 1$，$w_i \geqslant 0$. 则 T-SFFSWG 算子定义为

$$T-SFFSWG(\delta_1, \delta_2, \cdots, \delta_n) = \bigotimes_{i=1}^{n}{}_F (\delta_i)^{\hat{}_F \Phi_i^\kappa} \qquad (4.80)$$

其中，$\Phi_i^\kappa = \dfrac{w_i \exp(T_i/\kappa)}{\sum\limits_{i=1}^{n} w_i \exp(T_i/\kappa)}$ $(\kappa>0)$ 满足 $\Phi_i^\kappa \in [0, 1]$ $\sum\limits_{i=1}^{n} \Phi_i^\kappa = 1$. $T_i = \prod_{l=1}^{i-1} sc(\delta_l)$ $(i=2, 3, \cdots, n)$，$T_1 = 1$，以及 $sc(\delta_i)$ 为 T 球面模糊数 δ_i 的得分函数。

定理 4-29. 假设 $\delta_i(i=1, 2, \cdots, n)$ 为一组 T 球面模糊数，$q \geqslant 1$，$\theta > 1$. 则 T-SFFSWA 算子集结的结果仍然是一个 T 球面模糊数，即

$$T-SFFSWG(\delta_1, \delta_2, \cdots, \delta_n) = \left(\sqrt[q]{\log_\theta\left(1 + \prod_{i=1}^{n}(\theta^{\tau_i^q}-1)^{\Phi_i^\kappa}\right)}, \right.$$

$$\left. \sqrt[q]{1 - \log_\theta\left(1 + \prod_{i=1}^{n}(\theta^{1-\psi_i^q}-1)^{\Phi_i^\kappa}\right)}, \sqrt[q]{1 - \log_\theta\left(1 + \prod_{i=1}^{n}(\theta^{1-\vartheta_i^q}-1)^{\Phi_i^\kappa}\right)} \right)$$

$$(4.81)$$

证明：上式（4.81）的证明过程与定理 4-24 的证明相似，这里

省略。

4.5.3　所提集结算子族分析

在不同的决策情景下，参数取值不同时存在以下一些特例。

定理 4-30. 假设 $\delta_i = (\tau_i, \psi_i, \vartheta_i)$（$i = 1, 2, \cdots, n$）为一组 T 球面模糊数，其相应的权重向量为 $w = (w_1, w_2, \cdots, w_n)^T$，并满足 $\sum_{i=1}^{n} w_i = 1$，$w_i \geqslant 0$，则

（1）如果 $q = 1$，$\psi_i = 0$，$\theta \to 1$，那么 T-SFFSWA 和 T-SFFSWG 算子分别退化为 softmax 直觉模糊加权平均（softmax intuitionistic fuzzy weight average，SIFWA）和 softmax 直觉模糊加权几何（softmax intuitionistic fuzzy weighted geometric，SIFWG）算子[223]，即

$$\lim_{\theta \to 1} T\text{-}SFFSWA_{q=1}(\delta_1, \delta_2, \cdots, \delta_n) = SIFWA(\delta_1, \delta_2, \cdots, \delta_n)$$

$$= \left(1 - \prod_{i=1}^{n} (1 - \tau_i)^{\frac{w_i \exp(T/\kappa)}{\sum_{i=1}^{n} w_i \exp(T/\kappa)}}, \ \prod_{i=1}^{n} (\vartheta_i)^{\frac{w_i \exp(T/\kappa)}{\sum_{i=1}^{n} w_i \exp(T/\kappa)}}\right) \quad (4.82)$$

$$\lim_{\theta \to 1} T\text{-}SFFSWG_{q=1}(\delta_1, \delta_2, \cdots, \delta_n) = SIFWG(\delta_1, \delta_2, \cdots, \delta_n)$$

$$= \left(\prod_{i=1}^{n} (\tau_i)^{\frac{w_i \exp(T/\kappa)}{\sum_{i=1}^{n} w_i \exp(T/\kappa)}}, \ 1 - \prod_{i=1}^{n} (1 - \vartheta_i)^{\frac{w_i \exp(T/\kappa)}{\sum_{i=1}^{n} w_i \exp(T/\kappa)}}\right) \quad (4.83)$$

（2）如果 $q = 2$，$\psi_i = 0$，$\theta \to 1$，那么 T-SFFSWA 和 T-SFFSWG 算子分别退化为 softmax 勾股模糊加权平均（softmax Pythagorean fuzzy weighted averaging，SPyFWA）和 softmax 勾股模糊加权几何（softmax Pythagorean fuzzy weighted geometric，SPyFWG）算子，即

$$\lim_{\theta \to 1} T\text{-}SFFSWA_{q=2}(\delta_1, \delta_2, \cdots, \delta_n) = SPyFWA(\delta_1, \delta_2, \cdots, \delta_n)$$

$$= \left(\sqrt{1 - \prod_{i=1}^{n} (1 - \tau_i^2)^{\frac{w_i \exp(T/\kappa)}{\sum_{i=1}^{n} w_i \exp(T/\kappa)}}}, \ \prod_{i=1}^{n} (\vartheta_i)^{\frac{w_i \exp(T/\kappa)}{\sum_{i=1}^{n} w_i \exp(T/\kappa)}}\right) \quad (4.84)$$

$$\lim_{\theta \to 1} T\text{-}SFFSWG_{q=2}(\delta_1, \delta_2, \cdots, \delta_n) = SPyFWG(\delta_1, \delta_2, \cdots, \delta_n)$$

$$= \left(\prod_{i=1}^{n} (\tau_i)^{\frac{w_i \exp(T/\kappa)}{\sum_{i=1}^{n} w_i \exp(T/\kappa)}}, \ \sqrt{1 - \prod_{i=1}^{n} (1 - \vartheta_i^2)^{\frac{w_i \exp(T/\kappa)}{\sum_{i=1}^{n} w_i \exp(T/\kappa)}}}\right) \quad (4.85)$$

（3）如果 $q=1$，$\psi_i=0$，$\kappa \to +\infty$，$\theta \to 1$，那么 T–SFFSWA 和 T–SFFSWG 算子分别退化为直觉模糊加权平均（intuitionistic fuzzy weighted average，IFWA）和直觉模糊加权几何（intuitionistic fuzzy weighted geometric，IFWG）算子[224]，即

$$\lim_{\substack{\theta \to 1 \\ \kappa \to +\infty}} T-SFFSWA_{q=1}(\delta_1,\ \delta_2,\ \cdots,\ \delta_n) = IFWA(\delta_1,\ \delta_2,\ \cdots,\ \delta_n)$$

$$= \left(1 - \prod_{i=1}^{n}\ (1-\tau_i)^{w_i},\ \prod_{i=1}^{n}\ (\vartheta_i)^{w_i} \right) \tag{4.86}$$

$$\lim_{\substack{\theta \to 1 \\ \kappa \to +\infty}} T-SFFSWG_{q=1}(\delta_1,\ \delta_2,\ \cdots,\ \delta_n) = IFWG(\delta_1,\ \delta_2,\ \cdots,\ \delta_n)$$

$$= \left(\prod_{i=1}^{n}\ (\tau_i)^{w_i},\ 1 - \prod_{i=1}^{n}\ (1-\vartheta_i)^{w_i} \right) \tag{4.87}$$

（4）如果 $q=2$，$\psi_i=0$，$\kappa \to +\infty$，$\theta \to 1$，那么 T–SFFSWA 和 T–SFFSWG 算子分别退化为勾股模糊加权平均（Pythagorean fuzzy weighted average，PyFWA）和勾股模糊加权几何（Pythagorean fuzzy weighted geometric，PyFWG）算子[225]，即

$$\lim_{\substack{\theta \to 1 \\ \kappa \to +\infty}} T-SFFSWA_{q=2}(\delta_1,\ \delta_2,\ \cdots,\ \delta_n) = PyFWA(\delta_1,\ \delta_2,\ \cdots,\ \delta_n)$$

$$= \left(\sqrt{1 - \prod_{i=1}^{n}\ (1-\tau_i^2)^{w_i}},\ \prod_{i=1}^{n}\ (\vartheta_i)^{w_i} \right) \tag{4.88}$$

$$\lim_{\substack{\theta \to 1 \\ \kappa \to +\infty}} T-SFFSWG_{q=2}(\delta_1,\ \delta_2,\ \cdots,\ \delta_n) = PyFWG(\delta_1,\ \delta_2,\ \cdots,\ \delta_n)$$

$$= \left(\prod_{i=1}^{n}\ (\tau_i)^{w_i},\ \sqrt{1 - \prod_{i=1}^{n}\ (1-\vartheta_i^2)^{w_i}} \right) \tag{4.89}$$

（5）如果 $\psi_i=0$，$\kappa \to +\infty$，$\theta \to 1$，那么 T–SFFSWA 和 T–SFFSWG 算子分别退化为 q 阶 orthopair 模糊加权平均（q-rung orthopair fuzzy weighted average，q–ROFWA）和 q 阶 orthopair 模糊加权几何（q-rung orthopair fuzzy weighted geometric，q–ROFWG）算子[65]，即

$$\lim_{\substack{\theta \to 1 \\ \kappa \to +\infty}} T-SFFSWA(\delta_1,\ \delta_2,\ \cdots,\ \delta_n) = q-ROFWA(\delta_1,\ \delta_2,\ \cdots,\ \delta_n)$$

$$= \left(\sqrt[q]{1 - \prod_{i=1}^{n}\ (1-\tau_i^q)^{w_i}},\ \prod_{i=1}^{n}\ (\vartheta_i)^{w_i} \right) \tag{4.90}$$

$$\lim_{\substack{\theta \to 1 \\ \kappa \to +\infty}} T-SFFSWG(\delta_1, \delta_2, \cdots, \delta_n) = q-ROFWG(\delta_1, \delta_2, \cdots, \delta_n)$$

$$= (\prod_{i=1}^{n} (\tau_i)^{w_i}, \sqrt[q]{1 - \prod_{i=1}^{n} (1 - \vartheta_i^q)^{w_i}}) \qquad (4.91)$$

（6）如果 $q=1$，$\kappa \to +\infty$，$\theta \to 1$，那么 T-SFFSWA 和 T-SFFSWG 算子分别退化为图模糊加权平均（picture fuzzy weighted average，PFWA）和图模糊加权几何（picture fuzzy weighted geometric，PFWG）算子[226]，即

$$\lim_{\substack{\theta \to 1 \\ \kappa \to +\infty}} T-SFFSWA_{q=1}(\delta_1, \delta_2, \cdots, \delta_n) = PFWA(\delta_1, \delta_2, \cdots, \delta_n)$$

$$= (1 - \prod_{i=1}^{n} (1 - \tau_i)^{w_i}, \prod_{i=1}^{n} (\psi_i)^{w_i}, \prod_{i=1}^{n} (\vartheta_i)^{w_i}) \qquad (4.92)$$

$$\lim_{\substack{\theta \to 1 \\ \kappa \to +\infty}} T-SFFSWG_{q=1}(\delta_1, \delta_2, \cdots, \delta_n) = PFWG(\delta_1, \delta_2, \cdots, \delta_n)$$

$$= (\prod_{i=1}^{n} (\tau_i)^{w_i}, 1 - \prod_{i=1}^{n} (1 - \psi_i)^{w_i}, 1 - \prod_{i=1}^{n} (1 - \vartheta_i)^{w_i})$$

$$(4.93)$$

（7）如果 $q=2$，$\kappa \to +\infty$，$\theta \to 1$，那么 T-SFFSWA 和 T-SFFSWG 算子分别退化为球面模糊加权平均（spherical fuzzy weighted average，SFWA）和球面模糊加权几何（spherical fuzzy weighted geometric，SFWG）[104,227]，即

$$\lim_{\substack{\theta \to 1 \\ \kappa \to +\infty}} T-SFFSWA_{q=2}(\delta_1, \delta_2, \cdots, \delta_n) = SFWA(\delta_1, \delta_2, \cdots, \delta_n)$$

$$= (\sqrt{1 - \prod_{i=1}^{n} (1 - \tau_i^2)^{w_i}}, \prod_{i=1}^{n} (\psi_i)^{w_i}, \prod_{i=1}^{n} (\vartheta_i)^{w_i}) \qquad (4.94)$$

$$\lim_{\substack{\theta \to 1 \\ \kappa \to +\infty}} T-SFFSWG_{q=2}(\delta_1, \delta_2, \cdots, \delta_n) = SFWG(\delta_1, \delta_2, \cdots, \delta_n)$$

$$= (\prod_{i=1}^{n} (\tau_i)^{w_i}, \sqrt{1 - \prod_{i=1}^{n} (1 - \psi_i^2)^{w_i}}, \sqrt{1 - \prod_{i=1}^{n} (1 - \vartheta_i^2)^{w_i}})$$

$$(4.95)$$

（8）如果 $\kappa \to +\infty$，$\theta \to 1$，那么 T-SFFSWA 和 T-SFFSWG 算子

分别退化为 T 球面模糊加权平均（T – spherical fuzzy weighted average，T – SFWA）和 T 球面模糊加权几何（T – spherical fuzzy weighted geometric，T – SFWG）算子[91]，即

$$\lim_{\substack{\theta \to 1 \\ \kappa \to +\infty}} T\text{-}SFFSWA(\delta_1, \delta_2, \cdots, \delta_n) = T\text{-}SFWA(\delta_1, \delta_2, \cdots, \delta_n)$$

$$= \left(\sqrt[q]{1 - \prod_{i=1}^{n} (1 - \tau_i^2)^{w_i}}, \ \prod_{i=1}^{n} (\psi_i)^{w_i}, \ \prod_{i=1}^{n} (\vartheta_i)^{w_i} \right) \quad (4.96)$$

$$\lim_{\substack{\theta \to 1 \\ \kappa \to +\infty}} T\text{-}SFFSWG(\delta_1, \delta_2, \cdots, \delta_n) = T\text{-}SFWG(\delta_1, \delta_2, \cdots, \delta_n)$$

$$= \left(\prod_{i=1}^{n} (\tau_i)^{w_i}, \ \sqrt[q]{1 - \prod_{i=1}^{n} (1 - \psi_i^2)^{w_i}}, \ \sqrt[q]{1 - \prod_{i=1}^{n} (1 - \vartheta_i^2)^{w_i}} \right)$$
$$(4.97)$$

（9）如果 $q = 1$，$\kappa \to +\infty$，$\theta \to +\infty$，那么 T – SFFSWA 和 T – SFFSWG 算子分别退化为图模糊常规算术加权平均算子，即

$$\lim_{\substack{\theta \to +\infty \\ \kappa \to +\infty}} T\text{-}SFFSWA_{q=1}(\delta_1, \delta_2, \cdots, \delta_n) = \lim_{\substack{\theta \to +\infty \\ \kappa \to +\infty}} T\text{-}SFFSWG_{q=1}(\delta_1, \delta_2, \cdots, \delta_n)$$

$$= \left(\sum_{i=1}^{n} w_i \tau_i, \ \sum_{i=1}^{n} w_i \psi_i, \ \sum_{i=1}^{n} w_i \vartheta_i \right) \quad (4.98)$$

（10）如果 $q = 2$，$\kappa \to +\infty$，$\theta \to +\infty$，那么 T – SFFSWA 和 T – SFFSWG 算子分别退化为球面模糊常规算术加权平均算子，即

$$\lim_{\substack{\theta \to +\infty \\ \kappa \to +\infty}} T\text{-}SFFSWA_{q=2}(\delta_1, \delta_2, \cdots, \delta_n) = \lim_{\substack{\theta \to +\infty \\ \kappa \to +\infty}} T\text{-}SFFSWG_{q=2}(\delta_1, \delta_2, \cdots, \delta_n)$$

$$= \left(\sqrt{\sum_{i=1}^{n} w_i \tau_i^2}, \ \sqrt{\sum_{i=1}^{n} w_i \psi_i^2}, \ \sqrt{\sum_{i=1}^{n} w_i \vartheta_i^2} \right) \quad (4.99)$$

值得注意的是，参数 κ 能够反映决策变量之间的优先关系，这意味着决策者可以依据实际决策情况灵活地选择参数 κ 的值。参数 κ 值越小则决策变量之间的优先关系越明显，反之，则决策变量之间的优先关系越不明显；当 $\kappa \to +\infty$ 时，决策变量之间的优先关系不被考虑，即 T – SFFSWA 和 T – SFFSWG 算子分别退化为 T 球面模糊 Frank 加权平均（T – SFFWA）算子和 T 球面模糊 Frank 加权几何（T – SFFWG）

算子，如式（4.100）和式（4.101）。

$$\lim_{\kappa \to +\infty} T-SFFSWA(\delta_1, \delta_2, \cdots, \delta_n) = T-SFFWA(\delta_1, \delta_2, \cdots, \delta_n)$$

$$= \left(\sqrt[t]{1 - \log_\theta \left(1 + \prod_{i=1}^{n} (\theta^{1-\tau_i^q} - 1)^{w_i}\right)}, \sqrt[t]{\log_\theta \left(1 + \prod_{i=1}^{n} (\theta^{\psi_i^q} - 1)^{w_i}\right)}, \right.$$

$$\left. \sqrt[t]{\log_\theta \left(1 + \prod_{i=1}^{n} (\theta^{\vartheta_i^q} - 1)^{w_i}\right)} \right) \tag{4.100}$$

$$\lim_{\kappa \to +\infty} T-SFFSWG(\delta_1, \delta_2, \cdots, \delta_n) = T-SFFWG(\delta_1, \delta_2, \cdots, \delta_n)$$

$$= \left(\sqrt[t]{\log_\theta \left(1 + \prod_{i=1}^{n} (\theta^{\tau_i^q} - 1)^{w_i}\right)}, \sqrt[t]{1 - \log_\theta \left(1 + \prod_{i=1}^{n} (\theta^{1-\psi_i^q} - 1)^{w_i}\right)}, \right.$$

$$\left. \sqrt[t]{1 - \log_\theta \left(1 + \prod_{i=1}^{n} (\theta^{1-\vartheta_i^q} - 1)^{w_i}\right)} \right) \tag{4.101}$$

4.5.4　关于参数 θ 的单调性分析

定理 4-31. 假设 $\delta_i(i=1, 2, \cdots, n)$ 为一组 T 球面模糊数，那么 T-SFFSWA 算子集结结果的得分函数关于参数 θ 单调递减，而 T-SFFSWG 算子集结结果的得分函数关于参数 θ 单调递增。

证明：首先证明 T-SFFSWA 算子集结结果的得分函数关于参数 θ 单调递减，容易得到该得分函数如下：

$$sc(T-SFFSWA(\delta_1, \delta_2, \cdots, \delta_n))$$

$$= f(\theta)$$

$$= \frac{1}{2}\left(2 - \log_\theta \left(1 + \prod_{i=1}^{n} (\theta^{1-\tau_i^q} - 1)^{\Phi_i^\kappa}\right) - \log_\theta \left(1 + \prod_{i=1}^{n} (\theta^{\psi_i^q} - 1)^{\Phi_i^\kappa}\right) \right.$$

$$\left. - \log_\theta \left(1 + \prod_{i=1}^{n} (\theta^{\vartheta_i^q} - 1)^{\Phi_i^\kappa}\right) \right)$$

令 $f(\theta) = \frac{1}{2}(2 - g(\theta))$，$g(\theta) = \log_\theta \left(1 + \prod_{i=1}^{n} (\theta^{1-\tau_i^q} - 1)^{\Phi_i^\kappa}\right) +$

$\log_\theta \left(1 + \prod_{i=1}^{n} (\theta^{\psi_i^q} - 1)^{\Phi_i^\kappa}\right) + \log_\theta \left(1 + \prod_{i=1}^{n} (\theta^{\vartheta_i^q} - 1)^{\Phi_i^\kappa}\right)$。

对 $f(\theta)$ 关于 θ 进行一阶求导，则

$$
\begin{aligned}
\frac{dg(\theta)}{d\theta} = &\frac{\prod\limits_{i=1}^{n}\,(\theta^{1-\tau_i^q}-1)^{\Phi_i^\kappa}\cdot\sum\limits_{i=1}^{n}\dfrac{\Phi_i^\kappa(1-\tau_i^q)\theta^{-\tau_i^q}}{\theta^{\tau_i^q}-1}}{(1+\prod\limits_{i=1}^{n}\,(\theta^{1-\tau_i^q}-1)^{\Phi_i^\kappa})\ln\theta}\\[2mm]
&+\frac{\prod\limits_{i=1}^{n}\,(\theta^{\psi_i^q}-1)^{\Phi_i^\kappa}\cdot\sum\limits_{i=1}^{n}\dfrac{\Phi_i^\kappa\psi_i^q\theta^{\psi_i^q-1}}{\theta^{1-\psi_i^q}-1}}{(1+\prod\limits_{i=1}^{n}\,(\theta^{\psi_i^q}-1)^{\Phi_i^\kappa})\ln\theta}\\[2mm]
&+\frac{\prod\limits_{i=1}^{n}\,(\theta^{\vartheta_i^q}-1)^{\Phi_i^\kappa}\cdot\sum\limits_{i=1}^{n}\dfrac{\Phi_i^\kappa\vartheta_i^q\theta^{\vartheta_i^q-1}}{\theta^{1-\vartheta_i^q}-1}}{(1+\prod\limits_{i=1}^{n}\,(\theta^{\vartheta_i^q}-1)^{\Phi_i^\kappa})\ln\theta}
\end{aligned}
$$

由于 $\theta>1$，$0\leqslant\tau_i$，ψ_i，ϑ_i，$\Phi_i^\kappa\leqslant1$，则 $(\theta^{1-\tau_i^q}-1)^{\Phi_i^\kappa}\geqslant0$，$1-\tau_i^q\geqslant0$，$\theta^{-\tau_i^q}\geqslant0$，$\theta^{\tau_i^q}-1\geqslant0$；$(\theta^{\psi_i^q}-1)^{\Phi_i^\kappa}\geqslant0$，$\theta^{\psi_i^q-1}\geqslant0$，$\theta^{1-\psi_i^q}-1\geqslant0$；$(\theta^{\vartheta_i^q}-1)^{\Phi_i^\kappa}\geqslant0$，$\theta^{\vartheta_i^q-1}\geqslant0$，$\theta^{1-\vartheta_i^q}-1\geqslant0$。

因而，$\dfrac{dg(\theta)}{d\theta}\geqslant0$，又因为 $f(\theta)=\dfrac{1}{2}(2-g(\theta))$。

因此，$f(\theta)$ 关于 θ 单调递减，即 T－SFFSWA 算子集结结果的得分函数关于 θ 单调递减。同理，T－SFFSWG 算子集结结果的得分函数关于 θ 单调递增。所以，定理 4－31 成立。

T－SFFSWA 和 T－SFFSWG 算子关于参数 $\theta(\theta>1)$ 具有单调性，这表明决策者可以灵活地选择参数 θ 的值来表达自己的风险偏好。在实际决策情境下，如果 $\theta\to1$ 时，则 T－SFFSWA 算子表示决策者的风险偏好具有喜好型，而 T－SFFSWG 算子则表示决策者的风险偏好具有规避型；反之，如果 $\theta\to1$ 时，则 T－SFFSWA 算子表示决策者的风险偏好具有规避型，而 T－SFFSWG 算子则表示决策者的风险偏好具有喜好型。

定理 4－32. 如果 $\delta_i(i=1,2,\cdots,n)$ 是一组 T 球面模糊数，那么 T－SFFSWA 算子总优于 T－SFFSWG，即 T－SFFSWA$(\delta_1,\delta_2,\cdots,$

$\delta_n) > \mathrm{T-SFFSWG}(\delta_1, \delta_2, \cdots, \delta_n), \ (\theta > 1, \ \kappa > 0, \ q \geqslant 1)$。

证明：假设 $\mathrm{T-SFFSWA}(\delta_1, \delta_2, \cdots, \delta_n)$ 的得分函数为 $sc(A)$ 和 $\mathrm{T-SFFSWG}(\delta_1, \delta_2, \cdots, \delta_n)$ 的得分函数为 $sc(G)$。容易得到下面表达：

$$sc(A) = \frac{1}{2}(2 - \log_\theta(1 + \prod_{i=1}^{n}(\theta^{1-\tau_i^q} - 1)^{\Phi_i^\kappa}) - \log_\theta(1 + \prod_{i=1}^{n}(\theta^{\psi_i^q} - 1)^{\Phi_i^\kappa})$$
$$- \log_\theta(1 + \prod_{i=1}^{n}(\theta^{\vartheta_i^q} - 1)^{\Phi_i^\kappa}));$$

$$sc(G) = \frac{1}{2}(\log_\theta(1 + \prod_{i=1}^{n}(\theta^{\tau_i^q} - 1)^{\Phi_i^\kappa}) + \log_\theta(1 + \prod_{i=1}^{n}(\theta^{1-\psi_i^q} - 1)^{\Phi_i^\kappa})$$
$$+ \log_\theta(1 + \prod_{i=1}^{n}(\theta^{1-\vartheta_i^q} - 1)^{\Phi_i^\kappa}) - 1).$$

则，

$$sc(A) - sc(G)$$

$$= \frac{1}{2}(2 - \log_\theta(1 + \prod_{i=1}^{n}(\theta^{1-\tau_i^q} - 1)^{\Phi_i^\kappa}) - \log_\theta(1 + \prod_{i=1}^{n}(\theta^{\psi_i^q} - 1)^{\Phi_i^\kappa})$$
$$- \log_\theta(1 + \prod_{i=1}^{n}(\theta^{\vartheta_i^q} - 1)^{\Phi_i^\kappa})) - \frac{1}{2}(\log_\theta(1 + \prod_{i=1}^{n}(\theta^{\tau_i^q} - 1)^{\Phi_i^\kappa})$$
$$+ \log_\theta(1 + \prod_{i=1}^{n}(\theta^{1-\psi_i^q} - 1)^{\Phi_i^\kappa}) + \log_\theta(1 + \prod_{i=1}^{n}(\theta^{1-\vartheta_i^q} - 1)^{\Phi_i^\kappa}) - 1)$$

$$= \frac{1}{2}\{1 + (1 - \log_\theta(1 + \prod_{i=1}^{n}(\theta^{1-\tau_i^q} - 1)^{\Phi_i^\kappa}) - \log_\theta(1 + \prod_{i=1}^{n}(\theta^{\psi_i^q} - 1)^{\Phi_i^\kappa})$$
$$- \log_\theta(1 + \prod_{i=1}^{n}(\theta^{\vartheta_i^q} - 1)^{\Phi_i^\kappa})) + (1 - \log_\theta(1 + \prod_{i=1}^{n}(\theta^{\tau_i^q} - 1)^{\Phi_i^\kappa})$$
$$- \log_\theta(1 + \prod_{i=1}^{n}(\theta^{1-\psi_i^q} - 1)^{w_i\phi_\Phi^\kappa}) - \log_\theta(1 + \prod_{i=1}^{n}(\theta^{1-\vartheta_i^q} - 1)^{\Phi_i^\kappa}))\}$$

由于 $\mathrm{T-SFFSWA}$ 和 $\mathrm{T-SFFSWG}$ 算子的集结结果都是 T 球面模糊数，并且满足约束条件 $0 \leqslant \tau_\Im^t(x) + \psi_\Im^t(x) + \vartheta_\Im^t(x) \leqslant 1$。

由此可以得到 $Sc(A) - Sc(G) \geqslant \frac{1}{2} > 0$。

因此，$T - SFFSWA(\delta_1, \delta_2, \cdots, \delta_n) > T - SFFSWG(\delta_1, \delta_2, \cdots,$
$\delta_n)$ 成立。

证毕。

依据定理 4 - 32，可以发现 T - SFFSWA 算子大于 T - SFFSWG 算子意味着在实际决策情况中 T - SFFSWA 算子适用于具备乐观态度的决策者，参数 θ 可以刻画乐观决策态度水平，而 T - SFFSWA 算子则较适用于具有悲观态度的决策者，参数 θ 可以刻画悲观决策态度水平。

综上所述，从定理 4 - 31 的单调性分析，可以发现所提出的集结算子（T - SFFSWA 和 T - SFFSWG）中包含的参数 θ 的不同取值可以表示决策者们的风险偏好的类型和程度，T - SFFSWA 算子的得分函数在参数 θ 值范围内呈下降趋势。当决策者为风险规避型时，采用更大的参数 θ 值；当决策者为风险追求型时，可以取较小的参数 θ 值。然而，T - SFFSWG 算子的得分函数在参数 θ 值范围内呈现总体增加趋势。根据决策者的风险偏好类型，参数 θ 取值规则与 T - SFFSWA 算子相反。此外，定理 4 - 32 中 T - SFFSWA 和 T - SFFSWG 算子之间的大小关系表明，T - SFFSWA 算子具有更高的综合评估值，适用于乐观决策者，参数 θ 也可以描述决策者的乐观程度，而 T - SFFSWG 算子则相反。因此，通过 T - SFFSWA 算子将个体评价信息融合，其结果表明具有乐观决策态度的决策者可以通过参数 θ 灵活调整风险偏好（追求或规避）的类型。类似地，T - SFFSWG 算子的集结结果可以表明，具有悲观决策态度的决策者可以通过参数 θ 灵活调整风险偏好类型。

4.6　本章小结

本章介绍了扩展模糊环境下多种信息集结算子，包括勾股模糊

Frank 交叉集结算子、勾股模糊正弦三角交叉集结算子、q 阶 orthopair 模糊 Frank Shapley Choquet 集结算子、T 球面模糊 Aczel – Alsina Heronian 平均集结算子以及 T 球面模糊 Frank softmax 集结算子，讨论了这些算子的性质以及特例。在勾股模糊下将 Frank t-norm 和 s-norm 与交叉运算结合，提出了集结算子不仅提高了决策灵活性，而且考虑了评价信息隶属函数之间的交叉，以避免出现反直觉的情况；勾股模糊正弦三角交叉集结算子扩展了勾股模糊正弦三角的表达形式；在 q 阶 orthopair 模糊环境下把 Frank t-norm 和 s-norm 与 Choquet 积分结合开发出的集结算子不仅考虑决策变量之间的交互关系而且决策更为灵活；在 T 球面模糊环境下，Heronian 平均算子与 Aczel – Alsina 运算规则结合来解决决策变量之间的交互关系问题，同时 Frank 与 softmax 函数组合开发的 TSFFSWA 和 TSFFSWG 算子能够灵活地反映决策变量之间的优先关系。

本章对开发的集结算子进行性质分析，讨论了它们在不同参数取值情况下的特例。本章所开发的集结算子将在后续章节中对改进多种决策方法起到了重要的作用。

第5章

勾股模糊多属性决策方法及其应用

5.1 基于改进 WASPAS 的勾股
模糊多属性决策方法

5.1.1 传统 WASPAS 方法概述

WASPAS 方法集成了两种多准则决策模型，包括加权和模型（WSM）和加权乘积模型（WPM），并已被用作有效的 MCDM 方法[116]。假设在 MCDM 问题中，有 m 个备选方案和 n 个准则，$w_j(j=1, 2, \cdots, n)$ 表示准则 j 的相对重要性权重，$x_{ij}(i=1, 2, \cdots, m)$ 是关于准则 j 的备选方案 i 的性能值。这些 x_{ij} 值形成决策矩阵 X，即 $X = [x_{ij}]_{m \times n}$。传统 WASPAS 方法的步骤如下。

步骤1：规范化决策矩阵。WASPAS 方法的规范化过程，要求对决策矩阵 X 进行线性规范化，也就是要求计算 x_{ij} 的规范化值，并用 x'_{ij} 表示 x_{ij} 的规范化值。通过式（5.1）实现效益型和成本型准则的线性优化。

$$\begin{cases} x'_{ij} = \dfrac{x_{ij}}{\max\limits_{i} x_{ij}}, & j \in J_1 \\[4mm] x'_{ij} = \dfrac{\min\limits_{i} x_{ij}}{x_{ij}}, & j \in J_2 \end{cases} \tag{5.1}$$

式中，J_1 和 J_2 分别表示效益型和成本型准则。

步骤 2：基于 WSM 方法计算第 i 个备选方案的总相对重要度 Q_i^1。

$$Q_i^1 = \sum_{j=1}^{n} w_j x'_{ij} \tag{5.2}$$

步骤 3：基于 WPM 方法计算第 i 个备选方案的总相对重要度 Q_i^2。

$$Q_i^2 = \prod_{j=1}^{n} (x'_{ij})^{w_j} \tag{5.3}$$

步骤 4：确定 WSM 和 WPM 的加权组合模型来计算备选方案的总重要度 Q_i。

$$Q_i = \rho Q_i^1 + (1 - \rho) Q_i^2 \tag{5.4}$$

式中 ρ 为调节参数，且 $\rho \in [0, 1]$。当 $\rho = 0$ 时，WASPAS 方法转换为 WPM；当 $\rho = 1$ 时，WASPAS 方法转换为 WSM。一般情况下，取 $\rho = 0.5$。

步骤 5：根据 Q_i 值按降序排列备选方案。Q_i 值越大，方案 i 越优。

5.1.2 基于改进 WASPAS 的决策模型

本节应用所提集结算子来改进 WASPAS 方法来处理 MADM 问题。一个典型的 MADM 问题可以被描述为，设 $A = \{A_1, A_2, \cdots, A_m\}$ 为备选方案集合，$C = \{C_1, C_2, \cdots, C_n\}$ 为属性集合，其相应的权重向量为 $w = (w_1, w_2, \cdots, w_n)^T$，满足 $0 \leq w_j \leq 1$ 且 $\sum_{j=1}^{n} w_j = 1$。设 $D = [d_{ij}]_{m \times n}$ 为初始勾股模糊评价矩阵，其中勾股模糊数 $d_{ij} = (\mathcal{M}_{ij}, \mathcal{N}_{ij})$ 是专家们对方案 A_i 关于属性 C_j 提供的属性值，且满足 $0 \leq \mathcal{M}_{ij}, \mathcal{N}_{ij} \leq 1$

和 $0 \leqslant \mathcal{M}_{ij}^2 + \mathcal{N}_{ij}^2 \leqslant 1$. 应用改进 WASPAS 方法来解决勾股模糊 MADM 问题, 具体步骤如下。

步骤 1: 规范化初始勾股模糊评价矩阵。一般地, 属性类型区分为效益型和成本型两类, 为此需要将初始勾股模糊矩阵 $D = [d_{ij}]_{m \times n}$ 转化为规范化勾股模糊矩阵 $R = [r_{ij}]_{m \times n}$, 其转换方法如下:

$$r_{ij} = \begin{cases} d_{ij} = \langle \mathcal{M}_{ij}, \ \mathcal{N}_{ij} \rangle, & j \in J_1 \\ (d_{ij})^c = \langle \mathcal{N}_{ij}, \ \mathcal{M}_{ij} \rangle, & j \in J_2 \end{cases} \tag{5.5}$$

式中, J_1 和 J_2 分别表示效益型和成本型属性。

步骤 2: 基于 PyF – ITARA 的属性权重确定方法。

2019 年, 有学者基于无差异阈值和离散逻辑的概念提出了 IT-ARA 方法 (Hatefi, 2019)[228]。它用于确定 MCDM 问题中属性的客观权重, 其可以从决策矩阵数据中获得属性权重, 而不是邀请专家提供有关属性的信息。尽管 ITARA 方法具备此优势, 但是也存在一些缺点。如 ITARA 方法中无差异阈值没有量化而是由决策者们主观确定; 提前精确化使模糊信息和不确定信息部分丢失等。为此, 将 ITARA 方法在勾股模糊环境中进行扩展来确定属性的客观权重, 具体过程如下。

步骤 2.1　对规范化勾股模糊矩阵 $R = [r_{ij}]_{m \times n}$ 进行拆分, 分别得到隶属度和非隶属度矩阵, 即 $G^\theta = [g_{ij}^\theta]_{m \times n} (\theta = \mathcal{M}, \ \mathcal{N})$, 然后分别转换成列升序矩阵 $O^\theta = [o_{ij}^\theta]_{m \times n} (\theta = \mathcal{M}, \ \mathcal{N})$, 其中元素满足 $o_{ij}^\theta \leqslant o_{i+1j}^\theta$。将 O^θ 中各列元素的均值作为各列无差异阈值 $IT_j^{\theta [229-230]}$。

步骤 2.2　分别构建相邻差值矩阵 $H^\theta = [h_{ij}^\theta]_{m \times n} (\theta = \mathcal{M}, \ \mathcal{N})$, 其中 h_{ij}^θ 表示 o_{ij}^θ 与 o_{i+1j}^θ 之间的差值, 即

$$h_{ij}^\theta = o_{i+1j}^\theta - o_{ij}^\theta (i = 1, \ 2, \ \cdots, \ m-1; \ j = 1, \ 2, \ \cdots, \ n) \tag{5.6}$$

进而, 合并矩阵 $H^\mathcal{M}$ 和 $H^\mathcal{N}$ 得到勾股模糊矩阵 $H = [h_{ij}]_{(m-1) \times n} = [(h_{ij}^\mathcal{M}, \ h_{ij}^\mathcal{N})]_{(m-1) \times n}$, 以及合并 $IT_j^\mathcal{M}$ 和 $IT_j^\mathcal{N}$ 得到各列勾股模糊无差异阈

值 $T_j = (IT_j^{\mathcal{M}}, IT_j^{\mathcal{N}}) (j = 1, 2, \cdots, n)$。

步骤 2.3 由式（5.7）和（5.8）计算属性权重。

$$d_{ij} = \begin{cases} D_E(h_{ij}, T_j), & h_{ij} > T_j \\ 0, & h_{ij} \leqslant T_j \end{cases} \tag{5.7}$$

$$w_j = \frac{\sqrt{\sum\limits_{i=1}^{m-1} d_{ij}^2}}{\sum\limits_{j=1}^{n} \sqrt{\sum\limits_{i=1}^{m-1} d_{ij}^2}} \tag{5.8}$$

其中，$D_E(h_{ij}, T_j)$ 表示为 h_{ij} 与 T_j 之间的勾股模糊欧式距离测度。

步骤 3：计算各方案的综合相对重要性 $Q_i^{(1)}$ 和 $Q_i^{(2)}$。将 PyFFIWA 和 PyFFIWG 算子替代传统 WASPAS 方法中 WSM 和 WPM，利用式（5.9）和式（5.10）计算得到各方案的总体相对重要性 $Q_i^{(1)}$ 和 $Q_i^{(2)}$。

$$
\begin{aligned}
Q_i^{(1)} &= PyFFIWA(r_{i1}, r_{i2}, \cdots, r_{in}) \\
&= \left(\sqrt{1 - \log_\theta \left(1 + \prod_{j=1}^{n} (\theta^{1-\mathcal{M}_{ij}^2} - 1)^{w_j}\right)}, \right. \\
&\quad \left. \sqrt{\log_\theta \left(1 + \prod_{j=1}^{n} (\theta^{1-\mathcal{M}_{ij}^2} - 1)^{w_j}\right) - \log_\theta \left(1 + \prod_{j=1}^{n} (\theta^{1-\mathcal{M}_{ij}^2-\mathcal{N}_{ij}^2} - 1)^{w_j}\right)} \right)
\end{aligned}
\tag{5.9}
$$

$$
\begin{aligned}
Q_i^{(2)} &= PyFFIWG(r_{i1}, r_{i2}, \cdots, r_{in}) \\
&= \left(\sqrt{\log_\theta \left(1 + \prod_{j=1}^{n} (\theta^{1-\mathcal{N}_{ij}^2} - 1)^{w_j}\right) - \log_\theta \left(1 + \prod_{j=1}^{n} (\theta^{1-\mathcal{M}_{ij}^2-\mathcal{N}_{ij}^2} - 1)^{w_j}\right)}, \right. \\
&\quad \left. \sqrt{1 - \log_\theta \left(1 + \prod_{j=1}^{n} (\theta^{1-\mathcal{N}_{ij}^2} - 1)^{w_j}\right)} \right)
\end{aligned}
\tag{5.10}
$$

当参数 $\theta > 1$，$Q_i^{(1)}$ 具有单调递减的性质，这表示决策者基于个人的决策风险偏好态度灵活地选择参数 θ 值。在实际决策情景中，如果决策者对风险偏好态度为乐观的，则尽可能取值 $\theta \to 1$，如果决策者对风险偏好态度为悲观的，则尽可能取值 $\theta \to +\infty$。当参数 $\theta > 1$，则 $Q_i^{(2)}$ 具有单调递增的性质，与 $Q_i^{(1)}$ 表达决策者风险偏好的含义相反。

同时，发现当参数 $\theta > 1$，$Q_i^{(1)} \geqslant Q_i^{(2)}$。为此，称 $Q_i^{(1)}$ 为方案 A_i 的乐观值，而 $Q_i^{(2)}$ 为方案 A_i 的悲观值。

步骤 4：确定各方案的综合重要性 Q_i。将各方案的综合相对重要性 $Q_i^{(1)}$ 和 $Q_i^{(2)}$ 进行加权求和来确定综合重要性 Q_i。

$$Q_i = \rho Q_i^{(1)} + (1 - \rho) Q_i^{(2)} \tag{5.11}$$

其中，组合系数 ρ 取值区间为 $[0, 1]$，当 ρ 在 $[0, 0.5)$ 范围中取值时，表示决策者对方案 A_i 的综合重要性 Q_i 值风险偏好更倾向于悲观；反之，当 ρ 在 $(0.5, 1]$ 范围中取值时，表示决策者对方案 A_i 的综合重要性 Q_i 值风险偏好更倾向于乐观。一般取值系数 $\rho = 0.5$，表示决策者对方案 A_i 的综合重要性 Q_i 值的乐观与悲观偏好进行平衡妥协。

步骤 5：依据定义 2 - 5，计算各方案综合重要性 Q_i 的得分函数并按大小对方案进行排序。越大越好，选择最佳方案。

5.1.3　案例分析：云计算产品选择

云计算产品能够为公司核心业务流程提供集成操作和数据存储，因此云计算产品是公司的一个重要组织工具。某公司为提高日常管理经营效率，准备更新正在使用的云计算系统。该公司市场部通过长期的调研分析后，在市场中挑选了 5 种性价比较高的云计算产品 $\{A_1, A_2, A_3, A_4, A_5\}$ 供选择。随后，公司管理层聘请了相关领域的专家和工程师对上述 5 种云计算产品分别在以下 4 个指标下进行评价分析，包括功能与技术 C_1，系统战略适应性 C_2，产品供应商的能力 C_3，产品售后服务声誉 C_4。为了更为全面地表达专家们提供属性值的不确定信息，将通过勾股模糊数来表示属性值，从而得到下面的初始毕达哥拉斯模糊信息矩阵 $D = [d_{ij}]_{5 \times 4}$：

$$D = \begin{bmatrix} (0.4, 0.8) & (0.8, 0.6) & (0.6, 0.7) & (0.3, 0.8) \\ (0.7, 0.5) & (0.8, 0.4) & (0.8, 0.5) & (0.3, 0.6) \\ (0.3, 0.4) & (0.3, 0.7) & (0.7, 0.4) & (0.6, 0.4) \\ (0.6, 0.6) & (0.7, 0.5) & (0.7, 0.2) & (0.4, 0.6) \\ (0.5, 0.7) & (0.6, 0.4) & (0.9, 0.3) & (0.6, 0.7) \end{bmatrix}$$

1. 决策步骤

下面将利用 5.1.2 部分中建立的决策模型优选综合性能最高的云计算产品。

步骤 1：由于评价的四个属性指标均为收益性的，所以不需要再进行规范化处理。

步骤 2：基于 PyF - ITARA 方法确定属性权重。由步骤 2.1 和步骤 2.2 确定勾股模糊矩阵 H，其计算过程如图 5 - 1 所示。

G^M	C1	C2	C3	C4
A1	0.4	0.8	0.6	0.3
A2	0.7	0.8	0.8	0.3
A3	0.3	0.3	0.7	0.6
A4	0.6	0.7	0.7	0.4
A5	0.5	0.6	0.9	0.6
IT	0.5	0.64	0.74	0.44

G^N	C1	C2	C3	C4
A1	0.8	0.5	0.7	0.8
A2	0.5	0.4	0.5	0.6
A3	0.4	0.7	0.4	0.4
A4	0.6	0.5	0.2	0.6
A5	0.7	0.4	0.3	0.7
IT	0.6	0.5	0.42	0.62

O^M	C1	C2	C3	C4
o1	0.3	0.3	0.6	0.3
o2	0.4	0.6	0.7	0.3
o3	0.5	0.7	0.7	0.4
o4	0.6	0.8	0.8	0.6
o5	0.7	0.8	0.9	0.6

O^N	C1	C2	C3	C4
o1	0.4	0.4	0.2	0.4
o2	0.5	0.4	0.3	0.6
o3	0.6	0.5	0.4	0.6
o4	0.7	0.6	0.5	0.7
o5	0.8	0.7	0.7	0.8

H	C1		C2		C3		C4	
h1	0.1	0.1	0.3	0.0	0.1	0.1	0.0	0.2
h2	0.1	0.1	0.1	0.1	0.0	0.1	0.1	0.0
h3	0.1	0.1	0.1	0.1	0.1	0.1	0.2	0.1
h4	0.1	0.1	0.0	0.1	0.1	0.2	0.0	0.1

图 5 - 1 PyF - ITARA 计算过程

由式（5.7）和式（5.8）确定属性权重向量：$w = (0.236,$ $0.250, 0.291, 0.223)^T$。

步骤 3. 计算方案的综合相对重要性 $Q_i^{(1)}$ 和 $Q_i^{(2)}$。由公式（5.9）和式（5.10）分别计算 $Q_i^{(1)}$ 和 $Q_i^{(2)}$。如表 5-1 所示（$\theta = 2$）。

表 5-1　　　　　　　　改进 WASPAS 方法的计算结果

方案	$Q_i^{(1)}$	$Q_i^{(2)}$	Q_i	$sc(Q_i)$	排序
A_1	(0.594, 0.691)	(0.559, 0.720)	(0.577, 0.705)	0.418	5
A_2	(0.717, 0.509)	(0.720, 0.504)	(0.506, 0.718)	0.629	1
A_3	(0.533, 0.492)	(0.521, 0.505)	(0.500, 0.527)	0.515	4
A_4	(0.629, 0.492)	(0.624, 0.498)	(0.495, 0.627)	0.574	3
A_5	(0.723, 0.521)	(0.695, 0.557)	(0.543, 0.710)	0.607	2

步骤 4~5. 确定各方案的综合重要性 Q_i，并计算得分函数，由此对方案进行排序和确定最佳选项，见表 5-1（$\rho = 0.5$）。

由表 5-1 可知，五个备选方案的排序为：$A_2 > A_5 > A_4 > A_3 > A_1$，所以，$A_2$ 为最佳选项。

2. 参数影响分析

为了探究参数 ρ 对 5 个云产品方案排序的影响，设定 $\theta = 2$ 时，参数 ρ 在 0.0~1.0 之间取不同值计算 5 个云产品方案的最终值并排序。如图 5-2 所示，可以清楚发现参数 ρ 取不同值得到 5 个云产品方法的排序没有变化，即 $A_2 > A_5 > A_4 > A_3 > A_1$，$A_2$ 为最佳选项，而 A_1 为最差选项，说明参数 ρ 对最终方案排序结果的影响很稳定。

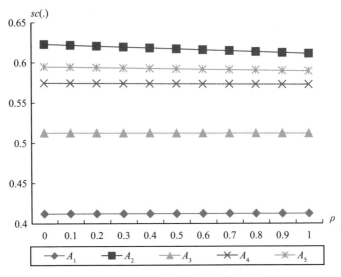

图 5-2　关于参数 ρ 的各方案排序

接着，讨论参数 θ 对 5 个云产品方案排序的影响。设定 $\rho = 0.5$ 时，参数 θ 的取值范围为 $[2，1000]$，计算 5 个云产品方案的最终值并评选排序。如图 5-3 所示，可以发现 5 个云产品最终方案排序为 $A_2 > A_5 > A_4 > A_3 > A_1$，$A_2$ 为最佳选项，而 A_1 为最差选项，各方案的最终排序很稳定。从 5.1.2 部分的步骤 3 知道，PyFFIWA 和 PyFFIWG 算子的集结结果会随参数 θ 变化出现相反的递增或递减的单调性变化，而从图 5-3 稳定排序结果可以知道方案的 PyFFIWA 和 PyFFIWG 算子的集结结果被参数 ρ 进行均衡或妥协。也就是说若参数 $\rho = 0.5$ 时，当参数 θ 取较小值时，PyFFIWA 算子表现出的风险规避型决策者的悲观决策态度与 PyFFIWG 算子表现出的风险喜好型决策者的乐观决策态度进行中和或妥协；如果参数 $0 \leqslant \rho < 0.5$，当参数 θ 取较小值则最终方案排序侧重于风险喜好型决策者的乐观决策态度；如果参数 $0.5 < \rho \leqslant 1$，当参数 θ 取较小值则最终方案排序表现出风险规避型决策者的悲观决策态度。总而言之，参数 ρ、θ 取不同值时在方案最终

排序结果上所表现出的作用是不同的，参数 ρ 对决策者风险偏好起到了妥协作用，而参数 θ 对 PyFFIWA 和 PyFFIWG 算子表现的决策者风险偏好强烈程度起到了影响作用。

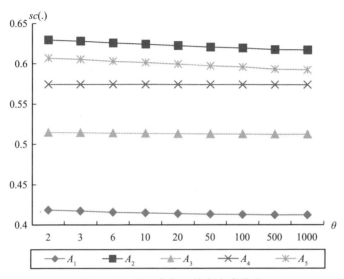

图 5-3　关于参数 θ 的各方案排序

3. 方法比较研究

为了验证所提方法的有效性和优势性，本节分权重方法、决策方法和优势性分析三个部分进行分析。

（1）权重方法比较。

选择勾股模糊环境下的熵权法[36]、CRITIC 方法[231]、相似性测度[156]、偏离度方法[232]与 PyF-ITARA 方法进行比较。将上述四种权重方法分别对初始勾股模糊决策矩阵 D 中的数据进行计算来获得属性客观权重值。表 5-2 中显示各权重方法计算的属性权重值。图 5-4 显示各权重方法的比较。

表 5 – 2　　　　　　　　　各权重方法计算的属性权重值

权重方法	C_1	C_2	C_3	C_4	Spearman 关联
ENTROPY[36]	0.139	0.247	0.443	0.171	0.964
CRITIC[231]	0.192	0.264	0.172	0.372	– 0.710
SIMILARITY[156]	0.261	0.244	0.250	0.245	– 0.024
DEVIATION[232]	0.161	0.264	0.369	0.206	0.923
ITARA	0.236	0.250	0.291	0.223	—

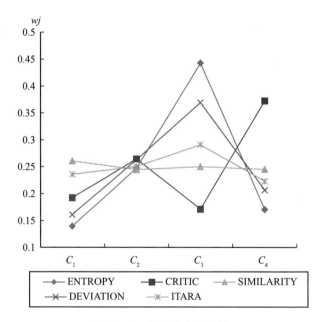

图 5 – 4　各权重方法比较

（2）与现有方法比较。

为了验证方案评价结果的有效性，利用现有 PFMCDM 方法来计算，如 PyF – TOPSIS[194]、PyF – VIKOR[55]、PyF – WASPAS[57]、PyF – MULTIMOORA[233]、PyF – CoCoSo[156]，并与所提的方法进行比较分

析，计算结果见表 5 - 3。

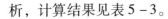

| 表 5 - 3 | | | | 不同方法计算结果 | | |

方案	所提方法	TOPSIS[194]	WASPAS[57]	MULTIMOO-RA[233]	CoCoSo[156]	VIKOR[55]
A_1	$sc(Q_1) =$ 0.418	$\xi_1 = -2.208$	$sc(Q_1) =$ 0.408	$U_1 = 0.177$	$Q_1 = 0.9700$	$Q_1 = 1.000$
A_2	$sc(Q_2) =$ 0.629	$\xi_2 = 0.000$	$sc(Q_2) =$ 0.604	$U_2 = 0.801$	$Q_2 = 1.4401$	$Q_2 = 0.000$
A_3	$sc(Q_3) =$ 0.515	$\xi_3 = -1.437$	$sc(Q_3) =$ 0.506	$U_3 = -0.384$	$Q_3 = 1.2070$	$Q_3 = 0.727$
A_4	$sc(Q_4) =$ 0.574	$\xi_4 = -0.603$	$sc(Q_4) =$ 0.585	$U_4 = 0.908$	$Q_4 = 1.3928$	$Q_4 = 0.395$
A_5	$sc(Q_5) =$ 0.607	$\xi_5 = -0.824$	$sc(Q_5) =$ 0.606	$U_5 = 0.730$	$Q_5 = 1.4401$	$Q_5 = 0.255$
排序	$A_2 > A_5 >$ $A_4 > A_3 > A_1$	$A_2 > A_4 >$ $A_5 > A_3 > A_1$	$A_2 > A_5 >$ $A_4 > A_3 > A_1$	$A_4 > A_2 >$ $A_5 > A_1 > A_3$	$A_2 = A_5 >$ $A_4 > A_3 > A_1$	$A_2 > A_4 >$ $A_5 > A_3 > A_1$
Spearman 系数	—	1	0.9	0.9	0.8	0.7

由表 5 - 3 可知，TOPSIS 方法[194]中采用逼近理想解的思路计算各方案的相对贴进度，所得结果与所提方法一致，最佳选项为 A_2。文献［57］中 WASPAS 方法得到方案最终排序与所提方法有微小差异。其中，该方法利用 PyFWA 和 PyFWG 算子对方案关于各属性的评价值进行集结。同样，文献［233］MULTIMOORA 方法也采用 PyFWA 和 PyFWG 算子来计算其各方案的比率系统模型和全乘积形式，但其得到 A_4 为最佳方案。CoCoSo 方法[156]也是通过 PyFWA 和 PyFWG 算子获

得方案的 WSM 和 WPM 模型，再计算三种策略和获得方案的均衡妥协解，最终得到 A_2、A_5 两个最佳选项。在文献［55］中，VIKOR 方法采用与理想解的分离度测度和个体遗憾与群体效用之间的妥协来确定各方案最终排序，最佳选项为 A_2，其他方案排序与所提方法有微小差异。可以发现 WASPAS[57]、MULTIMOORA[233] 和 CoCoSo[156] 方法中含有 PyFWA 和 PyFWG 算子，这些集结算子主要基于基本的代数运算规则而没有考虑勾股模糊数中隶属函数间的交互作用，这使得在评价信息融合过程没有表现出计算柔性以及在决策结果方面也没有体现决策者的风险偏好。这些特点与所提方法有本质区别，因为所提方法利用基于 Frank 交叉运算法则的 PyFFIWA、PyFFIWG 算子来获得方案最终排序结果。综上所述，所提方法是有效和可行的。

（3）方法优势性分析。

例 5 - 1 某市的教育局拟选择 4 个准则来评估 5 所潜在的语言学校：教学环境 C_1、教学管理 C_2、课程设计和目标 C_3 以及科学研究能力 C_4。在上述 4 个准则下，采用勾股模糊数对 5 个潜在语言学校 $A_i(i = 1, 2, 3, 4, 5)$ 进行评估，权重向量 $w = (0.4, 0.3, 0.2, 0.1)^T$，$C_1$、$C_2$、$C_3$ 为效益型准则，C_4 位成本型准则。勾股模糊决策矩阵 D 如下：

$$D = \begin{bmatrix} (0.5, 0.7) & (0.9, 0.0) & (0.3, 0.6) & (0.7, 0.6) \\ (0.7, 0.4) & (0.2, 0.6) & (0.0, 0.9) & (0.5, 0.8) \\ (0.3, 0.9) & (0.3, 0.4) & (0.8, 0.5) & (0.6, 0.8) \\ (0.4, 0.6) & (0.7, 0.3) & (0.4, 0.7) & (0.5, 0.5) \\ (0.7, 0.3) & (0.8, 0.4) & (0.5, 0.6) & (0.3, 0.8) \end{bmatrix}$$

先利用 PyFWA、PyFWG 算子与 PyFFIWA、PyFFIWG 算子计算获得方案排序结果并进行对比。见表 5 - 4。

表 5 – 4　　　　　所提集结算子与 PyFWA，PyFWG 算子进行对比

方案	PyFWA	$sc(A_i)$	PyFWG	$sc(A_i)$	PyFFIWA	$sc(A_i)$	PyFFIWG	$sc(A_i)$
A_1	(0.709, 0.000)	0.752	(0.557, 0.576)	0.489	(0.698, 0.500)	0.619	(0.642, 0.571)	0.543
A_2	(0.517, 0.569)	0.471	(0.000, 0.687)	0.264	(0.509, 0.642)	0.424	(0.460, 0.677)	0.376
A_3	(0.520, 0.620)	0.443	(0.391, 0.764)	0.285	(0.510, 0.860)	0.260	(0.656, 0.755)	0.430
A_4	(0.534, 0.494)	0.521	(0.484, 0.556)	0.462	(0.530, 0.533)	0.499	(0.509, 0.553)	0.476
A_5	(0.689, 0.414)	0.651	(0.626, 0.495)	0.573	(0.685, 0.460)	0.629	(0.665, 0.489)	0.601
排序	$A_1 > A_5 > A_4 > A_2 > A_3$		$A_5 > A_1 > A_4 > A_3 > A_2$		$A_5 > A_1 > A_4 > A_2 > A_3$		$A_5 > A_1 > A_4 > A_3 > A_2$	

从表 5 – 4 可知，PyFWA、PyFWG 算子是基于基本代数运算规则对于评价信息进行集结，得到方案最终排序结果分别为 $A_1 > A_5 > A_4 > A_2 > A_3$ 和 $A_5 > A_1 > A_4 > A_3 > A_2$，得到的最佳选项明显不同。在获得结果中出现某个隶属度或非隶属度等于 0，此时出现了反直觉现象。由于信息集结过程中部分评价信息没有表现出来，从而导致 PyFWA、PyFWG 算子得到的方案最终结果不相同。所提集结算子计算得到的最佳选项均为 A_5，其他方案排序有微小差异。从方案最终排序结果可以看出所提集结算子能够在集结过程中避免反直觉现象的出现，而且还能确保信息的完整性和不确定性。

最后，利用文献 [57] 中 WASPAS 方法和改进 WASPAS 分别对表 5 – 4 中集结算子结果进行计算。设组合系数 $\rho = 0.5$，获得各方案的综合重要性 Q_i 及其得分值和方案最终排序，见表 5 – 5。

表5-5   方案最终排序对比

	文献［57］			所提方法		
	Q_i	$sc(Q_i)$	排序	Q_i	$sc(Q_i)$	排序
A_1	(0.644, 0.000)	0.707	1	(0.672, 0.534)	0.583	2
A_2	(0.379, 0.625)	0.376	4	(0.486, 0.659)	0.400	4
A_3	(0.462, 0.688)	0.370	5	(0.592, 0.806)	0.351	5
A_4	(0.510, 0.524)	0.493	3	(0.520, 0.543)	0.488	3
A_5	(0.659, 0.453)	0.615	2	(0.675, 0.475)	0.615	1

从表5-5发现，WASPAS方法[57]受到PyFWA、PyFWG算子反直觉现象的影响导致方案的最终综合重要性不能反映实际情况，其排序为 $A_1 > A_5 > A_4 > A_2 > A_3$，最佳选项为 A_1。而改进WASPAS方法的结果与此不同，方案最终排序为 $A_5 > A_1 > A_4 > A_2 > A_3$，最佳选项为 A_5。将改进WASPAS方法（PyF-WASPAS-FI）与文献［57］中WASPAS方法（PyF-WASPAS）进行比较，两者的区别见表5-6所示。

表5-6   两种方法的特征比较

方法	WSM/WPM	是否有兼容性？	是否考虑隶属度间的交叉性？	是否考虑决策者的风险偏好？	决策柔性	是否能折中？
WASPAS[57]	PyFWA	NO	NO	NO	弱	NO
	PyFWG	NO	NO	NO		
WASPAS-FI	PyFFIWA	YES	YES	YES	强	YES
	PyFFIWA	YES	YES	YES		

从表5-6可以看出，提出的方法是基于FIOLs的WASPAS方法。

因此，该方法比现有 WASPAS 方法更具通用性和兼容性，同时，它不仅考虑了勾股模糊书中隶属度与非隶属度之间的交互作用，而且考虑了决策者风险偏好。另外，WASPAS 方法只有一个组合参数 ρ，仅表示将 WSM 和 WPM 模型组合在一起。然而，WASPAS – FI 方法有两个参数 θ、ρ，其中参数 θ 赋予了该方法更多含义，从而使该方法在参数 θ、ρ 共同作用下具有妥协作用。

5.2　基于 CoCoSo – D 的勾股模糊多属性群决策方法

5.2.1　传统 CoCoSo 方法概述

组合折衷解（CoCoSo）是一种新的决策技术，是用于计算可变响应的稳健统计工具。2019 年有学者（Yazdani et al.，2019）[139] 采用该方法对法国供应链管理进行评估[139]。由于该方法计算简单、结果可靠，已被广泛应用于制造业、商业部门、银行服务业、工业能源等领域[148,234]。CoCoSo 方法使用以下步骤来解决多准则决策问题。

步骤 1：确定初始决策矩阵 $X = \left[x_{ij} \right]_{m \times n}$。

步骤 2：通过式（5.12）规范化准则评价值。

$$
\begin{cases}
r_{ij} = \dfrac{x_{ij} - \min\limits_{j} x_{ij}}{\max\limits_{j} x_{ij} - \min\limits_{j} x_{ij}}, & j \in J_1 \\[4mm]
r_{ij} = \dfrac{\max\limits_{j} x_{ij} - x_{ij}}{\max\limits_{j} x_{ij} - \min\limits_{j} x_{ij}}, & j \in J_2
\end{cases}
\tag{5.12}
$$

式中，J_1 和 J_2 分别表示效益型和成本型准则。

步骤 3：对于每个备选方案，在规范化值下加权的比例分量的乘积之和为总权重可比性序列 $S_i (i = 1, 2, \cdots, m)$，完全可比性权重 $P_i (i = 1, 2, \cdots, m)$ 评估总结了指数与比例分量加权在每个备选方案的规范化值。S_i 值和 P_i 值可以由 WASPAS 方法的乘积和和指数和的加权乘数得到。

$$S_i = \sum_{j=1}^{n} (w_j r_{ij}) \tag{5.13}$$

$$P_i = \sum_{j=1}^{n} (r_{ij})^{w_j} \tag{5.14}$$

步骤 4：计算方案的三个相对权重。

$$\begin{cases} k_{ia} = \dfrac{P_i + S_i}{\sum_{i=1}^{m} (P_i + S_i)} \\[3mm] k_{ib} = \dfrac{S_i}{\min_i S_i} + \dfrac{P_i}{\min_i P_i} \\[3mm] k_{ic} = \dfrac{\lambda S_i + (1 - \lambda) P_i}{\lambda \max_i S_i + (1 - \lambda) \max_i P_i} \end{cases} \tag{5.15}$$

步骤 5：依据 K_i 值对备选方案进行最终排序，K_i 越大越好。

$$K_i = (k_{ia} \cdot k_{ib} \cdot k_{ic})^{\frac{1}{3}} + \frac{1}{3} (k_{ia} + k_{ib} + k_{ic}) \tag{5.16}$$

5.2.2 基于 PyF – CoCoSo – D 的群决策模型

CoCoSo 方法是一种在多种模糊环境下具有较强适用性的决策方法。该方法往往通过 WSM 和 WPM 模型对评价信息进行集结，再由三种决策策略进行折中排序最终方案。为了扩展 CoCoSo 的应用领域和提高其方法的精确性，本书对 CoCoSo 方法进行了改进，利用 STI – PyFWA 和 STI – PyFWG 算子分别替代传统 CoCoSo 方法中的 WSM 和 WPM 模型以及利用距离测度将勾股模糊数转换成精确值，使其能够更好地保留决策信息偏好和更好的操作性。

本节提出了一种勾股模糊信息多属性群决策方法，其中专家和属性权重未知。勾股模糊多属性群决策问题可以描述为，假设决策专家群组集合为 $E = \{e_1, e_2, \cdots, e_z\}$，其中 e_ξ 表示第 ξ 个专家；$\lambda = (\lambda_1, \lambda_2, \cdots, \lambda_z)^T$ 为专家权重向量，满足 $\lambda_\xi \geq 0$ 且 $\sum_{\xi=1}^{z} \lambda_\xi = 1$。设 $A = \{A_1, A_2, \cdots, A_m\}$ 为一组备选方案集，$C = \{C_1, C_2, \cdots, C_n\}$ 为一组属性集，$W = (w_1, w_2, \cdots, w_n)^T$ 表示属性（$C_1, C_2, \cdots, C_n$）的权重向量，满足 $w_j \geq 0$ 且 $\sum_{j=1}^{n} w_j = 1$。假设由专家 $e_\xi(\xi = 1, 2, \cdots, z)$ 对关于属性 $C_j(j = 1, 2, \cdots, n)$ 的方案 $A_i(i = 1, 2, \cdots, m)$ 进行评价并以勾股模糊数表示属性值，即 $\tilde{d}_{ij}^\xi = \langle \mathcal{M}_{ij}^\xi, \mathcal{N}_{ij}^\xi \rangle$，由此构成初始个体勾股模糊矩阵 $\tilde{D}^\xi = [\tilde{d}_{ij}^\xi]_{m \times n}$，其中，$\mathcal{M}_{ij}^\xi, \mathcal{N}_{ij}^\xi$ 分别表示隶属度和非隶属度，满足 $\mathcal{M}_{ij}^\xi, \mathcal{N}_{ij}^\xi \in [0, 1]$，且 $0 \leq (\mathcal{M}_{ij}^\xi)^2 + (\mathcal{N}_{ij}^\xi)^2 \leq 1$，（$i = 1, 2, \cdots, m; j = 1, 2, \cdots, n; \xi = 1, 2, \cdots, z$）。一般地，属性类型区分为效益型和成本型两类，为此需要将初始个体勾股模糊矩阵 $\tilde{D}^\xi = [\tilde{d}_{ij}^\xi]_{m \times n}$ 转化为规范化个体勾股模糊矩阵 $\tilde{R}^\xi = [\tilde{r}_{ij}^\xi]_{m \times n}$，其转换方法如下：

$$\tilde{r}_{\varsigma\xi}^e = \begin{cases} \tilde{d}_{\varsigma\xi}^e = \langle \mathcal{M}_{\varsigma\xi}^e, \mathcal{N}_{\varsigma\xi}^e \rangle, & j \in J_1 \\ (\tilde{d}_{\varsigma\xi}^e)^c = \langle \mathcal{N}_{\varsigma\xi}^e, \mathcal{M}_{\varsigma\xi}^e \rangle, & j \in J_2 \end{cases} \tag{5.17}$$

式中，J_1 和 J_2 分别表示效益型和成本型属性。

由此要求确定方案的排序并择优。

步骤 1：确定专家权重。专家权重的确定在评估过程中是一项重要的工作。为此，将专家的重要程度由勾股模糊数表达，假设勾股模糊数（$\mathcal{M}_\xi, \mathcal{N}_\xi$）被用于第 ξ 个专家的重要度评价，则该专家的权重计算由式（5.18）获得。

$$\lambda_\xi = \frac{\mathcal{M}_\xi^2 + \pi_\xi^2 \times \left(\dfrac{\mathcal{M}_\xi^2}{\mathcal{M}_\xi^2 + \mathcal{N}_\xi^2}\right)}{\displaystyle\sum_{\xi}^{z} \left(\mathcal{M}_\xi^2 + \pi_\xi^2 \times \left(\dfrac{\mathcal{M}_\xi^2}{\mathcal{M}_\xi^2 + \mathcal{N}_\xi^2}\right)\right)} \tag{5.18}$$

显然，$\lambda_\xi \geqslant 0$，且满足 $\displaystyle\sum_{\xi=1}^{z} \lambda_\xi = 1$。

步骤 2：构建群勾股模糊矩阵 $\widetilde{G} = [\widetilde{g}_{ij}]_{m \times n}$. 应用 STI – PyFWA 算子来集结个体勾股模糊矩阵 $\widetilde{R}^\xi = [\widetilde{r}_{ij}^\xi]_{m \times n}$，由式（5.19）计算得到群勾股模糊矩阵 $\widetilde{G} = [\widetilde{g}_{ij}]_{m \times n}$。

$$\widetilde{g}_{ij} = STI - PyFWA_\lambda(\widetilde{r}_{ij}^1, \widetilde{r}_{ij}^2, \cdots, \widetilde{r}_{ij}^z) = \left(\sqrt{1 - \prod_{\xi=1}^{z}\left(1 - \sin^2\left(\frac{\pi}{2}\mathcal{M}_{ij}^\xi\right)\right)^{\lambda_\xi}}, \right.$$

$$\left. \sqrt{\prod_{\xi=1}^{z}\left(1 - \sin^2\left(\frac{\pi}{2}\mathcal{M}_{ij}^\xi\right)\right)^{\lambda_\xi} - \prod_{\xi=1}^{z}\left(\sin^2\left(\frac{\pi}{2}\sqrt{1 - (\mathcal{N}_{ij}^\xi)^2}\right) - \sin^2\left(\frac{\pi}{2}\mathcal{M}_{ij}^\xi\right)\right)^{\lambda_\xi}}\right)$$

$$\tag{5.19}$$

步骤 3：计算属性权重。采用属性客观权重和主观权重进行组合生成属性的综合权重，为此计算步骤如下：

步骤 3.1：基于 PyF – ITARA 的属性客观权重确定方法.

2019 年，有学者（Hatefi，2019）基于无差异阈值和离散逻辑的概念提出了 ITARA 方法。它用于确定 MADM 问题中属性的客观权重，其可以从决策矩阵数据中获得属性权重，而不是邀请专家提供有关属性的信息。尽管 ITARA 方法具备此优势，但是也存在一些缺点。如 ITARA 方法中无差异阈值没有量化而是由决策者们主观确定；提前精确化使模糊信息和不确定信息部分丢失等。为此，将 ITARA 方法在勾股模糊环境中进行扩展来确定属性的客观权重。具体过程如下：

（1）对群体勾股模糊矩阵 $\widetilde{G} = [\widetilde{g}_{ij}]_{m \times n}$进行拆分，分别得到隶属度和非隶属度矩阵，即 $G^\varphi = [g_{ij}^\varphi]_{m \times n}(\varphi = \mathcal{M}, \mathcal{N})$，然后分别转换成列升序矩阵 $O^\varphi = [o_{ij}^\varphi]_{m \times n}(\varphi = \mathcal{M}, \mathcal{N})$，其中元素满足 $o_{ij}^\varphi \leqslant o_{i+1j}^\varphi$。将 O^φ 中

各列元素的均值作为各列无差异阈值 $IT_j^{\varphi[229-230]}$。

（2）分别构建相邻差值矩阵 $H^\varphi = [h_{ij}^\varphi]_{m \times n}(\theta = \mathcal{M},\ \mathcal{N})$，其中 h_{ij}^φ 表示 o_{ij}^φ 与 o_{i+1j}^φ 之间的差值，即

$$h_{ij}^\varphi = o_{i+1j}^\varphi - o_{ij}^\varphi\ (i=1,\ 2,\ \cdots,\ m-1;\ j=1,\ 2,\ \cdots,\ n;\ \theta = \mathcal{M},\ \mathcal{N})$$

$$(5.20)$$

进而，合并矩阵 $H^\mathcal{M}$ 和 $H^\mathcal{N}$ 得到勾股模糊矩阵 $\tilde{H} = [\tilde{h}_{ij}]_{(m-1) \times n} = [(h_{ij}^\mathcal{M},\ h_{ij}^\mathcal{N})]_{(m-1) \times n}$，以及合并 $IT_j^\mathcal{M}$ 和 $IT_j^\mathcal{N}$ 得到各列勾股模糊无差异阈值 $\tilde{T}_j = (IT_j^\mathcal{M},\ IT_j^\mathcal{N})(j=1,\ 2,\ \cdots,\ n)$。

（3）由式（5.21）和式（5.22）计算属性客观权重。

$$d_{ij} = \begin{cases} D_E(\tilde{h}_{ij},\ \tilde{T}_j),\ \tilde{h}_{ij} > \tilde{T}_j \\ 0,\ \tilde{h}_{ij} \leqslant \tilde{T}_j \end{cases} \qquad (5.21)$$

$$w_j^o = \frac{\sqrt{\sum_{i=1}^{m-1} d_{ij}^2}}{\sum_{j=1}^{n} \sqrt{\sum_{i=1}^{m-1} d_{ij}^2}} \qquad (5.22)$$

其中，$D_E(\tilde{h}_{ij},\ \tilde{T}_j)$ 表示为 $\tilde{h}_{ij}$ 与 $\tilde{T}_j$ 之间的勾股模糊欧式距离测度。

步骤 3.2：计算 STI - PyFWA 算子确定属性主观权重.

（1）由专家组 E 对属性的重要程度进行主观评价，构建专家 - 属性重要度勾股模糊矩阵 $\tilde{\aleph} = [\tilde{\sigma}_j^\xi]_{z \times n}$，其中 $\tilde{\sigma}_j^\xi = (\mathcal{M}_j^\xi,\ \mathcal{N}_j^\xi)(j=1,\ 2,\ \cdots,\ n;\ \xi=1,\ 2,\ \cdots,\ z)$。

（2）应用 STI - PyFWA 算子集结各专家关于属性 C_j 的主观评价信息，得到属性 C_j 的综合主观重要度 $\tilde{\omega}_j$。

$$\tilde{\omega}_j = STI - PyFWA_\lambda(\tilde{\sigma}_j^1,\ \tilde{\sigma}_j^2,\ \cdots,\ \tilde{\sigma}_j^z) = \left(\sqrt{1 - \prod_{\xi=1}^{z}\left(1 - \sin^2\left(\frac{\pi}{2}\mathcal{M}_j^\xi\right)\right)^{\lambda_\xi}},\right.$$

$$\left.\sqrt{\prod_{\xi=1}^{z}\left(1 - \sin^2\left(\frac{\pi}{2}\mathcal{M}_j^\xi\right)\right)^{\lambda_\xi} - \prod_{\xi=1}^{z}\left(\sin^2\left(\frac{\pi}{2}\sqrt{1 - (\mathcal{N}_j^\xi)^2}\right) - \sin^2\left(\frac{\pi}{2}\mathcal{M}_j^\xi\right)\right)^{\lambda_\xi}}\right)$$

$$(5.23)$$

（3）计算属性 C_j 的主观权重 w_j^s。应用式（5.23）计算属性 C_j 的综合主观重要度 $\tilde{\omega}_j$ 的得分值，再由式（5.24）计算属性 C_j 的主观权重 w_j^s。

$$w_j^s = \frac{sc(\tilde{\omega}_j)}{\sum_{j=1}^{n} sc(\tilde{\omega}_j)} \tag{5.24}$$

步骤3.3：由式（5.25）确定属性主客观组合权重。

$$w_j^c = \frac{w_j^o \cdot w_j^s}{\sum_{j=1}^{n}(w_j^o \cdot w_j^s)} \tag{5.25}$$

步骤4：构建扩展群勾股模糊矩阵 $\tilde{\Im}$。

$$\tilde{\Im} = \begin{array}{c} \\ N \\ A_1 \\ \vdots \\ A_m \\ P \end{array} \begin{matrix} C_1 & C_2 & \cdots & C_n \\ \left[\begin{matrix} \tilde{g}_{N1} & \tilde{g}_{N2} & \cdots & \tilde{g}_{Nn} \\ \tilde{g}_{11} & \tilde{g}_{12} & \cdots & \tilde{g}_{1n} \\ \vdots & \vdots & \ddots & \vdots \\ \tilde{g}_{m1} & \tilde{g}_{m2} & \cdots & \tilde{g}_{mn} \\ \tilde{g}_{P1} & \tilde{g}_{P2} & \cdots & \tilde{g}_{Pn} \end{matrix}\right] \end{matrix} \tag{5.26}$$

其中，N 行和 P 行分别为群勾股模糊矩阵 $\tilde{G}$ 的负理想解 NIS 和理想解 PIS，$\tilde{g}_{Nj} = (\min_i(\mathcal{M}_{ij}), \max_i(\mathcal{N}_{ij}))$，$\tilde{g}_{Pj} = (\max_i(\mathcal{M}_{ij}), \min_i(\mathcal{N}_{ij}))$。

步骤5：由 STI – PyFWA 算子和 STI – PyFWG 算子对扩展群勾股模糊矩阵 $\tilde{\Im}$ 中所有属性 C_j 的勾股模糊数进行集结，见式（5.27）和式（5.28）。

$$\begin{cases} \tilde{\wp}_N^{(1)} = STI-PFWA_{w^c}(\tilde{g}_{N1}, \tilde{g}_{N2}, \cdots, \tilde{g}_{Nn}) \\ \tilde{\wp}_i^{(1)} = STI-PFWA_{w^c}(\tilde{g}_{i1}, \tilde{g}_{i2}, \cdots, \tilde{g}_{in}) \\ \tilde{\wp}_P^{(1)} = STI-PFWA_{w^c}(\tilde{g}_{P1}, \tilde{g}_{P2}, \cdots, \tilde{g}_{Pn}) \end{cases} \tag{5.27}$$

$$\begin{cases} \widetilde{\wp}_N^{(2)} = STI - PFWG_{w^c}(\ \widetilde{g}_{N1}, \ \widetilde{g}_{N2}, \ \cdots, \ \widetilde{g}_{Nn}) \\ \widetilde{\wp}_i^{(2)} = STI - PFWG_{w^c}(\ \widetilde{g}_{i1}, \ \widetilde{g}_{i2}, \ \cdots, \ \widetilde{g}_{in}) \\ \widetilde{\wp}_P^{(2)} = STI - PFWG_{w^c}(\ \widetilde{g}_{P1}, \ \widetilde{g}_{P2}, \ \cdots, \ \widetilde{g}_{Pn}) \end{cases} \quad (5.28)$$

步骤 6：结合勾股模糊距离测度由式（5.29）和式（5.30）分别计算各方案的贴进度 $\partial_i^{(1)}$ 和 $\partial_i^{(2)}$。

$$\partial_i^{(1)} = \frac{D_H(\ \widetilde{\wp}_i^{(1)}, \ \widetilde{\wp}_N^{(1)})}{D_H(\ \widetilde{\wp}_i^{(1)}, \ \widetilde{\wp}_N^{(1)}) + D_H(\ \widetilde{\wp}_i^{(1)}, \ \widetilde{\wp}_P^{(1)})} \quad (5.29)$$

$$\partial_i^{(2)} = \frac{D_H(\ \widetilde{\wp}_i^{(2)}, \ \widetilde{\wp}_N^{(2)})}{D_H(\ \widetilde{\wp}_i^{(2)}, \ \widetilde{\wp}_N^{(2)}) + D_H(\ \widetilde{\wp}_i^{(2)}, \ \widetilde{\wp}_P^{(2)})} \quad (5.30)$$

式（5.29）中 $D_H(\ \widetilde{\wp}_i^{(1)}, \ \widetilde{\wp}_N^{(1)})$ 表示 $\widetilde{\wp}_i^{(1)}$ 与 $\widetilde{\wp}_N^{(1)}$ 之间的勾股模糊汉明距离测度。计算各方案的三个集结策略，由此表示各方案的相对重要程度。

$$\begin{cases} K_{ia} = \dfrac{\partial_i^{(1)} + \partial_i^{(2)}}{\displaystyle\sum_{i=1}^{m}(\ \partial_i^{(1)} + \partial_i^{(2)})} \\ \\ K_{ib} = \dfrac{\partial_i^{(1)}}{\min_i(\ \partial_i^{(1)})} + \dfrac{\partial_i^{(2)}}{\min_i(\ \partial_i^{(2)})} \\ \\ K_{ic} = \dfrac{\theta \partial_i^{(1)} + (1-\theta)\partial_i^{(2)}}{\theta \max_i(\ \partial_i^{(1)}) + (1-\theta)\max_i(\ \partial_i^{(2)})} \end{cases} \quad (5.31)$$

式中 K_{ia} 表示 $\partial_i^{(1)}$ 和 $\partial_i^{(2)}$ 的加性归一化；K_{ib} 表示 $\partial_i^{(1)}$ 和 $\partial_i^{(2)}$ 的相对关系之和；K_{ic} 表示关于 $\partial_i^{(1)}$ 和 $\partial_i^{(2)}$ 的备选方案的折中性。在 K_{ic} 中 θ 为折中系数，$\theta \in [0, 1]$，其取值由决策者确定，同时 θ 证明所提 PyF - CoCoSo - D 方法的灵活性和稳定性。

步骤 7：由式（5.32）计算各方案综合效用值 K_i，由此确定方案最终折中排序，即 K_i 越大越好。

$$K_i = \sqrt[3]{K_{ia} \cdot K_{ib} \cdot K_{ic}} + \frac{1}{3}(K_{ia} + K_{ib} + K_{ic}) \quad (5.32)$$

5.2.3 案例研究：废旧衣物回收渠道选择

近十年，随着循环经济的发展，中国回收市场出现了众多回收再生资源公司，竞争非常激烈。公司 G 是江西省南昌市的一家废旧纺织品利用再制造有限公司。主营业务是废旧纺织品回收、利用，服饰、针纺织品、纺织原材料的加工、销售。该公司专注于废旧纺织品再制造与原材料的加工和销售业务，而废旧衣物基本是从废品回收点和流动回收商处收购，废旧衣物的回收量不稳定，经常影响再制造和原材料的加工生产。随着市场竞争压力越来越大，该公司拟实施可持续的废旧衣物回收战略。为此，公司 G 的高层管理者计划在前端回收市场实施大量布局，并需要在最合理的废旧衣物回收渠道（UCRC）上加大投入。因此，UCRC 选择也被确定为公司 G 的必要决策策略。因而，所提框架旨在帮助公司 G 根据自身要求选择合适的 UCRC。目前，中国废旧衣物回收渠道主要如下：

（A_1）上门回收：结合"互联网＋"的 O2O 上门回收方式，由专业回收工人当面检验、谈价、称重，以微电子钱包等有偿回收形式来回收废旧纺织品。

（A_2）回收箱回收：在居民社会、大中专院校摆放废旧纺织品回收箱，建立储运体系。

（A_3）邮寄回收：固定单价情形下，客户在线上下单，由快递公司上门取件，再由回收公司对废旧衣物质检、称重并支付货款。

（A_4）加盟点回收：公司选择快递点、回收站等第三方作为加盟商进行委托合作回收。

（A_5）自营门店回收：公司自己的销售机构或者在某区域内进行选址并自建废旧衣物回收点。

通过调研和市场分析，现公司 G 邀请 4 个决策专家 $\{e_1, e_2, e_3,$

$e_4\}$ 就 UCRC 评价和选择提供意见。这些专家包括一名采购经理（e_1）、一名生产经理（e_2）、一名咨询公司主管（e_3）和各行业协会专家（e_4）。选定的专家都能够胜任决策，并具有近十年的行业经验。结合专家的教育背景、知识结果、专业程度以及行业从事时间等因素对专家的重要程度进行勾股模糊数评价，并依据式（5.18）进行计算专家权重，见表 5－7、表 5－8。

表 5－7　　　　　　　　　　专家权重

专家	勾股模糊数	权重值
e_1	(0.6, 0.5)	0.2043
e_2	(0.8, 0.3)	0.3036
e_3	(0.7, 0.6)	0.1996
e_4	(0.7, 0.3)	0.2925

表 5－8　　　　　　　　专家对 UCRC 方案的评价

专家	方案	C_1	C_2	C_3	C_4	C_5	C_6
e_1	A_1	(0.8, 0.3)	(0.6, 0.5)	(0.5, 0.6)	(0.6, 0.3)	(0.4, 0.7)	(0.6, 0.5)
	A_2	(0.7, 0.4)	(0.8, 0.2)	(0.9, 0)	(0.8, 0.3)	(0.8, 0.3)	(0.1, 0.9)
	A_3	(0.9, 0.4)	(0.7, 0.5)	(0.8, 0.2)	(0.7, 0.4)	(0.7, 0.3)	(0.4, 0.6)
	A_4	(0.4, 0.7)	(0.5, 0.7)	(0.9, 0.2)	(0.7, 0.4)	(0.3, 0.8)	(0.9, 0.2)
	A_5	(0.5, 0.6)	(0.5, 0.5)	(0.6, 0.6)	(0.8, 0.5)	(0.6, 0.4)	(0.7, 0.5)
e_2	A_1	(0.9, 0.0)	(0.7, 0.4)	(0.5, 0.5)	(0.6, 0.5)	(0.4, 0.6)	(0.6, 0.4)
	A_2	(0.8, 0.3)	(0.7, 0.3)	(0.7, 0.4)	(0.7, 0.4)	(0.7, 0.4)	(0.3, 0.8)
	A_3	(0.6, 0.5)	(0.6, 0.4)	(0.7, 0.4)	(0.7, 0.5)	(0.6, 0.5)	(0.5, 0.5)
	A_4	(0.5, 0.8)	(0.4, 0.6)	(0.6, 0.6)	(0.8, 0.3)	(0.2, 0.9)	(0.8, 0.4)
	A_5	(0.7, 0.5)	(0.6, 0.5)	(0.6, 0.3)	(0.7, 0.4)	(0.6, 0.5)	(0.6, 0.5)

续表

专家	方案	C_1	C_2	C_3	C_4	C_5	C_6
e_3	A_1	(0.8, 0.3)	(0.6, 0.3)	(0.5, 0.6)	(0.8, 0.3)	(0, 0.9)	(0.7, 0.5)
	A_2	(0.9, 0.3)	(0.7, 0.4)	(0.8, 0.4)	(0.7, 0.4)	(0.7, 0.5)	(0.5, 0.5)
	A_3	(0.6, 0.6)	(0.7, 0.5)	(0.7, 0.3)	(0.8, 0)	(0.4, 0.7)	(0.6, 0.5)
	A_4	(0.4, 0.6)	(0.4, 0.6)	(0.5, 0.5)	(0.5, 0.5)	(0.4, 0.6)	(0.7, 0.3)
	A_5	(0.6, 0.6)	(0.8, 0.5)	(0.6, 0.4)	(0.7, 0.4)	(0.6, 0.6)	(0.6, 0.3)
e_4	A_1	(0.5, 0.5)	(0.7, 0.4)	(0.6, 0.4)	(0.5, 0.5)	(0.3, 0.8)	(0.4, 0.7)
	A_2	(0.6, 0.5)	(0.8, 0.5)	(0.9, 0)	(0.7, 0.4)	(0.7, 0.5)	(0.8, 0.4)
	A_3	(0.7, 0.5)	(0.7, 0.3)	(0.9, 0.3)	(0.8, 0.5)	(0.6, 0.6)	(0.6, 0.5)
	A_4	(0.4, 0.6)	(0.5, 0.5)	(0.9, 0.1)	(0.6, 0.4)	(0.4, 0.6)	(0.8, 0.2)
	A_5	(0.5, 0.5)	(0.6, 0.5)	(0.7, 0.5)	(0.9, 0.2)	(0.5, 0.7)	(0.6, 0.5)

这 4 位专家从以下 6 个属性对上述 5 个 UCRC 选项进行评估，包括回收规模（C_1）、回收便捷性（C_2）、回收效率（C_3）、客户满意度（C_4）、回收成本（C_5）和承担风险（C_6），所有评估值均采用勾股模糊数形式，见表 5－9。由于属性 C_5 是成本型属性，其他属性为效益型属性，依据式（5.17）将表 5-8 进行规范化处理，见表 5－9。

表 5－9 　　　　　　　　　规范化个体决策矩阵

专家	方案	C_1	C_2	C_3	C_4	C_5	C_6
e_1	A_1	(0.8, 0.3)	(0.6, 0.5)	(0.5, 0.6)	(0.6, 0.3)	(0.7, 0.4)	(0.6, 0.5)
	A_2	(0.7, 0.4)	(0.8, 0.2)	(0.9, 0)	(0.8, 0.3)	(0.3, 0.8)	(0.1, 0.9)
	A_3	(0.9, 0.4)	(0.7, 0.5)	(0.8, 0.2)	(0.7, 0.4)	(0.3, 0.7)	(0.4, 0.6)
	A_4	(0.4, 0.7)	(0.5, 0.7)	(0.9, 0.2)	(0.7, 0.4)	(0.8, 0.3)	(0.9, 0.2)
	A_5	(0.5, 0.6)	(0.5, 0.5)	(0.6, 0.6)	(0.8, 0.5)	(0.4, 0.6)	(0.7, 0.5)

续表

专家	方案	C_1	C_2	C_3	C_4	C_5	C_6
e_2	A_1	(0.9, 0.0)	(0.7, 0.4)	(0.5, 0.5)	(0.6, 0.5)	(0.6, 0.4)	(0.6, 0.4)
	A_2	(0.8, 0.3)	(0.7, 0.3)	(0.7, 0.4)	(0.7, 0.4)	(0.4, 0.7)	(0.3, 0.8)
	A_3	(0.6, 0.5)	(0.6, 0.4)	(0.7, 0.4)	(0.7, 0.5)	(0.5, 0.6)	(0.5, 0.5)
	A_4	(0.5, 0.8)	(0.4, 0.6)	(0.6, 0.6)	(0.8, 0.3)	(0.9, 0.2)	(0.8, 0.4)
	A_5	(0.7, 0.5)	(0.6, 0.5)	(0.6, 0.3)	(0.7, 0.4)	(0.5, 0.6)	(0.6, 0.5)
e_3	A_1	(0.8, 0.3)	(0.6, 0.3)	(0.5, 0.6)	(0.9, 0.0)	(0.9, 0.0)	(0.7, 0.5)
	A_2	(0.9, 0.3)	(0.7, 0.4)	(0.8, 0.4)	(0.7, 0.4)	(0.5, 0.7)	(0.5, 0.5)
	A_3	(0.6, 0.6)	(0.7, 0.5)	(0.7, 0.3)	(0.8, 0)	(0.7, 0.4)	(0.6, 0.5)
	A_4	(0.4, 0.6)	(0.4, 0.6)	(0.5, 0.5)	(0.5, 0.5)	(0.6, 0.4)	(0.7, 0.3)
	A_5	(0.6, 0.6)	(0.8, 0.5)	(0.6, 0.4)	(0.7, 0.4)	(0.6, 0.6)	(0.6, 0.3)
e_4	A_1	(0.5, 0.5)	(0.7, 0.4)	(0.5, 0.5)	(0.5, 0.5)	(0.8, 0.3)	(0.4, 0.7)
	A_2	(0.6, 0.5)	(0.8, 0.5)	(0.9, 0)	(0.7, 0.4)	(0.4, 0.7)	(0.8, 0.4)
	A_3	(0.7, 0.5)	(0.7, 0.3)	(0.9, 0.3)	(0.8, 0.5)	(0.6, 0.6)	(0.6, 0.5)
	A_4	(0.4, 0.6)	(0.5, 0.5)	(0.9, 0.1)	(0.6, 0.4)	(0.6, 04)	(0.8, 0.2)
	A_5	(0.5, 0.5)	(0.6, 0.5)	(0.7, 0.5)	(0.9, 0.2)	(0.7, 0.5)	(0.6, 0.5)

用式（5.19）将四个专家的评价信息进行集结，生成群体决策矩阵 $\tilde{G}$，见表 5 – 10。

表 5 – 10　　　　　　　　UCRC 方案的群体勾股模糊决策矩阵

方案	C_1	C_2	C_3	C_4	C_5	C_6
A_1	(0.947, 0.070)	(0.864, 0.142)	(0.707, 0.241)	(0.838, 0.153)	(0.935, 0.078)	(0.790, 0.255)
A_2	(0.936, 0.119)	(0.927, 0.162)	(0.969, 0.062)	(0.908, 0.117)	(0.596, 0.467)	(0.770, 0.382)
A_3	(0.909, 0.244)	(0.871, 0.164)	(0.952, 0.097)	(0.927, 0.182)	(0.766, 0.292)	(0.748, 0.229)
A_4	(0.630, 0.488)	(0.654, 0.324)	(0.949, 0.109)	(0.879, 0.122)	(0.939, 0.075)	(0.957, 0.079)
A_5	(0.803, 0.257)	(0.844, 0.239)	(0.838, 0.204)	(0.952, 0.125)	(0.788, 0.279)	(0.830, 0.196)

依据步骤 3.1 的 PyF – ITRAR 方法，应用式（5.20）~ 式（5.22）计算获得属性客观权重向量 $w^o = (0.165, 0.161, 0.179, 0.188, 0.150, 0.158)^T$。对在 UCRC 选择决策过程中相关属性的重要程度给出勾股模糊评价，应用式（5.23）~ 式（5.25）计算各属性的主观权重 w_j^s，见表 5 – 11 所示。

表 5 – 11 　　　　　　　　　　　　　属性主观权重

属性	e_1	e_2	e_3	e_4	$\tilde{\omega}_j$	$sc(\tilde{\omega}_j)$	w_j^s
C_1	(0.5, 0.4)	(0.7, 0.5)	(0.4, 0.6)	(0.3, 0.7)	(0.734, 0.283)	0.729	0.148
C_2	(0.7, 0.4)	(0.8, 0.2)	(0.9, 0.3)	(0.7, 0.4)	(0.945, 0.098)	0.942	0.192
C_3	(0.8, 0.5)	(0.5, 0.6)	(0.6, 0.5)	(0.5, 0.7)	(0.818, 0.314)	0.785	0.160
C_4	(0.5, 0.5)	(0.6, 0.4)	(0.7, 0.4)	(0.8, 0.3)	(0.877, 0.123)	0.877	0.179
C_5	(0.9, 0.1)	(0.7, 0.4)	(0.9, 0.2)	(0.7, 0.4)	(0.955, 0.072)	0.954	0.194
C_6	(0.4, 0.6)	(0.4, 0.6)	(0.6, 0.4)	(0.3, 0.8)	(0.625, 0.372)	0.626	0.127

因此，由式（5.25）可以计算各属性的组合权重向量 $w^c = (0.147, 0.185, 0.172, 0.201, 0.175, 0.120)^T$。

在表 5 – 10 群体决策矩阵的基础上，构建了扩展的群体勾股模糊决策矩阵 $\tilde{\Im}$，见表 5 – 12。

表 5 – 12 　　　　　　　　UCRC 选择的扩展的勾股模糊决策矩阵

方案	C_1	C_2	C_3	C_4	C_5	C_6
NIS	(0630, 0.488)	(0654, 0.324)	(0707, 0.241)	(0.838, 0.182)	(0.596, 0.467)	(0.748, 0.382)
A_1	(0.947, 0.070)	(0.864, 0.142)	(0.707, 0.241)	(0.838, 0.153)	(0.935, 0.078)	(0.790, 0.255)
A_2	(0.936, 0.119)	(0.927, 0.162)	(0.969, 0.062)	(0.908, 0.117)	(0.596, 0.467)	(0.770, 0.382)
A_3	(0.909, 0.244)	(0.871, 0.164)	(0.952, 0.097)	(0.927, 0.182)	(0.766, 0.292)	(0.748, 0.229)
A_4	(0.630, 0.488)	(0.654, 0.324)	(0.949, 0.109)	(0.879, 0.122)	(0.939, 0.075)	(0.957, 0.079)
A_5	(0.803, 0.257)	(0.844, 0.239)	(0.838, 0.204)	(0.952, 0.125)	(0.788, 0.279)	(0.830, 0.196)
PIS	(0.947, 0.070)	(0.927, 0.142)	(0.969, 0.062)	(0.952, 0.117)	(0.939, 0.076)	(0.957, 0.079)

由式（5.27）~式（5-31）计算 PyFCOCOSO-D 方法的所有计算结果（$\varphi=0.5$），见表 5-13。依据表 5-13 中方案综合效用值 K_i，UCRC 方案最终排序为 $A_2>A_3>A_4>A_1>A_5$，因此，选项 A_2 是最佳 UCRC 方案。

表 5-13　　　　　　　UCRC 选择的集结和最终折中排序结果

方案	$\tilde{\wp}^{(1)}$	$\tilde{\wp}^{(2)}$	$\partial_i^{(1)}$	$\partial_i^{(2)}$	K_{ia}	K_{ib}	K_{ic}	K_i	排序
NIS	(0.901, 0.104)	(0.898, 0.123)	—	—	—	—	—	—	—
A_1	(0.980, 0.018)	(0.979, 0.029)	0.813	0.815	0.194	2.066	0.918	1.776	4
A_2	(0.988, 0.031)	(0.985, 0.087)	0.902	0.869	0.211	2.248	0.999	1.932	1
A_3	(0.985, 0.034)	(0.985, 0.040)	0.871	0.872	0.207	2.211	0.982	1.900	2
A_4	(0.984, 0.031)	(0.980, 0.085)	0.856	0.826	0.200	2.134	0.948	1.834	3
A_5	(0.977, 0.035)	(0.977, 0.043)	0.787	0.789	0.188	2.000	0.888	1.719	5
PIS	(0.997, 0.008)	(0.997, 0.009)	—	—	—	—	—	—	—

1. 灵敏度分析

本节进一步分析所提方法中参数 θ 的变化对方案最终折衷排序结果的影响。设参数 θ 在区间 $[0,1]$ 范围内取值进行实验，数值结果见表 5-14，方案排序结果如图 5-5 所示。从表 5-14 可以明显看出，参数 θ 的不同取值不会发生方案排名顺序的变化，可以说所提方法在不同的 θ 值上具有足够的稳定性。不难发现，方案 A_2 为最佳选项，而 A_5 为最差选项。从这一灵敏度分析可以得到结论，所提方法不受任何偏见的影响，且所提方法的结果在本质上具有稳定性和可行性。

表 5 – 14 不同折衷系数 θ 的方案综合效用值

方案	$\theta=0.0$	$\theta=0.1$	$\theta=0.2$	$\theta=0.3$	$\theta=0.4$	$\theta=0.5$	$\theta=0.6$	$\theta=0.7$	$\theta=0.8$	$\theta=0.9$	$\theta=0.9$
A_1	1.786	1.784	1.782	1.780	1.778	1.776	1.774	1.772	1.770	1.768	1.766
A_2	**1.931**	**1.931**	**1.932**	**1.932**	**1.932**	**1.932**	**1.932**	**1.932**	**1.933**	**1.933**	**1.933**
A_3	1.911	1.909	1.906	1.904	1.902	1.900	1.898	1.896	1.894	1.892	1.890
A_4	1.833	1.833	1.833	1.834	1.834	1.834	1.834	1.834	1.834	1.834	1.834
A_5	1.729	1.727	1.725	1.723	1.721	1.719	1.717	1.715	1.713	1.711	1.709

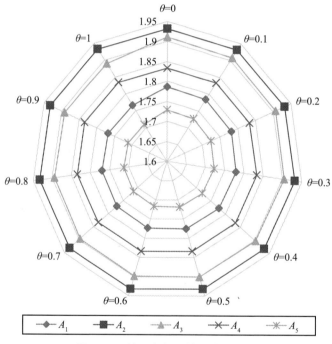

图 5 – 5 关于参数 θ 的灵敏度分析

2. 方法比较分析

为了验证该方法的有效性和优势，本节的比较研究分为两部分：属性加权法和方案排序技术。

（1）属性加权方法的比较。

选择勾股模糊环境下的熵权法[36]、CRITIC 方法[231]、相似性测度[156]、Entropy – Deviation（E – D）方法[126]与 PyF – ITARA 方法进行比较。用上述四种权重方法分别对群体决策矩阵 $\tilde{G}$ 中的数据进行计算来获得属性客观权重值。表 5 – 15 显示用各权重方法计算的属性权重值。图 5 – 6 显示各权重方法的比较。

表 5 – 15　　　　　　　　各权重方法计算的属性权重值

权重方法	C_1	C_2	C_3	C_4	C_5	C_6
Entropy[36]	0.168	0.138	0.220	0.211	0.140	0.122
CRITIC[231]	0.202	0.177	0.136	0.146	0.172	0.167
相似性[156]	0.165	0.169	0.168	0.169	0.162	0.167
E – D[126]	0.171	0.149	0.203	0.200	0.146	0.132
ITARA	0.165	0.161	0.179	0.188	0.150	0.158

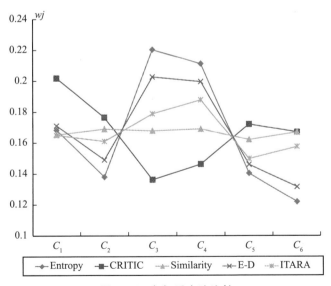

图 5 – 6　各权重方法比较

从表 5 - 15 和图 5 - 6 可知，用 PyF - ITARA 方法计算的各属性权重的排序与 CRITIC 和相似性测度的结果完全不同。与 Entropy 和 E - D 方法的属性权重大小整体分布有点相似。Entropy 和 E - D 方法得到属性 C_3 权重值最大，属性 C_6 的权重值最小，但是 ITARA 方法获得属性 C_4 的权重值最大，属性 C_5 的权重值最小。在属性权重的重要程度分配方面，ITARA 方法没有过分强调 C_4 的重要性或 C_5 的不重要性，这种权重分配更加符合决策实际情况。在计算过程中，现有方法均过早地将评价信息进行精确化，而 ITARA 方法利用隶属度和非隶属度分开且平行计算。同时，与这些方法相比，ITARA 方法的计算量更低，在属性确定方面更具应用性和操作性。

（2）与现有方法对比研究。

为了验证方案评价结果的有效性，利用现有 PyFMADM 方法来计算，如 PyF - TOPSIS[194]、PyF - VIKOR[55]、PyF - WASPAS[57,126]、PyF - MULTIMOORA[233]、PyF - CoCoSo[156]，并与所提的方法进行比较分析。这些方法及所提方法的计算结果见表 5 - 16。

由表 5 - 16 可知，方案 A_2 在所有方案中具有最重要的价值。与现有勾股模糊多准则决策方法相比，所提方法的主要优势如下：

1）在勾股模糊群决策问题中，除了文献［233］采用勾股模糊熵权模型计算了属性的客观权重，其他群决策方法中都采用了属性的主观和客观权重的组合模型。在这些组合权重里面，文献［55，126］基于勾股模糊熵测度和分离测度计算属性客观权重；文献［156］采用勾股模糊相似测度计算属性客观权重。而将 ITARA 方法在勾股模糊环境中扩展并应用于计算属性的客观权重，相比现有计算属性客观权重的方法，PyF - ITARA 方法的计算过程简单。

表 5 – 16　与现有勾股模糊方法的比较

特征	所提方法	文献[194]	文献[57, 126]	文献[233]	文献[156]	文献[55]
排序方法	CoCoSo – D	TOPSIS	WASPAS	MULTIMOORA	CoCoSo	VIKOR
决策类型	群决策	单决策	群决策	群决策	群决策	群决策
专家权重	计算获得	无	计算获得	主观给定	计算获得	计算获得
准则权重	组合	假设	组合	客观	组合	组合
加权方法	评分法/ITARA	—	评分法/E – D	熵权	评分法/相似性	评分法/E – D
运算法则	STIOLs	代数	代数	代数	代数	代数
集结算子	STI – PFWA, STI – PFWG	PFWA	PFWA, PFWG	PFWA, PFWG	PFWA, PFWG	PFWA
贴近度	距离测度	距离测度	不包含	距离测度（部分）	不包含	分离测度
决策机制	折衷	与理想解相似性	得分函数	占优理论	不包含	折衷
方案排序	$A_2 > A_3 > A_4 > A_1 > A_5$	$A_2 > A_3 > A_4 > A_1 > A_5$	$A_2 > A_3 > A_1 > A_4 > A_5$	$A_2 > A_3 > A_1 > A_4 > A_5$	$A_3 > A_2 > A_1 > A_4 > A_5$	$A_2 > A_3 > A_5 > A_4 > A_1$
最佳方案	A_2	A_2	A_2	A_2	A_3	A_2
斯皮尔曼相关性	—	1	0.9	0.9	0.8	0.7

2）在评价信息集结融合过程中，运算规则选择是关键的步骤。现有的方法中均采用算术运算法则，从而采用 PyFWA 或 PyFWG 算子来集结评价信息（勾股模糊数），但是 PyFWA 或 PyFWG 算子不能很好地处理隶属度或非隶属度为零或者非直觉问题。为此，将正弦三角算子与交叉运算法则结合，提出了正弦三角交叉运算法则以及 STI－PyFWA 和 STI－PyFWG 算子，这样既能保留数据的周期性和对称性来满足决策者对多时间相位参数的偏好，又能消除由于隶属度或非隶属度为零而引起的非直觉的情况。进而，将 STI－PyFWA 和 STI－PyFWG 算子替代了传统 CoCoSo 方法中的 WSM 和 WPM。

3）文献［156］PyF－CoCoSo 方法中，在计算方案三种集结策略的时候均将 WSM 和 WPM 模型所得值利用得分函数[33]进行精确化。含有犹豫度的距离测度是一种确定差异的可行途径，相较于得分函数能够更有效地对两个勾股模糊进行区分。为此，在 COCOSO－D 中利用方案与理想解之间的距离测度替代了得分函数，尽管计算过程相对复杂，但是方案最终排序结果更加精确和合理。同时，相较于文献［55］中 VIKOR 方法，所提方法计算过程相对简单。

5.3 本 章 小 结

本章主要介绍了勾股模糊环境下的两种多属性决策方法，包括基于改进 WASPAS 的勾股模糊多属性决策方法和基于 CoCoSo－D 的勾股模糊多属性群决策方法。前者利用 PyF－ITARA 方法确定属性权重向量，进而将 PyFFIWA 和 PyFFIWG 算子替代传统 WASPAS 方法中 WSM 和 WPM，计算得到各方案的总体相对重要性 $Q_i^{(1)}$ 和 $Q_i^{(2)}$。后者先是确定专家权重，综合 PyF－ITARA 和主观评价的结果确定属性主客观组合权重向量。随后，利用 STI－PyFWA 和 STI－PyFWG 算子分别替代传统 CoCoSo 方法中的 WSM 和 WPM 模型以及利用距离测度将勾股模糊数转换成精确值,使改进后的 CoCoSo 方法能够更好地保留决策信息偏好和具备更好的操作性。同时,针对每种决策方法均给出了真实案例研究以展示这两种改进的方法的计算过程,并验证其有效性和可行性。

第6章

q 阶orthopair模糊多属性
决策方法及其应用

6.1 基于参考理想法的 *q* 阶 orthopair 模糊多准则决策方法

6.1.1 传统 RIM 方法概述

RIM 可以有效地解决多准则决策问题。假设方案集合 $Z = \{Z_1, Z_2, \cdots, Z_m\}$，准则集合 $P = \{P_1, P_2, \cdots, P_n\}$，准则相应的权重向量为 $\tau = (\tau_1, \tau_2, \cdots, \tau_n)^T$，满足 $0 \leqslant \tau_j \leqslant 1$ 且 $\sum_{j=1}^{n} \tau_j = 1$ ($j = 1, 2, \cdots, n$)。方案 Z_i 关于准则 P_j 的评价值 δ_{ij} 构成原始决策矩阵可表示为 $D = [\delta_{ij}]_{m \times n}$。基于上述多准则决策问题的描述，传统 RIM 的思路如下[235-239]。

首先，设 $R = [A_j, B_j]$ 表示方案关于准则 P_j 评价值的取值区间范围；$IR = [H_j, Q_j]$ 表示准则 P_j 的预先设定的理想参考区间范围，并且满足条件：$\delta_{ij} \in [A_j, B_j]$ 和 $[H_j, Q_j] \subseteq [A_j, B_j]$。其次，通过

式（6.1）和式（6.2）将原始决策矩阵 *D* 进行规范化处理，得到规范化决策矩阵 $\Phi = [\varphi_{ij}]_{m \times n}$ $(i = 1, 2, \cdots, m; j = 1, 2, \cdots, n)$。

$$\varphi_{ij} = f(\delta_{ij}, [A_j, B_j], [H_j, Q_j])$$

$$= \begin{cases} 1, & \delta_{ij} \in [H_j, Q_j] \\ 1 - \dfrac{dist_{\min}(\delta_{ij}, [H_j, Q_j])}{dist(H_j, A_j)}, & \delta_{ij} \in [A_j, H_j] \\ 1 - \dfrac{dist_{\min}(\delta_{ij}, [H_j, Q_j])}{dist(Q_j, B_j)}, & \delta_{ij} \in [Q_j, B_j] \end{cases} \tag{6.1}$$

$$dist_{\min}(\delta_{ij}, [H_j, Q_j]) = \min\{|\delta_{ij} - H_j|, |\delta_{ij} - Q_j|\} \tag{6.2}$$

式中，$dist_{\min}(\delta_{ij}, [H_j, Q_j])$ 表示评价值 δ_{ij} 与理想参考范围 *IR* 区间上界大元 H_j 与下界小元 Q_j 之间的最小距离。

然后，在加权规范化决策矩阵 $\Psi = [\psi_{ij}]_{m \times n} = [\tau_j \cdot \varphi_{ij}]_{m \times n}$ $(i = 1, 2, \cdots, m; j = 1, 2, \cdots, n)$ 的基础上，运用式（6.3）分别计算方案的规范化参考理想值 I_i^+ 和 I_i^- $(i = 1, 2, \cdots, m)$。最后由 I_i^+ 和 I_i^- 计算各方案的相对指数 $RI_i (i = 1, 2, \cdots, m)$，并按 RI_i 大小对方案进行排序，RI_i 越大，A_i 越好。

$$\begin{cases} I_i^+ = \sqrt{\sum_{j=1}^{n} (\psi_{ij} - \tau_j)^2} \\ I_i^- = \sqrt{\sum_{j=1}^{n} (\psi_{ij})^2} \end{cases} \tag{6.3}$$

6.1.2　基于 *q* – ROFRIM 的决策模型

关于 *q* 阶 orthopair 模糊环境下多准则决策问题可以描述为，假设有 *m* 个方案的集合 $A = \{A_1, A_2, \cdots, A_m\}$，每个方案 $A_i (i = 1, 2, \cdots, m)$ 对应 *n* 个准则的决策准则集合 $C = \{C_1, C_2, \cdots, C_n\}$，与之相对应的权重向量为 $W = (w_1, w_2, \cdots, w_n)^T$，满足 $0 \leqslant w_j \leqslant 1$ 且 $\sum_{j=1}^{n} w_j = 1$

($j=1$，2，$\cdots$，n)，且准则权重向量完全未知。设决策者对方案 A_i 关于准则 C_j 的评价值为 q 阶 orthopair 模糊数，即为 $\tilde{a}_{ij} = \langle \mu_{ij}, \nu_{ij} \rangle$，可以得到初始 q 阶 orthopair 模糊决策矩阵 $\tilde{E}$。

$$\tilde{E} = \begin{array}{c} \\ \\ A_1 \\ A_2 \\ \vdots \\ A_m \end{array} \begin{array}{cccc} w_1 & w_2 & \cdots & w_n \\ C_1 & C_2 & \cdots & C_n \\ \left[\begin{array}{cccc} \tilde{a}_{11} & \tilde{a}_{12} & \cdots & \tilde{a}_{1n} \\ \tilde{a}_{21} & \tilde{a}_{22} & \cdots & \tilde{a}_{2n} \\ \vdots & \vdots & \ddots & \vdots \\ \tilde{a}_{m1} & \tilde{a}_{m2} & \cdots & \tilde{a}_{mn} \end{array} \right] \end{array} \tag{6.4}$$

提出 q – ROFRIM 来解决上述多准则决策问题，具体步骤如下。

步骤 1：确定准则 C_j 取值范围 $\tilde{R}_j = [\tilde{A}_j, \tilde{B}_j]$ 和理想参考范围 $\tilde{I}_j = [\tilde{H}_j, \tilde{Q}_j]$，并将初始 q 阶 orthopair 模糊决策矩阵 $\tilde{E}$ 应用式 (6.5) 进行规范化处理，得到规范化 q 阶 orthopair 模糊决策矩阵 $\tilde{G}$，同时对准则 C_j 的取值范围 $\tilde{R}_j$ 和理想参考范围 $\tilde{I}_j$ 分别应用式 (6.6) 和式 (6.7) 进行规范化处理。

$$\tilde{g}_{ij} = \begin{cases} \tilde{a}_{ij} = \langle \mu_{ij}, \nu_{ij} \rangle & C_j \text{ 为效益型准则} \\ \tilde{a}_{ij}^c = \langle \nu_{ij}, \mu_{ij} \rangle & C_j \text{ 为成本型准则} \end{cases} \tag{6.5}$$

$$\tilde{R}_j = \begin{cases} [\tilde{A}_j, \tilde{B}_j] & C_j \text{ 为效益型准则} \\ [\tilde{B}_j^c, \tilde{A}_j^c] & C_j \text{ 为成本型准则} \end{cases} \tag{6.6}$$

$$\tilde{I}_j = \begin{cases} [\tilde{H}_j, \tilde{Q}_j] & C_j \text{ 为效益型准则} \\ [\tilde{Q}_j^c, \tilde{H}_j^c] & C_j \text{ 为成本型准则} \end{cases} \tag{6.7}$$

式中，$\tilde{A}_j$、$\tilde{B}_j$、$\tilde{H}_j$、$\tilde{Q}_j$ 均为 q 阶 orthopair 模糊数；$\tilde{a}_{ij}^c$、$\tilde{A}_j^c$、$\tilde{B}_j^c$、$\tilde{H}_j^c$、$\tilde{Q}_j^c$ 分别为 $\tilde{a}_{ij}$、$\tilde{A}_j$、$\tilde{B}_j$、$\tilde{H}_j$、$\tilde{Q}_j$ 的补集。

步骤 2：利用 q 阶 orthopair 模糊可能度确定准则最优权重向量。从可能度出发，当所有方案在同一准则下合成的度量值越大时，表明该准则对方案择优所起重要性的影响成分增多，相应地赋予较大的权重。反之，则赋予较小权重。基于此思想，在准则权重信息完全未知情况下构造 *q* 阶 orthopair 模糊决策方案可能度非线性规划模型：

$$\begin{cases} \max F(w) = \displaystyle\sum_{j=1}^{n} \sum_{\substack{k=1, \\ k \neq j}}^{n} \sum_{i=1}^{m} p(\tilde{g}_{ij} \geqslant \tilde{g}_{ik}) \cdot w_j \\ s.t. \displaystyle\sum_{j=1}^{n} w_j^2 = 1, \ w_j \geqslant 0, \ i = 1, 2, \cdots, m; \ j, k = 1, 2, \cdots, n \end{cases}$$

$$(6.8)$$

为解此最优化模型，构建 Lagrangian 函数为

$$L(w, \lambda) = \sum_{j=1}^{n} \sum_{\substack{k=1, \\ k \neq j}}^{n} \sum_{i=1}^{m} p(\tilde{g}_{ij} \geqslant \tilde{g}_{ik}) \cdot w_j + \frac{1}{2}\lambda\left(\sum_{j=1}^{n} w_j^2 - 1\right)$$

其中，λ 为参数，分别对 w_j 和 λ 求一阶偏导，并令一阶偏导值为 0，则得：

$$\begin{cases} \dfrac{\partial L(w, \lambda)}{\partial w_j} = \displaystyle\sum_{\substack{k=1, \\ k \neq j}}^{n} \sum_{i=1}^{m} p(\tilde{g}_{ij} \geqslant \tilde{g}_{ik}) + \lambda w_j = 0, \ 1 \leqslant j \leqslant n \\ \dfrac{\partial L(w, \lambda)}{\partial \lambda} = \displaystyle\sum_{j=1}^{n} w_j^2 - 1 = 0 \end{cases}$$

求解此方程组，得到最优解：

$$w_j^* = \frac{\displaystyle\sum_{\substack{k=1, \\ k \neq j}}^{n} \sum_{i=1}^{n} p(\tilde{g}_{ij} \geqslant \tilde{g}_{ik})}{\sqrt{\displaystyle\sum_{j=1}^{n} \left(\sum_{\substack{k=1, \\ k \neq j}}^{n} \sum_{i=1}^{n} p(\tilde{g}_{ij} \geqslant \tilde{g}_{ik})\right)^2}}$$

$$(6.9)$$

通用 $w_j = w_j^* / \displaystyle\sum_{j=1}^{n} w_j^*$ 进行归一化处理，可得最优准则权重：

$$w_j = \frac{\displaystyle\sum_{\substack{k=1, \\ k \neq j}}^{n} \sum_{i=1}^{n} p(\tilde{g}_{ij} \geqslant \tilde{g}_{ik})}{\displaystyle\sum_{j=1}^{n} \sum_{\substack{k=1, \\ k \neq j}}^{n} \sum_{i=1}^{n} p(\tilde{g}_{ij} \geqslant \tilde{g}_{ik})}, \ 1 \leqslant i \leqslant m; \ 1 \leqslant j, k \leqslant n$$

$$(6.10)$$

步骤 3：利用 q 阶 orthopair 模糊交叉熵确定规范化决策矩阵 $X = [x_{ij}]_{m \times n}$。由定义 3-3 有 $\tilde{\alpha}_1 = \langle \mu_1, \nu_1 \rangle$ 和 $\tilde{\alpha}_2 = \langle \mu_2, \nu_2 \rangle$ 任意两个 q 阶 orthopair 模糊数的差异程度测度的 q 阶 orthopair 模糊交叉熵，利用其替代传统 RIM 中的距离测度，则有

$$x_{ij} = f(\tilde{g}_{ij}, [\tilde{A}_j, \tilde{B}_j], [\tilde{H}_j, \tilde{Q}_j])$$

$$= \begin{cases} 1, & \tilde{g}_{ij} \in [\tilde{H}_j, \tilde{Q}_j] \\ 1 - \dfrac{SD_{\min}(\tilde{g}_{ij}, [\tilde{H}_j, \tilde{Q}_j])}{SD(\tilde{H}_j, \tilde{A}_j)}, & \tilde{g}_{ij} \in [\tilde{A}_j, \tilde{H}_j] \\ 1 - \dfrac{SD_{\min}(\tilde{g}_{ij}, [\tilde{H}_j, \tilde{Q}_j])}{SD(\tilde{Q}_j, \tilde{B}_j)}, & \tilde{g}_{ij} \in [\tilde{Q}_j, \tilde{B}_j] \end{cases} \quad (6.11)$$

$$SD_{\min}(\tilde{g}_{ij}, [\tilde{H}_j, \tilde{Q}_j]) = \min\{SD(\tilde{g}_{ij}, \tilde{H}_j), SD(\tilde{g}_{ij}, \tilde{Q}_j)\}$$

$$(6.12)$$

式中，$SD(\tilde{g}_{ij}, \tilde{H}_j)$ 和 $SD(\tilde{g}_{ij}, \tilde{Q}_j)$ 分别是 $\tilde{g}_{ij}$ 与 $\tilde{H}_j$、$\tilde{Q}_j$ 之间的对称判别信息测度，由式（6.13）和式（6.14）计算可得。

$$CE(\tilde{\alpha}_1, \tilde{\alpha}_2) = (\mu_1^q \ln \frac{2\mu_1^q}{(\mu_1^q + \mu_2^q)} + (1 - \mu_1^q) \ln \frac{1 - \mu_1^q}{1 - \frac{1}{2}(\mu_1^q + \mu_2^q)} + \nu_1^q \ln \frac{2\nu_1^q}{(\nu_1^q + \nu_2^q)} + (1 - \nu_1^q)$$

$$\ln \frac{1 - \nu_1^q}{1 - \frac{1}{2}(\nu_1^q + \nu_2^q)} + \pi_1^q \ln \frac{2\pi_1^q}{(\pi_1^q + \pi_2^q)} + (1 - \pi_1^q) \ln \frac{1 - \pi_1^q}{1 - \frac{1}{2}(\pi_1^q + \pi_2^q)}) \quad (6.13)$$

$$SD(\tilde{\alpha}_1, \tilde{\alpha}_2) = CE(\tilde{\alpha}_1, \tilde{\alpha}_2) + CE(\tilde{\alpha}_2, \tilde{\alpha}_1) \quad (6.14)$$

步骤 4：计算加权规范化矩阵 $Y = [y_{ij}]_{m \times n}$（$i = 1, 2, \cdots, m$; $j = 1, 2, \cdots, n$）。

$$Y = X \cdot W \quad (6.15)$$

步骤 5：分别计算方案的规范化参考理想值 I_i^+ 和 I_i^-（$i = 1, 2, \cdots, m$）。

$$\begin{cases} I_i^+ = \sqrt{\sum_{j=1}^n (y_{ij} - w_j)^2} \\ I_i^- = \sqrt{\sum_{j=1}^n (y_{ij})^2} \end{cases} \quad (6-16)$$

步骤 6：计算各方案的相对指数 $RI_i (i = 1, 2, \cdots, m)$。按 RI_i 的大小对方案进行排序，RI_i 越大，A_i 越好。

$$RI_i = \frac{I_i^-}{I_i^- + I_i^+} \tag{6.17}$$

式中，$0 < RI_i < 1$，$i = 1, 2, \cdots, m$。

6.1.3　算例分析

某风险投资公司计划对再生能源项目进行投资评估和决策，再生能源项目方案集合为 $A = \{A_1, A_2, A_3, A_4\}$。风险投资公司主要依据技术能力（$C_1$）、市场潜力（$C_2$）、政策环境（$C_3$）和投资风险（$C_4$）4 个准则对再生能源项目进行评估。4 个准则的权重完全未知。决策专家采用 *q* 阶 orthopair 模糊数对方案关于准则进行评价，得到初始 *q* 阶 orthopair 模糊决策矩阵 $\tilde{E}$（取 $q = 3$）。

$$\tilde{E} = \begin{bmatrix} \langle 0.70, 0.40 \rangle & \langle 0.40, 0.70 \rangle & \langle 0.65, 0.45 \rangle & \langle 0.40, 0.70 \rangle \\ \langle 0.87, 0.35 \rangle & \langle 0.70, 0.40 \rangle & \langle 0.50, 0.50 \rangle & \langle 0.36, 0.80 \rangle \\ \langle 0.70, 0.40 \rangle & \langle 0.65, 0.45 \rangle & \langle 0.87, 0.35 \rangle & \langle 0.40, 0.70 \rangle \\ \langle 0.65, 0.45 \rangle & \langle 0.87, 0.35 \rangle & \langle 0.50, 0.50 \rangle & \langle 0.25, 0.80 \rangle \end{bmatrix}$$

步骤 1：规范化处理。由于 C_4 是成本型准则，依据式（6.5）~式（6.7）对初始 *q* 阶 orthopair 模糊决策矩阵 $\tilde{E}$ 进行规范化处理，可得规范化 *q* 阶 orthopair 模糊决策矩阵 $\tilde{G}$，以及规范化后的取值范围 $\tilde{R}_j$ 和理想参考范围 $\tilde{I}_j$，见表 6-1。

$$\tilde{G} = \begin{bmatrix} \langle 0.70, 0.40 \rangle & \langle 0.40, 0.70 \rangle & \langle 0.65, 0.45 \rangle & \langle 0.70, 0.40 \rangle \\ \langle 0.87, 0.35 \rangle & \langle 0.70, 0.40 \rangle & \langle 0.50, 0.50 \rangle & \langle 0.80, 0.36 \rangle \\ \langle 0.70, 0.40 \rangle & \langle 0.65, 0.45 \rangle & \langle 0.87, 0.35 \rangle & \langle 0.70, 0.40 \rangle \\ \langle 0.65, 0.45 \rangle & \langle 0.87, 0.35 \rangle & \langle 0.50, 0.50 \rangle & \langle 0.80, 0.25 \rangle \end{bmatrix}$$

表 6 – 1　　　　　　　　　　　准则的取值范围和理想参考范围

准则	$\tilde{R}_j$	$\tilde{I}_j$
C_1	$[\langle 0.20,\ 0.98 \rangle,\ \langle 0.98,\ 0.20 \rangle]$	$[\langle 0.87,\ 0.35 \rangle,\ \langle 0.98,\ 0.20 \rangle]$
C_2	$[\langle 0.20,\ 0.98 \rangle,\ \langle 0.98,\ 0.20 \rangle]$	$[\langle 0.87,\ 0.35 \rangle,\ \langle 0.98,\ 0.20 \rangle]$
C_3	$[\langle 0.20,\ 0.98 \rangle,\ \langle 0.98,\ 0.20 \rangle]$	$[\langle 0.70,\ 0.40 \rangle,\ \langle 0.98,\ 0.20 \rangle]$
C_4	$[\langle 0.20,\ 0.98 \rangle,\ \langle 0.98,\ 0.20 \rangle]$	$[\langle 0.87,\ 0.25 \rangle,\ \langle 0.98,\ 0.20 \rangle]$

步骤 2：利用 q 阶 orthopair 模糊可能度确定准则权重向量。应用式（3.1）、式（3.2）和式（6.10）计算得到准则权重向量为 $w = (0.267,\ 0.235,\ 0.227,\ 0.272)^{\mathrm{T}}$。

步骤 3：利用 q 阶 orthopair 模糊交叉熵确定规范化决策矩阵。应用式（3.5）、式（3.6）和式（6.11）~式（6.14）计算得到规范化决策矩阵 X。

$$X = \begin{bmatrix} 0.886 & 0.598 & 0.994 & 0.894 \\ 1.000 & 0.886 & 0.930 & 0.975 \\ 0.886 & 0.836 & 0.875 & 0.894 \\ 0.836 & 1.000 & 0.930 & 0.975 \end{bmatrix}$$

步骤 4：利用式（6.15）计算加权规范化矩阵 Y。

$$Y = \begin{bmatrix} 0.236 & 0.140 & 0.225 & 0.243 \\ 0.267 & 0.208 & 0.211 & 0.265 \\ 0.236 & 0.196 & 0.198 & 0.243 \\ 0.223 & 0.235 & 0.211 & 0.265 \end{bmatrix}$$

步骤 5 ~ 6：利用式（6.16）和式（6.17）计算各方案的相对指数 RI_i，并按指数大小对方案进行排序，结果见表 6 – 2 所示。

表 6-2   方案相对指数和排序

方案	I_i^+	I_i^-	RI_i	排序
A_1	0.103	0.430	0.806	4
A_2	0.032	0.479	0.938	1
A_3	0.064	0.439	0.873	3
A_4	0.047	0.469	0.909	2

为了验证所提方法的有效性，在 q 阶 orthopair 模糊环境下选择集结算子和排序技术具有代表性的方法，为此，采用文献 [65] 中的 q-ROFWA 算子、q-ROFWG 算子，文献 [240] 中的 q-ROFTOPSIS 方法和文献 [241] 中 q-ROFVIKOR 方法与所提方法进行对比分析。其中，q-ROFWA 算子和 q-ROFWG 算子分别通过式（2.10）和式（2.11）对各准则的 q 阶 orthopair 模糊评价信息进行集结，利用式（2.7）计算方案的得分函数值，再按得分函数值大小对方案进行排序；在 q-ROFTOPSIS 方法中采用式（6.18）确定准则的 q 阶 orthopair 模糊正理想解（q-ROFPIS）和 q 阶 orthopair 模糊负理想解（q-ROFNIS），然后利用式（2.9）计算每个方案分别与 q-ROFPIS 和 q-ROFNIS 的 q 阶 orthopair 模糊汉明距离，最后计算每个方案的贴近系数 CI，并按数值大小对方案进行排序。计算结果见表 6-3。

$$
\begin{cases}
q\text{-}ROFPIS = \{\,\tilde{z}_1^+,\ \tilde{z}_2^+,\ \cdots,\ \tilde{z}_n^+\,\} = \{\langle \max_i \mu_{ij},\ \min_i \nu_{ij}\rangle, \\
\quad i = 1,\ 2,\ \cdots,\ m;\ j = 1,\ 2,\ \cdots,\ n\} \\
q\text{-}ROFNIS = \{\,\tilde{z}_1^-,\ \tilde{z}_2^-,\ \cdots,\ \tilde{z}_n^-\,\} = \{\langle \min_i \mu_{ij},\ \max_i \nu_{ij}\rangle, \\
\quad i = 1,\ 2,\ \cdots,\ m;\ j = 1,\ 2,\ \cdots,\ n\}
\end{cases}
$$

（6.18）

表 6 – 3   方法对比分析结果

方法	A_1	A_2	A_3	A_4	排序
q – ROFWA[65]	$sc(A_1) = 0.567$	$sc(A_2) = 0.701$	$sc(A_3) = 0.665$	$sc(A_4) = 0.703$	$A_4 \succ A_2 \succ A_3 \succ A_1$
q – ROFWG[65]	$sc(A_1) = 0.512$	$sc(A_2) = 0.656$	$sc(A_3) = 0.645$	$sc(A_4) = 0.647$	$A_2 \succ A_4 \succ A_3 \succ A_1$
q – ROFTOPSIS[240]	$CI(A_1) = 0.102$	$CI(A_2) = 0.555$	$CI(A_3) = 0.476$	$CI(A_4) = 0.598$	$A_4 \succ A_2 \succ A_3 \succ A_1$
q – ROFVIKOR[241]	$Q(A_1) = 1.000$	$Q(A_2) = 0.000$	$Q(A_3) = 0.486$	$Q(A_4) = 0.436$	$A_2 \succ A_4 \succ A_3 \succ A_1$
所提方法	$RI_1 = 0.806$	$RI_2 = 0.938$	$RI_3 = 0.873$	$RI_4 = 0.909$	$A_2 \succ A_4 \succ A_3 \succ A_1$

由表 6 – 3 可知，所提方法与 q – ROFWG 算子和 q – ROFVIKOR 方法的方案排序结果一致，最优方案为 A_2，而 q – ROFWA 算子与 q – ROFTOPSIS 方法的方案排序结果一致，最优方案为 A_4。可以发现，所提方法与 q – ROFWA 算子和 q – ROFWG 算子的决策原理完全不同，而与 q – ROFTOPSIS 方法相近，但在确定理想解方面存在差别：q – ROFTOPSIS 方法是通过每个方案关于准则的 q 阶 orthopair 模糊评价信息分别取最大和最小值来确定 q – ROFPIS 和 q – ROFNIS；而所提方法是依据实际情况预先设定准则的取值范围和理想参考范围。尽管所提方法结果与 q – ROFVIKOR 方法一致，但是与 q – ROFVIKOR 和 q – ROFTOPSIS 方法相比，所提方法更符合决策问题的实际情况和实际操作性。因此，通过与现有不同方法比较，可以说明所提方法的有效性。

与 AHP、SAW、TOPSIS 等方法相比，q – ROFRIM 方法能够解决秩反转的问题，其根本原因在于准则的理想参考范围被预先设定，并且方案的排序不会因为方案的增减而发生变化。因此，为了验证 q – ROFRIM 具备能够避免秩反转问题发生的性质，在原有初始 q 阶 orthopair 模糊决策矩阵的基础上增加一个方案的评价向量，测试应用所提方法得到的方案排序与原有方案排序的位次是否发生变化。具体做法如下：

在上述案例中的初始 q 阶 orthopair 模糊决策矩阵 $\tilde{E}$ 中增加 1 个方案，记为 A_5。方案 A_5 关于准则 $C_1 \sim C_4$ 的 q 阶 orthopair 模糊数评价向量

由决策专家给定，分别为（$\langle 0.65, 0.45 \rangle$、$\langle 0.70, 0.40 \rangle$、$\langle 0.87, 0.35 \rangle$、$\langle 0.50, 0.50 \rangle$）。按照"决策模型"中步骤 2 计算可得准则向量 $w = (0.253, 0.245, 0.256, 0.246)^{\mathrm{T}}$，进而得到方案的最终结果与排序，见表 6 - 4。同时，在增加方案 A_5 的数据基础上，分别用 *q* - ROFWA 算子、*q* - ROFWG 算子和 *q* - ROF TOPSIS 方法进行计算，方案的最终结果与排序见表 6 - 4。由表 6 - 4 可知，所提方法的原方案排序没有发生变化，而其他 3 种决策方法的原方案排序都发生了变化，即出现了秩反转问题。因此，*q* - ROFRIM 能够有效地避免秩反转问题。

表 6 - 4 　　　　　　关于秩反转问题的各方法对比

方法	A_1	A_2	A_3	A_4	A_5	排序
q - ROFWA[65]	$sc(A_1) =$ 0.580	$sc(A_2) =$ 0.690	$sc(A_3) =$ 0.684	$sc(A_4) =$ 0.686	$sc(A_5) =$ 0.657	$A_2 \succ A_4 \succ A_3 \succ A_5 \succ A_1$
q - ROFWG[65]	$sc(A_1) =$ 0.533	$sc(A_2) =$ 0.637	$sc(A_3) =$ 0.659	$sc(A_4) =$ 0.627	$sc(A_5) =$ 0.609	$A_3 \succ A_2 \succ A_4 \succ A_5 \succ A_1$
q - ROF TOPSIS[240]	$CI(A_1) =$ 0.195	$CI(A_2) =$ 0.548	$CI(A_3) =$ 0.558	$CI(A_4) =$ 0.599	$CI(A_5) =$ 0.467	$A_4 \succ A_3 \succ A_2 \succ A_5 \succ A_1$
所提方法	$RI_1 =$ 0.802	$RI_2 =$ 0.934	$RI_3 =$ 0.871	$RI_4 =$ 0.911	$RI_5 =$ 0.810	$A_2 \succ A_4 \succ A_3 \succ A_5 \succ A_1$

6.2　基于改进 VIKOR 的 *q* 阶 orthopair 模糊多属性群决策方法

6.2.1　经典 VIOKR 方法

VIKOR 方法是一种很好且被广泛应用的多属性决策方法，它可以同时考虑群体效用和个人遗憾[242]。决策问题可以描述为，假设有 m 个备选方案表示为 X_1，X_2，$\cdots$，X_m，有 n 个属性表示为 A_1，A_2，$\cdots$，A_n，备选方案 X_i 关于属性 A_j 的评估值用 $x_{ij}(i=1$，2，$\cdots$，m；$j=1$，2，$\cdots$，n）表示。假设 x_j^* 表示属性 j 下正理想解，x_j^- 表示属性 j 下负理想解。$w=(w_1$，w_2，$\cdots$，w_n）T 是属性权重向量，满足 $w_j \in [0，1]$ 和 $\sum_{j=1}^{n} w_j = 1$。VIKOR 方法的步骤可以描述如下。

步骤1：规范化决策矩阵。

步骤2：在属性 A_j 下的计算正理想解 x_j^* 和负理想解 x_j^-。

$$
\begin{cases}
x_j^* = \max_i x_{ij} \\
x_j^- = \min_i x_{ij}
\end{cases}
\tag{6.19}
$$

步骤3：计算群效用值 S_i 和个人遗憾值 $R_i(i=1$，2，$\cdots$，m）。

$$
\begin{cases}
S_i = \sum_{j=1}^{n} w_j (x_j^* - x_{ij})/(x_j^* - x_j^-) \\
R_i = \max_j \{ w_j (x_j^* - x_{ij})/(x_j^* - x_j^-) \}
\end{cases}
\tag{6.20}
$$

步骤4：计算各方案的综合指标 $Q_i(i=1$，2，$\cdots$，m）。

$$
Q_i = \phi \frac{S_i - S^-}{S^+ - S^-} + (1-\phi) \frac{R_i - R^-}{R^+ - R^-}
\tag{6.21}
$$

式中，$S^- = \min_i(S_i)$，$S^+ = \max_i(S_i)$，$R^- = \min_i(R_i)$，$R^+ = \max_i(R_i)$；$\phi \in [0，1]$ 为折衷系数，$\phi > 0.5$ 表示决策者倾向于按群体效用最大化方式进行决策，$\phi < 0.5$ 表示决策者倾向于按个体遗憾最小化方式进行决策，$\phi = 0.5$ 表示决策者按折衷方式进行决策，即群体效用和个体遗憾同等重要。

步骤5：分别对 S_i、R_i 和 Q_i 进行升序排列，得到3个排序，数值越小则说明方案越优。

步骤6：确定折衷方案。假设按 $Q(h_i)$ 值升序的排列结果 $h^{(1)}$，$h^{(2)}$，$\cdots$，$h^{(m)}$。若 $h^{(1)}$ 同时满足以下两个条件，则 $h^{(1)}$ 为折衷方案：

条件 1：$Q(h^{(2)}) - Q(h^{(1)}) \geqslant \dfrac{1}{m-1}$；条件 2：在依据 S_i 和 R_i 进行排列时，$h^{(1)}$ 至少有一个依然排列为最小值。

如果上述条件不同同时满足，则可以依据以下情况分别得到折衷方案：1）若不满足条件 2，则方案 $h^{(1)}$ 和 $h^{(2)}$ 均为折衷方案；2）若不满足条件 1，则折衷方案为 $h^{(1)}$，$h^{(2)}$，$\cdots$，$h^{(d)}$，其中 $h^{(d)}$ 满足 $Q(h^{(d)}) - Q(h^{(1)}) < \dfrac{1}{m-1}$。

6.2.2　基于 q – ROF RIM – VIKOR 群决策模型

对于决策专家之间和属性指标之间存在关联性的 q 阶 orthopair 模糊多属性群决策问题可描述为，设有 m 个方案 $A_i(i=1,2,\cdots,m)$ 构成方案集合为 $A = \{A_1, A_2, \cdots, A_m\}$；由 n 个存在相互影响或交互关系的属性 $C_j(j=1,2,\cdots,n)$ 构成属性集合为 $C = \{C_1, C_2, \cdots, C_n\}$；由 t 个存在领域知识相互交叉或工作经历相互关联关系的专家 $e_k(k=1,2,\cdots,t)$ 构成专家集合 $E = \{e_1, e_2, \cdots, e_t\}$。每位专家对方案关于属性的评价信息用 q 阶 orthopair 模糊数表示，专家 e_k 的 q 阶 orthopair 模糊决策矩阵为 $D^k = [\alpha_{ij}^k]_{m \times n}$，$\alpha_{ij}^k = \langle \mu_{ij}^k, \nu_{ij}^k \rangle$（$i=1,2,\cdots,m$；$j=1,2,\cdots,n$；$k=1,2,\cdots,t$）。针对效益型和成本型属性，需要 q 阶 orthopair 模糊决策矩阵为 D^k 进行规范化处理，由式（6.22）进行转化得到规范化 q 阶 orthopair 模糊决策矩阵为 $G^k = [g_{ij}^k]_{m \times n}$（$i=1,2,\cdots,m$；$j=1,2,\cdots,n$；$k=1,2,\cdots,t$）。

$$g_{ij}^k = \begin{cases} a_{ij}^k = \langle \mu_{ij}^k, \nu_{ij}^k \rangle, & C_j \text{ 为效益型属性} \\ (a_{ij}^k)^c = \langle \mu_{ij}^k, \nu_{ij}^k \rangle, & C_j \text{ 为成本型属性} \end{cases} \tag{6.22}$$

式中 $(a_{ij}^k)^c$ 为 q 阶 orthopair 模糊数 a_{ij}^k 的补集。

（1）确定专家和属性的最优模糊测度。

确定专家和属性重要度是群决策问题的重要内容之一。为此，在

q 阶 orthopair 模糊环境下，针对专家模糊测度的确定，首先将专家 e_k 的 q 阶 orthopair 模糊决策矩阵 G^k 转换成属性 C_j 的 q 阶 orthopair 模糊决策矩阵 $Y^j = [y_{ik}^j]_{m \times t}$，$y_{ik}^j = \langle \mu_{ik}^j, \nu_{ik}^j \rangle$（$i = 1, 2, \cdots, m$；$j = 1, 2, \cdots, n$；$k = 1, 2, \cdots, t$），其中 $y_{ik}^j = g_{ij}^k$。基于某属性下的各方案之间的差异越大赋予该属性权重就越大及该属性相关熵值越小赋予该属性权重就越大的思想，在文献［243］启发下将 $q - ROFCE$ 和 $q - ROFE$ 结合，则

$$d^j = \frac{1}{m-1} \sum_{l=1, i \neq l}^{m} q - ROFCE(y_{ik}^j, y_{lk}^j) + (1 - q - ROFE(y_{ik}^j))$$

$$(6.23)$$

假设对于每个专家 e_k 关于属性 C_j 的 Shapley 值 $\varphi_k(\xi^j, E)$，方案 A_i 与其他方案的偏差定义为

$$D_{ik}^j(\varphi_k(\xi^j, E)) = \varphi_k(\xi^j, E) \left(\frac{1}{m-1} \sum_{l=1, i \neq l}^{m} q - ROFCE(y_{ik}^j, y_{lk}^j) \right.$$

$$\left. + (1 - q - ROFE(y_{ik}^j)) \right) \qquad (6.24)$$

那么，所有专家关于属性 C_j 的方案 A_i 与其他方案的偏差为

$$D_i^j(\varphi^j) = \sum_{k=1}^{t} \varphi_k(\xi^j, E) \left(\frac{1}{m-1} \sum_{l=1, i \neq l}^{m} q - ROFCE(y_{ik}^j, y_{lk}^j) \right.$$

$$\left. + (1 - q - ROFE(y_{ik}^j)) \right) \qquad (6.25)$$

式中，φ^j 表示所有专家关于属性 C_j 的 Shapley 值向量，即 $\varphi^j = (\varphi_1(\xi^j, E), \varphi_2(\xi^j, E), \cdots, \varphi_t(\xi^j, E))$，$\xi^j$ 表示所有专家关于属性 C_j 的模糊测度。$q - ROFCE(y_{ik}^j, y_{lk}^j)$ 为 y_{ik}^j 与 y_{lk}^j 之间的 q 阶 orthopair 模糊评价信息差异度量；$q - ROFE(y_{ik}^j)$ 为 y_{ik}^j 的模糊性度量。

当专家重要度信息部分已知，构造如下线性规划模型，以确定专家集合 E 关于属性 C_j 的最优模糊测度：

$$\max D^j(\varphi^j) = \sum_{i=1}^{m} \sum_{k=1}^{t} \varphi_k(\xi^j, E) \left(\frac{1}{m-1} \sum_{l=1, i \neq l}^{m} q - ROFCE(y_{ik}^j, y_{lk}^j) \right.$$

$$\left. + (1 - q - ROFE(y_{ik}^j)) \right)$$

$$\text{s. t.} \begin{cases} \xi^j(e_k) \in H_{ek}^j, \ k = 1, 2, \cdots, t; \\ \xi^j(\phi) = 0, \ \xi^j(E) = 1; \\ \xi^j(S) \leq \xi^j(T), \ \forall S, \ T \subseteq E, \ S \subseteq T. \end{cases} \quad (6.26)$$

式中，H_{ek}^j 表示为部分已知的专家重要信息。

在得到最优专家模糊测度 $\xi^j(S)$，$\forall S \subseteq E$ 之后，依据定理 4 - 16 利用 q - ROFFSCA 算子或 q - ROFFSCG 算子对各专家的 q 阶 orthopair 模糊决策矩阵 D^k 进行集结得到 q 阶 orthopair 模糊的群决策矩阵 $H = \left[h_{ij} \right]_{m \times n}$，$r_{ij} = \langle \mu_{ij}, \nu_{ij} \rangle (i = 1, 2, \cdots, m; j = 1, 2, \cdots, n)$：

$$h_{ij} = q - ROFFSCA \ (g_{ij}^1, \ g_{ij}^2, \ \cdots, \ g_{ij}^t)$$

$$= \left\langle \sqrt[q]{1 - \log_\theta \left(1 + \prod_{k=1}^{t} (\theta^{1-\mu_{ij}^q} - 1)^{\Gamma_{e(k)}} \right)}, \ \sqrt[q]{\log_\theta \left(1 + \prod_{k=1}^{t} (\theta^{\nu_{ij}^q} - 1)^{\Gamma_{e(k)}} \right)} \right\rangle$$

$$(6.27)$$

或

$$h_{ij} = q - ROFFSCG \ (g_{ij}^1, \ g_{ij}^2, \ \cdots, \ g_{ij}^t)$$

$$= \left\langle \sqrt[q]{\log_\theta \left(1 + \prod_{k=1}^{t} (\theta^{\mu_{ij}^q} - 1)^{\Gamma_{e(k)}} \right)}, \ \sqrt[q]{1 - \log_\theta \left(1 + \prod_{k=1}^{t} (\theta^{1-\nu_{ij}^q} - 1)^{\Gamma_{e(k)}} \right)} \right\rangle$$

$$(6.28)$$

式（6.27）和式（6.28）中，$\Gamma_{e(k)} = \varphi_{B(k)}(\xi^j, E) - \varphi_{B(k+1)}(\xi^j, E)$，$(.)$ 为 $(1, 2, \cdots t)$ 的置换，使得 $g_{ij}^{(1)} \leq g_{ij}^{(2)} \leq \cdots \leq g_{ij}^{(t)}$，$\varepsilon_{(l)}$ 为与 $g_{ij}^{(l)}$ 对应的专家，且 $B_{(k)} = \{ \varepsilon_{(l)} \mid l \leq k \}$，$k \geq 1$，$B_{(t+1)} \neq \phi$。$\varphi_{B(k)}(\xi^j, E)$ 为对应于 $B_{(k)}$ 关于属性 C_j 的 Shapley 值。

同理，针对属性重要度信息部分已知，构造如下线性规划模型，以确定属性 C_j 的最优模糊测度：

$$\max D(\vartheta) = \sum_{j=1}^{n}\sum_{i=1}^{m} \vartheta_j(\psi, C)\left(\frac{1}{m-1}\sum_{l=1,i\neq l}^{m} q-ROFCE(h_{ij}, h_{lj})\right.$$

$$\left. + (1 - q - ROFE(h_{ij}))\right)$$

$$\text{s. t.} \begin{cases} \psi(C_j) \in H_{Cj}, \ j = 1, \ 2, \ \cdots, \ n; \\ \psi(\phi) = 0, \ \psi(C) = 1; \\ \psi(S) \leqslant \psi(T), \ \forall S, \ T \subseteq C, \ S \subseteq T. \end{cases} \quad (6.29)$$

式中，H_{ek}^j 表示为部分已知的专家重要信息。$\vartheta = (\vartheta_1(\psi, \ C), \vartheta_2(\psi, \ C), \cdots, \vartheta_n(\psi, \ C))$ 为属性 C_j 的 Shapley 值向量，ψ 表示属性集合 C 上的模糊测度，H_{cj} 为属性 C_j 上的模糊测度 $\psi(C_j)$ 的范围。$q-ROFCE$(h_{ij}, h_{lj}) 为 h_{ij} 与 h_{lj} 之间的 q 阶 orthopair 模糊评价信息差异度量；$q-ROFE(h_{ij})$ 为 h_{ij} 的模糊性度量。

（2）$q-ROF\ RIM-VIKOR$ 方法。

为了弥补传统 VIKOR 方法理想解不能在大小极值范围内取值的缺陷，本节在 RIM[237-239] 和 $q-ROFCE$ 的基础上提出了 $q-ROF\ RIM-VIKOR$ 方法。具体过程如下。

步骤 1：针对 q 阶 orthopair 模糊群体决策矩阵 H，确定属性 C_j 的取值范围 $R_j = [A_j, \ B_j]$ 和参考理想区间 $RI_j = [R_j^-, \ R_j^+]$，其中，A_j、B_j、R_j^- 和 R_j^+ 均为 q 阶 orthopair 模糊数，且 $[R_j^-, \ R_j^+] \subseteq [A_j, \ B_j]$；对属性 C_j 的取值范围 R_j 和理想参考范围 RI_j 应用式（6.30）进行规范化处理。

$$R_j = \begin{cases} [A_j, \ B_j] & C_j \text{ 为效益型准则} \\ [B_j^c, \ A_j^c] & C_j \text{ 为成本型准则} \end{cases};$$

$$RI_j = \begin{cases} [R_j^-, \ R_j^+] & C_j \text{ 为效益型准则} \\ [(R_j^+)^c, \ (R_j^-)^c] & C_j \text{ 为成本型准则} \end{cases} \quad (6.30)$$

步骤 2：采用任意两个 q 阶 orthopair 模糊数的差异程度测度的 $q-$

ROFCE 来替代传统 RIM 中的距离测度，利用式（6.31）计算 h_{ij} 与 $RI_j = \left[R_j^-, R_j^+ \right]$ 之间的偏差程度。

$$d\left(h_{ij}, \left[R_j^-, R_j^+ \right] \right) = \begin{cases} \min\left\{ q-ROFCE(h_{ij}, R_j^-), q-ROFCE(h_{ij}, R_j^+) \right\}, & h_{ij} \notin \left[R_j^-, R_j^+ \right] \\ 0, & h_{ij} \in \left[R_j^-, R_j^+ \right] \end{cases}$$

（6.31）

由此得到偏差矩阵 $Div = \left[d\left(h_{ij}, \left[R_j^-, R_j^+ \right] \right) \right]_{m \times n}$，依据偏差程度的最大值和最小值来确定群体决策矩阵 H 中对应位置的 q 阶 orthopair 模糊数为属性 C_j 的参考理想解（R – PIS）I_j^+ 和参考负理想解（R – NIS）I_j^-：

$$\min_j \left\{ d\left(h_{ij}, \left[R_j^-, R_j^+ \right] \right) \right\} \Rightarrow I_j^+; \quad \max_j \left\{ d\left(h_{ij}, \left[R_j^-, R_j^+ \right] \right) \right\} \Rightarrow I_j^-$$

（6.32）

式（6.32）中"⇒"表示偏差矩阵 Div 与群体决策矩阵 H 对应相同的位置；I_j^+ 和 I_j^- 为 q 阶 orthopair 模糊数。

步骤 3：将 Shapley Choquet 积分与 q – ROFCE 结合并替代传统 VIKOR 方法中加权距离测度，不仅能够强化属性间关联关系，而且能够有效弥补距离元素组合排序位置的重要性被忽略的缺陷。为此，运用式（6.33）和式（6.34）分别计算各方案的群体效益值 S_i 和个体遗憾度 T_i：

$$S_i = \sum_{j=1}^{n} \left(\frac{q - ROFCE(h_{i(j)}, I_{(j)}^+)}{q - ROFCE(I_{(j)}^+, I_{(j)}^-)} \right) \cdot \Gamma_{C(j)}$$

（6.33）

$$T_i = \max_j \left\{ \left(\frac{q - ROFCE(h_{i(j)}, I_{(j)}^+)}{q - ROFCE(I_{(j)}^+, I_{(j)}^-)} \right) \cdot \Gamma_{C(j)} \right\}$$

（6.34）

式（6.33）和式（6.34）中 $\Gamma_{C(j)} = \varphi_{F(j)}(\psi, C) - \varphi_{F(j+1)}(\psi, C)$，$(.)$ 为 $(1, 2, \cdots t)$ 的置换，使得 $h_{i(1)} \leqslant h_{i(2)} \leqslant \cdots \leqslant h_{i(n)}$，$\eta_{(\chi)}$ 为与 $h_{i(\chi)}$ 对应的属性，且 $F_{(j)} = \left\{ \eta_{(\chi)} \mid \chi \leqslant j \right\}$，$j \geqslant 1$，$F_{(n+1)} \neq \phi$。$\varphi_{F(j)}(\psi,$

$C)$ 为对应于 $F_{(j)}$ 关于属性 C_j 的 Shapley 值。

步骤4：计算方案的综合折衷值 Q_i：

$$Q_i = \zeta \frac{S_i - S^*}{S^- - S^*} + (1 - \zeta) \frac{T_i - T^*}{T^- - T^*} \tag{6.35}$$

式中，$S^* = \min_i \{S_i\}$，$S^- = \max_i \{S_i\}$，$T^* = \min_i \{T_i\}$，$T^- = \max_i \{T_i\}$，ζ 为"大多数准则"策略的决策机制系数，$0 \leq \zeta \leq 1$。当 $0 \leq \zeta < 0.5$ 时，则根据最小化个体遗憾的决策机制进行决策；当 $0.5 < \zeta \leq 1$ 时，则根据最大化群体效用的决策机制进行决策；当 $\zeta = 0.5$ 时，则根据决策者经协商达成共识的决策机制进行决策。

步骤5：按 Q_i 值从小到大的顺序对各方案进行折衷排序，进而选择最优方案。

（3）具体步骤

步骤1：运用式（6.30）设定属性决策评价范围 R 和参考理想区间 RI。

步骤2：将 G^k 转化成 Y^j，在专家信息部分已知的情况下，运用式（6.21）确定关于属性 C_j 的每位专家最优模糊测度 ξ^j。

步骤3：运用式（2.7）计算得分函数值并由小到大重新排序关于属性 C_j 的决策专家，对 $k = 1, 2, \cdots, t$ 的专家置换序列为 $(B_{(1)}, B_{(2)}, \cdots, B_{(t)})$。运用式（4.34）计算专家的 Shapley 值；运用式（6.27）$q-$ROFFSCA 算子或式（6.28）$q-$ROFFSCG 算子对各专家 q 阶 orthopair 模糊决策矩阵 G^k 进行集结得到 q 阶 orthopair 模糊群体决策 $H = [h_{ij}]_{m \times n}$。

步骤4：在属性信息部分已知的情况下，运用式（6.29）确定属性 C_j 的最优模糊测度 ψ。

步骤5：运用式（2.7）计算得分值并由小到大重新排序属性，$j = 1, 2, \cdots, n$ 的属性置换序列为 $(F_{(1)}, F_{(2)}, \cdots, F_{(n)})$。运用式（4.34）计算属性的 Shapley 值。

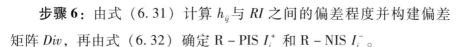

步骤 6：由式（6.31）计算 h_{ij} 与 RI 之间的偏差程度并构建偏差矩阵 Div，再由式（6.32）确定 R – PIS I_j^+ 和 R – NIS I_j^-。

步骤 7：运用式（6.33）和式（6.34）计算各方案的群体效益值 S_i 和个体遗憾度 T_i。

步骤 8：运用式（6.35）计算各方案的综合折衷值 Q_i。

步骤 9：按 Q_i 值从小到大的顺序对各方案进行折衷排序，进而选择最优方案。

6.2.3　算例分析

某汽车制造企业选择最佳供应商作为其制造过程中关键环节，该企业选取 6 个汽车内饰件生产企业作为备选供应商做进一步的评价，即 $A = \{A_1，A_2，A_3，A_4，A_5，A_6\}$。为了更有效地评价最佳方案，该企业组织了 3 位分别来自采购部门、生产部门和质管部门的专家针对产品质量（C_1）、关系程度（C_2）、交货能力（C_3）和价格（C_4）4 个属性指标的备选供应商进行评价，其中属性之间存在关联关系，如价格与产品质量、交货能力存在交互影响关系。另外，在确定属性评价值参考理想范围时需要考虑各属性是否符合企业的实际情况和发展要求，例如企业与供应商之间的关系有不同层次：交易性竞争关系、合作性适应关系和战略性伙伴关系，本案例中汽车制造企业将与内饰件供应商的关系定位于合作性适应关系。由此，将专家评价信息转化成 q 阶 orthopair 模糊数并构建个体 q 阶 orthopair 模糊决策矩阵 $D^k = [\alpha_{ij}^k]_{5 \times 4}(k = 1，2，3)$。由于 C_4 是成本型属性，依据式（6.22）对 D^k 进行规范化处理，可得到规范化个体 q 阶 orthopair 模糊决策矩阵 G^k（$k = 1，2，3$）。

$$D^1 = \begin{bmatrix} \langle 0.87, \ 0.40 \rangle & \langle 0.75, \ 0.45 \rangle & \langle 0.85, \ 0.70 \rangle & \langle 0.87, \ 0.40 \rangle \\ \langle 0.75, \ 0.45 \rangle & \langle 0.65, \ 0.55 \rangle & \langle 0.87, \ 0.40 \rangle & \langle 0.75, \ 0.45 \rangle \\ \langle 0.99, \ 0.25 \rangle & \langle 0.95, \ 0.35 \rangle & \langle 0.95, \ 0.35 \rangle & \langle 0.95, \ 0.35 \rangle \\ \langle 0.75, \ 0.45 \rangle & \langle 0.65, \ 0.55 \rangle & \langle 0.95, \ 0.35 \rangle & \langle 0.87, \ 0.40 \rangle \\ \langle 0.65, \ 0.55 \rangle & \langle 0.55, \ 0.65 \rangle & \langle 0.87, \ 0.40 \rangle & \langle 0.65, \ 0.55 \rangle \\ \langle 0.75, \ 0.45 \rangle & \langle 0.87, \ 0.40 \rangle & \langle 0.95, \ 0.35 \rangle & \langle 0.75, \ 0.45 \rangle \end{bmatrix},$$

$$D^2 = \begin{bmatrix} \langle 0.95, \ 0.35 \rangle & \langle 0.87, \ 0.40 \rangle & \langle 0.87, \ 0.40 \rangle & \langle 0.87, \ 0.40 \rangle \\ \langle 0.87, \ 0.40 \rangle & \langle 0.75, \ 0.45 \rangle & \langle 0.75, \ 0.45 \rangle & \langle 0.65, \ 0.55 \rangle \\ \langle 0.95, \ 0.35 \rangle & \langle 0.87, \ 0.40 \rangle & \langle 0.95, \ 0.35 \rangle & \langle 0.95, \ 0.35 \rangle \\ \langle 0.87, \ 0.40 \rangle & \langle 0.65, \ 0.55 \rangle & \langle 0.87, \ 0.40 \rangle & \langle 0.75, \ 0.45 \rangle \\ \langle 0.75, \ 0.45 \rangle & \langle 0.65, \ 0.55 \rangle & \langle 0.87, \ 0.40 \rangle & \langle 0.75, \ 0.45 \rangle \\ \langle 0.87, \ 0.40 \rangle & \langle 0.65, \ 0.55 \rangle & \langle 0.95, \ 0.35 \rangle & \langle 0.75, \ 0.45 \rangle \end{bmatrix},$$

$$D^3 = \begin{bmatrix} \langle 0.87, \ 0.40 \rangle & \langle 0.75, \ 0.45 \rangle & \langle 0.95, \ 0.35 \rangle & \langle 0.87, \ 0.40 \rangle \\ \langle 0.65, \ 0.55 \rangle & \langle 0.87, \ 0.40 \rangle & \langle 0.75, \ 0.45 \rangle & \langle 0.75, \ 0.45 \rangle \\ \langle 0.95, \ 0.35 \rangle & \langle 0.95, \ 0.35 \rangle & \langle 0.87, \ 0.40 \rangle & \langle 0.87, \ 0.40 \rangle \\ \langle 0.87, \ 0.40 \rangle & \langle 0.75, \ 0.45 \rangle & \langle 0.87, \ 0.40 \rangle & \langle 0.75, \ 0.45 \rangle \\ \langle 0.75, \ 0.45 \rangle & \langle 0.65, \ 0.55 \rangle & \langle 0.75, \ 0.45 \rangle & \langle 0.65, \ 0.55 \rangle \\ \langle 0.95, \ 0.35 \rangle & \langle 0.75, \ 0.45 \rangle & \langle 0.87, \ 0.40 \rangle & \langle 0.87, \ 0.40 \rangle \end{bmatrix},$$

$$G^1 = \begin{bmatrix} \langle 0.87, \ 0.40 \rangle & \langle 0.75, \ 0.45 \rangle & \langle 0.85, \ 0.70 \rangle & \langle 0.40, \ 0.87 \rangle \\ \langle 0.75, \ 0.45 \rangle & \langle 0.65, \ 0.55 \rangle & \langle 0.87, \ 0.40 \rangle & \langle 0.45, \ 0.75 \rangle \\ \langle 0.99, \ 0.25 \rangle & \langle 0.95, \ 0.35 \rangle & \langle 0.95, \ 0.35 \rangle & \langle 0.35, \ 0.95 \rangle \\ \langle 0.75, \ 0.45 \rangle & \langle 0.65, \ 0.55 \rangle & \langle 0.95, \ 0.35 \rangle & \langle 0.40, \ 0.87 \rangle \\ \langle 0.65, \ 0.55 \rangle & \langle 0.55, \ 0.65 \rangle & \langle 0.87, \ 0.40 \rangle & \langle 0.55, \ 0.65 \rangle \\ \langle 0.75, \ 0.45 \rangle & \langle 0.87, \ 0.40 \rangle & \langle 0.95, \ 0.35 \rangle & \langle 0.45, \ 0.75 \rangle \end{bmatrix},$$

$$G^2 = \begin{bmatrix} \langle 0.95,\ 0.35 \rangle & \langle 0.87,\ 0.40 \rangle & \langle 0.87,\ 0.40 \rangle & \langle 0.40,\ 0.87 \rangle \\ \langle 0.87,\ 0.40 \rangle & \langle 0.75,\ 0.45 \rangle & \langle 0.75,\ 0.45 \rangle & \langle 0.55,\ 0.65 \rangle \\ \langle 0.95,\ 0.35 \rangle & \langle 0.87,\ 0.40 \rangle & \langle 0.95,\ 0.35 \rangle & \langle 0.35,\ 0.95 \rangle \\ \langle 0.87,\ 0.40 \rangle & \langle 0.65,\ 0.55 \rangle & \langle 0.87,\ 0.40 \rangle & \langle 0.45,\ 0.75 \rangle \\ \langle 0.75,\ 0.45 \rangle & \langle 0.65,\ 0.55 \rangle & \langle 0.87,\ 0.40 \rangle & \langle 0.45,\ 0.75 \rangle \\ \langle 0.87,\ 0.40 \rangle & \langle 0.65,\ 0.55 \rangle & \langle 0.95,\ 0.35 \rangle & \langle 0.45,\ 0.75 \rangle \end{bmatrix},$$

$$G^3 = \begin{bmatrix} \langle 0.87,\ 0.40 \rangle & \langle 0.75,\ 0.45 \rangle & \langle 0.95,\ 0.35 \rangle & \langle 0.40,\ 0.87 \rangle \\ \langle 0.65,\ 0.55 \rangle & \langle 0.87,\ 0.40 \rangle & \langle 0.75,\ 0.45 \rangle & \langle 0.45,\ 0.75 \rangle \\ \langle 0.95,\ 0.35 \rangle & \langle 0.95,\ 0.35 \rangle & \langle 0.87,\ 0.40 \rangle & \langle 0.40,\ 0.87 \rangle \\ \langle 0.87,\ 0.40 \rangle & \langle 0.75,\ 0.45 \rangle & \langle 0.87,\ 0.40 \rangle & \langle 0.45,\ 0.75 \rangle \\ \langle 0.75,\ 0.45 \rangle & \langle 0.65,\ 0.55 \rangle & \langle 0.75,\ 0.45 \rangle & \langle 0.55,\ 0.65 \rangle \\ \langle 0.95,\ 0.35 \rangle & \langle 0.75,\ 0.45 \rangle & \langle 0.87,\ 0.40 \rangle & \langle 0.40,\ 0.87 \rangle \end{bmatrix}_{\circ}$$

假设关于每个属性的专家模糊测度范围为 $H_{e1}^1 = [0.20,\ 0.30]$，$H_{e2}^1 = [0.40,\ 0.60]$，$H_{e3}^1 = [0.20,\ 0.30]$；$H_{e1}^2 = [0.30,\ 0.35]$，$H_{e2}^2 = [0.20,\ 0.30]$，$H_{e3}^2 = [0.27,\ 0.38]$；$H_{e1}^3 = [0.15,\ 0.25]$，$H_{e2}^3 = [0.15,\ 0.30]$，$H_{e3}^3 = [0.28,\ 0.45]$；$H_{e1}^4 = [0.20,\ 0.30]$，$H_{e2}^4 = [0.30,\ 0.45]$，$H_{e3}^4 = [0.30,\ 0.40]$。各属性的模糊测度范围为 $H_{c1} = [0.10,\ 0.25]$，$H_{c2} = [0.12,\ 0.35]$，$H_{c3} = [0.15,\ 0.30]$，$H_{c4} = [0.10,\ 0.20]$。

考虑到所提的两种算子可以与 RIM‑VIKOR 集成，为此这里可有两种算法，即算法 I：q‑ROFFSCA 算子与 q‑ROF RIM‑VIKOR 结合（q‑ROFFSCA‑RIM‑VIKOR）；算法 II：q‑ROFFSCG 算子与 q‑ROF RIM‑VIKOR 结合（q‑ROFFSCG‑RIM‑VIKOR）。具体过程如下（$q = 3$，$\theta = 2$）。

步骤 1：运用式（6.30）设定属性（$C_1 \sim C_4$）决策评价取值范围 R：$[\langle 0.25,\ 0.99 \rangle,\ \langle 0.99,\ 0.25 \rangle]$，$[\langle 0.25,\ 0.99 \rangle,\ \langle 0.99,\ 0.29 \rangle]$，

$[\langle 0.25, 0.99 \rangle, \langle 0.99, 0.25 \rangle]$ 和 $[\langle 0.25, 0.99 \rangle, \langle 0.99, 0.25 \rangle]$；

参考理想区间 RI：$[\langle 0.87, 0.40 \rangle, \langle 0.95, 0.35 \rangle]$，$[\langle 0.87, 0.40 \rangle,$ $\langle 0.87, 0.40 \rangle]$，$[\langle 0.95, 0.35 \rangle, \langle 0.99, 0.25 \rangle]$，$[\langle 0.25, 0.99 \rangle,$ $\langle 0.35, 0.95 \rangle]$。

步骤 2：以 μ^1 为例，由式（6.26）构建以下数学规划模型确定关于属性 C_1 在专家集合 E 上的最优模糊测度：

$$\max f(\xi^1) = 0.154\xi^1(e_1) + 0.046\xi^1(e_2) - 0.199\xi^1(e_3) + 0.199\xi^1(e_1, e_2)$$
$$- 0.046\xi^1(e_1, e_3) - 0.154\xi^1(e_2, e_3) + 1.925$$

$$s.t. \begin{cases} \xi^1(e_1) \in [0.2, 0.3], \ \xi^1(e_2) \in [0.4, 0.6], \ \xi^1(e_3) \in [0.2, 0.3], \\ \xi^1(e_1, e_2) \in [0, 1], \ \xi^1(e_1, e_3) \in [0, 1], \ \xi^1(e_2, e_3) \in [0, 1] \\ \xi^1(e_1) \leqslant \xi^1(e_1, e_2), \ \xi^1(e_2) \leqslant \xi^1(e_1, e_2), \ \xi^1(e_1) \leqslant \xi^1(e_1, e_3), \\ \xi^1(e_3) \leqslant \xi^1(e_1, e_3), \ \xi^1(e_2) \leqslant \xi^1(e_2, e_3), \ \xi^1(e_3) \leqslant \xi^1(e_2, e_3) \\ \xi^1(e_1, e_2, e_3) = 1 \end{cases}$$

利用 MATLAB 软件可得关于属性 C_1 在专家集合 E 上的最优模糊测度为

$\xi^1(e_1) = 0.30$，$\xi^1(e_2) = 0.40$，$\xi^1(e_3) = 0.20$，$\xi^1(e_1, e_2) = 1.00$，$\xi^1(e_1, e_3) = 0.30$，$\xi^1(e_2, e_3) = 0.40$，$\xi^1(e_1, e_2, e_3) = 1.00$；

同理可得关于其他属性 $C_j (j = 2, 3, 4)$ 在专家集合 E 上的最优模糊测度：

$\xi^2(e_1) = 0.30$，$\xi^2(e_2) = 0.20$，$\xi^2(e_3) = 0.380$，$\xi^2(e_1, e_2) = 0.30$，$\xi^2(e_1, e_3) = 1.00$，$\xi^2(e_2, e_3) = 1.00$，$\xi^2(e_1, e_2, e_3) = 1.00$；

$\xi^3(e_1) = 0.25$，$\xi^3(e_2) = 0.15$，$\xi^3(e_3) = 0.28$，$\xi^3(e_1, e_2) = 1.00$，$\xi^3(e_1, e_3) = 1.00$，$\xi^3(e_2, e_3) = 0.28$，$\xi^3(e_1, e_2, e_3) = 1.00$；

$\xi^4(e_1) = 0.30$，$\xi^4(e_2) = 0.30$，$\xi^4(e_3) = 0.30$，$\xi^4(e_1, e_2) = 1.00$，$\xi^4(e_1, e_3) = 0.30$，$\xi^4(e_2, e_3) = 0.30$，$\xi^4(e_1, e_2, e_3) = 1.00$。

步骤 3：以 h_{11} 为例。首先通过式（2.7）计算大小进行置换，有 $g_{11}^2 > g_{11}^1 = g_{11}^3$，即 $g_{11}^{(1)} = g_{11}^2$，$g_{11}^{(2)} = g_{11}^1$，$g_{11}^{(3)} = g_{11}^3$。通过式（6.21）计算 Shapley 值：

$$\varphi_{B_{(1)}}(\xi^1,\ E) = \varphi_{|e_2|}(\xi^1,\ E) = \frac{(3-1-0)!\ 0!}{3!}(\xi^1(e_2) - 0)$$

$$+\begin{pmatrix} \dfrac{(3-1-1)!\ 1!}{3!}(\xi^1(e_1,\ e_2) - \xi^1(e_1)) \\[2mm] \dfrac{(3-1-1)!\ 1!}{3!}(\xi^1(e_2,\ e_3) - \xi^1(e_3)) \end{pmatrix}$$

$$+\frac{(3-1-2)!\ 2!}{3!}(1 - \xi^1(e_1,\ e_3))$$

$$= 0.517$$

同理可得：$\varphi_{B_{(2)}}(\xi^1,\ E) = \varphi_{|e_1,e_2|}(\xi^1,\ E) = 0.90$；$\varphi_{B_{(3)}}(\xi^1,\ E) = \varphi_{|e_1,e_2,e_3|}(\xi^1,\ E) = 1.0$。

因此，由式（6.27）或式（6.28）可以得到 *q* 阶 orthopair 模糊群体决策矩阵 H：

$$H_{q-ROFFSCA} = \begin{bmatrix} \langle 0.921,\ 0.373 \rangle & \langle 0.777,\ 0.441 \rangle & \langle 0.890,\ 0.512 \rangle & \langle 0.400,\ 0.870 \rangle \\ \langle 0.818,\ 0.432 \rangle & \langle 0.826,\ 0.432 \rangle & \langle 0.831,\ 0.420 \rangle & \langle 0.501,\ 0.704 \rangle \\ \langle 0.974,\ 0.304 \rangle & \langle 0.945,\ 0.355 \rangle & \langle 0.943,\ 0.357 \rangle & \langle 0.356,\ 0.942 \rangle \\ \langle 0.827,\ 0.422 \rangle & \langle 0.716,\ 0.487 \rangle & \langle 0.926,\ 0.370 \rangle & \langle 0.427,\ 0.809 \rangle \\ \langle 0.711,\ 0.493 \rangle & \langle 0.638,\ 0.564 \rangle & \langle 0.858,\ 0.407 \rangle & \langle 0.506,\ 0.699 \rangle \\ \langle 0.838,\ 0.418 \rangle & \langle 0.778,\ 0.448 \rangle & \langle 0.943,\ 0.357 \rangle & \langle 0.443,\ 0.767 \rangle \end{bmatrix}$$

或

$$H_{q-ROFFSCG} = \begin{bmatrix} \langle 0.911,\ 0.376 \rangle & \langle 0.770,\ 0.442 \rangle & \langle 0.879,\ 0.589 \rangle & \langle 0.400,\ 0.870 \rangle \\ \langle 0.800,\ 0.440 \rangle & \langle 0.806,\ 0.442 \rangle & \langle 0.819,\ 0.422 \rangle & \langle 0.493,\ 0.711 \rangle \\ \langle 0.967,\ 0.316 \rangle & \langle 0.942,\ 0.356 \rangle & \langle 0.939,\ 0.358 \rangle & \langle 0.355,\ 0.945 \rangle \\ \langle 0.815,\ 0.424 \rangle & \langle 0.710,\ 0.495 \rangle & \langle 0.917,\ 0.372 \rangle & \langle 0.424,\ 0.821 \rangle \\ \langle 0.740,\ 0.501 \rangle & \langle 0.634,\ 0.568 \rangle & \langle 0.853,\ 0.408 \rangle & \langle 0.498,\ 0.706 \rangle \\ \langle 0.820,\ 0.422 \rangle & \langle 0.765,\ 0.453 \rangle & \langle 0.939,\ 0.358 \rangle & \langle 0.422,\ 0.827 \rangle \end{bmatrix}$$

步骤4：类似于步骤2，依据式（6.29）分别构建 q - ROFESCA 算子或 q - ROFESCG 算子相关数学规划模型确定关于属性 C_j 的最优模糊测度。利用 MATLAB 软件可得到属性集合 C 上 q - ROFESCA/q - ROFESCG 算子的最优模糊测度：$\psi(C_1) = 0.12$，$\psi(C_2) = 0.12$，$\psi(C_3) = 0.30$，$\psi(C_4) = 0.10$，$\psi(C_1, C_2) = 0.12$，$\psi(C_1, C_3) = 1.00$，$\psi(C_1, C_4) = 0.12$，$\psi(C_2, C_3) = 0.30$，$\psi(C_2, C_4) = 0.12$，$\psi(C_3, C_4) = 0.30$，$\psi(C_1, C_2, C_3) = 1.00$，$\psi(C_1, C_2, C_4) = 0.12$，$\psi(C_1, C_3, C_4) = 1.00$，$\psi(C_2, C_3, C_4) = 0.30$，$\psi(C_1, C_2, C_3, C_4) = 1.00$。

步骤5：运用式（6.21）计算得到矩阵 $H_{q-ROFFSCA}$ 和 $H_{q-ROFFSCG}$ 中的属性 C_j 的相同的 Shapley 值，见表 6-5。

表 6-5　　　　　　　　　　　　属性 C_j 的 Shapley 值

方案	$H_{q-ROFFSCA}/H_{q-ROFFSCG}$
A_1	$\varphi_{F(1)}(\psi, C) = \varphi_{\{c_1\}} = 0.382$；$\varphi_{F(2)}(\psi, C) = \varphi_{\{c_1, c_3\}} = 0.923$；$\varphi_{F(3)}(\psi, C) = \varphi_{\{c_1, c_2, c_3\}} = 0.950$；$\varphi_{F(4)}(\psi, C) = \varphi_{\{c_1, c_2, c_3, c_4\}} = 1.000$
A_2	$\varphi_{F(1)}(\psi, C) = \varphi_{\{c_1\}} = 0.382$；$\varphi_{F(2)}(\psi, C) = \varphi_{\{c_1, c_3\}} = 0.923$；$\varphi_{F(3)}(\psi, C) = \varphi_{\{c_1, c_2, c_3\}} = 0.950$；$\varphi_{F(4)}(\psi, C) = \varphi_{\{c_1, c_2, c_3, c_4\}} = 1.000$
A_3	$\varphi_{F(1)}(\psi, C) = \varphi_{\{c_1\}} = 0.382$；$\varphi_{F(2)}(\psi, C) = \varphi_{\{c_1, c_2\}} = 0.393$；$\varphi_{F(3)}(\psi, C) = \varphi_{\{c_1, c_2, c_3\}} = 0.950$；$\varphi_{F(4)}(\psi, C) = \varphi_{\{c_1, c_2, c_3, c_4\}} = 1.000$
A_4	$\varphi_{F(1)}(\psi, C) = \varphi_{\{c_3\}} = 0.562$；$\varphi_{F(2)}(\psi, C) = \varphi_{\{c_1, c_3\}} = 0.923$；$\varphi_{F(3)}(\psi, C) = \varphi_{\{c_1, c_2, c_3\}} = 0.950$；$\varphi_{F(4)}(\psi, C) = \varphi_{\{c_1, c_2, c_3, c_4\}} = 1.000$
A_5	$\varphi_{F(1)}(\psi, C) = \varphi_{\{c_3\}} = 0.562$；$\varphi_{F(2)}(\psi, C) = \varphi_{\{c_1, c_3\}} = 0.923$；$\varphi_{F(3)}(\psi, C) = \varphi_{\{c_1, c_2, c_3\}} = 0.950$；$\varphi_{F(4)}(\psi, C) = \varphi_{\{c_1, c_2, c_3, c_4\}} = 1.000$
A_6	$\varphi_{F(1)}(\psi, C) = \varphi_{\{c_3\}} = 0.562$；$\varphi_{F(2)}(\psi, C) = \varphi_{\{c_1, c_3\}} = 0.923$；$\varphi_{F(3)}(\psi, C) = \varphi_{\{c_1, c_2, c_3\}} = 0.950$；$\varphi_{F(4)}(\psi, C) = \varphi_{\{c_1, c_2, c_3, c_4\}} = 1.000$

步骤 6：运用式（6.31）和式（6.32）确定偏差矩阵 *Div* 以及 R – PIS 和 R – NIS，见表 6 – 6。

表 6 – 6　　　　　偏差矩阵 $Div_{q-ROFFSCA}$ 和 $Div_{q-ROFFSCG}$

方案	$Div_{q-ROFFSCA}$				$Div_{q-ROFFSCG}$			
	C_1	C_2	C_3	C_4	C_1	C_2	C_3	C_4
A_1	**0.000**	0.011	0.025	0.025	**0.004**	0.012	0.041	0.025
A_2	0.004	**0.003**	**0.042**	0.101	0.007	**0.006**	**0.047**	0.097
A_3	0.011	0.021	**0.000**	**0.000**	0.004	0.018	**0.001**	**0.000**
A_4	0.003	0.026	0.004	0.051	0.004	0.028	0.007	0.046
A_5	**0.028**	**0.055**	0.030	**0.103**	**0.030**	**0.057**	0.033	**0.010**
A_6	0.002	0.011	**0.000**	0.070	0.004	0.013	**0.001**	0.044

表 6 – 6 中下划线和双下划线的加粗数值分别表示偏离程度的最小值和最大值，其中 C_3 中有两个最小值，对应群体决策 H 中的两个相同的 *q* 阶 orthopair 模糊数。由此可以确定属性 C_j 的 R – PIS I_j^+ 和 R – NIS I_j^-。因此，$H_{q-ROFFSCA}$ 对应的属性 C_j 的 R – PIS I_j^+ 和 R – NIS I_j^- 分别为

$I_{jq-ROFFSCA}^+ = \{\langle 0.921, 0.373\rangle, \langle 0.826, 0.432\rangle, \langle 0.943, 0.357\rangle, \langle 0.356, 0.942\rangle\}$；

$I_{jq-ROFFSCA}^- = \{\langle 0.711, 0.493\rangle, \langle 0.638, 0.564\rangle, \langle 0.831, 0.420\rangle, \langle 0.506, 0.699\rangle\}$。

同理，$H_{q-ROFFSCG}$ 对应的属性 C_j 的 R – PIS I_j^+ 和 R – NIS I_j^- 分别为

$I_{jq-ROFFSCG}^+ = \{\langle 0.911, 0.376\rangle, \langle 0.806, 0.442\rangle, \langle 0.939, 0.358\rangle, \langle 0.355, 0.945\rangle\}$；

$I_{jq-ROFFSCG}^- = \{\langle 0.704, 0.501\rangle, \langle 0.634, 0.568\rangle, \langle 0.819, 0.422\rangle,$

⟨0.498, 0.706⟩}。

步骤 7 ~ 9：运用式（6.33）和式（6.34）计算各方案的群体效益值 S_i 和个体遗憾度 T_i；运用式（6.35）计算各方案的折衷值 Q_i；按 Q_i 值从小到大的顺序对各方案进行折衷排序，进而选择最优方案。计算结果见表 6 – 7。

表 6 – 7　　　　　　　方案的 S_i、T_i、Q_i 和方案排序（$\zeta = 0.5$）

方案	算法 I				算法 II			
	S_i	T_i	Q_i	排序	S_i	T_i	Q_i	排序
A_1	0.348	0.336	0.427	4	0.604	0.592	0.856	6
A_2	0.188	0.541	0.542	5	0.199	0.541	0.503	4
A_3	0.215	0.202	0.183	3	0.189	0.171	0.117	3
A_4	0.177	0.114	0.056	2	0.185	0.112	0.054	2
A_5	0.826	0.388	0.829	6	0.799	0.361	0.764	5
A_6	0.129	0.094	0.000	1	0.125	0.103	0.000	1

参数 $\zeta = 0.5$ 时，算法 I 得到方案的排序为 $A_6 > A_4 > A_3 > A_1 > A_2 > A_5$；算法 II 得到方案的排序为 $A_6 > A_4 > A_3 > A_2 > A_5 > A_1$，因此最佳供应商为 A_6。参数 ζ 在 [0，1] 变化时，决策者对方案的群体效益值和个体遗憾度的侧重程度会发生变化。不同的参数 ζ 取值对各方案排序的影响如图 6 – 1 所示。可以发现，尽管随着参数 ζ 的增加，各方案的排序情况会发生变化，但是对方案 A_6、A_4 和 A_3 的影响并不显著，这也说明所提方法具有一定的稳定性。另外，当 $\zeta = 0.5$，参数 θ 在 [1.001，1000] 变化时，算法 I 的方案排序基本为 $A_6 > A_4 > A_3 > A_1 > A_2 > A_5$，如图 6 – 2（a）所示；而算法 II 的方案排序始终为 $A_6 > A_4 > A_3 > A_2 > A_5 > A_1$，如图 6 – 2（b）所示。总体上，参数 θ 对方案排序

影响不显著并具有一定的鲁棒性。

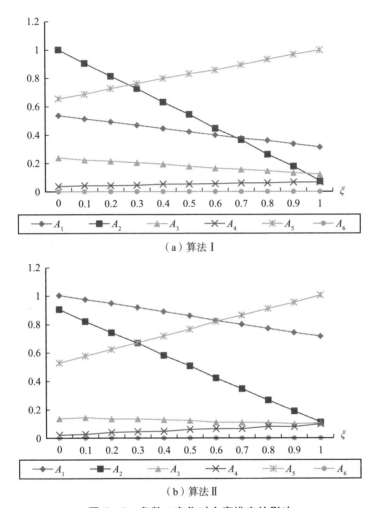

（a）算法 I

（b）算法 Ⅱ

图 6-1 参数 ζ 变化对方案排序的影响

为了验证所提方法的有效性，有针对性地选取 q - ROFCA/q - ROFCG 算子[244]、q - ROF - TOPSIS 方法[240]、q - ROF - VIKOR 方法[241,245]和 q 阶 orthopair 模糊汉明距离测度（q - ROFD$_H$）方法[72]并

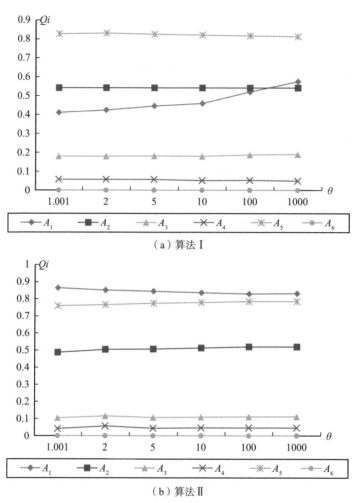

（a）算法Ⅰ

（b）算法Ⅱ

图 6 - 2　参数 θ 变化对方案排序的影响

进行组合，形成表 6 - 8 中 $M_3 \sim M_4$ 和 $M_7 \sim M_{10}$ 的 6 种方法同所提 q - ROFFSCA/q - ROFSCG 算子（$M_1 \sim M_2$）、算法Ⅰ和Ⅱ（$M_5 \sim M_6$）的 4 种方法进行对比（相关参数取 $q = 3$，$\theta = 2$，$\zeta = 0.5$）。需要说明的是，$M_1 \sim M_2$ 和 $M_5 \sim M_6$ 是采用 q - ROFCE 和 q - ROFE 结合构建最大化线性规划模型确定最优模糊测度，而 $M_3 \sim M_4$ 和 $M_7 \sim M_{10}$ 则依据最大离差法采用 q 阶 orthopair 模糊汉明距离测度构建最大化线性规划

模型；$M_5 \sim M_6$ 中采用 $q - ROFCE$ 计算评价值与理想解间的距离，而 $M_7 \sim M_{10}$ 中采用式（6.36）确定属性的 q 阶 orthopair 模糊正理想解（$q - ROFPIS$）和 q 阶 orthopair 模糊负理想解（$q - ROFNIS$），采用 q 阶 orthopair 模糊汉明距离测度（式（2.9））计算评价值与理想解间的距离。不同方法对比结果如表 6 - 8 和表 6 - 9 所示。

$$\begin{cases} q - ROFPIS = \{p_1^+,\ p_2^+,\ \cdots,\ p_n^+\} = \{\langle \max_i \mu_{ij},\ \min_i \nu_{ij} \rangle, \\ \qquad i = 1,\ 2,\ \cdots,\ m;\ j = 1,\ 2,\ \cdots,\ n\} \\ q - ROFNIS = \{p_1^-,\ p_2^-,\ \cdots,\ p_n^-\} = \{\langle \min_i \mu_{ij},\ \max_i \nu_{ij} \rangle, \\ \qquad i = 1,\ 2,\ \cdots,\ m;\ j = 1,\ 2,\ \cdots,\ n\} \end{cases}$$

$$(6.36)$$

表 6 - 8　　　　　　　　　　　不同方法结果对比

序号	方法	模糊测度	距离测度	方案排序
M_1	$q - ROFFSCA$	$q - ROFCE$ & $q - ROFE$	—	$A_3 > A_6 > A_4 > A_1 > A_2 > A_5$
M_2	$q - ROFFSCG$	$q - ROFCE$ & $q - ROFE$	—	$A_3 > A_6 > A_4 > A_1 > A_2 > A_5$
M_3	$q - ROFCA$[244]	$q - ROFD_H$[72]	—	$A_3 > A_6 > A_1 > A_4 > A_2 > A_5$
M_4	$q - ROFCG$[244]	$q - ROFD_H$[72]	—	$A_3 > A_1 > A_6 > A_4 > A_2 > A_5$
M_5	（算法Ⅰ）	$q - ROFCE$ & $q - ROFE$	$q - ROFCE$	$A_6 > A_4 > A_3 > A_1 > A_2 > A_5$
M_6	（算法Ⅱ）	$q - ROFCE$ & $q - ROFE$	$q - ROFCE$	$A_6 > A_4 > A_3 > A_2 > A_5 > A_1$
M_7	$q - ROFCA - TOPSIS$[240,244]	$q - ROFD_H$[72]	$q - ROFD_H$[72]	$A_3 > A_6 > A_1 > A_2 > A_4 > A_5$
M_8	$q - ROFCG - TOPSIS$[240,244]	$q - ROFD_H$[72]	$q - ROFD_H$[72]	$A_3 > A_6 > A_1 > A_4 > A_2 > A_5$
M_9	$q - ROFCA - VIKOR$[241,244]	$q - ROFD_H$[72]	$q - ROFD_H$[72]	$A_3 > A_6 > A_1 > A_2 > A_4 > A_5$
M_{10}	$q - ROFCG - VIKOR$[241,244]	$q - ROFD_H$[72]	$q - ROFD_H$[72]	$A_3 > A_6 > A_1 > A_2 > A_4 > A_5$

表 6 - 8 中，将 $M_1 \sim M_2$ 与 $M_3 \sim M_4$ 相比较发现，$M_1 \sim M_2$ 和 $M_3 \sim$

M_4 的结果略有差异，但都能够得到最佳方案 A_3 和最差方案 A_5。其中差异在于 $M_1 \sim M_2$ 将 $q - \text{ROFCE}$ 和 $q - \text{ROFE}$ 组合确定最优模糊测度，这不仅考虑了单个决策变量的个体效应，而且体现了每个决策变量之间的关联关系，使其比最大离差法计算出的偏差程度更大且更具区分度，这说明了通过 $q - \text{ROFCE}$ 和 $q - \text{ROFE}$ 构建线性规划模型确定最优模糊测度是可行和合理的，并且要比 $M_3 \sim M_4$ 中 q 阶 orthopair 模糊汉明距离测度更具优越性。将 $M_5 \sim M_6$ 与 $M_7 \sim M_{10}$ 相比较发现，$M_5 \sim M_6$ 的最佳方案为 A_6，这与 $M_7 \sim M_{10}$ 的结果完全不同（最佳方案 A_3），该差异的原因有两方面，一是 $M_5 \sim M_6$ 利用 Shapley Choquet 积分和 $q - \text{ROFCE}$ 结合的偏差测度替代传统 VIKOR 方法中加权距离测度，这样不仅能够充分利用决策信息和强化属性间交互作用关系，而且能弥补距离元素组合排序位置的重要性被忽略的缺点；二是 $M_5 \sim M_6$ 利用 RIM 方法改进传统 VIKOR 方法，以避免 $M_7 \sim M_{10}$ 正负理想解取评价信息极值而导致决策问题的不合理结果，$M_5 \sim M_6$ 的理想解并不总是取最大值或最小值，而可能是最大最小之间某一合理的数值。这表明了提出的 $M_5 \sim M_6$ 更能反映实际决策问题和客观合理地确定最优方案。

从表 6 - 9 中可知，（1）在决策要素关联关系方面，$M_1 \sim M_{10}$ 中含有 Choquet 积分算子能对专家的评价信息进行集结，并能够充分反映决策专家间的交互或关联关系；属性 $M_1 \sim M_4$ 中含有 Choquet 积分算子能够反映属性间的关联关系，$M_5 \sim M_6$ 中含有 Shapley 值作为 $q - \text{ROFCE}$ 偏差测度的重要度，而 $M_7 \sim M_{10}$ 中含有模糊测度作为 q 阶 orthopair 模糊汉明距离测度的重要度，这些都能考虑到属性间的关联关系。（2）方法的柔性主要体现在参数 θ，其变化能够反映专家的风险偏好，由于 $q - \text{ROFCA}$ 和 $q - \text{ROFCG}$ 算子不含有参数 θ，$M_3 \sim M_4$ 和 $M_7 \sim M_{10}$ 缺乏一定的柔性，因而说明了基于 Frank t-norms 的 $q - \text{ROFF-SCA}$ 或 $q - \text{ROFFSCG}$ 算子更具鲁棒性、通用性和灵活性。（3）单调性不仅能够反映决策者的悲观或乐观型决策态度，而且能够在参数 θ 的

表 6-9　不同方法对比分析

序号	方法	决策要素关联性		柔性（风险偏好）	单调性-决策态度（是否含风险偏好）	折衷协调性	避免极值计算
		专家	属性				
M_1	q – ROFFSCA	是	是	是	乐观型（含）	否	—
M_2	q – ROFFSCG	是	是	是	悲观型（含）	否	—
M_3	q – ROFCA[244]	是	是	否	乐观型（不含）	否	—
M_4	q – ROFCG[244]	是	是	否	悲观型（不含）	否	—
M_5	（算法 I ）	是	是	是	乐观型（含）	是	是
M_6	（算法 II ）	是	是	是	悲观型（含）	是	是
M_7	q – ROFCA – TOPSIS[240,244]	是	是	否	乐观型（不含）	否	否
M_8	q – ROFCG – TOPSIS[240,244]	是	是	否	悲观型（不含）	否	否
M_9	q – ROFCA – VIKOR[241,244]	是	是	否	乐观型（不含）	是	否
M_{10}	q – ROFCG – VIKOR[241,244]	是	是	否	悲观型（不含）	是	否

不同取值下反映出决策者的风险偏好。$M_1 \sim M_2$ 和 $M_5 \sim M_6$ 反映含有决策者风险偏好的决策态度，而 $q-ROFCA/q-ROFCG$ 算子不存在单调性，$M_3 \sim M_4$ 和 $M_7 \sim M_{10}$ 中不含有决策者风险偏好。（4）在折衷协调性方面，由于 $M_5 \sim M_6$ 和 $M_9 \sim M_{10}$ 中 VIKOR 能够将最大化群体效用值和最小化个体遗憾值进行均衡，从而使决策结果更具合理性，而 $M_7 \sim M_8$ 中 TOPSIS 不具备折衷均衡作用以及 $M_1 \sim M_4$ 中集成算子仅考虑了评价信息的集结和融合，其计算过程较为直接和刚性。（5）在避免极值计算方面，$M_7 \sim M_{10}$ 采用评价值的最大值和最小值作为备选方案的理想解，而 $M_5 \sim M_6$ 结合 RIM 解决备选方案理想解在极值区间范围内变化的问题，使决策更符合问题的实际情况。

综上所述，$M_1 \sim M_2$ 与 $M_5 \sim M_6$ 具有以下三方面优势：

第一，$q-ROFFSCA$ 或 $q-ROFFSCG$ 算子中 Shapley Choquet 积分结合 Frank t-norm 和 s-norm 运算不仅能够体现决策信息集结融合过程中决策变量之间的关联关系，而且其中参数 θ 的变化能够反映决策者的悲观或乐观的决策态度以及风险偏好。例 4 - 4 和本算例分析说明了该算子的灵活性和鲁棒性。

第二，相较于最大离差法，采用反映 q 阶 orthopair 模糊数不确定测度的 $q-ROFE$ 和 q 阶 orthopair 模糊数间差异测度的 $q-ROFCE$ 组合构建最大化规划模型确定最优模糊测度方法，不仅考虑了单个决策变量的个体效用，而且体现了决策变量之间的关联关系及充分利用了决策信息。

第三，在 $q-ROFS$ 环境下改进了 VIKOR 方法，其中利用 Shapley Choquet 积分与 $q-ROFCE$ 结合替代传统 VIKOR 中加权距离测度和 RIM 与 VIKOR 结合避免了正负理想解选取决策信息极值的弱点，由此形成 $q-ROF\ RIM-VIKOR$ 排序方法。该方法不仅能够弥补理想解只取极值的缺陷，而且能依托折衷思想解决方案群体效用值和方案个体遗憾值间均衡关系的关联型决策问题。

6.3　本 章 小 结

本章研究了 *q* 阶 orthopair 模糊环境下的多属性决策方法。首先，针对属性权重完全未知的多属性决策问题，提出了基于 RIM 的 *q* 阶 orthopair 模糊多属性决策方法；其次考虑到属性之间的关联关系，将 Choquet 积分和 RIM 方法结合，在 *q* 阶 orthopair 模糊环境下对 VIKOR 方法进行改进，并用此方法来解决 *q* 阶 orthopair 模糊多属性群决策问题。最后通过案例对这两种方法进行验证，说明 *q* – ROFRIM 方法稳定可靠且无秩反转情况以及 *q* – ROF – RIM – VIKOR 方法的有效性和可行性。

第 7 章

T球面模糊多属性群决策方法及其应用

7.1 基于改进 CoCoSo 的 T 球面 模糊多属性群决策方法

7.1.1 基于改进 CoCoSo 方法的 T 球面模糊多属性群决策 模型

T球面模糊多属性群决策问题可以描述为，假设这里有 m 个备选方案 $s_i(i = 1, 2, \cdots, m)$ 构建了一个备选方案集合 $S = \{s_1, s_2, \cdots, s_m\}$，$n$ 个属性 $h_j(j = 1, 2, \cdots, n)$ 构建了属性集合 $H = \{h_1, h_2, \cdots, h_n\}$，以及属性相应的权重向量为 $\omega = (\omega_1, \omega_2, \cdots, \omega_n)^T$，且满足 $\omega_j \in [0, 1]$，$\sum_{j=1}^{n} \omega_j = 1$。设专家集为 $E = \{e_1, e_2, \cdots, e_z\}$，其相应的专家权重向量为 $\lambda = (\lambda_1, \lambda_2, \cdots, \lambda_z)^T$，且满足 $\lambda_t \in [0, 1]$，$\sum_{t=1}^{z} \lambda_t = 1$。专家对关于属性 $h_j(j = 1, 2, \cdots, n)$ 的备选方案 $s_i(i =$

1，2，…，m）进行评价，并采用 T 球面模糊数表示，由此形成第 t 个专家 e_t 的个体 T 球面模糊决策矩阵（T-SFDM），即 $D^t = [d_{ij}^t]_{m \times n}$，$d_{ij}^t = (\tau_{ij}^t, \psi_{ij}^t, \vartheta_{ij}^t)(i = 1, 2, \cdots, m; j = 1, 2, \cdots, n; t = 1, 2, \cdots, z)$，其中，满足 $0 \leqslant \tau_{ij}^t, \psi_{ij}^t, \vartheta_{ij}^t \leqslant 1$ 和 $(\tau_{ij}^t)^q + (\psi_{ij}^t)^q + (\vartheta_{ij}^t)^q \leqslant 1 (q \geqslant 1)$。一般地，需要对 D^t 进行规范化处理，并依据式（7.1）对其进行转换，从而获得规范化的 T-SFDM $R^t = [r_{ij}^t]_{m \times n} (i = 1, 2, \cdots, m; j = 1, 2, \cdots, n; t = 1, 2, \cdots, z)$。

$$r_{ij}^t = \begin{cases} d_{ij}^t = (\tau_{ij}^t, \psi_{ij}^t, \vartheta_{ij}^t), & h_j \in \Psi_1 \\ (d_{ij}^t)^c = (\vartheta_{ij}^t, \psi_{ij}^t, \tau_{ij}^t), & h_j \in \Psi_2 \end{cases} \tag{7.1}$$

其中，$(d_{ij}^t)^c$ 为 T 球面模糊数 d_{ij}^t 的补集，Ψ_1 和 Ψ_2 分别表示效益型和成本型属性。

同时，专家评估属性之间的关联程度，并构建了个体初始 T 球面模糊直接关系矩阵（T-SFDRM）$\aleph^t = [\gamma_{jl}^t]_{n \times n}$，$\gamma_{jl}^t = (\tau_{jl}^t, \psi_{jl}^t, \vartheta_{jl}^t)(j, l = 1, 2, \cdots, n; t = 1, 2, \cdots, z)$，如果 $j = l$，则 $\gamma_{jl}^t = (0, 0, 0)$。

根据 4.5.4 部分中 T-SFFSWA 和 T-SFFSWG 算子分析的风险偏好决策态度的特点，两个独立且并行的计算过程被构建，即含有风险偏好信息的乐观和悲观决策态度处理过程。在这两个过程中，结合 T-SFDEMATEL 方法和 T 球面模糊相似性度量来确定属性的主客观综合权重；T-SFFSWA 和 T-SFFSWG 算子用于集结个体评估信息，并依次计算备选方案的性能值；然后，将 T 球面模糊汉明距离应用于去模糊化处理（计算备选方案的贴近度）；最后，获得了三种决策策略和每个备选方案的综合效用值，该流程详见图 7-1。具体的算法过程如下。

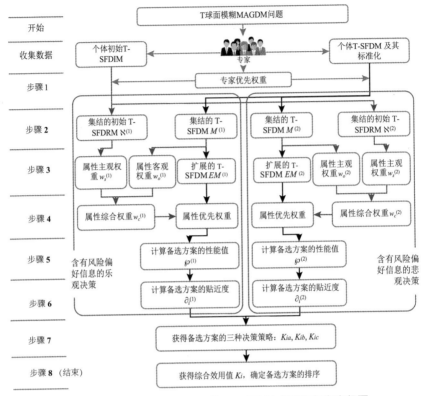

图 7-1　基于改进 CoCoSo 的 T-SFMAGDM 方法流程图

步骤 1：利用式（7.2）和式（7.3）来分别计算 T-SFDRM $\aleph^t$ 和 T-SFDM R^t 的专家优先权重值 $\varpi_{jl}^{\,t}$ 和 $\varpi_{ij}^{\,t}$。

$$\varpi_{jl}^{\,t} = \frac{\lambda_t \exp(T_{jl}^t / \kappa)}{\sum\limits_{t=1}^{z} \lambda_t \exp(T_{jl}^t / \kappa)} \tag{7.2}$$

$$\varpi_{ij}^{\,t} = \frac{\lambda_t \exp(T_{ij}^t / \kappa)}{\sum\limits_{t=1}^{z} \lambda_t \exp(T_{ij}^t / \kappa)} \tag{7.3}$$

式中，$T_{jl}^t = \prod\limits_{h=1}^{t-1} sc(\gamma_{jl}^h)$，$T_{ij}^t = \prod\limits_{h=1}^{t-1} sc(r_{ij}^h)$（$h = 2, 3, \cdots, z$），$T_{ij}^1 = 1$。$\lambda_t$ 为专家权重以及 κ 为调节参数，$\kappa > 0$。

步骤 2：采用 T – SFFSWA 和 T – SFFSWG 算子式（7.4）和式（7.5）将来自专家的个体初始 T – SFDRMs $\aleph^t$（$t = 1, 2, \cdots, z$）分别集结成群初始 T – SFDRMs $\aleph^{(1)} = \left[\gamma_{jl}^{(1)}\right]_{n \times n}$ 和 $\aleph^{(2)} = \left[\gamma_{jl}^{(2)}\right]_{n \times n}$。同理，利用式（7.6）和式（7.7）分别获得群 T – SFDMs $M^{(1)} = \left[g_{ij}^{(1)}\right]_{m \times n}$ 和 $M^{(2)} = \left[g_{ij}^{(2)}\right]_{m \times n}$。

$$\gamma_{jl}^{(1)} = T - SFFSWA(\gamma_{jl}^1, \gamma_{jl}^2, \cdots, \gamma_{jl}^z)$$

$$= \left(\sqrt[q]{1 - \log_\theta\left(1 + \prod_{t=1}^z (\theta^{1 - (\tau_{jl}^t)^q} - 1)^{\varpi_{jl}^t}\right)}, \right.$$

$$\sqrt[q]{\log_\theta\left(1 + \prod_{t=1}^z (\theta^{(\psi_{jl}^t)^q} - 1)^{\varpi_{jl}^t}\right)},$$

$$\left. \sqrt[q]{\log_\theta\left(1 + \prod_{t=1}^z (\theta^{(\vartheta_{jl}^t)^q} - 1)^{\varpi_{jl}^t}\right)} \right) \tag{7.4}$$

$$\gamma_{jl}^{(2)} = T - SFFSWG(\gamma_{jl}^1, \gamma_{jl}^2, \cdots, \gamma_{jl}^z)$$

$$= \left(\sqrt[q]{\log_\theta\left(1 + \prod_{t=1}^z (\theta^{(\tau_{jl}^t)^q} - 1)^{\varpi_{jl}^t}\right)}, \right.$$

$$\sqrt[q]{1 - \log_\theta\left(1 + \prod_{t=1}^z (\theta^{1 - (\psi_{jl}^t)^q} - 1)^{\varpi_{jl}^t}\right)},$$

$$\left. \sqrt[q]{1 - \log_\theta\left(1 + \prod_{t=1}^z (\theta^{1 - (\vartheta_{jl}^t)^q} - 1)^{\varpi_{jl}^t}\right)} \right) \tag{7.5}$$

和

$$g_{ij}^{(1)} = T - SFFSWA(r_{ij}^1, r_{ij}^2, \cdots, r_{ij}^z)$$

$$= \left(\sqrt[q]{1 - \log_\theta\left(1 + \prod_{t=1}^z (\theta^{1 - (\tau_{ij}^t)^q} - 1)^{\varpi_{ij}^t}\right)}, \right.$$

$$\sqrt[q]{\log_\theta\left(1 + \prod_{t=1}^z (\theta^{(\psi_{ij}^t)^q} - 1)^{\varpi_{ij}^t}\right)},$$

$$\left. \sqrt[q]{\log_\theta\left(1 + \prod_{t=1}^z (\theta^{(\vartheta_{ij}^t)^q} - 1)^{\varpi_{ij}^t}\right)} \right) \tag{7.6}$$

$$g_{ij}^{(2)} = T-SFFSWG(r_{ij}^1,\ r_{ij}^2,\ \cdots,\ r_{ij}^z)$$

$$= \Big(\sqrt[q]{\log_\theta\Big(1+\prod_{t=1}^{z}(\theta^{(\tau_{ij}^t)^q}-1)^{\varpi_\tau^t}\Big)},$$

$$\sqrt[q]{1-\log_\theta\Big(1+\prod_{t=1}^{z}(\theta^{1-(\psi_{ij}^t)^q}-1)^{\varpi_\psi^t}\Big)},$$

$$\sqrt[q]{1-\log_\theta\Big(1+\prod_{t=1}^{z}(\theta^{1-(\vartheta_{ij}^t)^q}-1)^{\varpi_\vartheta^t}\Big)}\Big) \tag{7.7}$$

步骤 3：在此步骤中，先后扩展 T – SFDM，由 T 球面模糊相似度计算属性客观权重和由 T – SF DEMATEL 方法获得属性主观权重。

步骤 3.1：构建扩展的群 T – SFDM$EM^{(Y)}$ $(Y=1，2)$。

$$\begin{array}{c} \qquad\qquad Y_1,\quad Y_2,\quad \cdots,\quad Y_n \\[4pt] EM^{(Y)} = \begin{array}{c} NIS \\ P_1 \\ \vdots \\ P_m \\ PIS \end{array} \left[\begin{array}{cccc} g_1^{(Y)NIS} & g_2^{(Y)NIS} & \cdots & g_n^{(Y)NIS} \\ g_{11}^{(Y)} & g_{12}^{(Y)} & \cdots & g_{1n}^{(Y)} \\ \vdots & \vdots & \ddots & \vdots \\ g_{m1}^{(Y)} & g_{m2}^{(Y)} & \cdots & g_{mn}^{(Y)} \\ g_1^{(Y)PIS} & g_2^{(Y)PIS} & \cdots & g_n^{(Y)PIS} \end{array}\right] \end{array} \tag{7.8}$$

其中，NIS 和 PIS 分别表示群 T – SFDM M^Y 的负理想解（NIS）和正理想解（PIS），即 $g_j^{(Y)NIS}=(\min_i(\tau_{ij}),\ \max_i(\psi_{ij}),\ \max_i(\vartheta_{ij}))$ 和 $g_j^{(Y)PIS}=(\max_i(\tau_{ij}),\ \min_i(\psi_{ij}),\ \min_i(\vartheta_{ij}))$。

步骤 3.2：利用式（7.9）计算每个属性的客观权重 $w_{oj}^{(Y)}$，$(Y=1，2)$。

$$w_{oj}^{(Y)} = \frac{\dfrac{1}{m-1}\sum\limits_{i=1}^{m}\sum\limits_{\varsigma=1,\varsigma\neq i}^{m}(1-S(g_{ij}^{(Y)},\ g_{\varsigma j}^{(Y)}))}{\sum\limits_{j=1}^{n}\Big(\dfrac{1}{m-1}\sum\limits_{i=1}^{m}\sum\limits_{\varsigma=1,\varsigma\neq i}^{m}(1-S(g_{ij}^{(Y)},\ g_{\varsigma j}^{(Y)}))\Big)} \tag{7.9}$$

步骤 3.3：在文献［246］的启发下，将 DEMATEL 方法在 T 球面模糊环境中进行扩展。具体步骤如下：

（1）基于矩阵运算将群初始 T – SFDRM $\aleph^{(Y)}$（$Y = 1$，2）分离成隶属度子矩阵 $\aleph^{M(Y)}$、克制度子矩阵 $\aleph^{A(Y)}$ 和非隶属度子矩阵 $\aleph^{N(Y)}$。利用式（7.10）分别对三个子矩阵进行规范化处理，得到隶属度子矩阵 $X^{M(Y)}$、克制度子矩阵 $X^{A(Y)}$ 和非隶属度子矩阵 $X^{N(Y)}$。

$$x_{jl} = \frac{y_{jl}}{\max\left\{\max\limits_{j} \sum\limits_{j=1}^{n} y_{jl}, \ \max\limits_{j} \sum\limits_{j=1}^{n} y_{jl}\right\}} \tag{7.10}$$

（2）利用式（7.11）得到三个子矩阵综合影响子矩阵。由于 $t_{jl}^{(Y)} = (t_{jl}^{M(Y)}, t_{jl}^{A(Y)}, t_{jl}^{N(Y)})$，将三个子矩阵转化成综合影响矩阵 $T^{(Y)} = [t_{jl}^{(Y)}]_{n \times n}$。

$$[t_{jl}^{M(Y)}] = X^{M(Y)} \times (1 - X^{M(Y)})^{-1}, \ [t_{jl}^{A(Y)}] = X^{A(Y)} \times (1 - X^{A(Y)})^{-1},$$
$$[t_{jl}^{N(Y)}] = X^{N(Y)} \times (1 - X^{N(Y)})^{-1} \tag{7.11}$$

（3）利用 T – SFWA 算子［式（2.17）］对综合影响矩阵 $T^{(Y)}$ 的横和列分别进行求和，可得到 $\Gamma_j^{(Y)}$ 和 $\Lambda_l^{(Y)}$（$\Lambda_j^{(Y)}$）（式（7.12）），此时权重均相等.然后利用式（2.13）对 $\Gamma_j^{(Y)}$ 和 $\Lambda_j^{(Y)}$ 计算得分函数得到 $sc(\Gamma_j^{(Y)})$ 和 $sc(\Lambda_j^{(Y)})$ ［式（7.12）］，此时，权重均相等。

$$\Gamma_j^{(Y)} = \sum_{j}^{n} t_{jl}^{(Y)} = T - SFWA(t_{1l}^{(Y)}, t_{2l}^{(Y)}, \cdots, t_{nl}^{(Y)}),$$

$$\Lambda_l^{(Y)} = \sum_{j=1}^{n} t_{jl}^{(Y)} = T - SFWA(t_{1l}^{(Y)}, t_{2l}^{(Y)}, \cdots, t_{nl}^{(Y)}) \tag{7.12}$$

$$w_{sj}^{(Y)} = \frac{\sqrt{(sc(\Gamma_j^{(Y)}) + sc(\Lambda_j^{(Y)}))^2 + (sc(\Gamma_j^{(Y)}) - sc(\Lambda_j^{(Y)}))^2}}{\sum\limits_{j=1}^{n} \sqrt{(sc(\Gamma_j^{(Y)}) + sc(\Lambda_j^{(Y)}))^2 + (sc(\Gamma_j^{(Y)}) - sc(\Lambda_j^{(Y)}))^2}}$$

$$\tag{7.13}$$

步骤 4：采用式（7.14）计算属性的主客观组合权重值 $w_{cj}^{(Y)}$，进而由式（7.15）计算属性优先权重值 $\omega_{ij}^{(Y)}$ 和 $\omega_{tj}^{(Y)}$。

$$w_{cj}^{(Y)} = \varphi w_{oj}^{(Y)} + (1 - \varphi) w_{sj}^{(Y)} \tag{7.14}$$

$$\omega_{ij}^{(Y)} = \frac{w_{cj}^{(Y)} \exp(T_{ij}^{(Y)}/\kappa)}{\sum\limits_{j=1}^{n} w_{cj}^{(Y)} \exp(T_{ij}^{(Y)}/\kappa)} \; ; \; \omega_{\dagger j}^{(Y)} = \frac{w_{cj}^{(Y)} \exp(T_{\dagger j}^{(Y)}/\kappa)}{\sum\limits_{j=1}^{n} w_{cj}^{(Y)} \exp(T_{\dagger j}^{(Y)}/\kappa)}$$

$$(7.15)$$

式中，φ 为调节参数，令 $\varphi = 0.5$。$Y = 1$，2，"$\dagger$" 分别表示为 NIS 和 PIS，$T_{ij}^{(Y)} = \prod\limits_{l=1}^{j-1} sc(g_{il}^{(Y)})$，$T_{\dagger j}^{(Y)} = \prod\limits_{l=1}^{j-1} sc(g_{\dagger l}^{(Y)})$ $(j = 2, 3, \cdots, n)$，$T_{i1}^{(Y)} = T_{\dagger 1}^{(Y)} = 1$。

步骤 5：扩展群 T – SFDM 的所有属性 h_j 的 T 球面模糊数由式 (7.16) 和式 (7.17) 集结，以获得所有备选方案的性能值。

$$
\begin{cases}
\wp_i^{(1)} = T - SFFSWA(g_{i1}^{(1)}, g_{i2}^{(1)}, \cdots, g_{in}^{(1)}) \\
\quad = \left(\sqrt[q]{1 - \log_\theta \left(1 + \prod\limits_{j=1}^{n} (\theta^{1-(\tau_{ij}^{(1)})^q} - 1)^{\omega_{ij}^{(1)}} \right)}, \right. \\
\qquad \sqrt[q]{\log_\theta \left(1 + \prod\limits_{j=1}^{n} (\theta^{(\psi_{ij}^{(1)})^q} - 1)^{\omega_{ij}^{(1)}} \right)}, \\
\qquad \left. \sqrt[q]{\log_\theta \left(1 + \prod\limits_{j=1}^{n} (\theta^{(\vartheta_{ij}^{(1)})^q} - 1)^{\omega_{ij}^{(1)}} \right)} \right) \\
\wp_\dagger^{(1)} = T - SFFSWA(g_{\dagger 1}^{(1)}, g_{\dagger 2}^{(1)}, \cdots, g_{\dagger n}^{(1)}) \\
\quad = \left(\sqrt[q]{1 - \log_\theta \left(1 + \prod\limits_{j=1}^{n} (\theta^{1-(\tau_{\dagger j}^{(1)})^q} - 1)^{\omega_{\dagger j}^{(1)}} \right)}, \right. \\
\qquad \sqrt[q]{\log_\theta \left(1 + \prod\limits_{j=1}^{n} (\theta^{(\psi_{\dagger j}^{(1)})^q} - 1)^{\omega_{\dagger j}^{(1)}} \right)}, \\
\qquad \left. \sqrt[q]{\log_\theta \left(1 + \prod\limits_{j=1}^{n} (\theta^{(\vartheta_{\dagger j}^{(1)})^q} - 1)^{\omega_{\dagger j}^{(1)}} \right)} \right)
\end{cases}
$$

$$(7.16)$$

和

$$
\begin{cases}
\wp_i^{(2)} = S - TFFWG(g_{i1}^{(2)}, g_{i2}^{(2)}, \cdots, g_{in}^{(2)}) \\
\quad = \left(\sqrt[q]{\log_\theta\left(1 + \prod_{j=1}^{n} \left(\theta^{(\tau_{ij}^{(2)})^q} - 1\right)^{\omega_{ij}^{(2)}}\right)}, \right. \\
\qquad \sqrt[q]{1 - \log_\theta\left(1 + \prod_{j=1}^{n} \left(\theta^{1-(\psi_{ij}^{(2)})^q} - 1\right)^{\omega_{ij}^{(2)}}\right)}, \\
\qquad \left. \sqrt[q]{1 - \log_\theta\left(1 + \prod_{j=1}^{n} \left(\theta^{1-(\vartheta_{ij}^{(2)})^q} - 1\right)^{\omega_{ij}^{(2)}}\right)} \right) \\
\wp_\dagger^{(2)} = S - TFFWG(g_{\dagger1}^{(2)}, g_{\dagger2}^{(2)}, \cdots, g_{\dagger n}^{(2)}) \\
\quad = \left(\sqrt[q]{\log_\theta\left(1 + \prod_{j=1}^{n} \left(\theta^{(\tau_{\dagger j}^{(2)})^q} - 1\right)^{\omega_{\dagger j}^{(2)}}\right)}, \right. \\
\qquad \sqrt[q]{1 - \log_\theta\left(1 + \prod_{j=1}^{n} \left(\theta^{1-(\psi_{\dagger j}^{(2)})^q} - 1\right)^{\omega_{\dagger j}^{(2)}}\right)}, \\
\qquad \left. \sqrt[q]{1 - \log_\theta\left(1 + \prod_{j=1}^{n} \left(\theta^{1-(\vartheta_{\dagger j}^{(2)})^q} - 1\right)^{\omega_{\dagger j}^{(2)}}\right)} \right)
\end{cases}
\tag{7.17}
$$

步骤 6：结合 T 球面模糊汉明距离测度，利用式（7.18）和式（7.19）计算各方案的贴近度 $\partial_i^{(1)}$ 和 $\partial_i^{(2)}$。

$$
\partial_i^{(1)} = \frac{D_H(\wp_i^{(1)}, \wp_{NIS}^{(1)})}{D_H(\wp_i^{(1)}, \wp_{NIS}^{(1)}) + D_H(\wp_i^{(1)}, \wp_{PIS}^{(1)})}
\tag{7.18}
$$

$$
\partial_i^{(2)} = \frac{D_H(\wp_i^{(2)}, \wp_{NIS}^{(2)})}{D_H(\wp_i^{(2)}, \wp_{NIS}^{(2)}) + D_H(\wp_i^{(2)}, \wp_{PIS}^{(2)})}
\tag{7.19}
$$

式（7.18）中，$D_H(\wp_i^{(1)}, \wp_{NIS}^{(1)})$ 表示 $\wp_i^{(1)}$ 和 $\wp_{NIS}^{(1)}$ 之间的 T 球面模糊汉明距离测度。贴近度 $\partial_i^{(1)}$ 和 $\partial_i^{(2)}$ 分别是对具有风险偏好的专家的乐观和悲观决策态度进行信息处理的结果。

步骤 7：计算每个备选方案的三种集结策略，以表示每个备选方案的相对重要性。

$$\begin{cases} K_{ia} = \dfrac{\partial_i^{(1)} + \partial_i^{(2)}}{\sum\limits_{i=1}^{m}\left(\partial_i^{(1)} + \partial_i^{(2)}\right)} \\[4mm] K_{ib} = \dfrac{\partial_i^{(1)}}{\min_i\left(\partial_i^{(1)}\right)} + \dfrac{\partial_i^{(2)}}{\min_i\left(\partial_i^{(2)}\right)} \\[4mm] K_{ic} = \dfrac{\rho\partial_i^{(1)} + (1-\rho)\partial_i^{(2)}}{\rho\max_i\left(\partial_i^{(1)}\right) + (1-\rho)\max_i\left(\partial_i^{(2)}\right)} \end{cases} \qquad (7.20)$$

式中，K_{ia} 表示 $\partial_i^{(1)}$ 和 $\partial_i^{(2)}$ 的加性归一化；K_{ib} 表示 $\partial_i^{(1)}$ 和 $\partial_i^{(2)}$ 的相对关系之和；K_{ic} 表示 $\partial_i^{(1)}$ 和 $\partial_i^{(2)}$ 的备选方案的均衡折中，其中 ρ 是折中系数，$\rho \in [0, 1]$，而且参数值由决策者确定。同时 ρ 反映了改进 CoCoSo 方法的灵活性和稳定性。

步骤 8：计算每个备选方案的综合效用值 $K_i (i = 1, 2, \cdots, m)$，由此备选方案的最终折衷顺序结果被确定，即 K_i 越大越好。

$$K_i = \left(K_{ia} \cdot K_{ib} \cdot K_{ic}\right)^{\frac{1}{3}} + \frac{1}{3}\left(K_{ia} + K_{ib} + K_{ic}\right) \qquad (7.21)$$

7.1.2　案例研究：废旧动力电池回收技术选择

本章中，我国的一个真实案例——废旧动力电池回收技术（SPBRT）选择被呈现来解释所提方法的实用性和有效性。同时，通过灵敏度分析和方法对比研究来说明所提方法所具备的灵活性和优势。

目前，在中国，按新能源汽车动力电池使用年限为 5 ~ 8 年计算，第一波废旧动力电池报废潮已在 2020 年前后出现。企业可以从废旧动力电池中提取钴、镍、锂、锰、铁和铝等金属，预计到 2030 年全行业可回收的磷酸铁、碳酸锂、硫酸镍、硫酸钴以及硫酸锰总质量将分别达到 103.9 万吨、19.3 万吨、69.6 万吨、29.0 万吨以及 15.4 万吨，届时中国动力电池回收行业总规模将达到 1000 亿元以上。开展废旧动力电池的回收利用对减少环境污染、缓解资源匮乏、推动动力电池行业可持续发展起着至关重要的作用,具有深刻的社会意义和经济意义。因而,对现有 SPBRT 进行评价与甄选成为废旧动力电池回收再生企业投资运营的关键环节。从循环经济视角,SPBRT 选择问题需要考虑环境、经济、社会等方面的因素以及众多利益相关者的个体利益和风险偏好行为的影响,因此,SPBRT 选择本质上是一个不确定环境下的多属性群决策(MAGDM)问题。

江西瑞达新能源技术有限公司(简称"瑞达")是一家专注于锂电正极材料、前驱体及其他新材料的研发、生产和销售的科技企业。它成立于 2014 年,位于江西省万载县。COV - 19 疫情影响着原材料的全球供应链,导致中国国内锂、钴、镍等锂电金属的价格大幅度上升,未来供给格局紧张。在这样的背景下,瑞达拟投资废旧动力锂电池综合利用项目,主要从事废旧动力锂电池拆解、动力电池前驱体和正极材料再生等业务。来自市场和环境方面的压力,对 SPBRT 选择已经成为该企业投资项目的核心挑战内容。目前,行业中主要采用的现有 SPBRT 主要有火法工艺(s_1)、湿法工艺(s_2)、生物浸出(s_3)和电化学萃取(s_4)四种技术[247-248],该企业分别邀请了来自政府主管部门、研究院所、该企业技术部门、下游企业、行业协会的五位专家,组建成专家组 $E = (e_1, e_2, \cdots, e_5)$,其相应权重向量为 $\lambda = (0.15, 0.20, 0.30, 0.20, 0.15)^T$。专家组的成员均具有较强的决策能力和至少 6 年的工作经验,专家们的优先关系为 $e_1 > e_2 > e_3 > e_4 > e_5$。再由专家组从循环经济的角度确定以下属性:$h_1$(投资、运维成本)、$h_2$(回收效率)、$h_3$(技术可靠性)、$h_4$(污染控制投入)、$h_5$(长期风险水平)、$h_6$(创造就业岗位)和 h_7(公众接受程度),其中 h_1、h_4 和 h_5 为成本型属性,其他为效益型属性。各属性之间的优先关系为 $h_1 > h_5 > h_2 > h_4 > h_3 > h_6 > h_7$。由于决策过程的模糊性和不确定性,关于属性 h_j 的方案 s_i 评级最好用 T 球面模糊数表示。为了确定最合适的回收技术,专家们根据 7 个属性对每个回收技术方案进行评估。表 7 - 1 列出了专家们提供的关于各属性的备选方案评价信息。依据式（7.1）对表 7 - 1 中的 T 球面模糊数进行规范化处理，见表 7 - 2。针对属性之间的关联程度，专家们对任意两个属性之间的影响关系进行评价并用 T 球面模糊数表示，因此 5 位专家给出了个体初始 T 球面模糊直接影响矩阵 $\aleph^t$（$t = 1, 2, \cdots, 5$），见表 7 - 3。

1. 决策过程

步骤 1：利用式（7.2）和式（7.3）分别计算专家的优先权重 ϖ_{ji}^t 和 ϖ_{ij}^t。见表 7 - 4 和表 7 - 5。

步骤 2：通过 T - SFFSWA 和 T - SFFSWG 算子［式（7.4）和式（7.5）］分别计算群 T - SFDM $M^{(1)}$，$M^{(2)}$ 和群初始 T - SFDRM $\aleph^{(1)}$ 和 $\aleph^{(2)}$。分别见表 7 - 6 和表 7 - 7。

步骤 3：按式（7.6）确定扩展群 S - TFDM $EM^{(1)}$ 和 $EM^{(1)}$，见表 7 - 8。同时，通过 T 球面模糊相似性测度方法［式（7.9）］和 T - SF DEMATEL 方法［式（7.10）~式（7.13）］分别确定属性的客观权重和主观权重：

$$w_s^{(1)} = (0.177, 0.145, 0.141, 0.146, 0.149, 0.127, 0.116)^T;$$

$$w_s^{(2)} = (0.209, 0.145, 0.136, 0.150, 0.159, 0.111, 0.009)^T;$$

$$w_o^{(1)} = (0.056, 0.156, 0.069, 0.147, 0.244, 0.201, 0.127)^T;$$

$$w_o^{(2)} = (0.031, 0.100, 0.090, 0.293, 0.034, 0.285, 0.168)^T.$$

步骤 4：由式（7.14）计算属性的综合权重向量 $w_c^{(Y)}$（$Y = 1, 2$），取参数 $\varphi = 0.5$，得

$$w_c^{(1)} = (0.117, 0.150, 0.105, 0.147, 0.196, 0.164, 0.121)^T;$$

$$w_c^{(2)} = (0.120, 0.123, 0.113, 0.222, 0.096, 0.198, 0.129)^T.$$

进而，由式（7.15）计算属性的优先权重 $\omega_{ij}^{(Y)}$ 和 $\omega_{\dagger ij}^{(Y)}$（$Y = 1, 2$），见表 7 - 9。

表 7 - 1　各专家提供评价信息

S	E	h_1	h_2	h_3	h_4	h_5	h_6	h_7
s_1	e_1	(0.700, 0.200, 0.500)	(0.700, 0.300, 0.400)	(0.500, 0.300, 0.400)	(0.600, 0.100, 0.800)	(0.600, 0.300, 0.500)	(0.500, 0.500, 0.600)	(0.600, 0.200, 0.400)
	e_2	(0.800, 0.300, 0.400)	(0.500, 0.100, 0.700)	(0.700, 0.300, 0.200)	(0.700, 0.100, 0.400)	(0.500, 0.400, 0.400)	(0.900, 0.400, 0.200)	(0.600, 0.400, 0.500)
	e_3	(0.500, 0.400, 0.700)	(0.800, 0.400, 0.100)	(0.500, 0.400, 0.700)	(0.800, 0.300, 0.400)	(0.600, 0.400, 0.500)	(0.700, 0.500, 0.300)	(0.800, 0.400, 0.600)
	e_4	(0.600, 0.200, 0.300)	(0.700, 0.400, 0.500)	(0.800, 0.500, 0.200)	(0.600, 0.500, 0.700)	(0.600, 0.400, 0.400)	(0.800, 0.200, 0.300)	(0.600, 0.600, 0.700)
	e_5	(0.700, 0.300, 0.400)	(0.600, 0.500, 0.600)	(0.500, 0.500, 0.400)	(0.800, 0.300, 0.400)	(0.700, 0.200, 0.400)	(0.400, 0.500, 0.400)	(0.500, 0.300, 0.700)
s_2	e_1	(0.800, 0.400, 0.100)	(0.700, 0.500, 0.200)	(0.600, 0.200, 0.600)	(0.500, 0.800, 0.400)	(0.800, 0.100, 0.400)	(0.600, 0.300, 0.500)	(0.800, 0.100, 0.200)
	e_2	(0.600, 0.300, 0.700)	(0.600, 0.200, 0.500)	(0.500, 0.500, 0.300)	(0.500, 0.200, 0.400)	(0.800, 0.300, 0.400)	(0.500, 0.400, 0.600)	(0.700, 0.100, 0.400)
	e_3	(0.900, 0.300, 0.300)	(0.700, 0.400, 0.500)	(0.800, 0.200, 0.100)	(0.500, 0.500, 0.600)	(0.600, 0.200, 0.500)	(0.500, 0.400, 0.700)	(0.700, 0.200, 0.400)
	e_4	(0.700, 0.200, 0.300)	(0.800, 0.100, 0.200)	(0.600, 0.500, 0.500)	(0.500, 0.300, 0.500)	(0.600, 0.200, 0.400)	(0.700, 0.300, 0.300)	(0.800, 0.100, 0.400)
	e_5	(0.500, 0.500, 0.400)	(0.400, 0.300, 0.700)	(0.700, 0.200, 0.500)	(0.700, 0.300, 0.400)	(0.400, 0.500, 0.500)	(0.600, 0.200, 0.400)	(0.500, 0.300, 0.500)

续表

S	E	h_1	h_2	h_3	h_4	h_5	h_6	h_7
s_3	e_1	(0.700, 0.300, 0.200)	(0.800, 0.100, 0.100)	(0.700, 0.300, 0.200)	(0.600, 0.400, 0.200)	(0.500, 0.300, 0.500)	(0.500, 0.100, 0.500)	(0.700, 0.200, 0.400)
	e_2	(0.600, 0.200, 0.600)	(0.500, 0.200, 0.500)	(0.500, 0.300, 0.600)	(0.500, 0.500, 0.500)	(0.800, 0.100, 0.200)	(0.500, 0.300, 0.600)	(0.500, 0.200, 0.400)
	e_3	(0.500, 0.100, 0.700)	(0.500, 0.300, 0.800)	(0.500, 0.600, 0.400)	(0.600, 0.200, 0.500)	(0.500, 0.200, 0.800)	(0.800, 0.400, 0.400)	(0.600, 0.100, 0.500)
	e_4	(0.700, 0.500, 0.100)	(0.500, 0.200, 0.600)	(0.600, 0.300, 0.200)	(0.700, 0.300, 0.400)	(0.900, 0.200, 0.200)	(0.800, 0.500, 0.300)	(0.600, 0.300, 0.300)
	e_5	(0.700, 0.100, 0.200)	(0.600, 0.400, 0.200)	(0.500, 0.500, 0.500)	(0.600, 0.200, 0.500)	(0.400, 0.600, 0.500)	(0.700, 0.300, 0.400)	(0.600, 0.100, 0.700)
s_4	e_1	(0.600, 0.100, 0.600)	(0.700, 0.200, 0.400)	(0.800, 0.400, 0.200)	(0.700, 0.300, 0.200)	(0.800, 0.100, 0.300)	(0.600, 0.300, 0.200)	(0.700, 0.400, 0.300)
	e_2	(0.800, 0.200, 0.200)	(0.700, 0.300, 0.600)	(0.600, 0.400, 0.300)	(0.600, 0.300, 0.600)	(0.700, 0.200, 0.400)	(0.700, 0.500, 0.200)	(0.600, 0.400, 0.500)
	e_3	(0.600, 0.300, 0.300)	(0.400, 0.300, 0.600)	(0.500, 0.400, 0.400)	(0.500, 0.200, 0.600)	(0.500, 0.500, 0.400)	(0.600, 0.100, 0.700)	(0.500, 0.200, 0.700)
	e_4	(0.400, 0.500, 0.300)	(0.600, 0.200, 0.400)	(0.500, 0.400, 0.600)	(0.600, 0.400, 0.400)	(0.800, 0.400, 0.400)	(0.500, 0.100, 0.600)	(0.800, 0.300, 0.300)
	e_5	(0.500, 0.100, 0.400)	(0.500, 0.300, 0.600)	(0.700, 0.100, 0.700)	(0.500, 0.400, 0.400)	(0.600, 0.100, 0.500)	(0.500, 0.200, 0.700)	(0.700, 0.100, 0.300)

表 7 - 2　　规范化个体 T - SFDMs

S	E	h_1	h_2	h_3	h_4	h_5	h_6	h_7
s_1	e_1	(0.500, 0.200, 0.700)	(0.700, 0.300, 0.400)	(0.500, 0.300, 0.400)	(0.800, 0.100, 0.600)	(0.500, 0.300, 0.600)	(0.500, 0.500, 0.600)	(0.600, 0.200, 0.400)
	e_2	(0.400, 0.300, 0.800)	(0.500, 0.100, 0.700)	(0.700, 0.300, 0.200)	(0.400, 0.100, 0.700)	(0.400, 0.400, 0.500)	(0.900, 0.400, 0.200)	(0.600, 0.400, 0.500)
	e_3	(0.700, 0.400, 0.500)	(0.800, 0.400, 0.100)	(0.500, 0.400, 0.700)	(0.400, 0.300, 0.800)	(0.500, 0.400, 0.600)	(0.700, 0.500, 0.300)	(0.800, 0.400, 0.600)
	e_4	(0.300, 0.200, 0.600)	(0.700, 0.400, 0.500)	(0.800, 0.500, 0.200)	(0.700, 0.500, 0.600)	(0.400, 0.400, 0.600)	(0.800, 0.200, 0.300)	(0.600, 0.600, 0.700)
	e_5	(0.400, 0.300, 0.700)	(0.600, 0.500, 0.600)	(0.500, 0.500, 0.400)	(0.400, 0.300, 0.800)	(0.400, 0.200, 0.700)	(0.400, 0.500, 0.400)	(0.500, 0.300, 0.700)
s_2	e_1	(0.100, 0.400, 0.800)	(0.700, 0.500, 0.200)	(0.600, 0.200, 0.600)	(0.400, 0.800, 0.500)	(0.400, 0.100, 0.800)	(0.600, 0.300, 0.500)	(0.800, 0.100, 0.200)
	e_2	(0.700, 0.300, 0.600)	(0.600, 0.200, 0.500)	(0.500, 0.500, 0.300)	(0.700, 0.200, 0.500)	(0.500, 0.300, 0.800)	(0.500, 0.400, 0.600)	(0.700, 0.100, 0.400)
	e_3	(0.300, 0.300, 0.900)	(0.700, 0.400, 0.500)	(0.800, 0.200, 0.100)	(0.600, 0.500, 0.500)	(0.500, 0.200, 0.600)	(0.500, 0.400, 0.700)	(0.700, 0.200, 0.400)
	e_4	(0.300, 0.200, 0.700)	(0.800, 0.100, 0.200)	(0.600, 0.500, 0.500)	(0.500, 0.300, 0.500)	(0.400, 0.200, 0.600)	(0.700, 0.300, 0.300)	(0.800, 0.100, 0.400)
	e_5	(0.400, 0.500, 0.500)	(0.400, 0.300, 0.700)	(0.700, 0.200, 0.500)	(0.400, 0.300, 0.700)	(0.500, 0.500, 0.400)	(0.600, 0.200, 0.400)	(0.500, 0.300, 0.500)

续表

S	E	h_1	h_2	h_3	h_4	h_5	h_6	h_7
s_3	e_1	(0.200, 0.300, 0.700)	(0.800, 0.100, 0.100)	(0.700, 0.300, 0.200)	(0.200, 0.400, 0.600)	(0.500, 0.300, 0.500)	(0.500, 0.100, 0.500)	(0.700, 0.200, 0.400)
	e_2	(0.600, 0.200, 0.600)	(0.500, 0.200, 0.500)	(0.500, 0.300, 0.600)	(0.500, 0.500, 0.500)	(0.200, 0.100, 0.800)	(0.500, 0.300, 0.600)	(0.500, 0.200, 0.400)
	e_3	(0.700, 0.100, 0.500)	(0.500, 0.300, 0.800)	(0.500, 0.600, 0.400)	(0.500, 0.200, 0.600)	(0.800, 0.200, 0.500)	(0.800, 0.400, 0.400)	(0.600, 0.100, 0.500)
	e_4	(0.100, 0.500, 0.700)	(0.500, 0.200, 0.600)	(0.600, 0.300, 0.200)	(0.400, 0.300, 0.700)	(0.200, 0.200, 0.900)	(0.800, 0.500, 0.300)	(0.600, 0.300, 0.300)
	e_5	(0.200, 0.100, 0.700)	(0.600, 0.400, 0.200)	(0.500, 0.500, 0.500)	(0.500, 0.200, 0.600)	(0.500, 0.600, 0.400)	(0.700, 0.300, 0.400)	(0.600, 0.100, 0.700)
s_4	e_1	(0.600, 0.100, 0.600)	(0.700, 0.200, 0.400)	(0.800, 0.400, 0.200)	(0.200, 0.300, 0.700)	(0.300, 0.100, 0.800)	(0.600, 0.300, 0.200)	(0.700, 0.400, 0.300)
	e_2	(0.200, 0.200, 0.800)	(0.700, 0.300, 0.600)	(0.600, 0.400, 0.300)	(0.600, 0.300, 0.600)	(0.400, 0.200, 0.700)	(0.700, 0.500, 0.200)	(0.600, 0.400, 0.500)
	e_3	(0.300, 0.300, 0.600)	(0.400, 0.300, 0.600)	(0.500, 0.400, 0.400)	(0.600, 0.200, 0.500)	(0.400, 0.500, 0.500)	(0.600, 0.100, 0.700)	(0.500, 0.200, 0.700)
	e_4	(0.300, 0.500, 0.400)	(0.600, 0.200, 0.400)	(0.500, 0.400, 0.600)	(0.400, 0.400, 0.600)	(0.400, 0.100, 0.800)	(0.500, 0.100, 0.600)	(0.800, 0.300, 0.300)
	e_5	(0.400, 0.100, 0.500)	(0.500, 0.300, 0.600)	(0.700, 0.100, 0.700)	(0.400, 0.400, 0.500)	(0.500, 0.100, 0.600)	(0.500, 0.200, 0.700)	(0.700, 0.100, 0.300)

表 7 - 3　5 位专家提供的个体初始 T - SFDRMs

H	E	h_1	h_2	h_3	h_4	h_5	h_6	h_7
h_1	e_1	(0.000, 0.000, 0.000)	(0.900, 0.200, 0.100)	(0.800, 0.300, 0.200)	(0.700, 0.400, 0.300)	(0.400, 0.400, 0.600)	(0.700, 0.400, 0.300)	(0.500, 0.500, 0.500)
	e_2	(0.000, 0.000, 0.000)	(0.800, 0.300, 0.200)	(0.800, 0.300, 0.200)	(0.700, 0.400, 0.300)	(0.300, 0.300, 0.700)	(0.800, 0.300, 0.200)	(0.400, 0.400, 0.600)
	e_3	(0.000, 0.000, 0.000)	(0.900, 0.200, 0.100)	(0.700, 0.400, 0.300)	(0.900, 0.200, 0.100)	(0.400, 0.400, 0.600)	(0.800, 0.300, 0.200)	(0.700, 0.400, 0.300)
	e_4	(0.000, 0.000, 0.000)	(0.700, 0.400, 0.300)	(0.900, 0.200, 0.100)	(0.800, 0.300, 0.200)	(0.200, 0.200, 0.800)	(0.900, 0.200, 0.100)	(0.400, 0.400, 0.600)
	e_5	(0.000, 0.000, 0.000)	(0.900, 0.200, 0.100)	(0.700, 0.400, 0.300)	(0.700, 0.400, 0.300)	(0.500, 0.500, 0.500)	(0.700, 0.400, 0.300)	(0.500, 0.500, 0.500)
h_2	e_1	(0.500, 0.500, 0.500)	(0.000, 0.000, 0.000)	(0.400, 0.400, 0.600)	(0.700, 0.400, 0.300)	(0.700, 0.400, 0.300)	(0.300, 0.300, 0.700)	(0.700, 0.400, 0.300)
	e_2	(0.500, 0.500, 0.500)	(0.000, 0.000, 0.000)	(0.300, 0.300, 0.700)	(0.700, 0.400, 0.300)	(0.800, 0.300, 0.200)	(0.500, 0.500, 0.500)	(0.400, 0.400, 0.600)
	e_3	(0.700, 0.400, 0.300)	(0.000, 0.000, 0.000)	(0.200, 0.200, 0.800)	(0.500, 0.500, 0.500)	(0.900, 0.200, 0.100)	(0.400, 0.400, 0.600)	(0.500, 0.500, 0.500)
	e_4	(0.400, 0.400, 0.600)	(0.000, 0.000, 0.000)	(0.500, 0.500, 0.500)	(0.400, 0.400, 0.600)	(0.700, 0.400, 0.300)	(0.500, 0.500, 0.500)	(0.400, 0.400, 0.600)
	e_5	(0.500, 0.500, 0.500)	(0.000, 0.000, 0.000)	(0.400, 0.400, 0.600)	(0.500, 0.500, 0.500)	(0.800, 0.300, 0.200)	(0.700, 0.400, 0.300)	(0.500, 0.500, 0.500)

续表

H	E	h_1	h_2	h_3	h_4	h_5	h_6	h_7
h_3	e_1	(0.700, 0.400, 0.300)	(0.800, 0.300, 0.200)	(0.000, 0.000, 0.000)	(0.700, 0.400, 0.300)	(0.700, 0.400, 0.300)	(0.200, 0.200, 0.800)	(0.500, 0.500, 0.500)
	e_2	(0.700, 0.400, 0.300)	(0.700, 0.400, 0.300)	(0.000, 0.000, 0.000)	(0.400, 0.400, 0.600)	(0.700, 0.400, 0.300)	(0.400, 0.400, 0.600)	(0.300, 0.300, 0.700)
	e_3	(0.800, 0.300, 0.200)	(0.900, 0.200, 0.100)	(0.000, 0.000, 0.000)	(0.300, 0.300, 0.700)	(0.800, 0.300, 0.200)	(0.400, 0.400, 0.600)	(0.300, 0.300, 0.700)
	e_4	(0.500, 0.500, 0.500)	(0.500, 0.500, 0.500)	(0.000, 0.000, 0.000)	(0.500, 0.500, 0.500)	(0.900, 0.200, 0.100)	(0.300, 0.300, 0.700)	(0.400, 0.400, 0.600)
	e_5	(0.500, 0.500, 0.500)	(0.800, 0.300, 0.200)	(0.000, 0.000, 0.000)	(0.700, 0.400, 0.300)	(0.500, 0.500, 0.500)	(0.400, 0.400, 0.600)	(0.500, 0.500, 0.500)
h_4	e_1	(0.900, 0.200, 0.100)	(0.200, 0.200, 0.800)	(0.400, 0.400, 0.600)	(0.000, 0.000, 0.000)	(0.700, 0.400, 0.300)	(0.400, 0.400, 0.600)	(0.800, 0.300, 0.200)
	e_2	(0.700, 0.400, 0.300)	(0.400, 0.400, 0.600)	(0.400, 0.400, 0.600)	(0.000, 0.000, 0.000)	(0.800, 0.300, 0.300)	(0.500, 0.500, 0.500)	(0.500, 0.500, 0.500)
	e_3	(0.800, 0.300, 0.200)	(0.300, 0.300, 0.700)	(0.300, 0.300, 0.700)	(0.000, 0.000, 0.000)	(0.900, 0.200, 0.100)	(0.400, 0.400, 0.600)	(0.400, 0.400, 0.600)
	e_4	(0.800, 0.300, 0.200)	(0.400, 0.400, 0.600)	(0.200, 0.200, 0.800)	(0.000, 0.000, 0.000)	(0.700, 0.400, 0.300)	(0.500, 0.500, 0.500)	(0.700, 0.400, 0.300)
	e_5	(0.800, 0.300, 0.200)	(0.300, 0.300, 0.700)	(0.400, 0.400, 0.600)	(0.000, 0.000, 0.000)	(0.800, 0.300, 0.200)	(0.700, 0.400, 0.300)	(0.500, 0.500, 0.500)

续表

H	E	h_1	h_2	h_3	h_4	h_5	h_6	h_7
h_5	e_1	(0.900, 0.200, 0.100)	(0.400, 0.400, 0.600)	(0.500, 0.500, 0.500)	(0.400, 0.400, 0.600)	(0.000, 0.000, 0.000)	(0.700, 0.400, 0.300)	(0.500, 0.500, 0.500)
	e_2	(0.800, 0.300, 0.200)	(0.500, 0.500, 0.500)	(0.400, 0.400, 0.600)	(0.400, 0.400, 0.600)	(0.000, 0.000, 0.000)	(0.500, 0.500, 0.500)	(0.700, 0.400, 0.300)
	e_3	(0.900, 0.200, 0.100)	(0.400, 0.400, 0.600)	(0.400, 0.400, 0.600)	(0.300, 0.300, 0.700)	(0.000, 0.000, 0.000)	(0.400, 0.400, 0.600)	(0.700, 0.400, 0.300)
	e_4	(0.700, 0.400, 0.300)	(0.300, 0.300, 0.700)	(0.400, 0.400, 0.600)	(0.300, 0.300, 0.700)	(0.000, 0.000, 0.000)	(0.500, 0.500, 0.500)	(0.500, 0.500, 0.500)
	e_5	(0.800, 0.300, 0.200)	(0.300, 0.300, 0.700)	(0.300, 0.300, 0.700)	(0.400, 0.400, 0.600)	(0.000, 0.000, 0.000)	(0.700, 0.400, 0.300)	(0.700, 0.400, 0.300)
h_6	e_1	(0.700, 0.400, 0.300)	(0.200, 0.200, 0.800)	(0.300, 0.300, 0.700)	(0.400, 0.400, 0.600)	(0.500, 0.500, 0.500)	(0.000, 0.000, 0.000)	(0.700, 0.400, 0.300)
	e_2	(0.700, 0.400, 0.300)	(0.300, 0.300, 0.700)	(0.200, 0.200, 0.800)	(0.400, 0.400, 0.600)	(0.400, 0.400, 0.600)	(0.000, 0.000, 0.000)	(0.400, 0.400, 0.600)
	e_3	(0.800, 0.300, 0.200)	(0.500, 0.500, 0.500)	(0.400, 0.400, 0.600)	(0.300, 0.300, 0.700)	(0.400, 0.400, 0.600)	(0.000, 0.000, 0.000)	(0.400, 0.400, 0.600)
	e_4	(0.500, 0.500, 0.500)	(0.400, 0.400, 0.600)	(0.200, 0.200, 0.800)	(0.300, 0.300, 0.700)	(0.500, 0.500, 0.500)	(0.000, 0.000, 0.000)	(0.800, 0.300, 0.200)
	e_5	(0.700, 0.400, 0.300)	(0.300, 0.300, 0.700)	(0.400, 0.400, 0.600)	(0.400, 0.400, 0.600)	(0.500, 0.500, 0.500)	(0.000, 0.000, 0.000)	(0.400, 0.400, 0.600)

续表

H	E	h_1	h_2	h_3	h_4	h_5	h_6	h_7
h_7	e_1	(0.400, 0.400, 0.600)	(0.200, 0.200, 0.800)	(0.200, 0.200, 0.800)	(0.400, 0.400, 0.600)	(0.400, 0.400, 0.600)	(0.500, 0.500, 0.500)	(0.000, 0.000, 0.000)
	e_2	(0.400, 0.400, 0.600)	(0.300, 0.300, 0.700)	(0.400, 0.400, 0.600)	(0.500, 0.500, 0.500)	(0.400, 0.400, 0.600)	(0.400, 0.400, 0.600)	(0.000, 0.000, 0.000)
	e_3	(0.300, 0.300, 0.700)	(0.400, 0.400, 0.600)	(0.300, 0.300, 0.700)	(0.700, 0.400, 0.300)	(0.300, 0.300, 0.700)	(0.300, 0.300, 0.700)	(0.000, 0.000, 0.000)
	e_4	(0.400, 0.400, 0.600)	(0.400, 0.400, 0.600)	(0.200, 0.200, 0.800)	(0.800, 0.300, 0.200)	(0.300, 0.300, 0.700)	(0.400, 0.400, 0.600)	(0.000, 0.000, 0.000)
	e_5	(0.300, 0.300, 0.700)	(0.300, 0.300, 0.700)	(0.200, 0.200, 0.800)	(0.700, 0.400, 0.300)	(0.400, 0.400, 0.600)	(0.400, 0.400, 0.600)	(0.000, 0.000, 0.000)

表 7 - 4　各专家的优先权重 ϖ_{ij}^t

ϖ_{ij}^t	s_1					s_2					s_3					s_4				
	e_1	e_2	e_3	e_4	e_5	e_1	e_2	e_3	e_4	e_5	e_1	e_2	e_3	e_4	e_5	e_1	e_2	e_3	e_4	e_5
h_1	0.207	0.224	0.253	0.121	0.195	0.215	0.196	0.267	0.122	0.200	0.206	0.208	0.266	0.125	0.194	0.201	0.244	0.251	0.116	0.189
h_2	0.183	0.252	0.258	0.121	0.186	0.179	0.241	0.274	0.119	0.188	0.174	0.272	0.279	0.107	0.168	0.179	0.249	0.280	0.114	0.179
h_3	0.185	0.228	0.286	0.115	0.185	0.189	0.229	0.266	0.125	0.190	0.182	0.257	0.268	0.113	0.180	0.171	0.259	0.283	0.116	0.171
h_4	0.187	0.264	0.261	0.11	0.178	0.213	0.194	0.267	0.125	0.202	0.205	0.217	0.265	0.121	0.193	0.206	0.209	0.266	0.124	0.196
h_5	0.199	0.227	0.266	0.119	0.189	0.214	0.207	0.256	0.122	0.200	0.201	0.241	0.251	0.121	0.186	0.214	0.204	0.259	0.123	0.199
h_6	0.182	0.208	0.289	0.125	0.197	0.192	0.241	0.266	0.115	0.186	0.190	0.231	0.262	0.122	0.194	0.181	0.240	0.285	0.116	0.178
h_7	0.192	0.251	0.259	0.117	0.180	0.188	0.293	0.234	0.109	0.176	0.200	0.277	0.227	0.111	0.185	0.195	0.268	0.249	0.109	0.179

表 7 – 5　各专家的优先权重 ϖ_{ji}^t

ϖ_{ji}^t	h_1					h_2					h_3					h_4				
	e_1	e_2	e_3	e_4	e_5	e_1	e_2	e_3	e_4	e_5	e_1	e_2	e_3	e_4	e_5	e_1	e_2	e_3	e_4	e_5
h_1	0.191	0.232	0.271	0.119	0.187	0.141	0.246	0.295	0.135	0.183	0.155	0.239	0.295	0.120	0.191	0.168	0.231	0.274	0.130	0.198
h_2	0.198	0.225	0.264	0.123	0.190	0.191	0.232	0.271	0.119	0.187	0.206	0.225	0.259	0.118	0.192	0.177	0.244	0.289	0.116	0.174
h_3	0.173	0.238	0.282	0.127	0.180	0.161	0.248	0.282	0.132	0.176	0.191	0.232	0.271	0.119	0.187	0.187	0.244	0.264	0.112	0.178
h_4	0.150	0.260	0.283	0.123	0.185	0.215	0.202	0.261	0.122	0.200	0.205	0.223	0.263	0.119	0.191	0.191	0.232	0.271	0.119	0.187
h_5	0.141	0.246	0.295	0.135	0.183	0.203	0.221	0.266	0.120	0.191	0.201	0.229	0.263	0.118	0.189	0.204	0.223	0.263	0.119	0.191
h_6	0.173	0.238	0.282	0.127	0.180	0.216	0.202	0.258	0.123	0.201	0.212	0.217	0.254	0.121	0.197	0.204	0.223	0.263	0.119	0.191
h_7	0.204	0.222	0.263	0.119	0.192	0.216	0.203	0.258	0.123	0.201	0.215	0.202	0.261	0.122	0.199	0.200	0.217	0.262	0.123	0.199

ϖ_{ji}^t	h_5					h_6					h_7				
	e_1	e_2	e_3	e_4	e_5	e_1	e_2	e_3	e_4	e_5	e_1	e_2	e_3	e_4	e_5
h_1	0.206	0.224	0.259	0.120	0.192	0.163	0.224	0.285	0.126	0.201	0.199	0.227	0.261	0.122	0.191
h_2	0.163	0.224	0.286	0.134	0.192	0.207	0.212	0.264	0.121	0.195	0.187	0.257	0.263	0.115	0.179
h_3	0.169	0.232	0.276	0.124	0.199	0.215	0.202	0.261	0.123	0.200	0.203	0.232	0.257	0.117	0.190
h_4	0.163	0.224	0.286	0.134	0.192	0.203	0.221	0.265	0.120	0.192	0.180	0.264	0.268	0.111	0.177
h_5	0.191	0.232	0.271	0.119	0.187	0.185	0.255	0.268	0.114	0.178	0.191	0.218	0.277	0.125	0.189
h_6	0.201	0.229	0.263	0.118	0.190	0.191	0.232	0.271	0.119	0.187	0.188	0.258	0.260	0.112	0.183
h_7	0.204	0.223	0.263	0.119	0.191	0.201	0.229	0.263	0.117	0.189	0.191	0.232	0.271	0.119	0.187

表 7 − 6　集结的 T − SFDM $M^{(1)}$ 和 $M^{(2)}$

$M^{(1)}$	h_1	h_2	h_3	h_4	h_5	h_6	h_7
s_1	(0.531, 0.283, 0.633)	(0.684, 0.280, 0.361)	(0.613, 0.380, 0.373)	(0.582, 0.194, 0.711)	(0.453, 0.332, 0.593)	(0.733, 0.427, 0.321)	(0.661, 0.349, 0.557)
s_2	(0.498, 0.337, 0.705)	(0.662, 0.334, 0.428)	(0.678, 0.278, 0.302)	(0.556, 0.396, 0.536)	(0.471, 0.226, 0.629)	(0.572, 0.322, 0.519)	(0.738, 0.166, 0.375)
s_3	(0.531, 0.178, 0.621)	(0.604, 0.223, 0.383)	(0.563, 0.397, 0.379)	(0.456, 0.296, 0.588)	(0.588, 0.259, 0.583)	(0.694, 0.280, 0.443)	(0.625, 0.193, 0.466)
s_4	(0.412, 0.188, 0.596)	(0.602, 0.266, 0.534)	(0.641, 0.316, 0.383)	(0.504, 0.296, 0.570)	(0.409, 0.175, 0.654)	(0.606, 0.204, 0.412)	(0.655, 0.255, 0.428)
$M^{(2)}$	h_1	h_2	h_3	h_4	h_5	h_6	h_7
s_1	(0.468, 0.312, 0.685)	(0.650, 0.377, 0.545)	(0.572, 0.408, 0.511)	(0.488, 0.298, 0.730)	(0.444, 0.359, 0.605)	(0.639, 0.462, 0.365)	(0.628, 0.404, 0.592)
s_2	(0.342, 0.375, 0.771)	(0.620, 0.380, 0.518)	(0.642, 0.370, 0.447)	(0.513, 0.557, 0.557)	(0.464, 0.326, 0.691)	(0.558, 0.349, 0.573)	(0.699, 0.242, 0.415)
s_3	(0.326, 0.288, 0.641)	(0.562, 0.279, 0.608)	(0.544, 0.461, 0.464)	(0.405, 0.363, 0.598)	(0.429, 0.427, 0.685)	(0.643, 0.354, 0.476)	(0.606, 0.229, 0.558)
s_4	(0.331, 0.289, 0.645)	(0.556, 0.278, 0.558)	(0.558, 0.377, 0.489)	(0.423, 0.324, 0.588)	(0.394, 0.329, 0.693)	(0.591, 0.335, 0.584)	(0.629, 0.285, 0.500)

表7-7　集结的初始 T-SFDRM $\aleph^{(1)}$ 和 $\aleph^{(2)}$

$\aleph^{(1)}$	h_1	h_2	h_3	h_4	h_5	h_6	h_7
h_1	(0.000, 0.000, 0.000)	(0.864, 0.243, 0.138)	(0.778, 0.329, 0.224)	(0.793, 0.319, 0.211)	(0.394, 0.361, 0.622)	(0.790, 0.317, 0.212)	(0.550, 0.437, 0.468)
h_2	(0.565, 0.459, 0.448)	(0.000, 0.000, 0.000)	(0.366, 0.322, 0.657)	(0.600, 0.444, 0.413)	(0.817, 0.291, 0.185)	(0.515, 0.406, 0.512)	(0.529, 0.442, 0.488)
h_3	(0.696, 0.396, 0.314)	(0.801, 0.308, 0.206)	(0.000, 0.000, 0.000)	(0.556, 0.380, 0.479)	(0.749, 0.355, 0.260)	(0.362, 0.333, 0.652)	(0.414, 0.437, 0.604)
h_4	(0.801, 0.304, 0.200)	(0.327, 0.302, 0.687)	(0.363, 0.342, 0.648)	(0.000, 0.000, 0.000)	(0.817, 0.291, 0.185)	(0.523, 0.432, 0.495)	(0.602, 0.488, 0.423)
h_5	(0.845, 0.261, 0.156)	(0.405, 0.385, 0.606)	(0.411, 0.396, 0.596)	(0.368, 0.359, 0.637)	(0.000, 0.000, 0.000)	(0.580, 0.434, 0.438)	(0.654, 0.429, 0.353)
h_6	(0.719, 0.380, 0.286)	(0.377, 0.326, 0.651)	(0.335, 0.298, 0.685)	(0.368, 0.359, 0.637)	(0.457, 0.448, 0.547)	(0.000, 0.000, 0.000)	(0.566, 0.480, 0.469)
h_7	(0.362, 0.351, 0.644)	(0.334, 0.307, 0.681)	(0.290, 0.256, 0.731)	(0.649, 0.406, 0.368)	(0.817, 0.291, 0.185)	(0.406, 0.388, 0.603)	(0.000, 0.000, 0.000)

续表

$\aleph^{(2)}$	h_1	h_2	h_3	h_4	h_5	h_6	h_7
h_1	(0.000, 0.000, 0.000)	(0.847, 0.273, 0.184)	(0.762, 0.350, 0.254)	(0.765, 0.353, 0.289)	(0.361, 0.394, 0.647)	(0.775, 0.337, 0.241)	(0.507, 0.445, 0.511)
h_2	(0.533, 0.467, 0.482)	(0.000, 0.000, 0.000)	(0.322, 0.366, 0.685)	(0.563, 0.452, 0.458)	(0.797, 0.320, 0.227)	(0.455, 0.426, 0.565)	(0.491, 0.450, 0.522)
h_3	(0.658, 0.418, 0.375)	(0.756, 0.354, 0.299)	(0.000, 0.000, 0.000)	(0.470, 0.394, 0.562)	(0.705, 0.391, 0.339)	(0.333, 0.362, 0.673)	(0.380, 0.445, 0.628)
h_4	(0.788, 0.324, 0.228)	(0.302, 0.327, 0.702)	(0.342, 0.363, 0.663)	(0.000, 0.000, 0.000)	(0.797, 0.320, 0.227)	(0.482, 0.440, 0.532)	(0.535, 0.491, 0.493)
h_5	(0.829, 0.288, 0.196)	(0.385, 0.405, 0.620)	(0.396, 0.411, 0.607)	(0.359, 0.368, 0.644)	(0.000, 0.000, 0.000)	(0.534, 0.443, 0.488)	(0.631, 0.437, 0.389)
h_6	(0.698, 0.395, 0.326)	(0.326, 0.377, 0.683)	(0.298, 0.335, 0.663)	(0.359, 0.368, 0.644)	(0.448, 0.457, 0.555)	(0.000, 0.000, 0.000)	(0.483, 0.485, 0.543)
h_7	(0.351, 0.362, 0.651)	(0.307, 0.334, 0.697)	(0.256, 0.290, 0.747)	(0.595, 0.418, 0.422)	(0.359, 0.368, 0.644)	(0.88, 0.406, 0.616)	(0.000, 0.000, 0.000)

表 7-8　扩展的群 T-SFDM $EM^{(1)}$ 和 $EM^{(2)}$

$EM^{(1)}$	h_1	h_2	h_3	h_4	h_5	h_6	h_7
PIS	(0.531, 0.178, 0.596)	(0.684, 0.223, 0.361)	(0.678, 0.278, 0.302)	(0.582, 0.194, 0.536)	(0.588, 0.175, 0.583)	(0.733, 0.204, 0.321)	(0.738, 0.166, 0.375)
s_1	(0.531, 0.283, 0.633)	(0.684, 0.280, 0.361)	(0.613, 0.380, 0.302)	(0.582, 0.194, 0.711)	(0.453, 0.332, 0.593)	(0.733, 0.204, 0.321)	(0.661, 0.349, 0.557)
s_2	(0.498, 0.337, 0.705)	(0.662, 0.334, 0.428)	(0.678, 0.278, 0.302)	(0.556, 0.396, 0.536)	(0.471, 0.226, 0.629)	(0.572, 0.322, 0.519)	(0.738, 0.166, 0.375)
s_3	(0.531, 0.178, 0.621)	(0.604, 0.223, 0.383)	(0.563, 0.397, 0.379)	(0.456, 0.296, 0.588)	(0.588, 0.259, 0.583)	(0.694, 0.280, 0.443)	(0.625, 0.193, 0.466)
s_4	(0.412, 0.188, 0.596)	(0.602, 0.266, 0.534)	(0.641, 0.316, 0.383)	(0.504, 0.296, 0.570)	(0.409, 0.175, 0.654)	(0.606, 0.204, 0.412)	(0.655, 0.255, 0.428)
NIS	(0.412, 0.337, 0.705)	(0.602, 0.334, 0.534)	(0.563, 0.397, 0.383)	(0.456, 0.396, 0.711)	(0.409, 0.332, 0.654)	(0.572, 0.427, 0.519)	(0.625, 0.349, 0.557)

续表

$EM^{(2)}$	h_1	h_2	h_3	h_4	h_5	h_6	h_7
PIS	(0.468, 0.288, 0.641)	(0.650, 0.278, 0.518)	(0.642, 0.370, 0.447)	(0.513, 0.298, 0.557)	(0.464, 0.326, 0.605)	(0.643, 0.335, 0.365)	(0.699, 0.229, 0.415)
s_1	(0.468, 0.312, 0.685)	(0.650, 0.377, 0.545)	(0.572, 0.408, 0.511)	(0.488, 0.298, 0.730)	(0.444, 0.359, 0.605)	(0.639, 0.462, 0.365)	(0.628, 0.404, 0.592)
s_2	(0.342, 0.375, 0.771)	(0.620, 0.380, 0.518)	(0.642, 0.370, 0.447)	(0.513, 0.557, 0.557)	(0.464, 0.326, 0.691)	(0.558, 0.349, 0.573)	(0.699, 0.242, 0.415)
s_3	(0.326, 0.288, 0.641)	(0.562, 0.279, 0.608)	(0.544, 0.461, 0.464)	(0.405, 0.363, 0.598)	(0.429, 0.427, 0.685)	(0.643, 0.354, 0.476)	(0.606, 0.229, 0.558)
s_4	(0.331, 0.289, 0.645)	(0.556, 0.278, 0.558)	(0.604, 0.377, 0.489)	(0.423, 0.324, 0.588)	(0.394, 0.329, 0.693)	(0.591, 0.335, 0.584)	(0.629, 0.285, 0.500)
NIS	(0.326, 0.375, 0.771)	(0.556, 0.380, 0.608)	(0.544, 0.461, 0.511)	(0.405, 0.557, 0.730)	(0.394, 0.427, 0.693)	(0.558, 0.462, 0.584)	(0.606, 0.404, 0.592)

表 7 – 9 属性的优先权重 $\omega_{ij}^{(Y)}$ 和 $\omega_{ij}^{(Y)}$ （ $Y=1$, 2 ）

$\omega_i^{(1)}$	h_1	h_2	h_3	h_4	h_5	h_6	h_7
PIS	0.244	0.128	0.082	0.118	0.206	0.127	0.094
s_1	0.244	0.126	0.082	0.117	0.202	0.127	0.093
s_2	0.244	0.124	0.082	0.116	0.193	0.127	0.093
s_3	0.244	0.128	0.082	0.118	0.205	0.127	0.093
s_4	0.244	0.125	0.081	0.116	0.201	0.127	0.093
NIS	0.244	0.122	0.081	0.115	0.190	0.127	0.093
$\omega_i^{(2)}$	h_1	h_2	h_3	h_4	h_5	h_6	h_7
PIS	0.260	0.106	0.091	0.182	0.101	0.158	0.103
s_1	0.260	0.105	0.090	0.181	0.098	0.158	0.103
s_2	0.260	0.102	0.090	0.179	0.091	0.158	0.103
s_3	0.260	0.104	0.090	0.180	0.098	0.158	0.103
s_4	0.260	0.104	0.090	0.180	0.098	0.158	0.103
NIS	0.260	0.102	0.090	0.179	0.091	0.158	0.103

步骤 5～6：分别利用式（7.16）和式（7.17）计算方案性能值 $\wp_i^{(1)}$ 和 $\wp_i^{(2)}$ 。进而，由式（7.18）和式（7.19）计算各方案的贴近度 $\partial_i^{(1)}$ 和 $\partial_i^{(2)}$ ，见表 7 – 10。

表 7 – 10 两个决策态度的方案性能值和贴近度

方案	$\wp_i^{(1)}$	$\wp_i^{(2)}$	$\partial_i^{(1)}$	$\partial_i^{(2)}$	K_i	排序
PIS	(0.639, 0.193, 0.461)	(0.556, 0.306, 0.546)	—	—	—	—
s_1	(0.603, 0.311, 0.518)	(0.538, 0.372, 0.622)	0.634	0.526	2.036	3
s_2	(0.583, 0.298, 0.539)	(0.506, 0.407, 0.631)	0.553	0.403	1.670	4
s_3	(0.584, 0.241, 0.515)	(0.463, 0.348, 0.592)	0.673	0.679	2.389	1
s_4	(0.534, 0.226, 0.537)	(0.464, 0.315, 0.598)	0.506	0.688	2.127	2
NIS	(0.508, 0.370, 0.611)	(0.453, 0.447, 0.681)	—	—	—	—

步骤7～8：由（7.20）计算方案的三种集结策略 K_{ia}，K_{ib}，K_{ic}，其中参数 ρ 取0.5。

$$K_{1a} = 0.249，K_{2a} = 0.205，K_{3a} = 0.290，K_{4a} = 0.256；$$

$$K_{1b} = 2.559，K_{2b} = 2.092，K_{3b} = 2.017，K_{4b} = 2.707；$$

$$K_{1c} = 0.853，K_{2c} = 0.702，K_{3c} = 0.994，K_{4c} = 0.877。$$

进而利用式（7.21）计算各方案的综合效用值 $K_1 = 2.036$，$K_2 = 1.670$，$K_3 = 2.389$，$K_4 = 2.127$。

据此，确定方案排名 $s_3 > s_4 > s_1 > s_2$。显然，生物浸出（s_3）为最佳选项。

2. 灵敏度分析

在本小节中，为了探究参数 η，ρ，κ，θ 对最终方案排名的影响，考虑各参数在合适范围内的方案排名情况进行了综合分析。

首先，当参数范围为 $\rho \in [0.0，1.0]$，其他参数取固定值 $\varphi = 0.5$，$\kappa = 1$ 和 $\theta = 2$，则各方案的排名情况如表 7-11 所示。

表7-11 关于参数 ρ 的方案排名结果

参数	s_1	s_2	s_3	s_4	排序
$\rho = 0.0$	$K_1 = 1.978$	$K_2 = 1.592$	$K_3 = 2.385$	$K_4 = 2.206$	$s_3 > s_4 > s_1 > s_2$
$\rho = 0.1$	$K_1 = 1.990$	$K_2 = 1.608$	$K_3 = 2.385$	$K_4 = 2.191$	$s_3 > s_4 > s_1 > s_2$
$\rho = 0.2$	$K_1 = 2.001$	$K_2 = 1.623$	$K_3 = 2.386$	$K_4 = 2.175$	$s_3 > s_4 > s_1 > s_2$
$\rho = 0.3$	$K_1 = 2.013$	$K_2 = 1.639$	$K_3 = 2.387$	$K_4 = 2.159$	$s_3 > s_4 > s_1 > s_2$
$\rho = 0.4$	$K_1 = 2.024$	$K_2 = 1.654$	$K_3 = 2.388$	$K_4 = 2.144$	$s_3 > s_4 > s_1 > s_2$
$\rho = 0.5$	$K_1 = 2.036$	$K_2 = 1.670$	$K_3 = 2.389$	$K_4 = 2.127$	$s_3 > s_4 > s_1 > s_2$
$\rho = 0.6$	$K_1 = 2.047$	$K_2 = 1.685$	$K_3 = 2.389$	$K_4 = 2.111$	$s_3 > s_4 > s_1 > s_2$
$\rho = 0.7$	$K_1 = 2.059$	$K_2 = 1.700$	$K_3 = 2.390$	$K_4 = 2.094$	$s_3 > s_4 > s_1 > s_2$
$\rho = 0.8$	$K_1 = 2.070$	$K_2 = 1.715$	$K_3 = 2.391$	$K_4 = 2.078$	$s_3 > s_4 > s_1 > s_2$
$\rho = 0.9$	$K_1 = 2.081$	$K_2 = 1.730$	$K_3 = 2.392$	$K_4 = 2.061$	$s_3 > s_1 > s_4 > s_2$
$\rho = 1.0$	$K_1 = 2.093$	$K_2 = 1.745$	$K_3 = 2.392$	$K_4 = 2.043$	$s_3 > s_1 > s_4 > s_2$

由表 7 - 11 可知，参数 ρ 在 [0.0，1.0] 范围内变化，尽管 s_1 和 s_4 的位次在 $\rho = 0.9$ 和 $\rho = 1.0$ 时发生微小变化，但是在总体上而言方案排名较为稳定。

接着，当参数 κ 在 [1，10] 范围内取不同值时，其他参数取固定值 $\varphi = 0.5$，$\rho = 0.5$ 和 $\theta = 2$，各方案排名情况见表 7 - 12。

表 7 - 12　　　　　　　　　　关于参数 κ 的方案排名结果

参数	s_1	s_2	s_3	s_4	排序
$\kappa = 1$	$K_1 = 2.036$	$K_2 = 1.670$	$K_3 = 2.389$	$K_4 = 2.127$	$s_3 > s_4 > s_1 > s_2$
$\kappa = 2$	$K_1 = 1.987$	$K_2 = 1.861$	$K_3 = 2.237$	$K_4 = 2.023$	$s_3 > s_4 > s_1 > s_2$
$\kappa = 3$	$K_1 = 1.930$	$K_2 = 1.935$	$K_3 = 2.171$	$K_4 = 1.956$	$s_3 > s_4 > s_2 > s_1$
$\kappa = 4$	$K_1 = 1.903$	$K_2 = 1.968$	$K_3 = 2.134$	$K_4 = 1.924$	$s_3 > s_2 > s_4 > s_1$
$\kappa = 5$	$K_1 = 1.889$	$K_2 = 1.988$	$K_3 = 2.113$	$K_4 = 1.908$	$s_3 > s_2 > s_4 > s_1$
$\kappa = 6$	$K_1 = 1.887$	$K_2 = 2.009$	$K_3 = 2.108$	$K_4 = 1.907$	$s_3 > s_2 > s_4 > s_1$
$\kappa = 7$	$K_1 = 1.887$	$K_2 = 2.023$	$K_3 = 2.105$	$K_4 = 1.907$	$s_3 > s_2 > s_4 > s_1$
$\kappa = 8$	$K_1 = 1.887$	$K_2 = 2.034$	$K_3 = 2.102$	$K_4 = 1.906$	$s_3 > s_2 > s_4 > s_1$
$\kappa = 9$	$K_1 = 1.887$	$K_2 = 2.042$	$K_3 = 2.101$	$K_4 = 1.906$	$s_3 > s_2 > s_4 > s_1$
$\kappa = 10$	$K_1 = 1.887$	$K_2 = 2.049$	$K_3 = 2.099$	$K_4 = 1.906$	$s_3 > s_2 > s_4 > s_1$
$\kappa \to +\infty$	$K_1 = 1.692$	$K_2 = 1.908$	$K_3 = 1.860$	$K_4 = 1.1656$	$s_2 > s_3 > s_1 > s_4$

由表 7 - 12 可知，在参数 $1 \leqslant \kappa \leqslant 10$ 变化过程中，s_3 为最佳方案且保持不变，而其他方案从 $s_4 > s_1 > s_2$ 变成 $s_2 > s_4 > s_1$，而且当 $\kappa \geqslant 4$ 时，方案排名 $s_3 > s_2 > s_4 > s_1$ 保持不变。由图 7 - 2 可发现，随着参数 κ 值变大，方案 s_1、s_3、s_4 的综合效用值 K_i 不断减小，而 s_2 的综合效用值 K_i 则逐渐增大。并且各方案的综合效用值逐渐趋于稳定。进一步，由 4.5.4 节关于参数的单调性分析可知，属性之间优先关系水平随参数 κ 增加而降低，当参数 $\kappa \to +\infty$ 时，属性之间的优先关系则被忽略，即 T - SFFSWA 和 T - SFFSWG 算子退化为 T - SFFWA 和 T -

SFFWG 算子。此时应用 T-SFFWA 和 T-SFFWG 算子 ［式 (4.100)］和［式（4.101）］嵌入 CoCoSo 方法中能够得到方案的排名，$s_2 > s_3 > s_1 > s_4$，s_2 为最佳方案。显然，属性间优先关系及其关系水平能够影响方案的最终排名，这也更符合决策问题的实际情况。

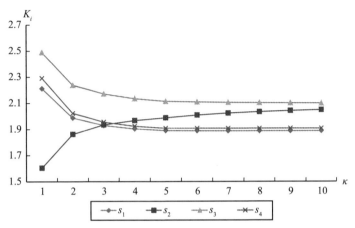

图 7-2　关于参数 κ 的各方案排序变化

然后，分析在参数 $\theta \in (1, 1000]$ 范围内取不同值时，其他参数取固定值 $\varphi = 0.5$，$\rho = 0.5$ 和 $\kappa = 1$，各方案排名情况见表 7-13。

表 7-13　　　　　　　　　关于参数 θ 的方案排名结果

参数	s_1	s_2	s_3	s_4	排序
$\theta \to 1$	$K_1 = 2.239$	$K_2 = 1.628$	$K_3 = 2.549$	$K_4 = 2.347$	$s_3 > s_4 > s_1 > s_2$
$\theta = 2$	$K_1 = 2.212$	$K_2 = 1.605$	$K_3 = 2.489$	$K_4 = 2.291$	$s_3 > s_4 > s_1 > s_2$
$\theta = 10$	$K_1 = 2.195$	$K_2 = 1.547$	$K_3 = 2.573$	$K_4 = 2.385$	$s_3 > s_4 > s_1 > s_2$
$\theta = 50$	$K_1 = 2.170$	$K_2 = 1.536$	$K_3 = 2.590$	$K_4 = 2.387$	$s_3 > s_4 > s_1 > s_2$
$\theta = 100$	$K_1 = 2.161$	$K_2 = 1.530$	$K_3 = 2.597$	$K_4 = 2.387$	$s_3 > s_4 > s_1 > s_2$
$\theta = 500$	$K_1 = 2.148$	$K_2 = 1.520$	$K_3 = 2.612$	$K_4 = 2.384$	$s_3 > s_4 > s_1 > s_2$
$\theta = 1000$	$K_1 = 2.150$	$K_2 = 1.515$	$K_3 = 2.617$	$K_4 = 2.380$	$s_3 > s_4 > s_1 > s_2$

从表 7 - 13 中不难看出，参数 θ 的变化对方案排名（$s_3 > s_4 > s_1 >$ s_2）并没有任何影响，这说明关于参数 θ 变化方案排名具有一定稳定性。其原因是 T - SFFSWA 算子中参数 θ 可以表征乐观决策者的风险偏好，T - SFFSWG 算子中参数 θ 则可以表征悲观决策者的风险偏好，而这两种带有风险偏好的对立决策态度，能够在 CoCoSo 方法折中决策机制下得到较为稳定的方案排名。

3. 比较分析

为了验证所提方法的合理性，在本节中安排了两组方法与所提方法进行比较，即先与 T 球面模糊环境中的集结算子所得的集结结果进行对比分析，包括 T - SFWA[91]、T - SFWG[91]、T - SFWAI[96]、T - SFWGI[96]、T - SFDPWA[100]、T - SFDPWG[100] 和 T - SFWGMSM[89] 等集结算子。然后与 T - SF 环境下现有方案排名方法进行比较，包括 MULTIMOORA[100]、TOPSIS[249] 和 TODIM[96]。

首先考察与集结算子进行对比。采用所得的两种属性综合权重向量的平均值，即 $w_c = (0.167, 0.144, 0.141, 0.147, 0.147, 0.131, 0.122)^T$，和专家权重向量 $\lambda = (0.15, 0.20, 0.30, 0.20, 0.15)^T$ 分别与 T - SFWA、T - SFWG、T - SFWAI、T - SFWGI、T - SFDPWA、T - SFDPWG 算子结合对表 7 - 2 中的规范化的数据进行集结。而对于 T - SFWGMSM 算子，采用两组属性客观权重向量的平均值 $w_o = (0.142, 0.144, 0.144, 0.147, 0.140, 0.143, 0.141)^T$，并给定广义系数 $\lambda_1 = \lambda_2 = \cdots = \lambda_7 = 1$，组合系数 $k = 2$。计算得到各方案的集结结果，见表 7 - 14。

从表 7 - 14 中可知，各方法所得到的方案排序结果各不一样。该结果的差异是由上述方法对评价信息处理机制决定的。与本书相比，T - SFWA、T - SFWG、T - SFWAI 和 T - SFWGI 算子分别基于 AOLs

和 IOLs 对评价信息进行刚性融合，而不像所提方法中采用 T - SFF-
SWA 和 T - SFFSWG 算子能够基于 FOLs 对评价信息进行融合，而且
可以通过调节参数使集结过程更加灵活。T - SFDPWA 和 T - SFDPWG
算子尽管基于 DOLs 同时也考虑了决策变量的优先关系，但是这两个
集结算子不能对优先程度进行调节，而且不能通过妥协机制获得均衡
最优方案，而是依据得分函数值大小来确定方案的排名。尽管与所提
方法一样考虑了属性之间的关联关系，但是 T - SFWGMSM 算子忽略
了属性之间的优先关系。在该算子中属性间的关联程度可以由组合系
数 k 进行调节，然而，随着属性个数 n 的增大，含有组合系数的二项
式系数 C_n^k 的值就越大，这就增加了该算子的计算复杂性。同时发现
T - SFWGMSM 算子得到方案最终排序与表 7 - 12 中所提方法在 $\kappa \rightarrow$
$+\infty$ 情况的结果是一致的，这也说明了本书方法在优先关系方面具
有广义性。进一步采用现有的方案排名方法来解决本书案例中的
MAGDM 问题，计算结果见表 7 - 15。

表 7 - 14　　　　　　　　　　与现有不同集结算子对比

方法	结果	排序
T - SFWA[91]	$sc(s_1) = 0.545$，$sc(s_2) = 0.547$，$sc(s_3) = 0.537$，$sc(s_4) = 0.510$	$s_2 > s_1 > s_3 > s_4$
T - SFWG[91]	$sc(s_1) = 0.444$，$sc(s_2) = 0.453$，$sc(s_3) = 0.442$，$sc(s_4) = 0.443$	$s_2 > s_1 > s_4 > s_3$
T - SFWAI[96]	$sc(s_1) = 0.486$，$sc(s_2) = 0.483$，$sc(s_3) = 0.466$，$sc(s_4) = 0.467$	$s_1 > s_2 > s_4 > s_3$
T - SFWGI[96]	$sc(s_1) = 0.469$，$sc(s_2) = 0.472$，$sc(s_3) = 0.458$，$sc(s_4) = 0.460$	$s_2 > s_1 > s_4 > s_3$
T - SFDPWA[100]	$sc(s_1) = 0.539$，$sc(s_2) = 0.522$，$sc(s_3) = 0.521$，$sc(s_4) = 0.467$	$s_1 > s_2 > s_3 > s_4$

续表

方法	结果	排序
T – SFDPWG[100]	$sc(s_1)=0.609$, $sc(s_2)=0.429$, $sc(s_3)=0.456$, $sc(s_4)=0.513$	$s_1 > s_4 > s_3 > s_2$
T – SFWGMSM[89]	$sc(s_1)=0.527$, $sc(s_2)=0.537$, $sc(s_3)=0.531$, $sc(s_4)=0.507$	$s_2 > s_3 > s_1 > s_4$
所提方法	$K_1=2.212$, $K_2=1.605$, $K_3=2.489$, $K_4=2.291$	$s_3 > s_4 > s_1 > s_2$

表 7 – 15 不同方法的方案排序结果

方法	结果		排序
T – SF TOPSIS[249]	$P_1=0.4919$, $P_2=0.4763$, $P_3=0.4733$, $P_4=0.4921$		$s_4 > s_1 > s_2 > s_3$
T – SF MULTIMOORA[100]	RS: $\rho_1=1.000$, $\rho_2=0.968$, $\rho_3=0.967$, $\rho_4=0.867$		$s_1 > s_4 > s_3 > s_2$
	RP: $\rho_1=1.000$, $\rho_2=0.876$, $\rho_3=0.877$, $\rho_4=0.903$		
	MF: $\rho_1=1.000$, $\rho_2=0.704$, $\rho_3=0.749$, $\rho_4=0.842$		
T – SF TODIM[96]	$\xi(s_1)=1.000$, $\xi(s_2)=0.500$, $\xi(s_3)=0.000$, $\xi(s_4)=0.092$		$s_1 > s_2 > s_4 > s_3$
所提方法	$K_1=2.212$, $K_2=1.605$, $K_3=2.489$, $K_4=2.291$		$s_3 > s_4 > s_1 > s_2$

注:" > "表示优于;RS:比率系统;RP:参考点;MF:乘法形式。

从表 7 – 15 可知,现有不同方法得到的结果与本文方法完全不一样。其主要原因除了评价信息集结和属性权重不同之外,还有本文对两种决策态度进行独立且平行计算以及对最终结果的折中设计。下面就现有方法进行了详细比较:

(1) 与 T – SF TOPSIS 方法比较。在该方法中,利用熵测度来确定属性的客观权重(Ullah et al.,2022)[249],引入广义 Dice 相似性测度来计算与理想解之间的偏差,进而确定方案的相对贴近度。在此过程中,TOPSIS 方法没有考虑属性之间的关联性以及优先关系,更没有体现决策过程中专家决策态度或风险态度。但是在实际决策过程中,多个属性通常存在关联关系和优先关系,同时不同专家的评价信息中潜藏着决策者的悲观或乐观决策态度以及对风险的偏好。因而，相较之下，所提方法更加适合解决实际生活中的决策问题。

（2）与 T - SF MULTIMOORA 方法比较。在 DOLs 基础上开发了 T - SFDPWA 和 T - SFDPWG 算子（Mahmood et al.，2021）[100]，并在 MULTIMOORA 方法中被用于确定各方案的效用值，连同 T 球面模糊距离测度分别确定方案的比率系统（RS）、参考点（RP）和乘法形式（MF），进而由占优理论确定方案的最优排名。首先，尽管该方法考虑了属性的优先关系，但是与所提方法相比，关系水平不可调节，也就是说在属性优先关系上不具备本文采用 softmax 函数的广义性。其次，DOLs 与 FOLs 一样含有参数，可以使决策过程更加灵活，然而，作者对 T - SFDPWA 和 T - SFDPWG 算子能否体现决策者决策态度或风险偏好方面并未作解释。另外，T - SFDPWA 和 T - SFDPWG 算子［式（7.22）和式（7.23）］不能处理隶属度或克制度或非隶属度为零的 T 球面模糊数，原因在于式（7.22）和式（7.23）中的分母不能为零。相较之下，所提的 T - SFFSWA 和 T - SFFSWG 算子更合理、更全面，更适合于在实际决策问题中集结评估信息。

$$
T - SFDPWA(P_1, P_2, \cdots, P_\sigma) = \left(\sqrt[q]{1 - \cfrac{1}{1 + \left\{ \sum_{\xi=1}^{\sigma} \left(\cfrac{w_\xi \chi_\xi}{\sum\limits_{\xi=1}^{t} \chi_\xi} \right) \left(\cfrac{\tau_\xi^q}{1 - \tau_\xi^q} \right)^\Xi \right\}^{1/\Xi}}}, \right.
$$

$$
\sqrt[q]{\cfrac{1}{1 + \left\{ \sum_{\xi=1}^{\sigma} \left(\cfrac{w_\xi \chi_\xi}{\sum\limits_{\xi=1}^{t} \chi_\xi} \right) \left(\cfrac{1 - \psi_\xi^q}{\psi_\xi^q} \right)^\Xi \right\}^{1/\Xi}}},
$$

$$
\left. \sqrt[q]{\cfrac{1}{1 + \left\{ \sum_{\xi=1}^{\sigma} \left(\cfrac{w_\xi \chi_\xi}{\sum\limits_{\xi=1}^{t} \chi_\xi} \right) \left(\cfrac{1 - \vartheta_\xi^q}{\vartheta_\xi^q} \right)^\Xi \right\}^{1/\Xi}}} \right)
$$

$$(7.22)$$

$$T - SFDPWG(P_1, P_2, \cdots, P_\sigma) = \left(\sqrt[q]{\cfrac{1}{1 + \left\{ \sum_{\xi=1}^{\sigma} \left(\cfrac{w_\xi \chi_\xi}{\sum_{\xi=1}^{t} \chi_\xi} \right) \left(\cfrac{1 - \tau_\xi^q}{\tau_\xi^q} \right)^{\Xi} \right\}^{1/\Xi}}}, \right.$$

$$\sqrt[q]{1 - \cfrac{1}{1 + \left\{ \sum_{\xi=1}^{\sigma} \left(\cfrac{\lambda_\xi \chi_\xi}{\sum_{\xi=1}^{t} \chi_\xi} \right) \left(\cfrac{\psi_\xi^q}{1 - \psi_\xi^q} \right)^{\Xi} \right\}^{1/\Xi}}},$$

$$\left. \sqrt[q]{1 - \cfrac{1}{1 + \left\{ \sum_{\xi=1}^{\sigma} \left(\cfrac{\lambda_\xi \chi_\xi}{\sum_{\xi=1}^{t} \chi_\xi} \right) \left(\cfrac{\vartheta_\xi^q}{1 - \vartheta_\xi^q} \right)^{\Xi} \right\}^{1/\Xi}}} \right)$$

$$(7.23)$$

式中 Ξ 为运算参数，并且 $\Xi > 0$。$P_\xi = (\tau_\xi, \psi_\xi, \vartheta_\xi)$ $(\xi = 1, 2, \cdots,$ $\sigma)$ 为一组 T 球面模糊数，w_ξ 为相应的权重值，且满足 $\sum_{\xi=1}^{\sigma} w_\xi = 1$，$\lambda_\xi > 0$。$\chi_\xi = \prod_{i=1}^{\xi-1} sc(P_i)$ 和 $\chi_1 = 1$。$sc(P_\xi)$ 为 P_ξ 得分函数值。

（3）与 TODIM 方法比较。针对不完全权重信息的 MAGDM 问题，基于 IOLs 提出了一些 T 球面模糊交叉集结算子（Ju et al.，2021）[96]，并用于对个体评价信息进行集结，进而将考虑决策者的在风险行为下的心理行为的 TODIM 方法在 T 球面模糊环境下进行扩展。该文章首先基于最大化分离度方法来确定属性的客观权重，将 DEMATEL 在 T 球面模糊环境中进行扩展来确定属性主观权重和利用相似性测度来确定属性的客观权重，进而确定属性的组合权重。其中，T 球面模糊 DEMATEL 方法考虑了属性的关联关系，这是所没有考虑到的。其次，Ju et al.[18] 所提出的 AOs 尽管考虑了 T 球面模糊数的隶属度、克制度和非隶属度之间的交叉关系，但是忽视了属性之间的关联性和优先性。另外，TODIM 方法中的优势度函数含有损失衰减系数，可以根据决策者的风险偏好进行调整。而所提的集结算子能够描述考虑风险偏好的决策者乐观和悲观决策态度，为此设计了一种两类决策态度独立且平行计算的处理过程，并通过 CoCoSo 方法进行折中来获得最优方案。相较之下，本文方法能够更全面地处理评价信息和挖掘出潜在的决策者在决策过程中的决策态度和风险偏好，同时依据实际决策问题通过调节折中系数确定最优方案。显然，本文方法更加灵活、有效和合理。

表 7 - 16 为不同方法的特征分析，可以非常直观地发现所提方法要比现有方法更具优势。

表 7 - 16　　　　　　　　　　　不同方法的特征分析

特征	Ullah et al. [249]	Mahmood et al. [100]	Ju et al. [96]	所提方法
决策类型	单一决策	单一决策	群体决策	群体决策
排序技术	TOPSIS	MULTIMOORA	TODIM	改进 CoCoSo
评价信息集结算子	—	T - SFDPWA 和 T - SFDPWG	GT - SFWAI 或 GT - SFWGI	T - SFFSWA 和 T - SFFSWG
运算法则	—	DOLs	IOLs	FOLs
属性权重	客观	主观给定	客观	主客观组合
属性是否交互？	No	No	No	Yes
属性间是否有优先关系？	No	Yes	No	Yes
是否考虑决策态度或风险偏好？	No	No	风险偏好	考虑风险偏好的决策态度
方案综合评价值	相对贴近度	RS，RP，MF	优势函数	相对贴近度（两类）
决策机制	与理想解相似性	占优理论	期望理论	折衷解

7.2 基于改进 ARAS 的 T 球面
模糊多属性群决策方法

7.2.1 传统 ARAS 方法

ARAS 方法（Zavadskas and Turskis，2010）[182]旨在消除多属性决策中不同测量单位和不同优化方向的影响。该方法包括了以下 5 个主要步骤。

步骤 1：构建决策矩阵 X。假设有 $m+1$ 个备选方案表示为 $\{A_1, A_2, \cdots, A_m\}$，有 n 个属性表示为 $\{c_1, c_2, \cdots, c_n\}$。在此步骤中，形成决策矩阵，并给出每个属性每个备选方案的基本信息，其中 A_0 为每个属性下各备选方案的最佳值，该值可以通过式（7.24）确定。

$$\begin{cases} x_{oj} = \max_i x_{ij}, \ j \in J_1 \\ x_{oj} = \min_i x_{ij}, \ j \in J_2 \end{cases} \tag{7.24}$$

则决策矩阵 X 如式（7.25）所示。

$$X = \begin{array}{c} \\ A_0 \\ A_1 \\ \vdots \\ A_i \\ \vdots \\ A_m \end{array} \begin{array}{cccccc} c_1 & c_2 & \cdots & c_j & \cdots & c_n \\ \begin{bmatrix} x_{01} & x_{02} & \cdots & x_{0j} & \cdots & x_{0n} \\ x_{11} & x_{12} & \cdots & x_{1j} & \cdots & x_{1n} \\ \cdots & \cdots & \cdots & \cdots & \cdots & \cdots \\ x_{i1} & x_{i2} & \cdots & x_{ij} & \cdots & x_{in} \\ \cdots & \cdots & \cdots & \cdots & \cdots & \cdots \\ x_{m1} & x_{m2} & \cdots & x_{mj} & \cdots & x_{mn} \end{bmatrix} \end{array} \tag{7.25}$$

步骤 2：对初始数据进行规范化处理。在形成基本原始决策矩阵后，考虑到不同属性下每个备选方案的数据具有不同的度量单位，有必要对数据进行归一化，以确保基于数据的后续计算可行而且具有可比性。规范化数据用 y_{ij} 表示，规范化决策矩阵 Y 表示为

$$
Y = \begin{array}{c} \\ A_0 \\ A_1 \\ \vdots \\ A_i \\ \vdots \\ A_m \end{array}
\begin{array}{ccccccc} c_1 & c_2 & \cdots & c_j & \cdots & c_n \end{array}
\left[\begin{array}{cccccc}
y_{01} & y_{02} & \cdots & y_{0j} & \cdots & y_{0n} \\
y_{11} & y_{12} & \cdots & y_{1j} & \cdots & y_{1n} \\
\cdots & \cdots & \cdots & \cdots & \cdots & \cdots \\
y_{i1} & y_{i2} & \cdots & y_{ij} & \cdots & y_{in} \\
\cdots & \cdots & \cdots & \cdots & \cdots & \cdots \\
y_{m1} & y_{m2} & \cdots & y_{mj} & \cdots & y_{mn}
\end{array} \right] \tag{7.26}
$$

式中效益型属性的归一化值为 $y_{ij} = x_{ij} / \sum_{i=0}^{m} x_{ij}$，成本型属性的归一化值为 $y_{ij} = x_{ij}^{-1} / \sum_{i=0}^{m} x_{ij}^{-1}$。

步骤 3：定义规范化加权矩阵 Y_w。假设每个属性的权重为 w_j，反映了不同属性的重要性。此外，权重值 w_j 满足 $0 \leq w_j \leq 1$ 且 $\sum_{j=1}^{n} w_j = 1$。然后，规范化加权决策矩阵如式（7.27）所示。

$$
Y_w = \begin{array}{c} \\ A_0 \\ A_1 \\ \vdots \\ A_i \\ \vdots \\ A_m \end{array}
\begin{array}{ccccccc} c_1 & c_2 & \cdots & c_j & \cdots & c_n \end{array}
\left[\begin{array}{cccccc}
\tilde{y}_{01} & \tilde{y}_{02} & \cdots & \tilde{y}_{0j} & \cdots & \tilde{y}_{0n} \\
\tilde{y}_{11} & \tilde{y}_{12} & \cdots & \tilde{y}_{1j} & \cdots & \tilde{y}_{1n} \\
\cdots & \cdots & \cdots & \cdots & \cdots & \cdots \\
\tilde{y}_{i1} & \tilde{y}_{i2} & \cdots & \tilde{y}_{ij} & \cdots & \tilde{y}_{in} \\
\cdots & \cdots & \cdots & \cdots & \cdots & \cdots \\
\tilde{y}_{m1} & \tilde{y}_{m2} & \cdots & \tilde{y}_{mj} & \cdots & \tilde{y}_{mn}
\end{array} \right] \tag{7.27}
$$

式中每个属性下每个方案规范化加权值可被计算，$\tilde{y}_{ij} = y_{ij} \times w_j$。

步骤4：计算最优性函数和效用度的值。在规范化加权决策矩阵基础上，确定每个备选方案的最优函数值 S_i。

$$S_i = \sum_{j=1}^{n} \tilde{y}_{ij} \qquad (7.28)$$

最优性函数的值越大，备选方案越好。最优性函数的值与归一化数据 y_{ij} 和属性权重 w_j 有直接的比例关系。也就是说，这两个因素影响每个备选方案的最优函数值。

考虑到通过比较备选方案的最优性函数值与最优值，可以更清楚地反映备选方案的最佳程度，建议备选方案效用的程度如下：

$$Q_i = \frac{S_i}{S_0} \qquad (7.29)$$

式中，Q_i 的值在区间 $[0, 1]$ 范围内，且 Q_i 值越大，对应的备选方案越好。

步骤5：得出最终方案排序。根据备选方案效用度的值，按照效用值越大，备选方案越好的规则，将所有备选方案从最佳到最差排序。

7.2.2 基于改进的 ARAS 方法的 T 球面模糊多属性群决策模型

T 球面模糊的多属性群决策问题描述如下，假设 $H = \{h_1, h_2, \cdots, h_m\}$ 为有限备选方案集合，$A = \{a_1, a_2, \cdots, a_n\}$ 为一组属性集合，属性相应的权重向量为 $W = \{w_1, w_2, \cdots, w_n\}^T$，且满足 $\sum_{j=1}^{n} w_j = 1$，$w_j \in [0, 1]$。设 $E = \{e_1, e_2, \cdots, e_p\}$ 为一组专家。由于不同的专家拥有不同的知识、行业背景和经验，对不同专家的相应属性赋予不同的权重，但并非所有属性都赋予相同的权重，因此，可以获得更合理的决策结果。设关于属性 a_j 的专家 e_ε 的权重为 $\omega_\varepsilon^{(j)}$，且满足 $0 \leqslant \omega_\varepsilon^{(j)} \leqslant$ 1，$\sum_{\varepsilon=1}^{p} \omega_\varepsilon^{(j)} = 1$。在属性 $a_j (j = 1, 2, \cdots, n)$ 下关于备选方案 $h_i (i = 1, 2, \cdots, m)$，专家 $e_\varepsilon (\varepsilon = 1, 2, \cdots, p)$ 给出的评价用 T 球面模糊数来表示，即 $d_{ij}^\varepsilon = (\tau_{ij}^\varepsilon, \eta_{ij}^\varepsilon, \vartheta_{ij}^\varepsilon)$。由此构建初始评估矩阵并表示为 $D^\varepsilon = [d_{ij}^\varepsilon]_{m \times n}$，$(i = 1, 2, \cdots, m; j = 1, 2, \cdots, n; \varepsilon = 1, 2, \cdots, p)$。

1. 基于 T 球面模糊相似性确定专家权重

首先，决策矩阵 $D^\varepsilon (\varepsilon = 1, 2, \cdots, p)$ 由专家 e_ε 提供并转换为每个属性的评价矩阵，即 $F^{(j)} (j = 1, 2, \cdots, n)$，表示如式（7.30）：

$$F^{(j)} = \left[\xi_{\varepsilon i}^{(j)} \right]_{p \times m} = \begin{array}{c} e_1 \\ e_2 \\ \vdots \\ e_p \end{array} \overset{\begin{array}{cccc} h_1 & h_2 & \cdots & h_m \end{array}}{\begin{bmatrix} \xi_{11}^{(j)} & \xi_{12}^{(j)} & \cdots & \xi_{1m}^{(j)} \\ \xi_{21}^{(j)} & \xi_{22}^{(j)} & \cdots & \xi_{2m}^{(j)} \\ \vdots & \vdots & \ddots & \vdots \\ \xi_{p1}^{(j)} & \xi_{p2}^{(j)} & \cdots & \xi_{pm}^{(j)} \end{bmatrix}} \quad (7.30)$$

其中，$\xi_{\varepsilon i}^{(j)}$ 与 d_{ij}^ε 相等。

对于决策 $F^{(j)}$，评估意味着关于属性 a_j 的备选方案 h_i 的值为 $\hat{\xi}_i^{(j)} = (\hat{\tau}_i^{(j)}, \hat{\eta}_i^{(j)}, \hat{\vartheta}_i^{(j)})$。

$$\hat{\tau}_i^{(j)} = \frac{1}{p} \sum_{\varepsilon=1}^{p} \tau_{\varepsilon i}^{(j)}, \ \hat{\eta}_i^{(j)} = \frac{1}{p} \sum_{\varepsilon=1}^{p} \eta_{\varepsilon i}^{(j)}, \ \hat{\vartheta}_i^{(j)} = \frac{1}{p} \sum_{\varepsilon=1}^{p} \vartheta_{\varepsilon i}^{(j)} \quad (7.31)$$

定义 7 - 1　对于任意两个 T 球面模糊数 $\delta_1 = (\tau_1, \eta_1, \vartheta_1)$ 和 $\delta_2 = (\tau_2, \eta_2, \vartheta_2)$，这两个 T 球面模糊数的交叉熵 $CE(\delta_1, \delta_2)$ 定义为

$$CE(\delta_1, \delta_2) = (0.5(\tau_1^q + \tau_2^q))^{\frac{1}{q}} - (0.5(\tau_1^{\frac{1}{q}} + \tau_2^{\frac{1}{q}}))^q$$
$$+ (0.5(\eta_1^q + \eta_2^q))^{\frac{1}{q}} - (0.5(\eta_1^{\frac{1}{q}} + \eta_2^{\frac{1}{q}}))^q$$
$$+ (0.5((1 - \eta_1)^q + (1 - \eta_2)^q))^{\frac{1}{q}} - (0.5((1 - \eta_1)^{\frac{1}{q}} + (1 - \eta_2)^{\frac{1}{q}}))^q$$

$$+ (0.5(\vartheta_1^q + \vartheta_2^q))^{\frac{1}{q}} - (0.5(\vartheta_1^{\frac{1}{q}} + \vartheta_2^{\frac{1}{q}}))^q$$

$$+ (0.5(\pi_1^q + \pi_2^q))^{\frac{1}{q}} - (0.5(\pi_1^{\frac{1}{q}} + \pi_2^{\frac{1}{q}}))^q \qquad (7.32)$$

至于备选方案 $h_i \in H$，基于由 $\xi_{\varepsilon i}^{(j)}$ 和 $\hat{\xi}_i^{(j)}$ 之间 T 球面模糊交叉熵 $CE(\xi_{\varepsilon i}^{(j)}, \hat{\xi}_i^{(j)})$ 可以来定义 T 球面模糊相似性度量 $sim_{\varepsilon i}^{(j)}$：

$$sim_{\varepsilon i}^{(j)} = 1 - \frac{CE(\xi_{\varepsilon i}^{(j)}, \hat{\xi}_i^{(j)})}{\sum\limits_{\varepsilon=1}^{p} CE(\xi_{\varepsilon i}^{(j)}, \hat{\xi}_i^{(j)})} \qquad (7.33)$$

对于属性 $a_j \in A$，通过使用 T 球面模糊相似性度量 $sim_{\varepsilon i}^{(j)}$ 来构建相似性矩阵 $S^{(j)}$，即 $S^{(j)} = [sim_{\varepsilon i}^{(j)}]_{p \times m}$。基于此，使用式（7.34）来计算关于属性 $a_j \in A$ 的专家 e_ε 的总体相似度：

$$\gamma_\varepsilon^{(j)} = \sum\limits_{i=1}^{m} sim_{\varepsilon i}^{(j)} \qquad (7.34)$$

最后，关于属性 $a_j \in A$ 的专家 e_ε 的权重可被计算为

$$\omega_\varepsilon^{(j)} = \frac{\gamma_\varepsilon^{(j)}}{\sum\limits_{\varepsilon=1}^{p} \gamma_\varepsilon^{(j)}} \qquad (7.35)$$

显然，$0 \leqslant \omega_\varepsilon^{(j)} \leqslant 1$，$\sum\limits_{\varepsilon=1}^{p} \omega_\varepsilon^{(j)} = 1$.

2. 计算属性组合权重

（1）基于扩展的熵确定客观权重。

为了计算属性客观权重，采用熵权法来确定。为此，对球面模糊熵（Barukab et al.，2019）[212] 在 T 球面模糊环境中进行扩展，并定义如下。

定义 7-2 对于方案评价值集合 $\Delta = \{\delta_1, \delta_2, \cdots, \delta_m\} \in TSFS(x)$，其中，$\delta_i = (\tau_i(x), \eta_i(x), \vartheta_i(x))(i = 1, 2, \cdots, m)$ 为任意一个 T 球面模糊数。则 T 球面模糊集 Δ 的熵测度可被定义为

$$E(\Delta) = \frac{1}{2m} \sum\limits_{i=1}^{m} ((1 - |\tau_i^q - \vartheta_i^q|)(1 + \pi_i^q)) \qquad (7.36)$$

因此，应用 T 球面模糊熵权法确定属性 a_j 客观权重。首先，在集结的 T 球面模糊决策矩阵 $G = [g_{ij}]_{m \times n}$ 的基础上，对每个属性下的 T 球面模糊评价值采用式（7.36）来计算 T 球面模糊熵测度 $E_j = E(g_{1j}, g_{2j}, \cdots, g_{mj})$。由式（7.37）计算属性客观权重 w_j^o $0 \leqslant w_j^o \leqslant 1$，$\sum_{j=1}^{n} w_j^o = 1$。

$$w_j^o = \frac{1 - E_j}{n - \sum_{j=1}^{n} E_j} \tag{7.37}$$

（2）基于 TSF – SWARA 确定主观权重。

目前 SWARA 方法在不同环境中在计算相对重要度过程中一般先是进行去模糊化，然后依据精确值大小进行降序排列，进而由精确值的差值作为相对重要度。为了消除这一过程可能造成部分信息丢失的缺点，采用所提的交叉熵测度来计算属性的相对重要度。现有 SWARA 方法尚未在 T 球面模糊环境中扩展应用。为此，提出了 TSF – SWARA 方法来计算属性主观权重，其计算过程如下。

步骤 1：由专家们对属性的重要度进行评价，并用 T 球面模糊数表示。

步骤 2：利用 T – SFWA 算子（2.17）将专家的评价信息进行集结，获得属性 T 球面模糊重要度 Q_j。

步骤 3：依据 T 球面模糊数比较规则对属性的 T 球面模糊重要度 Q_j 进行降序排列，进而利用 T 球面模糊交叉熵测度［式（7.32）］来获得 Q_{j-1} 与 Q_j 间的相对重要度 $S_j(j = 2, 3, \cdots, n)$。

步骤 4：由式（7.38）确定相对系数 K_j；

$$K_j = \begin{cases} 1 & j = 1 \\ S_j + 1 & j > 1 \end{cases} \tag{7.38}$$

步骤 5：由式（7.39）计算属性权重 ρ_j；

$$\rho_j = \begin{cases} 1 & j = 1 \\ \dfrac{\rho_{j-1}}{K_j} & j > 1 \end{cases} \tag{7.39}$$

步骤 6：通过规范化处理［式（7.40）］，得到属性主观权重 w_j^s（$0 \leqslant w_j^s \leqslant 1$，$\sum\limits_{j=1}^{n} w_j^s = 1$）。

$$w_j^s = \frac{\rho_j}{\sum\limits_{j=1}^{n} \rho_j} \tag{7.40}$$

（3）确定属性的组合权重。

由式（7.41）计算属性组合权重值 w_j^c（$j = 1$，2，$\cdots$，n）：

$$w_j^c = \frac{\sqrt{w_j^s w_j^o}}{\sum\limits_{j=1}^{n} \sqrt{w_j^s w_j^o}} \tag{7.41}$$

由此，可以得到属性组合权重向量 $w^c = (w_1^c，w_2^c，\cdots，w_n^c)$。

3. 基于改进 ARAS 方法的方案排序

现有的 ARAS 方法无法处理 T 球面模糊数。为此，本节将 ARAS 方法扩展到了 T 球面模糊环境中，其决策过程如下。

步骤 1：构建 T 球面模糊评价矩阵 $D^\varepsilon = \left[d_{ij}^\varepsilon \right]_{m \times n}$，并转换成规范化决策矩阵 $R^\varepsilon = \left[r_{ij}^\varepsilon \right]_{m \times n}$。

$$r_{ij}^\varepsilon = \begin{cases} d_{ij}^\varepsilon = (\tau_{ij}^\varepsilon，\eta_{ij}^\varepsilon，\vartheta_{ij}^\varepsilon)，& h_j \in \Psi_1 \\ (d_{ij}^\varepsilon)^c = (\vartheta_{ij}^\varepsilon，\eta_{ij}^\varepsilon，\tau_{ij}^\varepsilon)，& h_j \in \Psi_2 \end{cases} \tag{7.42}$$

式中，$(d_{ij}^\varepsilon)^c$ 为 T 球面模糊数 d_{ij}^ε 的补集，Ψ_1 和 Ψ_2 分别表示效益型和成本型属性。

步骤 2：采用上文基于 T 球面模糊相似性的方法［式（7.30）~式（7.35）］来计算关于属性的专家权重值 $\omega_\varepsilon^{(j)}$。

步骤 3：通过利用 T – SFWA 算子［式（2.17）］集结每个专家的

评价信息，以获得 T 球面模糊群决策矩阵 $G = [g_{ij}]_{m \times n}$。

$$g_{ij} = TSFWA(r_{ij}^1, r_{ij}^2, \cdots, r_{ij}^p)$$

$$= \left(\left(1 - \prod_{\varepsilon=1}^{p} (1 - (\tau_{ij}^\varepsilon)^q)^{\omega_\varepsilon^{(j)}} \right)^{1/q}, \prod_{\varepsilon=1}^{p} (\eta_{ij}^\varepsilon)^{\omega_\varepsilon^{(j)}}, \prod_{\varepsilon=1}^{p} (\vartheta_{ij}^\varepsilon)^{\omega_\varepsilon^{(j)}} \right)$$

$$(7.43)$$

然后，依据 $g_{0j} = \max_i(g_{ij}) = (\max_i \tau_{ij}, \min_i \eta_{ij}, \min_i \vartheta_{ij})$，从 T 球面模糊群决策矩阵 G 中获得理想解 $h_0 = (g_{01}, g_{02}, \cdots, g_{0n})^T$。

步骤 4： 应用上文中基于 T 球面模糊熵和 TSF - SWARA 方法的属性组合权重确定方法，获得属性组合权重 $w_j^c(j = 1, 2, \cdots, n)$。

步骤 5： 采用 4.4.3 节中的 TSFAAWHM 算子 ［式 (4.67)］ 得到备选方案的最优函数 $F_I(I = 0, 1, 2, \cdots, m)$。

具有复杂层次和关联结构的属性层次系统，在评估值集结过程中，大量关联属性会导致复杂的计算。因此，本书设计了两次使用 TSFAAWHM 算子的集结过程，如图 7 - 3 所示。首先集结底层子属性的评价信息 $\delta_{jl}^I(l = 1, 2, \cdots, z)$ 以形成属性层上的评价值 δ_j^I，然后集结属性层的信息以形成各备选方案的最优函数 $F_I(I = 0, 1, 2, \cdots, m)$。

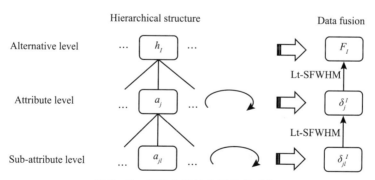

图 7 - 3　备选方案的分层集结过程

步骤6：使用 T 球面模糊交叉熵［式（7.32）］来计算每个备选方案的效用度 $U_i = CE(F_i, F_0)(i = 1, 2, \cdots, m)$，表示备选方案与理想解之间的偏差。

步骤7：依据升序的备选方案效用度 U_i，选择具有最小 U_i 值的方案作为最佳方法。

7.2.3 案例研究：5G 基站动力电池梯次利用供应商选择

本章中提供关于选择动力电磁梯次利用（PBEU）供应商为 5G 基站的真实案例来说明所提方法的有效性。

CT 是中国通信铁塔基础设施服务企业，主要从事通信铁塔等基站配套设施和高铁地铁公网覆盖，大型室内分布式系统的建设、维护和运营工作。随着 5G 技术的广泛应用，该公司旗下 200 万个基站自 2016 年开始分批将原先的铅酸电池淘汰，并开始梯次利用锂电池，以满足 5G 设备的用电量需求。CTJX 是 CT 在中国江西省的一家分公司，在该省域内的 5G 基站也开始实施动力电池梯次利用业务，为此，拟选址一家合适的动力电磁梯次利用企业作为该公司 5G 基站的可持续供应商。那么，该决策问题描述如下：

（1）决策委员会由三个不同背景、知识结构和工作经验的专家组成：$E = \{e_1$ 公司领导，e_2 采购主管，e_3 行业咨询专家$\}$。

（2）在初选之后，有 4 家动力电池梯次利用公司作为备选供应商：$H = \{h_1, h_2, h_3, h_4\}$；

（3）由决策委员会讨论确定了评价指标体系，并以此来评价备选方案，见表 7-17。

（4）所有专家使用 T 球面模糊数来表示对 4 个备选方案的评价，评价结果见表 7-18。

表 7 – 17　　　　　　　　　PBEU 可持续供应商评价指标体系

属性	子属性	类型	来源
a_1 经济	a_{11} 财务能力	效益	Liu et al.[250]；Alrasheedi et al.[251]；Yu et al.[252]
	a_{12} 产品和服务质量	效益	Jain et al.[253]；Ecer et al.[140]；Li et al.[254]；Khan et al.[255]
	a_{13} 成本/价格	成本	Mishra et al.[152]；Zarbakhshnia et al.[256]；Yu et al.[252]
	a_{14} 及时配送	效益	Jia et la.[257]；Kannan et al.[258]；Stevic et al.[259]
a_2 环境	a_{21} 使用清洁生产技术	效益	Kannan et al.[258]；Li et al.[254]；Khan et al.,[255]
	a_{22} 能源消耗	成本	Yu et al.[260]；Liu et al.[261]；Luthra et al.[262]
	a_{23} 环境管理系统	效益	Mishra et al.[263]；Luthra et al.[262]；Yu et al.[252]
	a_{24} 逆向物流/回收网络	效益	Stevic et al.[259]；Yu et al.,[260]；Liu et al.[261]
a_3 社会	a_{31} 工作安全与健康	效益	Stevic et al.[259]；Jia et la.[257]；Li et al.,[254]
	a_{32} 当地社区影响	效益	Li et al.[254]；Zhou et al.[264]
	a_{33} 员工培训	效益	Ecer et al.[140]；Li et al.,[254]
	a_{34} 员工的权力保障	效益	Ecer et al.[140]；Kannan et al.,[258]；Luthra et al.[262]
a_3 技术	a_{41} 技术创新能力	效益	Jia et la.,[257]；Memari et al[265]；Luthra et al.[262]
	a_{42} 重组技术水平	效益	Lai et al.[266]；Wei et al.[267]；Lai et al.[268]
	a_{43} 电池管理系统	效益	Xu et al.[269]；Wei et al.,[267]；Lai et al.[268]
	a_{44} 检测与应急能力	效益	Wei et al.,[267]；Lai et al.[268]

表 7 – 18　　　　三位专家提供的初始 T 球面模糊评价信息 $(q=3)$

属性	子属性	专家	h_1	h_2	h_3	h_4
a_1	a_{11}	e_1	$(0.3, 0.7, 0.1)$	$(0.6, 0.2, 0.2)$	$(0.7, 0.3, 0.7)$	$(0.2, 0.4, 0.6)$
		e_2	$(0.4, 0.6, 0.4)$	$(0.5, 0.5, 0.4)$	$(0.2, 0.3, 0.3)$	$(0.3, 0.3, 0.4)$
		e_3	$(0.5, 0.5, 0.2)$	$(0.7, 0.4, 0.3)$	$(0.4, 0.1, 0.6)$	$(0.3, 0.2, 0.7)$

属性	子属性	专家	h_1	h_2	h_3	h_4
a_1	a_{12}	e_1	$(0.6, 0.2, 0.4)$	$(0.6, 0.6, 0.3)$	$(0.8, 0.1, 0.4)$	$(0.7, 0.3, 0.3)$
		e_2	$(0.7, 0.3, 0.2)$	$(0.6, 0.4, 0.1)$	$(0.9, 0.2, 0.2)$	$(0.8, 0.1, 0.4)$
		e_3	$(0.7, 0.2, 0.4)$	$(0.6, 0.3, 0.3)$	$(0.6, 0.1, 0.1)$	$(0.8, 0.3, 0.4)$
	a_{13}	e_1	$(0.4, 0.4, 0.7)$	$(0.3, 0.6, 0.6)$	$(0.7, 0.2, 0.7)$	$(0.3, 0.2, 0.7)$
		e_2	$(0.6, 0.2, 0.5)$	$(0.2, 0.1, 0.7)$	$(0.4, 0.4, 0.6)$	$(0.4, 0.5, 0.7)$
		e_3	$(0.4, 0.7, 0.8)$	$(0.4, 0.1, 0.7)$	$(0.2, 0.2, 0.6)$	$(0.5, 0.4, 0.1)$
	a_{14}	e_1	$(0.5, 0.6, 0.4)$	$(0.7, 0.2, 0.3)$	$(0.7, 0.4, 0.2)$	$(0.8, 0.5, 0.5)$
		e_2	$(0.3, 0.7, 0.5)$	$(0.6, 0.4, 0.4)$	$(0.7, 0.5, 0.3)$	$(0.6, 0.5, 0.2)$
		e_3	$(0.5, 0.5, 0.5)$	$(0.7, 0.7, 0.1)$	$(0.6, 0.2, 0.2)$	$(0.6, 0.3, 0.3)$
a_2	a_{21}	e_1	$(0.7, 0.3, 0.5)$	$(0.5, 0.2, 0.6)$	$(0.8, 0.3, 0.1)$	$(0.8, 0.2, 0.2)$
		e_2	$(0.7, 0.3, 0.2)$	$(0.6, 0.5, 0.4)$	$(0.6, 0.4, 0.5)$	$(0.7, 0.2, 0.1)$
		e_3	$(0.8, 0.3, 0.1)$	$(0.6, 0.5, 0.2)$	$(0.7, 0.2, 0.3)$	$(0.6, 0.1, 0.1)$
	a_{22}	e_1	$(0.3, 0.4, 0.5)$	$(0.6, 0.4, 0.2)$	$(0.5, 0.5, 0.3)$	$(0.7, 0.2, 0.1)$
		e_2	$(0.5, 0.5, 0.5)$	$(0.7, 0.1, 0.4)$	$(0.4, 0.5, 0.4)$	$(0.6, 0.3, 0.5)$
		e_3	$(0.4, 0.1, 0.7)$	$(0.5, 0.5, 0.4)$	$(0.5, 0.3, 0.5)$	$(0.6, 0.2, 0.2)$
	a_{23}	e_1	$(0.6, 0.4, 0.2)$	$(0.8, 0.1, 0.3)$	$(0.6, 0.5, 0.2)$	$(0.7, 0.3, 0.3)$
		e_2	$(0.7, 0.2, 0.5)$	$(0.6, 0.3, 0.1)$	$(0.8, 0.2, 0.6)$	$(0.8, 0.4, 0.2)$
		e_3	$(0.7, 0.4, 0.1)$	$(0.6, 0.1, 0.1)$	$(0.7, 0.3, 0.4)$	$(0.6, 0.3, 0.2)$
	a_{24}	e_1	$(0.5, 0.4, 0.5)$	$(0.6, 0.1, 0.3)$	$(0.9, 0.4, 0.1)$	$(0.7, 0.3, 0.2)$
		e_2	$(0.8, 0.1, 0.6)$	$(0.6, 0.3, 0.2)$	$(0.9, 0.3, 0.3)$	$(0.6, 0.6, 0.4)$
		e_3	$(0.6, 0.4, 0.4)$	$(0.8, 0.5, 0.2)$	$(0.7, 0.2, 0.2)$	$(0.6, 0.1, 0.1)$

属性	子属性	专家	h_1	h_2	h_3	h_4
a_3	a_{31}	e_1	(0.6, 0.2, 0.3)	(0.5, 0.5, 0.2)	(0.3, 0.6, 0.4)	(0.6, 0.5, 0.1)
		e_2	(0.6, 0.4, 0.4)	(0.5, 0.4, 0.3)	(0.4, 0.5, 0.4)	(0.5, 0.2, 0.2)
		e_3	(0.4, 0.4, 0.5)	(0.6, 0.4, 0.3)	(0.4, 0.5, 0.6)	(0.4, 0.6, 0.3)
	a_{32}	e_1	(0.7, 0.4, 0.1)	(0.5, 0.3, 0.2)	(0.6, 0.2, 0.2)	(0.4, 0.6, 0.2
		e_2	(0.6, 0.3, 0.1)	(0.3, 0.3, 0.4)	(0.5, 0.1, 0.2)	(0.4, 0.4, 0.5)
		e_3	(0.5, 0.4, 0.6)	(0.6, 0.2, 0.2)	(0.6, 0.3, 0.2)	(0.4, 0.7, 0.1)
	a_{33}	e_1	(0.5, 0.3, 0.6)	(0.6, 0.4, 0.3)	(0.5, 0.5, 0.5)	(0.6, 0.5, 0.2)
		e_2	(0.3, 0.4, 0.5)	(0.5, 0.3, 0.2)	(0.4, 0.6, 0.3)	(0.5, 0.4, 0.1)
		e_3	(0.6, 0.4, 0.5)	(0.5, 0.5, 0.2)	(0.6, 0.4, 0.6)	(0.5, 0.5, 0.4)
	a_{34}	e_1	(0.6, 0.5, 0.1)	(0.5, 0.4, 0.3)	(0.7, 0.3, 0.2)	(0.5, 0.1, 0.5)
		e_2	(0.7, 0.4, 0.2)	(0.4, 0.6, 0.4)	(0.5, 0.1, 0.4)	(0.6, 0.4, 0.4)
		e_3	(0.5, 0.6, 0.3)	(0.6, 0.4, 0.5)	(0.6, 0.3, 0.1)	(0.5, 0.3, 0.2)
a_4	a_{41}	e_1	(0.9, 0.3, 0.1)	(0.7, 0.2, 0.4)	(0.7, 0.5, 0.2)	(0.8, 0.3, 0.2)
		e_2	(0.8, 0.2, 0.2)	(0.8, 0.2, 0.4)	(0.6, 0.4, 0.3)	(0.9, 0.1, 0.3)
		e_3	(0.7, 0.2, 0.2)	(0.8, 0.1, 0.2)	(0.7, 0.4, 0.1)	(0.9, 0.3, 0.3)
	a_{42}	e_1	(0.5, 0.6, 0.4)	(0.7, 0.4, 0.2)	(0.6, 0.3, 0.5)	(0.6, 0.4, 0.1)
		e_2	(0.7, 0.5, 0.2)	(0.7, 0.3, 0.1)	(0.8, 0.3, 0.5)	(0.8, 0.2, 0.2)
		e_3	(0.6, 0.4, 0.5)	(0.8, 0.3, 0.2)	(0.7, 0.4, 0.4)	(0.6, 0.3, 0.2)
	a_{43}	e_1	(0.6, 0.5, 0.4)	(0.8, 0.3, 0.3)	(0.6, 0.6, 0.2)	(0.9, 0.1, 0.1)
		e_2	(0.7, 0.2, 0.6)	(0.6, 0.1, 0.2)	(0.5, 0.3, 0.1)	(0.8, 0.1, 0.2)
		e_3	(0.7, 0.6, 0.2)	(0.7, 0.2, 0.3)	(0.7, 0.5, 0.1)	(0.8, 0.2, 0.2)
	a_{44}	e_1	(0.7, 0.4, 0.1)	(0.6, 0.3, 0.1)	(0.8, 0.1, 0.4)	(0.6, 0.4, 0.2)
		e_2	(0.9, 0.1, 0.5)	(0.7, 0.3, 0.3)	(0.7, 0.1, 0.2)	(0.8, 0.2, 0.4)
		e_3	(0.8, 0.4, 0.6)	(0.7, 0.2, 0.2)	(0.6, 0.1, 0.2)	(0.8, 0.3, 0.4)

1. 决策过程

步骤1：在指标体系中 a_{13} 和 a_{22} 为成本型属性，利用式（7.42）进行规范化处理。例如专家 e_1 对方案 h_1 关于 a_{13} 的评价值为（0.4，0.4，0.7），规范化处理后的评价值为（0.7，0.4，0.4）。

步骤2：依据式（7.33）可以得到相似性矩阵 $S^{(j)}$。例如子属性 a_{11} 下的相似性矩阵 $S^{(11)}$ 为

$$
S^{(11)} = \begin{matrix} & h_1 & h_2 & h_3 & h_4 \\ e_1 \\ e_2 \\ e_3 \end{matrix} \begin{bmatrix} 0.681 & 0.668 & 0.652 & 0.669 \\ 0.657 & 0.666 & 0.684 & 0.672 \\ 0.662 & 0.666 & 0.665 & 0.659 \end{bmatrix}
$$

继而，由式（7.34）和式（7.35）可以计算得到关于子属性的专家权重值：

$\omega_1^{11} = 0.334$，$\omega_2^{11} = 0.335$，$\omega_3^{11} = 0.331$；$\omega_1^{12} = 0.332$，$\omega_2^{12} = 0.335$，$\omega_3^{12} = 0.333$；$\omega_1^{13} = 0.332$，$\omega_2^{13} = 0.333$，$\omega_3^{13} = 0.335$；

$\omega_1^{14} = 0.332$，$\omega_2^{14} = 0.335$，$\omega_3^{14} = 0.334$；$\omega_1^{21} = 0.331$，$\omega_2^{21} = 0.334$，$\omega_3^{21} = 0.336$；$\omega_1^{22} = 0.337$，$\omega_2^{22} = 0.331$，$\omega_3^{22} = 0.332$

$\omega_1^{23} = 0.334$，$\omega_2^{23} = 0.331$，$\omega_3^{23} = 0.336$；$\omega_1^{24} = 0.335$，$\omega_2^{24} = 0.331$，$\omega_3^{24} = 0.334$；$\omega_1^{31} = 0.335$，$\omega_2^{31} = 0.333$，$\omega_3^{31} = 0.332$

$\omega_1^{32} = 0.335$，$\omega_2^{32} = 0.332$，$\omega_3^{32} = 0.333$；$\omega_1^{33} = 0.332$，$\omega_2^{33} = 0.337$，$\omega_3^{33} = 0.331$；$\omega_1^{34} = 0.333$，$\omega_2^{34} = 0.333$，$\omega_3^{34} = 0.334$；

$\omega_1^{41} = 0.334$，$\omega_2^{41} = 0.332$，$\omega_3^{41} = 0.334$；$\omega_1^{42} = 0.334$，$\omega_2^{42} = 0.333$，$\omega_3^{42} = 0.333$；$\omega_1^{43} = 0.334$，$\omega_2^{43} = 0.332$，$\omega_3^{43} = 0.334$；

$\omega_1^{44} = 0.335$，$\omega_2^{44} = 0.332$，$\omega_3^{44} = 0.333$。

步骤3：采用 T-SFWA 算子［式（2.17）］将个体评价信息进行集结并构建 T 球面模糊群决策矩阵 G，见表 7-19。

表 7－19　　　　　　　　　　　　　T 球面模糊群决策矩阵 *G*

子属性	h_1	h_2	h_3	h_4	h_0
a_{11}	(0.417, 0.595, 0.200)	(0.615, 0.342, 0.289)	(0.534, 0.208, 0.501)	(0.275, 0.289, 0.551)	(0.615, 0.208, 0.200)
a_{12}	(0.672, 0.229, 0.317)	(0.600, 0.416, 0.208)	(0.810, 0.126, 0.200)	(0.773, 0.208, 0.364)	(0.810, 0.126, 0.200)
a_{13}	(0.702, 0.383, 0.458)	(0.672, 0.181, 0.289)	(0.639, 0.252, 0.382)	(0.740, 0.342, 0.330)	(0.740, 0.181, 0.289)
a_{14}	(0.454, 0.594, 0.464)	(0.672, 0.383, 0.229)	(0.672, 0.342, 0.229)	(0.691, 0.422, 0.310)	(0.691, 0.342, 0.229)
a_{21}	(0.740, 0.300, 0.215)	(0.572, 0.369, 0.362)	(0.717, 0.288, 0.247)	(0.717, 0.158, 0.126)	(0.740, 0.158, 0.126)
a_{22}	(0.589, 0.272, 0.391)	(0.357, 0.272, 0.594)	(0.417, 0.422, 0.464)	(0.359, 0.229, 0.632)	(0.589, 0.229, 0.391)
a_{23}	(0.672, 0.318, 0.215)	(0.692, 0.144, 0.144)	(0.717, 0.311, 0.363)	(0.717, 0.330, 0.229)	(0.717, 0.144, 0.144)
a_{24}	(0.673, 0.253, 0.493)	(0.692, 0.246, 0.229)	(0.860, 0.288, 0.181)	(0.639, 0.261, 0.200)	(0.860, 0.246, 0.181)
a_{31}	(0.552, 0.317, 0.391)	(0.539, 0.431, 0.262)	(0.373, 0.532, 0.458)	(0.516, 0.392, 0.181)	(0.552, 0.317, 0.181)
a_{32}	(0.616, 0.364, 0.181)	(0.501, 0.262, 0.252)	(0.572, 0.182, 0.200)	(0.400, 0.522, 0.215)	(0.616, 0.182, 0.181)
a_{33}	(0.501, 0.364, 0.531)	(0.539, 0.391, 0.229)	(0.515, 0.494, 0.447)	(0.539, 0.464, 0.199)	(0.539, 0.364, 0.199)
a_{34}	(0.616, 0.493, 0.182)	(0.516, 0.458, 0.392)	(0.616, 0.208, 0.159)	(0.539, 0.229, 0.342)	(0.616, 0.208, 0.159)
a_{41}	(0.823, 0.229, 0.159)	(0.773, 0.159, 0.317)	(0.672, 0.431, 0.181)	(0.875, 0.208, 0.262)	(0.875, 0.159, 0.159)

子属性	h_1	h_2	h_3	h_4	h_0
a_{42}	(0.616, 0.493, 0.342)	(0.740, 0.330, 0.159)	(0.717, 0.330, 0.464)	(0.691, 0.289, 0.159)	(0.740, 0.289, 0.159)
a_{43}	(0.672, 0.392, 0.363)	(0.717, 0.182, 0.262)	(0.616, 0.449, 0.126)	(0.843, 0.126, 0.159)	(0.843, 0.126, 0.126)
a_{44}	(0.822, 0.253, 0.310)	(0.672, 0.262, 0.181)	(0.717, 0.100, 0.252)	(0.754, 0.289, 0.317)	(0.822, 0.100, 0.181)

步骤 4： 计算属性组合权重。首先，由式（7.36）和式（7.37）计算得到属性客观权重向量为

$$w^o = (0.038, 0.078, 0.068, 0.061, 0.071, 0.041, 0.074, 0.078,$$
$$0.036, 0.038, 0.036, 0.045, 0.099, 0.072, 0.079, 0.085)^T.$$

同时，由三位专家对子属性的重要程度进行评价并采用 T 球面模糊数来表示。见表 7-20。

表 7-20　　　　　　　　专家对属性重要程度评价

E	a_{11}	a_{12}	a_{13}	a_{14}	a_{21}	a_{22}	a_{23}	a_{24}
e_1	(0.6, 0.5, 0.2)	(0.8, 0.1, 0.3)	(0.9, 0.4, 0.3)	(0.8, 0.5, 0.5)	(0.5, 0.4, 0.5)	(0.6, 0.6, 0.3)	(0.5, 0.6, 0.4)	(0.9, 0.3, 0.4)
e_2	(0.5, 0.8, 0.3)	(0.9, 0.3, 0.1)	(0.9, 0.2, 0.1)	(0.9, 0.4, 0.2)	(0.7, 0.5, 0.4)	(0.6, 0.1, 0.3)	(0.6, 0.5, 0.5)	(0.8, 0.4, 0.2)
e_3	(0.6, 0.4, 0.4)	(0.8, 0.4, 0.3)	(0.8, 0.2, 0.4)	(0.7, 0.3, 0.3)	(0.7, 0.5, 0.3)	(0.7, 0.4, 0.4)	(0.6, 0.5, 0.5)	(0.8, 0.6, 0.1)
E	a_{31}	a_{32}	a_{33}	a_{34}	a_{41}	a_{42}	a_{43}	a_{44}
e_1	(0.6, 0.8, 0.2)	(0.6, 0.3, 0.6)	(0.4, 0.7, 0.4)	(0.4, 0.4, 0.7)	(0.9, 0.4, 0.1)	(0.9, 0.3, 0.3)	(0.8, 0.5, 0.2)	(0.8, 0.4, 0.1)
e_2	(0.5, 0.5, 0.5)	(0.5, 0.6, 0.6)	(0.6, 0.4, 0.4)	(0.5, 0.4, 0.6)	(0.7, 0.4, 0.3)	(0.8, 0.5, 0.2)	(0.9, 0.3, 0.2)	(0.7, 0.3, 0.5)
e_3	(0.8, 0.3, 0.2)	(0.6, 0.4, 0.5)	(0.5, 0.5, 0.5)	(0.5, 0.7, 0.3)	(0.8, 0.5, 0.2)	(0.8, 0.4, 0.4)	(0.7, 0.3, 0.4)	(0.6, 0.5, 0.5)

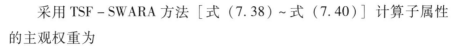

采用 TSF - SWARA 方法 [式（7.38）~式（7.40）] 计算子属性的主观权重为

$w^s = (0.057, 0.072, 0.073, 0.065, 0.059, 0.063, 0.056, 0.069,$
$0.059, 0.054, 0.053, 0.053, 0.067, 0.068, 0.068, 0.064)^T.$

最后，由式（7.41）计算得到子属性的组合权重向量为

$w^c = (0.047, 0.076, 0.071, 0.063, 0.065, 0.052, 0.065, 0.074,$
$0.046, 0.046, 0.044, 0.049, 0.082, 0.071, 0.074, 0.075)^T.$

由此，容易得到属性 a_1、a_2、a_3、a_4 的权重分别为 0.257、0.255、0.186、0.302.

步骤 5：依据本文案例评价指标体系结构，两次应用 TSFAAWHM 算子 [式（4.67）]（$h = t = 1$）先后对子属性和属性进行集结获得各方案的最优方程 F_I，见表 7 - 21。

表 7 - 21　　　　　　　　两次 TSFAAWHM 算子集结结果

属性	h_1	h_2	h_3	h_4	h_0
a_1	(0.457, 0.737, 0.666)	(0.493, 0.654, 0.580)	(0.523, 0.570, 0.642)	(0.540, 0.637, 0.680)	(0.564, 0.550, 0.555)
a_2	(0.521, 0.605, 0.645)	(0.472, 0.589, 0.639)	(0.562, 0.639, 0.635)	(0.501, 0.573, 0.590)	(0.579, 0.522, 0.530)
a_3	(0.417, 0.718, 0.676)	(0.378, 0.722, 0.647)	(0.386, 0.700, 0.676)	(0.364, 0.742, 0.606)	(0.423, 0.637, 0.554)
a_4	(0.600, 0.631, 0.599)	(0.582, 0.536, 0.529)	(0.542, 0.640, 0.553)	(0.650, 0.533, 0.524)	(0.676, 0.462, 0.446)
F_I	(0.476, 0.733, 0.708)	(0.462, 0.695, 0.671)	(0.486, 0.700, 0.694)	(0.500, 0.691, 0.674)	(0.541, 0.624, 0.605)
U_i	0.047	0.017	0.023	0.015	—
排序	4	2	3	1	—

步骤6：采用 T 球面模糊交叉熵测度 [式 (7.32)] 计算各方案的效用度 $U_i(i=1,2,3,4)$。见表 7-21。

步骤7：依据表 7-21 中的各方案效用度 U_i，方案排序为 $h_4 > h_2 > h_3 > h_1$。由此，h_4 为最佳选项。

2. 参数影响分析

分析不同参数 q、φ、s 和 t 对决策结果的影响。首先，参数 $q \in [3, 21]$ 取不同值时对备选方案进行排序，结果如表 7-22 和图 7-4 所示。

表 7-22   关于不同 q 的方案排序结果

q	U_1	U_2	U_3	U_4	排序	最佳方案
3	0.0469	0.0170	0.0232	0.0152	$h_4 < h_2 < h_3 < h_1$	h_4
5	0.0409	0.0223	0.0220	0.0149	$h_4 < h_3 < h_2 < h_1$	h_4
7	0.0477	0.0281	0.0247	0.0176	$h_4 < h_3 < h_2 < h_1$	h_4
9	0.0547	0.0328	0.0280	0.0205	$h_4 < h_3 < h_2 < h_1$	h_4
11	0.0604	0.0361	0.0315	0.0229	$h_4 < h_3 < h_2 < h_1$	h_4
13	0.0637	0.0381	0.0343	0.0247	$h_4 < h_3 < h_2 < h_1$	h_4
15	0.0650	0.0388	0.0362	0.0261	$h_4 < h_3 < h_2 < h_1$	h_4
17	0.0650	0.0387	0.0374	0.0271	$h_4 < h_3 < h_2 < h_1$	h_4
19	0.0642	0.0380	0.0382	0.0278	$h_4 < h_2 < h_3 < h_1$	h_4
21	0.0628	0.0368	0.0387	0.0280	$h_4 < h_2 < h_3 < h_1$	h_4

由表 7-22 和图 7-4 可知，在参数 $q \in [3, 5)$ 中取值时，依据各方案的效用度大小，方案排名为 $h_4 < h_2 < h_3 < h_1$，而在 $q \in [5, 19)$ 范围中取值时，方案排名则为 $h_4 < h_3 < h_2 < h_1$。当 $q \in [19, 21]$ 范围

中取值时，方案排名又变回 $h_4 < h_2 < h_3 < h_1$。在上述参数 q 取不同值过程中，方案 h_4 始终为最佳方案，方案 h_1 为最差方案。这能够说明参数 q 在 $[3, 21]$ 范围取值变化对最优方案 h_4 没有影响。

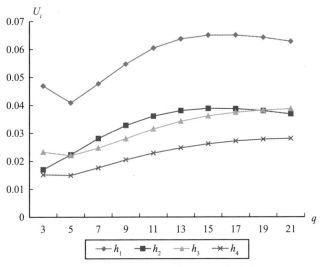

图 7-4　关于参数 q 的方案变化情况

接下来分析参数 φ 取不同值时方案排序情况。取 $\varphi \in [2, 57]$，获得每个备选方案的最佳效用函数值，结果如表 7-23 所示，方案排序结果如图 7-5 所示。

表 7-23　　　　　　　　关于参数的备选方案结果

φ	U_1	U_2	U_3	U_4	最佳方案
2	0.0470	0.0171	0.0233	0.0152	h_4
3	0.1412	0.0199	0.0230	0.0156	h_4
5	0.0433	0.0248	0.0247	0.0174	h_4
8	0.0415	0.0267	0.0235	0.0170	h_4

续表

φ	U_1	U_2	U_3	U_4	最佳方案
12	0.0383	0.0261	0.0205	0.0161	h_4
17	0.0364	0.0251	0.0177	0.0151	h_4
23	0.0356	0.0249	0.0155	0.0147	h_4
30	0.0352	0.0251	0.0141	0.0146	h_3
38	0.0348	0.0252	0.0130	0.0145	h_3
47	0.0344	0.0252	0.0121	0.0143	h_3
57	0.0341	0.0252	0.0115	0.0141	h_3

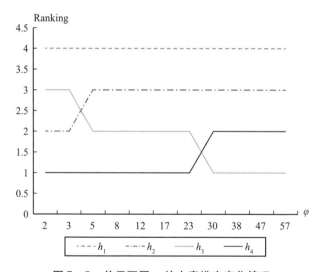

图 7 – 5 关于不同 φ 的方案排序变化情况

从表 7 – 23 可知，参数 φ 在 ［2，57］ 范围取不同值时，最优方案从 h_4 变成 h_3，而最差方案一直为 h_1。从图 7 – 5 可以发现参数 φ 变化使方案 h_3 从排名第 3 上升到排名第 1，而方案 h_4 从最优方案变成次优方案。上述方案变化能够说明 Aczel – Alsina 算子中参数 φ 能够依据决策者的偏好来灵活地影响决策结果。

最后，参数 s 和 t 在备选方案的最终结果中起着重要作用。在步骤 5 中给参数 s 和 t 赋予不同的值，可以获得不同的方案排序结果，见表 7 – 24。

表 7 – 24　　　　　　　　　关于不同 s 和 t 值的方案排序结果

s, t	U_1	U_2	U_3	U_4	排序
0, 1	0.0651	0.0223	0.0090	0.0149	$h_3 < h_4 < h_2 < h_1$
1, 0	0.0347	0.0314	0.0131	0.0125	$h_4 < h_3 < h_2 < h_1$
0.5, 0.5	0.0620	0.0195	0.0289	0.0183	$h_4 < h_2 < h_3 < h_1$
1, 1	0.0470	0.0171	0.0233	0.0152	$h_4 < h_2 < h_3 < h_1$
1, 3	0.0425	0.0146	0.0199	0.0119	$h_4 < h_2 < h_3 < h_1$
3, 1	0.0333	0.0181	0.0167	0.0132	$h_4 < h_3 < h_2 < h_1$
3, 3	0.0361	0.0151	0.0184	0.0121	$h_4 < h_2 < h_3 < h_1$
5, 3	0.0318	0.0158	0.0162	0.0115	$h_4 < h_2 < h_3 < h_1$
3, 5	0.0363	0.0142	0.0183	0.0112	$h_4 < h_2 < h_3 < h_1$
5, 5	0.0330	0.0146	0.0170	0.0110	$h_4 < h_2 < h_3 < h_1$
7, 7	0.0312	0.0144	0.0162	0.0104	$h_4 < h_2 < h_3 < h_1$
9, 9	0.0300	0.0143	0.0156	0.0099	$h_4 < h_2 < h_3 < h_1$

从表 7 – 24 可知，在 $s = 0$，$t = 1$ 和 $s = 1$，$t = 0$ 的情况下，TS-FAAWHM 算子并没有考虑属性之间的关联关系，这两种情况下得到方案不同的排名，即 $h_3 < h_4 < h_2 < h_1$ 和 $h_4 < h_3 < h_2 < h_1$。然而，除了上述两种情况，随着参数 s、t 取值的增大、属性之间的关联关系的增强，各方案排名基本稳定为 $h_4 < h_2 < h_3 < h_1$，最优选项为方案 h_4。这也能够说明参数 $s \neq 0$ 或 $t \neq 0$ 不仅反映与现实决策情景相符合，而且

不同参数 s 和 t 取值可以反映决策反映的柔性。同时参数 s、t 对决策结果的影响较为稳定。

3. 对比研究

应用一些现有多属性决策方法来解决案例，包括 PF – ARAS[189]、SF – ARAS[192]、TSF – TOPSIS[249]、TSF – MULTIMOORA[100] 和 TSF – TODIM[96] 方法。值得一提的是，这些方法使用的属性权重与本案例中计算得到的属性组合权重向量一致。各方法所得结果见表 7 – 25。

表 7 – 25　　　　　　　　　不同方法比较结果

方法	结果	排序	最佳方案
PF – ARAS[189]	Cannot be calculated	No	No
SF – ARAS[192]	Cannot be calculated	No	No
TSF – TOPSIS[249]	$P_1 = 0.545$，$P_2 = 0.491$，$P_3 = 0.443$，$P_4 = 0.349$	$h_4 \succ h_3 \succ h_2 \succ h_1$	h_4
TSF – MULTIMOORA[100]	RS：$\rho_1 = 0.931$，$\rho_2 = 0.897$，$\rho_3 = 0.965$，$\rho_4 = 1.000$ RP：$\rho_1 = 1.000$，$\rho_2 = 0.833$，$\rho_3 = 0.809$，$\rho_4 = 0.883$ MF：$\rho_1 = 1.000$，$\rho_2 = 0.992$，$\rho_3 = 0.983$，$\rho_4 = 0.892$	$h_1 \succ h_3 \succ h_4 \succ h_2$	h_1
TSF – TODIM[96]	$\xi_1 = 0.000$，$\xi_2 = 0.553$，$\xi_3 = 0.228$，$\xi_4 = 1.000$	$h_4 \succ h_3 \succ h_2 \succ h_1$	h_4
所提方法	$U_1 = 0.047$，$U_2 = 0.017$，$U_3 = 0.023$，$U_4 = 0.015$	$h_4 \succ h_2 \succ h_3 \succ h_1$	h_4

注："$\succ$"表示优于；RS：比率系数；RP：参考点；MF：乘法形式.

从表 7 – 25 可知，PF – ARAS 和 SF – ARAS 方法不能适用于本书案例，其原因是表 7 – 18 中的 T 球面模糊数的参数 q 最小整数设定为 3，而 PFS 和 SFS 不能满足各隶属度之和和平方之和小于等于 1 的约束条件。采用 TSF – TOPSIS 和 TSF – TODIM 方法能够得到相同的方案排名，而且与所提方法得到最优和最差方案一致，但是其余方案排名有微小的差异，即方案 h_2 与方案 h_3 排名不同。TSF – MULTIMOORA 方法所得结果与其他方法都不相同，如图 7 – 6 所示。

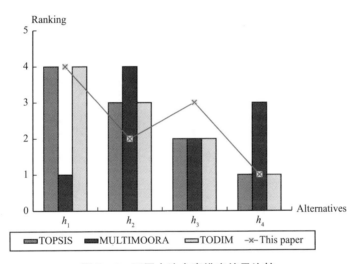

图 7 – 6　不同方法方案排序结果比较

将上述出现的差异情况与现有方法相比较，所提方法的优势分析如下：

（1）PFS（$q=1$）和 SFS（$q=2$）是 TSFS 的特殊形式，PF – ARAS 和 SF – ARAS 方法处理决策范围远不及所提方法，由此可以说明所提方法更具广义性。

（2）在 TSFS 环境下，TOPSIS、MULTIMOORA 和 TODIM 方法在处理评价信息过程中完全忽略了属性或子属性之间关联关系的客观存在，然而，所提的 TSF - ARAS 方法中嵌入 TSFAAWHM 算子能够有效捕捉属性之间的关联关系，从而使评价信息集结更加符合实际决策的要求，因而所提方法更为合理。

（3）除了 TSF - TOPSIS 方法，在方案排名方面，MULTIMOORA 和 TODIM 方法在面对属性或子属性较多时，在评价信息处理过程中会出现计算烦琐的问题。在 MULTIMOORA 方法中采用 TSFDPWA 和 TSFDPWG 算子对评价信息进行集结，在 TODIM 方法中需要计算关于属性的备选方案的优势度。本案例有 16 个子属性，现有两种方法计算过程就显得很复杂，然而如果采用两次 TSFAAWHM 算子可以降低集结计算的复杂性。另外，所提方法中含有的参数要比 TOPSIS、MULTIMOORA 和 TODIM 方法要多。因此，所提方法与现有方法相对比计算更简单和更灵活。

（4）在 TOPSIS 方法中采用 dice 相似性测度来计算与理想解和负理想解的差异（Ullah et al.，2022）[249]，在 TODIM 方法采用 Minkowski 距离测度来获得关于属性的方案优势度（Ju et al.，2021）[96]，这两种测度方法都没有考虑 T 球面模糊数中的拒绝度，这可能是造成与本书方法在方案 h_2 和 h_3 排名差异的原因。另外，在参考点方法中采用了各方案与参考点的最大化 Chebyshev 距离（Mahmood et al.，2021）[100]，而忽视其他属性的评价值对方案效用值的影响，这也是造成由优势度概念得到的最终方案排名结果与本书方法的结果完全不一样的重要原因。此外，在该方法中采用了 Dombi 算子，但是如果评价信息中的 T 球面模糊书中的隶属度或克制度或非隶属度中出现零时，会造成 TSFDPWA 和 TSFDPWG 算子中分母出现零的情况，此时该方法将失效。因此，与上述方法相比较，本书方法的设计更具完整性和科学性。

综上，所提方法更具有效性、灵活性和合理性。

7.3　本 章 小 结

本章研究了在 T 球面模糊环境下的多属性决策方法。首先，在 T -
SFFSWA 和 T - SFFSWG 算子单调性反映考虑风险偏好的决策者乐观
和悲观决策态度基础上，设计了一种两类决策态度相对独立且平行处
理过程的改进 CoCoSo 方法来解决 T 球面模糊 MAGDM 问题；然后，
设计一个基于改进的 ARAS 方法 T - SFMAGDM 模型。其中，基于 T
球面模糊交叉熵测度定义相似性测度来计算关于属性的专家权重；组
合由扩展的熵测度得到的属性客观权重和由扩展 SWARA 方法获得的
属性主观权重来确定属性组合权重；由 T - SFAAWHM 算子和 T 球面
模糊交叉熵测度来改进传统的 ARAS 方法。

第 8 章

总结与展望

8.1 研究总结

继扎德（Zadeh）教授首先提出经典模糊集概念之后，学者们为了选择更加有效和准确刻画实际决策问题的复杂、模糊和不确定的评价信息，纷纷扩展出了直觉模糊集、勾股模糊集、q 阶 orthopair 模糊集、图模糊集、球面模糊集以及 T 球面模糊集等具有不同决策空间表达范围的模糊集合，并围绕这些模糊集合进行了大量的拓展研究。然而，由于 q 阶 orthopair 模糊集和 T 球面模糊集的广义性和新颖性，以及在勾股模糊集研究中还存在理论拓展的空间，在本书中将勾股模糊集、q 阶 orthopair 模糊集和 T 球面模糊集统称为扩展模糊集，并开展了一些信息测度方法、集结算子和备选方案排名技术的研究，以使之形成一个完善的理论体系。因此，本书的主要研究总结如下：

（1）分别在 q 阶 orthopair 模糊和 T 球面模糊集的基础上提出了一系列信息测度方法，包括可能度、熵、交叉熵、Lance 距离以及相似度等。这些测度方法在决策空间调节参数 q 取不同值情况下具有一定的通用性和灵活性，能够更好地适应不同复杂决策问题。讨论和分析这些测度方法的一些性质，丰富了扩展模糊集的基础理论研究，也为后续决策方法提供了有效的支持。

（2）在评价信息集结过程中，考虑不同扩展模糊数中隶属函数之间交互性、决策变量间相互关联性以及优先性等因素，分别集成 Frank、正弦三角、Aczel – Alsina 运算规则，本书分别提出了勾股模糊 Frank 交叉集结算子（PyFFIWA 和 PyFFIWG 算子）、勾股模糊正弦三角交叉集结算子（STI – PyFWA 和 STI – PyFWG 算子）、q 阶 orthopair 模糊 Frank Shapley Choqute 集结算子（q – ROFFSCA 和 q – ROFFSCG 算子）、T 球面模糊 Aczel – Alsina Heronian 平均集结算子（TSFAAHM 和 TSFAAWHM 算子）、T 球面模糊交叉幂 Heronian 平均集结算子（TSFIPHM 和 TSFIPWHM 算子）和 T 球面模糊 Frank softmax 集结算子（T – SFFSA，T – SFFSWA，T – SFFSG 和 T – SFFSWG 算子）。这些集结算子能为后续决策方法研究提供重要的信息集结工具。

（3）在勾股模糊环境下，分别对传统 WASPAS 和 CoCoSo 方法进行了改进。针对 WASPAS 中的 WSM 和 WPM 无法弥补违反直觉的缺点以及忽视决策者的决策态度的问题，将 ITARA 方法在勾股模糊集中扩展来确定属性权重，进而采用 PyFFIWA 和 PyFFIWG 算子替代传统 WASPAS 方法中 WSM 和 WPM。针对传统 CoCoSo 方法中的 WSM 和 WPM 模型和勾股模糊数得分函数的缺点，在 PyF – ITARA 和 STI – PyFWA 算子的基础上确定属性组合权重，进而利用 STI – PyFWA 算子和 STI – PyFWG 算子替代传统 CoCoSo 方法中 WSM 和 WPM。采用勾股模糊距离测度计算各备选方案与正负理想解的贴近度，进而获得各方案的综合效用值。通过案例分析，对方法的应用和计算过程进行说明。

（4）在 q 阶 orthopair 模糊环境中属性权重信息完全未知的情况下，针对现有决策方法的秩反转的问题，提出了一种基于参考理想解法的多属性决策模型，通过 q 阶 orthopair 模糊可能度测度建立优化模型来确定属性最优权重。进而由 q 阶 orthopair 模糊交叉熵替代传统 RIM 中的距离测度，由此计算各方案的相对指数。为了消除 VIKOR 方法中的秩反转的问题以及考虑属性之间相互关联关系，本书提出一种基于 RIM 的改进 VIKOR 方法。其中，采用 $q-ROFCE$ 和 $q-ROFE$ 结合构建优化模型确定属性最优权重，利用 $q-ROFCE$ 来替代传统 RIM 中的距离测度，进而将 Shapley Choquet 积分与 $q-ROFCE$ 结合并替代传统 VIKOR 方法中加权距离测度，不仅能够强化属性间关联关系，而且还能够有效弥补距离元素组合排序位置的重要性被忽略的缺陷。最后通过算例对所提方法的应用和计算过程进行了说明。

（5）在 T 球面模糊环境下，根据 T-SFFSWA 和 T-SFFSWG 算子分析的风险偏好决策态度的特点，构建两个独立且并行的计算过程，即含有风险偏好信息的乐观和悲观决策态度处理过程。在改进 CoCoSo 方法决策过程中，结合 T-SFDEMATEL 方法和 T 球面模糊相似性度量来确定属性的主客观综合权重；T-SFFSWA 和 T-SFFSWG 算子用于集结个体评估信息，并依次计算备选方案的性能值；然后，将 T 球面模糊汉明距离应用于去模糊化处理（计算备选方案的贴近度）；最后，获得三种决策策略和每个备选方案的综合效用值。考虑属性之间两两相互关联的关系，将传统 ARAS 中 WSM 用 TSFAAWHM 算子替代，提出一种基于改进 ARAS 的多属性群决策方法。通过所提的 T 球面模糊交叉熵、相似性确定专家权重，由 T 球面模糊熵确定属性客观权重和由 TSF-SWARA 确定属性主观权重，进而确定属性组合权重。在改进 ARAS 方法中利用 TSFAAWHM 算子和 T 球面模糊交叉熵确定各备选方案最终效用值。同时，通过实例分析对上述所提方法进行了分析说明。

8.2　研　究　展　望

扩展模糊集作为一种灵活适用不同决策情景的信息表达工具，其研究仍在不断地进行中，尤其是在 T 球面模糊集理论和应用研究方面还存在很大的探索空间。本书仅是对扩展模糊集领域做了初步探索，仍有许多问题需要进一步研究。未来的研究方向聚焦于 T 球面模糊集，主要有以下几个方面：

（1）在 T 球面模糊信息基础理论研究方面，本书仅仅对 T 球面模糊熵、交叉熵和相似性进行了研究，但是如何处理 T 球面模糊信息的不确定性和模糊性仍是两个具有挑战性和重要意义的问题。因此对信息测度方法和理论还需要进一步系统和全面地研究，例如 Lance 距离、满足度、规范化投影模型和双向投影模型等。作为 T 球面模糊决策方法研究的理论基础，这些内容是后续研究的前提并要首要关注的研究。

（2）对如何解决 T 球面模糊多属性（群）决策问题，专家权重和属性权重确定以及决策方法的选择都是关键步骤。专家之间关联关系、评价信息一致性和共识问题都是下一步探究的重点。属性层次结构、多个属性关联性、计算复杂性都是在确定属性权重过程中需要重视的因素，并且拓展 BWM、FUCOM 等主观加权法以及 MEREC、Gini 系数、注水原理等客观加权法。另外，扩展 CODAS、DNMA、MAIRCA、MARCOS 等方法，设计一种考虑决策者心理行为的新型决策技术也是后续进行深入思考和研究的重点。

（3）为能够准确和全面地刻画实际决策信息，需要考虑评价信息中的随机性、模糊性和不确定性，将 T 球面模糊集分别与不确定语言集、概率语言集、正态模糊集和模糊复集合等进行集成研究。进一步研究这些集合理论的运算法则、大小比较方法和距离测度等基本理论。进而开展考虑决策变量间关联程度（无关联、两两关联和多个关联三种关联关系）的集结算子开发，同时与现有决策方法集成扩展，并进行应用研究。

（4）T 球面模糊集作为一种表达不确定和模糊信息的重要工具，具有十分广阔的研究和应用前景。T 球面模糊信息可以应用于许多商业和工程领域的实际决策问题，如供应链管理、投资管理、应急管理、风险管理、技术管理、材料选择和安全评估等。

参 考 文 献

[1] Zadeh L A. Fuzzy sets [J]. Information & Control, 1965, 8 (3):
338 – 353.

[2] Atanassov K T. Intuitionistic fuzzy sets [J]. Fuzzy Sets and Systems,
1986, 20 (1): 87 – 96.

[3] Yager R R. Pythagorean membership grades in multicriteria decision
making [J]. IEEE Transactions on Fuzzy Systems, 2014, 22 (4):
958 – 965.

[4] Yager R R. Pythagorean fuzzy subsets [C]. In: IFSA World Congress &
NAFIPS Annual Meet, 2013: 57 – 61.

[5] Senapati T, Yager R R. Fermatean fuzzy sets [J]. Journal of Ambient
Intelligence and Humanized Computing, 2020, 11 (2): 663 – 674.

[6] Senapati T, Yager R R. Some new operations over Fermatean fuzzy
numbers and application of Fermatean fuzzy WPM in multiple criteria
decision making [J]. Informatica, 2019 30 (2): 391 – 412.

[7] Yager R. Generalized orthopair fuzzy sets [J]. IEEE Transactions on
Fuzzy Systems, 2017, 25 (5): 1222 – 1230.

[8] Yang ZL, Li X, He P. A decision algorithm for selecting the design
scheme for blockchain-based agricultural product traceability system in
q-rung orthopair fuzzy environment [J]. Journal of Cleaner Produc-
tion, 2021, 290: 125191.

[9] Wang J, Wei GW, Lu JP, et al. Some q-rung orthopair fuzzy Hamy

mean operators in multiple attribute decision-making and their application to enterprise resource planning systems selection [J]. International Journal of Intelligent Systems, 2019, 34 (10): 2429 – 2458.

[10] Yang W, Pang YF. New q-rung orthopair fuzzy Bonferroni mean Dombi operators and their application in multiple attribute decision making [J]. IEEE ACCESS, 2020, 8: 50587 – 50610.

[11] Krishankumar R, Nimmagadda SS, Rani P, et al. Solving renewable energy source selection problems using a q-rung orthopair fuzzy-based integrated decision-making approach [J]. Journal of Cleaner Production, 2021, 279: 123329.

[12] Rani P, Mishra AR. Multi-criteria weighted aggregated sum product assessment framework for fuel technology selection using q-rung orthopair fuzzy sets [J]. Sustainable Production and Consumption, 2020, 24: 90 – 104.

[13] Krishankumar R, Ravichandran KS, Kar S, et al. Scientific decision framework for evaluation of renewable energy sources under q-rung orthopair fuzzy set with partially known weight information [J]. Sustainability, 2019, 11 (15): 4202.

[14] Riaz L, Salabun W, Farid HMA, Ali N, Watrobski J. A robust q-rung orthopair fuzzy information aggregation using Einstein operations with application to sustainable energy planning decision management [J]. Energies, 2020, 13 (9): 2155.

[15] Pinar A, Rouyendegh BD, Ozdemir YS. q-rung orthopair fuzzy TOPSIS method for green supplier selection problem [J]. Sustainability, 2021, 13 (2): 985.

[16] Tian XL, Niu ML, Zhang WK, Li LH, Herrera – Viedma E. A novel TODIM based on prospect theory to select green supplier with q-

rung orthopair fuzzy set [J]. Technological and Economic Development of Economy, 2021, 27 (2): 284 – 310.

[17] Krishankumar R, Gowtham Y, Ahmed I, Ravichandran KS, Kar S. Solving green supplier selection problem using q-rung orthopair fuzzy-based decision framework with unknown weight information [J]. Applied Soft Computing, 2020, 94: 106431.

[18] Wang R, Li YL. A novel approach for green supplier selection under a q-rung orthopair fuzzy environment [J]. Symmetry, 2018, 10 (12): 687.

[19] Riaz M, Pamucar D, Farid HMA, Hashmi MR. q-rung orthopair fuzzy prioritized aggregation operators and their application toward green supplier chain management [J]. Symmetry, 2020, 12 (6): 976.

[20] Li L, Wu J, Wei GW, Wei C, Wang J, Wei Y. Entropy-based GLDS method for social capital selection of a PPP project with q-rung orthopair fuzzy information [J]. Entropy, 2020, 22 (4): 414.

[21] Gong JW, Li Q, Yin LS, Liu HC. Undergraduate teaching audit and evaluation using an extended MABAC method under q-rung orthopair fuzzy environment [J]. International Journal of Intelligent Systems, 2020, 35 (12): 1912 – 1933.

[22] Peng XD, Dai JG. Research on the assessment of classroom teaching quality with q-rung orthopair fuzzy information based on multiparametric similarity measure and combinative distance-based assessment [J]. International Journal of Intelligent Systems, 2019, 34 (7): 1588 – 1630.

[23] Tang GL, Chiclana F, Liu PD. A decision-theoretic rough set model with q-rung orthopair fuzzy information and its application in stock in-

vestment evaluation [J]. Applied Soft Computing, 2020, 91: 106212.

[24] Mi XM, Li JM, Liao HC, Zavadskas EK, et al. Hospitality brand management by a score-based q-rung orthopair fuzzy VIKOR method integrated with the best worst method [J]. Economic Research – EkonomskaIstrazivanja, 2019, 32 (1): 3266 – 3295.

[25] Mahmood T, Ali Z. A novel approach of complex q-rung orthopair fuzzy Hamacher aggregation operators and their application for cleaner production assessment in gold mines [J]. Journal of Ambient Intelligence and Humanized Computing, 2021, 12 (9): 8933 – 8959.

[26] Jin CX, Ran Y, Zhang GB. Interval-valued q-rung orthopair fuzzy FMEA application to improve risk evaluation process of tool changing manipulator [J]. Applied Soft Computing, 2021, 104: 107192.

[27] Sun C, Sun JF, Alrasheedi M, Saeidi P, Mishra AR, Rani P. A new extended VIKOR approach using q-rung orthopair fuzzy sets for sustainable enterprise risk management assessment in manufacturing small and medium-sized enterprises [J]. International Journal of Fuzzy Systems, 2021, 23 (5): 1347 – 1369.

[28] Cuong B C, Kreinovich V. Picture fuzzy sets: A new concept for computational intelligence problems [C]. In: 3rd World Congr Inf Commun Technol WICT. 2015: 1 – 6.

[29] Cuong B C. Picture fuzzy sets [J]. Journal of Computer Science & Cybernetics, 2015, 30 (4), 409 – 420.

[30] Tian C, Peng J J, Zhang S, Zhang W Y, Wang J Q. Weighted picture fuzzy aggregation operators and their applications to multi-criteria decision-making problems [J]. Computers & Industrial Engineering, 2019, 137 (C), 106037.

[31] Mahmood T, Ullah K, Khan Q, Jan N. An approach toward decision-making and medical diagnosis problems using the concept of spherical fuzzy sets [J]. Neural Computing & Applications, 2019, 31 (11): 7041 – 7053.

[32] Wei GW, Lu M. Pythagorean fuzzy power aggregation operators in multiple attribute decision making [J]. International of Journal of Intelligent Systems, 2018, 33 (1): 169 – 186.

[33] Yang Y, Yang FF, Chen J, Zeng YY, Liu LM. Pythagorean fuzzy Bonferroni mean with weighted interaction operator and its application in fusion of online multidimensional ratings [J]. International Journal of Computational Intelligence Systems, 2022, 15 (1): 94.

[34] Gao H. Pythagorean fuzzy Hamacher prioritized aggregation operators in multiple attribute decision making [J]. Journal of Intelligent & Fuzzy Systems, 2018, 35 (2), 2229 – 2245.

[35] Wang L, Li N. Pythagorean fuzzy interaction power Bonferroni mean aggregation operators in multiple attribute decision making [J]. International of Journal of Intelligent Systems, 2020, 35 (1): 150 – 183.

[36] Wang L, Garg H, Li N. Pythagorean fuzzy interactive Hamacher power aggregation operators for assessment of express service quality with entropy weight [J]. Soft Computing, 2020, 25 (2): 973 – 993.

[37] Wei GW. Pythagorean fuzzy Maclaurin symmetric mean operators in multiple attribute decision making [J]. International of Journal of Intelligent Systems, 2018, 33 (5): 1043 – 1070.

[38] Gao H, Lu M, Wei GW, Wei Y. Some novel Pythagorean fuzzy interaction aggregation operators in multiple attribute decision making

[J]. Fundamenta Informaticae, 2018, 159 (4): 385 – 428.

[39] Zhu XM, Bai KY, Wang J, Zhang RT, Xing YP. Pythagorean fuzzy interaction power partitioned Bonferroni means with applications to multi-attribute group decision making [J]. Journal of Intelligent & Fuzzy Systems, 2019, 36 (4): 3423 – 3438.

[40] Yang W, Pang Y F. New Pythagorean fuzzy interaction Maclaurin symmetric mean operators and their application in multiple attribute decision making [J]. IEEE Access, 2018, 6: 39241 – 39260.

[41] Chen TY. Remoteness index-based Pythagorean fuzzy VIKOR methods with a generalized distance measure for multiple criteria decision analysis [J]. Information Fusion, 2018, 41: 129 – 150.

[42] Akram M, Ilyas F, Garg H. Multi-criteria group decision making based on ELECTRE I method in Pythagorean fuzzy information [J]. Soft Computing, 2020, 24 (5): 3425 – 3453.

[43] Ren PJ, Xu ZS, Gou XJ. Pythagorean fuzzy TODIM approach to multi-criteria decision making [J]. Applied Soft Computing, 2016, 42: 246 – 259.

[44] Gul M, Ak MF, Guneri AF. Pythagorean fuzzy VIKOR – based approach for safety risk assessment in mine industry [J]. Journal of Safety Research, 2019, 69: 135 – 153.

[45] Peng XD, Yang Y. Pythagorean fuzzy Choquet integral based MABAC method for multiple attribute group decision making [J]. International of Journal of Intelligent Systems, 2016, 31 (10): 989 – 1020.

[46] Akram M, Luqman A, Alcantud JCR. Risk evaluation in failure modes and effects analysis: hybrid TOPSIS and ELECTRE I solutions with Pythagorean fuzzy information [J]. Neural Computing &

Applications, 2021, 33 (11): 5675 – 5703.

[47] Peng XD, Ma XL. Pythagorean fuzzy multi-criteria decision making method based on CODAS with new score function [J]. Journal of Intelligent & Fuzzy Systems, 2020, 38 (3): 3307 – 3318.

[48] Li P, Liu J, Wei CP, Liu J. A new EDAS method based on prospect theory for Pythagorean fuzzy set and its application in selecting investment projects for highway [J]. Kybernetes, 2021, 51 (8): 2636 – 2651.

[49] Huang C, Lin MW, Xu ZS. Pythagorean fuzzy MULTIMOORA method based on distance measure and score function: Its application in multicriteria decision making process [J]. Knowledge and Information Systems, 2020, 62 (11): 4373 – 4406.

[50] Zhang ZX, Hao WN, Yu XH, et al. Pythagorean fuzzy preference ranking organization method of enrichment evaluations [J]. International of Journal of Intelligent Systems, 2019, 34 (7): 1416 – 1439.

[51] Molla MU, Giri BC, Biswas P. Extended PROMETHEE method with Pythagorean fuzzy sets for medical diagnosis problems [J]. Soft Computing, 2021, 25 (6): 4503 – 4512.

[52] Zhao MW, Wei GW, WeiC, Wu J. Pythagorean fuzzy TODIM method based on the cumulative prospect theory for MAGDM and its application on risk assessment of science and technology projects [J]. International Journal of Fuzzy Systems, 2021, 23 (4): 1027 – 1041.

[53] Akram M, Dudek W A, Ilyas F. Group decision-making based on Pythagorean fuzzy TOPSIS method [J]. International of Journal of Intelligent Systems, 2019, 34 (7): 1455 – 1475.

[54] Sarkar B, Biswas A. Pythagorean fuzzy AHP – TOPSIS integrated approach for transportation management through a new distance measure [J]. Soft Computing, 2021, 25 (5): 4073 – 4089.

[55] Rani P, Mishra AR, Pardasani KR, Mardani A, Liao HC, Streimikiene D. A novel VIKOR approach based on entropy and divergence measures of Pythagorean fuzzy sets to evaluate renewable energy technologies in India [J]. Journal of Cleaner Production, 2019, 238: 117936.

[56] Alrasheedi M, Mardani A, Mishra AR, Rani P, Loganathan N. An extended framework to evaluate sustainable suppliers in manufacturing companies using a new Pythagorean fuzzy entropy – SWARA – WASPAS decision-making approach [J]. Journal of Enterprise Information Management, 2022, 35 (2): 333 – 357.

[57] Zhang Q, Liu JP, Hu JH, Yao ZH, Yang J. New correlation coefficients of Pythagorean fuzzy set and its application to extended TODIM method [J]. Journal of Intelligent & Fuzzy Systems, 2022, 43 (1): 509 – 523.

[58] Rahman K, Abdullah S, Ali A, Amin F. Interval-valued Pythagorean fuzzy Einstein hybrid weighted averaging aggregation operator and their application to group decision making [J]. Complex & Intelligent Systems, 2019, 5 (1): 41 – 52.

[59] Xing YP, Zhang RT, Wang J, Zhu XM. Some new Pythagorean fuzzy Choquet – Frank aggregation operators for multi-attribute decision making [J]. International of Journal of Intelligent Systems, 2018, 33 (11): 2189 – 2215.

[60] Liu PD, Khan Q, Mahmood T, Khan RA, Khan HU. Some improved Pythagorean fuzzy Dombi power aggregation operators with ap-

plication in multiple-attribute decision making [J]. Journal of Intelligent and Fuzzy Systems, 2021, 40 (5): 9237 – 9557.

[61] Frank MJ. On the simultaneous associativity of F (x, y) and $x + y -$ F (x, y) [J]. Aequationes Mathematicae, 1979, 19: 194 – 226.

[62] Zhang X, Liu PD, Wang YM. Multiple attribute group decision making methods based on intuitionistic fuzzy Frank power aggregation operators [J]. Journal of Intelligent & Fuzzy Systems, 2015, 29 (5): 2235 – 2246.

[63] Qin JD, Liu XW, Pedrycz W. Frank aggregation operators and their application to hesitant fuzzy multiple attribute decision making [J]. Applied Soft Computing, 2016, 41: 428 – 452.

[64] Shahzadi G, Muhiuddin G, Butt MA, Ashraf A. Hamacher interactive hybrid weighted averaging operators under Fermatean fuzzy numbers [J]. Journal of Mathematics, 2021: 5556017.

[65] Liu PD, Wang P. Some q-rung orthopair fuzzy aggregation operators and their applications to multiple-attribute decision making [J]. International Journal of Intelligent Systems, 2018, 33 (2): 259 – 280.

[66] Peng X, Dai J, Garg H. Exponential operation and aggregation operator for q-rung orthopair fuzzy set and their decision-making method with a new score function [J]. International Journal of Intelligent Systems, 2018, 33 (11): 2255 – 2282.

[67] Liu PD, Liu J. Some q-rung orthopair fuzzy Bonferroni mean operators and their application to multi-attribute group decision making [J]. International Journal of Intelligent Systems, 2018, 33 (2): 315 – 347.

[68] Liu ZM, Wang S, Liu PD. Multiple attribute group decision making

based on q-rung orthopair fuzzy Heronian mean operators [J]. International Journal of Intelligent Systems, 2018, 33: 2341 – 2363.

[69] WeiG W, Gao H, Wei Y. Some q-rung orthopair fuzzy Heronian mean operators in multiple attribute decision making [J]. International Journal of Intelligent Systems, 2018, 33 (7): 1426 – 1458.

[70] Yang W, Pang Y. New q-rung orthopair fuzzy partitioned Bonferroni mean operators and their application in multiple attribute decision making [J]. International Journal of Intelligent Systems, 2019, 34 (3): 439 – 476.

[71] Mahmood T, Ali Z, Awsar A. Choquet – Frank aggregation operators based on q-rung orthopair fuzzy settings and their application in multiattribute decision making [J]. Computational & Applied Mathematics, 2022, 41 (8): 358.

[72] Liu P, Chen S M, Wang P. Multiple-attribute group decision-making based on q-rung orthopair fuzzy power Maclaurin symmetric mean operators [J]. IEEE Transactions on Systems, Man, and Cybernetics: Systems, 2018: 1 – 16.

[73] Wei GW, Wei C, Wang J, Gao H, et al. Some q-rung orthopair fuzzy Maclaurin symmetric mean operators and their applications to potential evaluation of emerging technology commercialization [J]. International Journal of Intelligent Systems, 2019, 34 (1): 50 – 81.

[74] Bai K, Zhu X, Wang J, Zhang R. Some partitioned Maclaurin symmetric mean based on q-rung orthopair fuzzy information for dealing with multi-attribute group decision making [J]. Symmetry, 2018, 10 (9): 383.

［75］ Rawat SS, Komal. Multiple attribute decision making based on *q*-rung orthopair fuzzy Hamacher Muirhead mean operators ［J］. Soft Computing, 2022, 26 (5): 2465 – 2487.

［76］ 翟玉冰, 侯福均, 杜玉琴, 等. 直觉梯形模糊语言 Frank 算子及其在决策中的应用 ［J］. 运筹与管理, 2018, 27 (4): 29 – 34 + 38.

［77］ 杨艺, 李延来, 丁恒, 等. 基于同构 Frank t - 模与 s - 模的勾股模糊 Frank 集结算子及其应用 ［J］. 控制与决策, 2018, 33 (8): 1471 – 1480.

［78］ 彭定洪, 杨扬. 基于毕达哥拉斯模糊 Frank 算子的多属性决策方法 ［J］. 计算机应用, 2019, 39 (2): 316 – 322.

［79］ Ji P, Wang J Q, Zhang H Y. Frank prioritized Bonferroni mean operator with single-valued neutrosophic sets and its application in selecting third-party logistics providers ［J］. Neural Computing & Applications, 2018, 30 (3): 799 – 823.

［80］ Tang X A, Yang S L, Pedrycz W. Multiple attribute decision-making approach based on dual hesitant fuzzy Frank aggregation operators ［J］. Applied Soft Computing, 2018, 68: 525 – 547.

［81］ Qin J D, Liu X. Frank aggregation operators for triangular interval type – 2 fuzzy set and its application in multiple attribute group decision making ［J］. Journal of Applied Mathematics, 2014, (3): 1 – 24.

［82］ Zedam L, Jan N. An approach towards decision-making and shortest path problems based on T – spherical fuzzy information ［J］. International Journal of Fuzzy Systems, 2020, 22 (5): 1521 – 1534.

［83］ Guleria A, Bajaj RK. T – spherical fuzzy graphs: Operations and applications in various selection processes ［J］. Arabian Journal for Science and Engineering, 2020, 45 (3): 2177 – 2193.

［84］ Ullah K，Garg H，Mahmood T，Jan N，Ali Z. Correlation coeffi-
cients for T – spherical fuzzy sets and their applications in clustering
and multi-attribute decision making ［J］. Soft Computing，2020，
24：1647 – 1659.

［85］ Guleria A，Bajaj RK. On some new statistical correlation measures
for T – spherical fuzzy sets and applications in soft computing ［J］.
Journal of Information Science and Engineering，2021，37（2）：
323 – 336.

［86］ Wu MQ，Chen TY，Fan JP. Divergence measure of T – spherical
fuzzy sets and its applications in pattern recognition ［J］. IEEE Ac-
cess，2020，8：10208 – 10221.

［87］ Ullah K，Mahmood T，Jan N. Similarity measures for T – spherical
fuzzy sets with applications in Pattern recognition ［J］. Symmetry，
2018，10（6）：193.

［88］ Wu M Q，Chen TY，Fan JP. Similarity measures of T – spherical
fuzzy sets based on the cosine function and their applications in pat-
tern recognition ［J］. IEEE Access，2020，8：98181 – 98192.

［89］ Liu PD，Zhu BY，Wang P. Amulti-attribute decision-making ap-
proach based on spherical fuzzy sets for Yunnan Baiyao's R&D project
selection problem ［J］. International Journal of Fuzzy Systems，
2019，21（7）：2168 – 2191.

［90］ Ullah K，Mahmood T，Garg H. Evaluation of theperformance of
search and rescue robots using T – spherical fuzzy Hamacher aggrega-
tion operators ［J］. International Journal of Fuzzy Systems，2020，
22（2）：570 – 582.

［91］ Ullah K，Hassan N，Mahmood T，Jan N，Hassan M. Evaluation of-
investment policy based on multi-attribute decision-making using in-

terval valued T – spherical fuzzy aggregation operators [J]. Symmetry, 2019, 11 (3): 357.

[92] Zeng SZ, Garg H, Munir M, Mahmood T, Hussain A. Amulti-attribute decision making process with immediate probabilistic interactive averaging aggregation operators of T – spherical fuzzy sets and its application in the selection of solar cells [J]. Energies, 2019, 12 (23): 4436.

[93] Garg H, Munir M, Ullah K, Mahmood T, Jan N. Algorithm for T – spherical fuzzy multi-attribute decision making based on improved interactive aggregation operators [J]. Symmetry, 2018, 10: 670.

[94] Liu PD, Khan Q, Mahmood T, Hassan N. T – spherical fuzzy power Muirhead mean operator based on novel operational laws and their application in multi-attribute group decision making [J]. IEEE Access, 2019, 7: 22613 – 22632.

[95] Munir M, Kalsoom H, Ullah K, Mahmood T, Chu YM. T – spherical fuzzy Einstein hybrid aggregation operators and their applications in multi-attribute decision making problems [J]. Symmetry, 2020, 12: 365.

[96] Ju YB, Liang YY, Luo C, Dong PW, Gonzale EDRS, Wang AH. T – spherical fuzzy TODIM method for multi-criteria group decision-making problem with incomplete weight information [J]. Soft Computing, 2021, 25: 2981 – 3001.

[97] Grag H, Ullah K, Mahmood T, Hassan N, Jan N. T – spherical fuzzy power aggregation operators and their applications in multi-attribute decision making [J]. Journal of Ambient Intelligence and Humanized Computing, 2021, 12 (10): 9067 – 9080.

[98] Munir M, Mahmood T, Hussain A. Algorithm for T – spherical fuzzy

MADM based on associated immediate probability interactive geometric aggregation operators [J]. Artificial Intelligence Review, 2021, 54 (8): 6033 – 6061.

[99] Liu PD, Wang DY, Zhang H, Yan L, Li Y, Rong LL. Multi-attribute decision-making method based on normal T – spherical fuzzy aggregation operator [J]. Journal of Intelligent & Fuzzy Systems, 2021, 40 (5): 9543 – 9565.

[100] Mahmood T, Warraich M S, Ali Z, Pamucar D. Generalized MULTIMOORA method and Dombi prioritized weighted aggregation operators based on T – spherical fuzzy sets and their applications [J]. International Journal of Intelligent Systems, 2021, 36 (9): 4659 – 4692.

[101] Yager R R. The power average operator [J]. IEEE Transactions on Systems, Man, and Cybernetics – Part A: Systems and Humans, 2001, 31: 724 – 731.

[102] Liu P D, Li D F. Some Muirheadmean operators for intuitionistic fuzzy numbers and their applications to group decision making [J]. Plos One, 2017, 12 (1): e0168767.

[103] Ju Y B, Liu X Y, Ju D W. Some new intuitionistic linguistic aggregation operators based on Maclaurin symmetric mean and their applications to multiple attribute group decision making [J]. Soft Computing, 2016, 20 (11): 4521 – 4548.

[104] Ashraf S, Abdullah S. Spherical aggregation operators and their application in multiattribute group decision-making [J]. International Journal of Intelligent Systems, 2019, 34 (4): 493 – 523.

[105] He YD, Chen HY, Zhou L G, Liu JP, Tao ZF. Intuitionisitc fuzzy geometric interaction averaging operators and their application to

multi-criteria decision making ［J］. Journalof Information Science, 2014, 259: 142 – 159.

［106］ Yager R R. On generalized Bonferroni mean operators for multi-criteria aggregation ［J］. International Journal of Approximate Reasoning, 2009, 50 (8): 1279 – 1286.

［107］ Guan K, Zhu H. The generalized Heronian mean and its inequalities ［J］. Publikacija Elektrotehni č kogfakulteta. Serija Matematika, 2006, 17 (17): 60 – 75.

［108］ Beliakov G, Pradera A, Calvo T. Aggregation functions: A guide for practitioners ［M］. Berlin. Springer, 2007.

［109］ Liu P, You X. Interval neutrosophic Muirhead mean operators and their application in multiple attribute group decision making ［J］. International Journal for Uncertainty Quantification, 2017, 7 (4): 303 – 334.

［110］ Yu DJ, Wu YY. Interval-valued intuitionistic fuzzy Heronian mean operators and their application in multi-criteria decision making ［J］. African Journal of Business Management, 2012, 6: 4158 – 4168.

［111］ Ju DW, Ju YB, Wang AH. Multi-attribute group decision making based on power generalized Heronian mean operator under hesitant fuzzy linguistic environment ［J］. Soft Computing, 2019, 23 (11): 3823 – 3842.

［112］ Liu PD, Teng F. Multiple attribute group decision making methods based on some normal neutrosophic number Heronian Mean operators ［J］. Journal of Intelligent & Fuzzy Systems, 2017, 32 (3): 2375 – 2391.

［113］ Zhang HR, Zhang RT, Huang HQ, Wang J. Some picture fuzzyDombi Heronian mean operators with their application to multi-attribute decision-making [J]. Symmetry, 2018, 10 (1): 593.

[114] Luo DD, Zeng SZ, Yu GS. Pythagorean fuzzy investment multiple attribute decision making method based on combined aggregation method [J]. Journal of Intelligent & Fuzzy Systems, 2020, 39 (1): 949 – 959.

[115] Yu DJ. Intuitionistic fuzzy geometric Heronian mean aggregation operators [J]. Applied Soft Computing, 2013, 13 (2): 1235 – 1246.

[116] Zavadskas EK, Turski Z, Antucheviciene J, Zakarevicius A. Optimization of weighted aggregated sum product assessment [J]. Ele-Ktronikair Elektrotechnika, 2012, 122 (6): 3 – 6.

[117] Mardani A, Nilashi M, Zakuan N, et al. A systematic review and meta – Analysis of SWARA and WASPAS methods: theory and applications with recent fuzzy developments [J]. Applied Soft Computing, 2017, 57: 265 – 292.

[118] Zavadskas EK, Bausys R, Lazauskas M. Sustainable assessment of alternative sites for the construction of a waste incineration plant by applying WASPAS method with single-valued neutrosophic set [J]. Sustainability, 2015, 7: 15923 – 15936.

[119] Nie RX, Wang JQ, Zhang HY. Solving solar-wind power station location problem using an extended weighted aggregated sum product assessment (WASPAS) technique with interval neutrosophic sets [J]. Symmetry, 2017, 9: 106.

[120] Krishankumar R, Subrajaa LS, Ravichandran KS, Kar S, Saeid AB. Aframework for multi-attribute group decision-making using double hierarchy hesitant fuzzy linguistic term set [J]. International Journal of Fuzzy Systems, 2019, 21 (4): 1130 – 1143.

［121］ Mishra AR, Rani P, Pardasani KR, Mardani A. A novel hesitant fuzzy WASPAS method for assessment of green supplier problem based on exponential information measures ［J］. Journal of Cleaner Production, 2019, 238: 117901.

［122］ Ali J, Bashir Z, Rashid T. WASPAS – based decision making methodology with unknown weight information under uncertain evaluations ［J］. Expert Systems with Applications, 2021, 168: 114143.

［123］ Krishankumar R, Saranya R, Nethra R P, Ravichandran K S, Kar S. A decision-making framework under probabilistic linguistic term set for multi-criteria group decision-making problem ［J］. Journal of Intelligent & Fuzzy Systems, 2019, 36 (6): 1 – 13.

［124］ Sremac S, Stevic Z, Pamucar D, Arsic M, Matic B. Evaluation of a third-party logistics (3PL) provider using a rough SWARA – WASPAS model based on a new rough Dombi aggregator ［J］. Symmetry, 2018, 10: 305.

［125］ Pamucar D, Chatterjee K, Zavadskas EK. Assessment of third-party logistics provider using multi-criteria decision-making approach based on interval rough numbers ［J］. Computers & Industrial Engineering, 2019, 127: 383 – 407.

［126］ Rani P, Mishra AR, Pardasani KR. A novel WASPAS approach for multi-criteria physician selection problem with intuitionistic fuzzy type – 2 sets ［J］. Soft Computing, 2020, 24: 2355 – 2367.

［127］ Ayyildiz E, Erdogan M, Gumus AT. A Pythagorean fuzzy number-based integration of AHP and WASPAS methods for refugee camp location selection problem: a real case study for Istanbul, Turkey ［J］. Neural Computing and Applications, 2021, 33: 1571 – 15768.

［128］ Simic V, Lazarevic D, Dobrodolac M. Picture fuzzy WASPAS method for selecting last-mile delivery mode: a case study of Belgrade [J]. European Transport Research Review, 2021, 13 (1): 43.

[129] Aydogdu A, Gul S. A novel entropy proposition for spherical fuzzy sets and its application in multiple attribute decision-making [J]. International of Journal of Intelligent Systems, 2020, 35: 1354 – 1374.

[130] Ayyildiz E, Gumus AT. A novel spherical fuzzy AHP – integrated spherical WASPAS methodology for petrol station location selection problem: a real case study for Istanbul [J]. Environmental Science and Pollution Research, 2020, 27: 36109 – 36120.

[131] Pamucar D, Deveci M, Canitez F, Lukovac V. Selection an airport ground access mode using novel fuzzy LBWA – WASPAS – H decision making model [J]. Engineering Applications of Artificial Intelligence, 2020, 93: 103703.

[132] Zavadskas EK, Turskis Z, Antucheviciene J. Selecting a contractor by using a novel method for multiple attribute analysis: weighted aggregated sum product assessment with grey values (WASPAS – G) [J]. Studies in Informatics and Control, 2015, 24 (2): 141 – 150.

[133] Keshavarz Ghorabaee M, Zavadskas EK, et al. Multi-criteria evaluation of green suppliers using an extended WASPAS method with interval type – 2 fuzzy sets [J]. Journal of Cleaner Production, 2016, 137: 213 – 229.

[134] Mishra AR, Rani P. Interval-valued intuitionistic fuzzy WASPAS method: Application in reservoir flood control management policy [J]. Group Decision and Negotiation, 2018, 27: 1047 – 1078.

[135] Pamucar D, Sremac S, Stevic Z, Cirovic G, Tomic D. New multi-

criteria LNN WASPAS model for evaluating the work of advisors in the transport of hazardous goods [J]. Neural Computing and Applications, 2019, 31: 5045 – 5068.

[136] Ren RX, Liao HC, Al – Barakati A, Cavallaro F. Electric vehicle charging station site selectionbyan integrated hesitant fuzzy SWARA – WASPAS method [J]. Transformations in Business & Economics, 2019, 18 (2): 103 – 123.

[137] Akbari R, Dabbagh R, Ghoushchi SJ. HSE risk prioritization of molybdenum operation process using extended FMEA approach based onfuzzy BWM and Z – WASPAS [J]. Journal of Intelligent & Fuzzy Systems, 2020, 38: 5157 – 5173.

[138] Rudnik K, Bocewicz G, Kucinska – Landwojtowicz A, Czabak – Gorska I D. Ordered fuzzy WASPAS method for selection of improvement projects [J]. Expert Systems with Applications, 2021, 169: 114471.

[139] Yazdani M, Zarate P, Kazimieras Z, et al. A combined compromise solution (CoCoSo) method for multi-criteria decision-making problems [J]. Management Decision, 2019, 57 (9): 2501 – 2519.

[140] Ecer F, Pamucar D. Sustainable supplier selection: A novel integrated fuzzy best worst method (F – BWM) and fuzzy CoCoSo with Bonferroni (CoCoSo'B) multi-criteria model [J]. Journal of Cleaner Production, 2020, 266: 121981.

[141] Liao HC, Qin R, Wu D, et al. Pythagorean fuzzy combined compromise solution method integrating the cumulative prospect theory and combined weights for cold chain logistics distribution center selection [J]. International Journal of Intelligent Systems, 2020, 35

（12）：2009 - 2031.

[142] Cui YF, Liu W, Rani P, Alrasheedi M. Internet of things（IoT）adoption barriers for the circular economy using Pythagorean fuzzy SWARA - CoCoSo decision-making approach in the manufacturing sector [J]. Technological Forecasting & Social Change, 2021, 171：120951.

[143] Peng XD, Huang HH. Fuzzy decision making method based on Co-CoSo with CRITIC for financial risk evaluation [J]. Technological and Economic Development of Economy, 2020, 26（4）：695 - 724.

[144] Yazdani M, Wen Z, Liao HC, et al. A grey combined compromise solution（COCOSO - G）method for supplier selection in construction management [J]. Journal of Civil Engineering and Management, 2019, 25（8）：858 - 874.

[145] Erceg Z, Starcevic V, Pamucar D, Mitrovic G, Stevic Z, Zikic S. A new model for stock management in order to rationalize costs：ABC - FUCOM - interval rough CoCoSo model [J]. Symmetry, 2019, 11：1527.

[146] Yazdani M, Chatterjee P, Pamucar D, et al. Development of an integrated decision making model for location selection of logistics centers in the Spanish autonomous communities [J]. Expert Systems with Applications, 2020, 148：113208.

[147] Wei GW. Pythagorean fuzzy interaction aggregation operators and their application to multiple attribute decision making [J]. Journal of Intelligent & Fuzzy Systems, 2017, 33（3）：2119 - 2132.

[148] Wen Z, Liao HC, Zavadskas EK, Al - Barakati A. Selection third-party logistics service providers in supply chain finance by a hesitant

fuzzy linguistic combined compromise solution method [J]. Economic Research – Ekonomska istraživanja, 2019, 32 (1): 4033 – 4058.

[149] Wen Z, Liao HC, Ren RX, Bai CG, et al. Cold chain logistics management of medicine with an integrated multi-criteria decision-making method [J]. International Journal of Environmental Research and Public Health, 2019, 16: 4843.

[150] Zhang Z Y, Liao HC, Al – Barakati A, Zavadskas EK, Antucheviciene J. Supplier selection for housing development by an integrated method with interval rough boundaries [J]. International Journal of Strategic Property Management, 2020, 24 (4): 269 – 284.

[151] Deveci M, Pamucar D, Gokasar I. Fuzzy power Heronian function based CoCoSo method for the advantage prioritization of autonomous vehicles in real-time traffic management [J]. Sustainable Cities and Society, 2021, 69: 102846.

[152] Mishra AR, Rani P, Krishankumar R, et al. A hesitant fuzzy combined compromise solution framework-based on discrimination measure for ranking sustainable third-party reverse logistic providers [J]. Sustainability, 2021, 13: 2064.

[153] Svadlenka L, Simic V, Dobrodolac M, Lazarevic D, Todorovic G. Picture fuzzy decision-making approach for sustainable last-mile delivery [J]. IEEE Access, 2020, 8: 209393.

[154] Alrasheedi M, Mardani A, Mishra AR, Streimikiiene D, Liao HC, Al-nefaie AH. Evaluating the green growth indicators to achieve sustainable development: a novel extended interval-valued intuitionistic fuzzy-combined compromise solution approach [J]. Sustainable De-

velopment, 2021, 29: 120 – 142.

[155] Rani P, Ali J, Krishankumar R, Mishra AR, Cavallaro F, Ravichandran K S. An integrated single-valued Neutrosophic combined compromise solution methodology for renewable energy resource selection problem [J]. Energies, 2021, 14: 5494.

[156] Liu PD, Rani P, Mishra AR. A novel Pythagorean fuzzy combined compromise solution framework for the assessment of medical waste treatment technology [J]. Journal of Cleaner Production, 2021, 292: 126047.

[157] Opricovic S, Tzeng GH. Compromise solution by MCDM methods: A comparative analysis of VIKOR and TOPSIS [J], European Journalof Operational Research, 2004, 156 (2): 445 – 455.

[158] Gupta P, Mehlawat MK, Grover N. Intuitionistic fuzzy multi-attribute group decision-making with an application to plant location selection based on a new extended VIKOR method [J]. Information Sciences, 2016, 370: 184 – 203.

[159] Dong JY, Yuan FF, Wan SP. Extended VIKOR method for multiple criteria decision-making with linguistic hesitant fuzzy information [J]. Computers & Industrial Engineering, 2017, 112: 305 – 319.

[160] Hu JH, Pan L, Chen XH. An intervalneutrosophic projection-based VIKOR method for selecting doctors [J]. Cognitive Computation, 2017, 9 (6): 801 – 816.

[161] Wang XD, Cai JF. A group decision-making model based on distance-based VIKOR with incomplete heterogeneous information and its application to emergency supplier selection [J]. Kybernetes, 2017, 46 (3): 501 – 529.

［162］ Wang L, Zhang HY, Wang JQ, Li L. Picture fuzzy normalized projection-based VIKOR method for the risk evaluation of construction project ［J］. Applied Soft Computing, 2018, 64: 219 – 226.

［163］ Shen KW, Wang JQ. Z – VIKOR method based on a new comprehensive weighted distance measure of Z – number and its application ［J］. IEEE Transaction on Fuzzy Systems, 2018, 26 (6): 3232 – 3245.

［164］ Fei LG, Deng Y, Hu Y. DS – VIKOR: A new multi-criteria decision-making method for supplier selection ［J］. International Journal of Fuzzy Systems, 2019, 21 (1): 157 – 175.

［165］ Ding XF, Liu HC. An extended prospect theory – VIKOR approach for emergency decision making with 2 – dimension uncertain linguistic information ［J］. Soft Computing, 2019, 23 (22): 12139 – 12150.

［166］ Wang QF, Sun HN, Zhou LD. An intuitionistic fuzzy multi-attribute group decision making method with incomplete weight information based on improved VIKOR ［J］. Journal of Intelligent & Fuzzy Systems, 2019, 37 (2): 1639 – 1649.

［167］ Eroğlu, H., Sahin, R. A Neutrosophic VIKORmethod-based decision-making with an improved distance measure and score function: Case study of selection for renewable energy alternatives ［J］. Cognitive Computation, 2020, 12 (6): 1338 – 1355.

［168］ Yue C. Picture fuzzy normalized projection and extended VIKOR approach to software reliability assessment ［J］. Applied Soft Computing, 2020, 88: 106056.

［169］ Yue N, Xie JL, Chen SL. Some new basic operations of probabilistic linguistic term sets and their application in multi-criteria decision making [J]. Soft Computing, 2020, 24 (16): 12131 – 12148.

[170] Yang Y, Wang JQ, Wang J. A VIKOR – based framework to optimize the location of fast-charging stations with proportional hesitant fuzzy information [J]. Journal of Intelligent & Fuzzy Systems, 2020, 39 (30): 2581 – 2596.

[171] Akram M, Kahraman C, Zahid K. Group decision-making based on complex spherical fuzzy VIKOR approach [J]. Knowledge-based Systems, 2021, 216: 106793.

[172] Gou XJ, Xu ZS, Liao HC, Herrera F. Probabilistic double hierarchy linguistic term set and its use in designing an improved VIKOR method: the application in smart healthcare [J]. Journal of the Operational Research Society, 2021, 72 (12): 2611 – 2630.

[173] Qi J, Hu J, Peng YH. Modified rough VIKOR based design concept evaluation method compatible with objective design and subjective preference factors [J]. Applied Soft Computing, 2021, 107: 107414.

[174] Deng MH, Zhou XY, Wang JQ, Li JB, Cheng PF. Projection-based probabilistic linguistic multi-criteria decision-making method for new energy project selection [J]. Journal of Intelligent & Fuzzy Systems, 2021, 41 (1): 1821 – 1836.

[175] Zhou F, Chen TY. An extended Pythagorean fuzzy VIKOR method with risk preference and a novel generalized distance measure for multicriteria decision-making problems [J]. Neural Computing & Applications, 2021, 33 (18): 11821 – 11844.

[176] Tian C, Peng JJ, Zhang S, Wang JQ, Goh M. A sustainability evaluation framework for WET – PPP projects based on a picture fuzzy similarity-based VIKOR method [J]. Journal of Cleaner Pro-

duction, 2021, 289: 125130.

[177] Wan SP, Chen ZH, Dong JY. An integrated interval type − 2 fuzzy technique for democratic-autocratic multi-criteria decision making [J]. Knowledge − Based Systems, 2021, 214: 106735.

[178] Khan MJ, Ali MI, Kumam P, Kumam W, Aslam M, Alcantud JCR. Improved generalized dissimilarity measure-based VIKOR method for Pythagorean fuzzy sets [J]. International Journal of Intelligent Systems, 2022, 37 (3): 1807 − 1845.

[179] Mishra AR, Chen SM, Rani P. Multi-attribute decision making based on Fermatean hesitant fuzzy sets and modified VIKOR method [J]. Information Sciences, 2022, 607: 1532 − 1549.

[180] Riaz M, Habib A, Saqlain M, Yang MS. Cubic bipolar fuzzy − VIKOR method using new distance and entropy measures and Einstein averaging aggregation operators with application to renewable energy [J]. International Journal of Fuzzy Systems, 2023, 25 (2): 510 − 543.

[181] Yue CA. A VIKOR − based group decision-making approach to software reliability evaluation [J]. Soft Computing, 2022, 26 (18): 9445 − 9464.

[182] Zavadskas EK, Turskis Z. A new additive ratio assessment (ARAS) method in multicriteria decision-making [J]. Ukio Technologinisir Ekonominis Vystymas, 2010, 16 (2): 159 − 172.

[183] Liu NN, Xu ZS. An overview of ARAS method: Theory development, application extension, and future challenge [J]. International Journalof Intelligent Systems, 2021, 36 (7): 3524 − 3565.

[184] Nguyen HT, Md Dawal SZ, Nukman Y, Rifai AP, Aoyama H. An

integrated MCDM model for convegor equipment evaluation and selection in an FMC based on fuzzy AHP and fuzzy ARAS in the presence of vagueness [J]. PLOS One, 2016, 11 (4): e0153222.

[185] Rostamzadeh R, Esmaeili A, Nia AS, Saparauskas J, Ghorabaee MK. A fuzzy ARAS method for supply chain management performance measurement in SMEs under uncertainty [J]. Transformations in Business & Economics, 2017, 16 (2A): 319 - 348.

[186] Radovic D, Stevic Z, Pamucar D, et al. Measuring performance in transportation companies in developing countries: a novel rough ARAS model [J]. Symmetry, 2018, 10 (10): 434.

[187] Liao HC, Wen Z, Liu LL. Integrating BWM and ARAS under hesitant linguistic environment for digital supply chain finance supplier section [J]. Technological and Economic Development of Economy, 2019, 25 (6): 1188 - 1212.

[188] Liu PD, Cheng S. An extension of ARAS methodology for multi-criteria group decision-making problems within probability multi-valued neutrosophic sets [J]. International Journal of Fuzzy Systems, 2019, 21 (8): 2472 - 2489.

[189] Jovčić S, Simić V, Průša P, Dobrodolac M. Picture fuzzy ARAS method for freight distribution concept selection [J]. Symmetry, 2020, 12: 1062.

[190] Mishra AR, Sisodia G, Pardasani KR, Sharma K. Multi-critieria IT personnel selection on intuitionistic fuzzy information measures and ARAS methodology [J]. Iranian Journal of Fuzzy Systems, 2020, 17 (4): 55 - 68.

[191] Gül S. Fermatean fuzzy set extensions of SAW, ARAS and VIKOR with applications in COVID - 19 testing laboratory selection problem

[J]. Expert Systems, 2021, 38: e12769.

[192] Gül S. Extending ARAS with integration of objective attribute weighting under spherical fuzzy environment [J]. International Journal of Information Technology & Decision Making, 2021, 20 (3): 1011 – 1036.

[193] Mishra AR, Rani P. A q-rung orthopair fuzzy ARAS method based on entropy and discrimination measures: an application of sustainable recycling partner selection [J]. Journal of Ambient Intelligence and Humanized Computing, 2023, 14: 6897 – 6918.

[194] Zhang XL, Xu ZS. Extension of TOPSIS to multi-criteria decision making with Pythagorean fuzzy sets [J]. International Journal of Intelligent Systems, 2014, 29 (12): 1061 – 1078.

[195] 刘熠, 秦亚, 刘好斌, 许雷. 广义 q – ROF TODIM 方法及应用 [J]. 控制与决策, 2020, 35 (8): 2021 – 2028.

[196] He YD, He Z. Extensions of Atanassov's intuitionistic fuzzy interaction Bonferroni means and their application to multiple-attribute decision making [J]. IEEE Transactions on Fuzzy Systems, 2016, 24 (3): 558 – 573.

[197] Ju YB, Ju DW, Gonzalez EDRS, Giannakis M, Wang AH. Study of site selection of electric vehicle charging station based on extended GRP method under picture fuzzy environment [J]. Computers & Industrial Engineering, 2019, 135: 1271 – 1285.

[198] Lin MW, Li XM, Chen RQ, Fujita H, Lin J. Picture fuzzy interactional partitioned Heronian mean aggregation operators: an application to MADM process [J]. Artificial Intelligence Review, 2021, 55 (2): 1171 – 1208

[199] Xing YP, Zhang RT, Wang J, Bai KY, Xue J. A new multi-crite-

ria group decision-making approach based on q-rung orthopair fuzzy interaction Hamy mean operators [J]. Neural Computing & Applications, 2020, 32 (11): 7465 – 7488.

[200] Yang ZL, Garg H, Li JQ, Srivastava G, Cao ZH. Investigation of multiple heterogeneous relationships using a q-rung orthopair fuzzy multi-criteria decision algorithm [J]. Neural Computing & Applications, 2021, 33 (17): 10771 – 10786

[201] Yang ZL, Ouyang TX, Fu XL, Peng XD. A decision-making algorithm for online shopping using deep-learning-based opinion pairs mining and q-rung orthopair fuzzy interaction Heronian mean operators [J]. International Journal of Intelligent Systems, 2020, 35 (5): 783 – 825.

[202] Liu PD, Chen SM, Liu JL. Multiple attribute group decision making based on intuitionistic fuzzy interaction partitioned Bonferroni mean operators [J]. Information Sciences, 2017, 411: 98 – 211.

[203] He YD, He Z, Huang H. Decision making with the generalized intuitionistic fuzzy power interaction averaging operators [J]. Soft Computing, 2017, 21 (5): 1129 – 1144.

[204] Szmidt E, Kacprzyk J. Entropy for intuitionistic fuzzy sets [J]. Fuzzy Sets and Systems, 2001, 118 (3): 467 – 477.

[205] Huang G, Liu Y. The fuzzy entropy of vague sets based on non-fuzzy sets [J]. Computer Applications and Software, 2005, 22 (6): 16 – 17.

[206] Vlachos I K, Sergiadis G D. Intuitionistic fuzzy information: Applications to pattern recognition [J]. Pattern Recognition Letters, 2007, 28 (2): 197 – 206.

[207] Zhang Q S, Jiang S Y. A note on information entropy measures for

vague sets and its applications [J]. Information Sciences, 2008, 178 (21): 4184 – 4191.

[208] Liang X, Wei C, Xia M. New entropy, similarity measure of intuitionistic fuzzy sets and their applications in group decision making [J]. International Journal of Computational Intelligence Systems, 2013, 6 (1 – 6): 987 – 1001.

[209] Shannon C E. A mathematical theory of communication [J]. Bell System Technical Journal, 1948, 27: 379 – 423

[210] Lance GN, Williams WT. Computer programs for hierarchical polythetic classification ("similarity analyses") [J]. Computer Journal, 1966, 9 (1): 60 – 64.

[211] Fan JP, Zhou W, Wu EQ. A new method of conflicting evidence management based on non-extensive entropy and Lance distance in uncertain scenarios [J]. Journal of Intelligent & Fuzzy Systems, 2022, 42: 6117 – 6129.

[212] Barukab O, Abdullah S, Ashraf S, Arif M, Khan SA. A new approach to fuzzy TOPSIS method based on entropy measure under spherical fuzzy information [J]. Entropy, 2019, 21: 1231.

[213] Ashraf S, Abdullah S, Khan S. Fuzzy decision support modeling for internet finance soft power evaluation based on sine trigonometric Pythagorean fuzzy information [J]. Journal of Ambient Intelligence and Humanized Computing, 2021, 12 (2): 3101 – 3119.

[214] Garg H. Sine trigonometric operational laws and its based Pythagorean fuzzy aggregation operators for group decision-making process [J]. Artificial Intelligence Review, 2021, 54: 4421 – 4447.

[215] Sugeno M. Theory of fuzzy integral and its applications [D]. Tokyo: Tokyo Institute of Technology, 1974.

[216] Liang D C, Zhang Y R J, Cao W. q – Rung orthopair fuzzy Choquet integral aggregation and its application in heterogeneous multicriteria two-sided matching decision making [J]. International Journal of Intelligent Systems, 2019, 34: 3275 – 3301.

[217] Shapley L S. A value for n-person game [J]. Annals of Mathematics Studies, 1953, 28 (7): 307 – 318.

[218] Peng J J, Tian C, Zhang Z Q, et al. Single-valued neutrosophic power Shapley Choquet average operators and their applications to multi-criteria decision-making [J]. Mathematics, 2019, 7: 1081.

[219] 曲国华, 张汉鹏, 刘增良, 等. 基于直觉模糊 λ – Shapely Choquet 积分算子 TOPSIS 的多属性群决策方法 [J]. 系统工程理论与实践, 2016, 36 (3): 726 – 742.

[220] Hussain, A., Ullah, K., Yang, M. S., Pamucar, D. Aczel – Alsina aggregation operators on T – spherical fuzzy (TSF) information with application to TSF multi-attribute decision making [J]. IEEE Access, 2022, 10: 26011 – 26023.

[221] Aczél J, Alsina C. Characterizations of some classes of quasilinear functions with applications to triangular norms and to synthesizing judgments [J]. Aequationes Mathematicae, 1982, 25 (1): 313 – 315.

[222] Cai J S, Zhang Z G, Shi P, Quan H E. Method for risk ranking based on intuitionistic fuzzy multi-attribute group decision-making [J]. Chinese Journal of Engineering Mathematics, 2015, 32 (5): 650 – 658.

[223] Yu DJ. Softmax function based intuitionistic fuzzy multi-criteria decision making and applications [J]. Operations Research, 2016, 16: 327 – 348.

[224] Xu ZS. Intuitionistic fuzzy aggregation operators [J]. IEEE Transactionson Fuzzy Systems, 2007, 15 (6): 1179 – 1187.

[225] Zeng SZ, Chen JP, Li XS. A hybrid method for Pythagorean fuzzy multiple-criteria decision making [J]. International Journal of Information Technology & Decision Making, 2016, 15 (2): 403 – 422.

[226] Wei GW. Picture fuzzy aggregation operators and their application to multiple attribute decision making [J]. Journal of Intelligent & Fuzzy Systems, 2017, 33 (2): 713 – 724.

[227] Ashraf S, Abdullah S, Mahmood T, Ghani F, Mahmood T. Spherical fuzzy sets and their applications in multi-attribute decision making problems [J]. Journal of Intelligent & Fuzzy Systems, 2019, 36: 2829 – 2844.

[228] Hatefi M A. Indifference threshold-based attribute ratio analysis: A method for assigning the weights to the attributes in multiple attribute decision making [J]. Applied Soft Computing, 2019, 74: 643 – 651.

[229] Fu X, Zhu Q, Sarkis J. Evaluating green supplier development programs at a telecommunications systems provider [J]. International Journal of Production Economics, 2012, 140 (1): 357 – 367.

[230] Song W, Ming X, Liu H C. Identifying critical risk factors of sustainable supply chain management: a rough strength-relation analysis method [J]. Journal of Cleaner Production, 2017, 143: 100 – 115.

[231] Peng X D, Zhang X, Luo Z G. Pythagorean fuzzy MCDM method based on CoCoSo and CRITIC with score function for 5G industry evaluation [J]. Artificial Intelligence Review, 2020, 53 (5):

3813 – 3847.

[232] Peng XD, Yuan HY. Pythagorean fuzzy multi-criteria decision making method based on multiparametric similarity measure [J]. Cognitive Computation, 2021, 13 (2): 466 – 484.

[233] Sarkar B, Biswas A. Multicriteria decision making approach for strategy formulation using Pythagorean fuzzy MULTIMOORA [J]. Expert Systems, 2021, 39 (3): e12802.

[234] Mi X, Liao H. Renewable energy investments by a combined compromise solution method with stochastic information [J]. Journal of Cleaner Production, 2020, 276: 123351.

[235] He Y, Xu Z S. Multi-attribute decision making methods based on reference ideal theory with probabilistic hesitant information [J]. Expert Systems with Application, 2019, 118: 459 – 469.

[236] Dong P W, Zhang T Y, Ju Y B, et al. A novel multi-attribute decision-making framework based on Z – RIM: An illustrative example of cloud service selection [J]. Soft Computing, 2020, 24 (23): 18233 – 18247.

[237] Sanchez – Lozano J M, Rodriguez O N. Application of fuzzy reference ideal method (FRIM) to the military advanced training aircraft selection [J]. Applied Soft Computing Journal, 2020, 88: 106061.

[238] Liu D H, Wang L Z. Multi-attribute decision making with hesitant fuzzy information based on least common multiple principle and reference ideal method [J]. Computers & Industrial Engineering, 2019, 137: 106021.

[239] Cables E, Lamata M T, Verdegay J L. RIM – reference ideal method in multicriteria decision making [J]. Information Sciences,

2016, 337 – 338: 1 – 10.

[240] Riaz M, Farid H A, Karaaslan F, et al. Some q-rung orthopair fuzzy hybrid aggregation operators and TOPSIS method for multi-attribute decision-making [J]. Journal of Intelligent & Fuzzy Systems, 2020, 39 (1): 1227 – 1241.

[241] Mi X, Li J, Liao H, et al. Hospitality brand management by a score-based q-rung orthopair fuzzy VIKOR method integrated with the best worst method [J]. Economic Research – Ekonomska Istraživanja, 2019, 32 (1): 3266 – 3295.

[242] Opricovic S, Tzeng GH. Extended VIKOR method in comparison with outranking methods [J]. European Journalof Operational Research, 2007, 178: 514 – 529.

[243] Gou X J, Xu Z S, Liao H C. Hesitant fuzzy linguistic entropy and cross-entropy measures and alternative queuing method for multiple criteria decision making [J]. Information Sciences, 2017, 388 – 389: 225 – 246.

[244] Sirbiladze G. Associated probabilities' aggregations in interactive multiattribute decision making for q-rung orthopair fuzzy discrimination environment [J]. International Journal of Intelligent Systems, 2020, 35: 335 – 372.

[245] Gao H, Ran L, Wei G, et al. VIKOR method for MAGDM based on q-rung interval-valued orthopair fuzzy information and its application to supplier selection of medical consumption products [J]. International Journal of Environmental Research & Public Health, 2020, 17 (2): 525.

[246] Gül S. Spherical fuzzy extension of DEMATEL (SF – DEMATEL) [J]. Internationaljournal of Intelligent Systems, 2020, 35: 1329 –

1353.

[247] Harper G, Sommerville R, Kendrick E, et al. Recycling lithium-ion batteries from electric vehicles [J]. Nature, 2019, 575 (7781): 75 – 86.

[248] Zhao SQ, Li GM, He WZ, Huang JW. Recovery methods and regulation status of waste lithium-ion batteries in China: A mini review [J]. Waste Management & Research, 2019, 37 (11): 1142 – 1152.

[249] Ullah K, Ali Z, Mahmood T, Garg H, Chinram R. Methods for multi-attribute decision making, pattern recognition and clustering based on T – spherical fuzzy information measures [J]. Journal of Intelligent & Fuzzy Systems, 2022, 42 (4): 2957 – 2977.

[250] Liu C, Rani P, Pachori K. Sustainable circular supplier selection and evaluation in the manufacturing sector using Pythagorean fuzzy EDAS approach [J]. Journal of Enterprise Information Management, 2021, 35 (4/5): 1040 – 1066.

[251] Alrasheedi M, Mardani A, Mishra AR, Rani P, Loganathan N. An extended framework to evaluate sustainable suppliers in manufacturing companies using a new Pythagorean fuzzy entropy SWARA – WASPAS decision-making approach [J]. Journal of Enterprise Information Management, 2021, 35 (2): 333 – 357.

[252] Yu Q, Hou F. An approach for green supplier selection in the automobile manufacturing industry [J]. Kybernetes, 2016, 45: 571 – 588.

[253] Jain N, Singh AR. Sustainable supplier selection criteria classification for Indian iron and steel industry: a fuzzy modified Kano model approach [J]. International Journal of Sustainable Engineering,

2020，13（1）：17－32.

［254］Li J，Fang H，Song W. Sustainable supplier selection based on SS-CM practices：A rough cloud TOPSIS approach ［J］. Journal of Cleaner Production，2019，222：606－621.

［255］Khan SA，Kusi－Sarpong S，Arhin FK，Kusi－Sarpong H. Supplier sustainability performance evaluation and selection：A framework and methodology ［J］. Journal of Cleaner Production，2018，205：964－979.

［256］Zarbakhshnia N，Wu Y，Govindan K，Soleimani H. A novel hybrid multiple attribute decision-making approach for outsourcing sustainable reverse logistics ［J］. Journal of Cleaner Production，2020，242：118461.

［257］Jia R，Liu Y，Bai X. Sustainable supplier selection and order allocation：Distributionally robust goal programming model and tractable approximation ［J］. Computers & Industrial Engineering，2020，140：106267.

［258］Kannan D，Mina H，Nosrati－Abarghooee S，Khosrojerdi G. Sustainable circular supplier selection：a novel hybrid approach ［J］. The Science of the Total Environment，2020，722：137936.

［259］Stevic Z，Pamucar D，Puska A，Chatterjee P. Sustainable supplier selection in healthcare industries using a new MCDM method：measurement of alternatives and ranking according to compromise solution （MARCOS）［J］. Computers & Industrial Engineering，2020，140：106231.

［260］Yu CX，Shao YF，Wang K，Zhang LP. A group decision making sustainable supplier selection approach using extended TOPSIS under interval-valued Pythagorean fuzzy environment ［J］. Expert Systems with Applications, 2019, 121: 1 – 17.

[261] Liu A, Xiao Y, Lu H, Tsai SB, Song W. A fuzzy three-stage multi-attribute decision-making approach based on customer needs for sustainable supplier selection [J]. Journal of Cleaner Production, 2019, 239: 118043.

[262] Luthra S, Govindan K, Kannan D, Mangla SK, Garg CP. An integrated framework for sustainable supplier selection and evaluation in supply chains [J]. Journal of Cleaner Production, 2017, 140, 1686 – 1698.

[263] Mishra AR, Rani P, Saha A. Single-valued neutrosophic similarity measure-based additive ratio assessment framework for optimal site selection of electric vehicle charging station [J]. International Journal of Intelligent Systems, 2021, 36 (10), 5573 – 5604.

[264] Zhou X, Xu Z. An integrated sustainable supplier selection approach based on hybrid information aggregation [J]. Sustainability, 2018, 10 (7): 2543.

[265] Memari A, Dargi A, Jokar MRA, et al. Sustainable supplier selection: A multi-criteria intuitionistic fuzzy TOPSIS method [J]. Journal of Manufacturing Systems, 2019, 50: 9 – 24.

[266] Lai X, Huang YF, Deng C, Gu HH, Han XB, Zheng YJ, Ouyang MG. Sorting, regrouping, and echelon utilization of the large-scale retired lithium batteries: A critical review [J]. Renewable and Sustainable Energy Reviews, 2021, 146: 111162.

[267] Wei ZX, Han XJ, Li JR. State of health assessment for echelon utilization batteries based on deep neural network learning with error correction [J]. Journal of Energy Storage, 2022, 51: 104428.

[268] Lai X, Huang YF, Gu HH, et al. Turning waste into wealth: a

systematic review on echelon utilization and material recycling of re-
tired lithium-ion batteries ［J］. Energy Storage Materials, 2021,
40: 96 – 123.

［269］ Xu YF, Yan JB, He JM, et al. Integration and application of re-
tried LIBs in photovoltaic and energy storage micro grid ［J］. Energy
Storage Science and Technology, 2021, 10 (1): 349 – 354.